구한말 러시아 외교관 눈으로 본
청일전쟁

THE
CHINA-JAPAN WAR

COMPILED FROM JAPANESE, CHINESE, AND FOREIGN SOURCES

BY

VLADIMIR

LATELY OF THE * * * * DIPLOMATIC MISSION TO COREA

" . . . WROTE THE HISTORY OF THE WAR . . .
HAVING BEGUN FROM ITS VERY OUTSET, WITH THE
EXPECTATION IT WOULD PROVE A GREAT ONE."

Thucydides, Book I.

ILLUSTRATED

LONDON
SAMPSON LOW, MARSTON AND COMPANY
LIMITED
St. Dunstan's House
FETTER LANE, FLEET STREET, E.C.
1896

009
그들이 본 우리
Korean Heritage Books

구한말 러시아 외교관의 눈으로 본

청일 전쟁

조선 땅에서 벌어진
서양문명과 동양문명의 충돌

제노네 볼피첼리 지음
유영분 옮김

살림

발간사

'그들이 본 우리' – 상호 교류와 소통을 위한 실측 작업

우리는 개화기 이후 일방적으로 서구문화를 수용해왔습니다. 지금 세계는 문화의 일방적 흐름이 극복되고 다문화주의가 자리 잡는 등 세계화라는 다른 물결 속에 있습니다. 이제 우리가 주체적으로 우리의 문화를 타자에게 소개함에 있어 진정한 의미에서의 상호 소통을 통한 상호 이해가 필요함은 주지의 사실입니다. 그리고 타자와 소통하기 위한 첫걸음은 그들의 시선에 비친 자신의 모습에 대한 진지한 탐색입니다. 번역은 바로 상호 교류를 통해 자신의 정체성을 확보하기 위한 작업이며, 이는 당대의 문화공동체, 국가공동체 경영을 위해 중요한 과제 중의 하나입니다. 우리가 타자에게 한 걸음 다가가기 위해서는 타자와 우리의 거리를 정확히 인식하여 우리의 보폭을 조절해야 합니다. 그런 의미에서 서구가 바라보았던 우리

근대의 모습을 '번역'을 통해 되새기는 것은 서로의 거리감을 확인하면서 동시에 서로에게 다가가기 위한 과정입니다.

한국문학번역원이 발간해 온 〈그들이 본 우리〉 총서는 바로 교류와 소통의 집을 짓기 위한 실측 작업입니다. 이 총서에는 서양인이 우리를 인식하고 표현하기 시작한 16세기부터 20세기 중엽까지의 우리의 모습이 그들의 '렌즈'에 포착되어 기록되어 있습니다. 그들이 묘사한 우리의 모습을 지금 다시 읽는다는 것에는 이중의 의미가 있습니다. 우선 우리는 그들이 묘사한 우리의 근대화 과정을 통해 과거의 우리를 확인할 수 있습니다. 하지만 이 작업은 다른 면에서 지금의 우리가 과거의 우리를 바라보는 깨어 있는 시선에 대한 요청이기도 합니다. 지금의 우리와 지난 우리의 거리를 간파할 때, 우리가 서 있는 현재의 입지에 대한 자각이 생긴다고 할 수 있습니다. 이런 의미에서 이 총서는 시간상으로 과거와 현재, 공간상으로 이곳과 그곳의 자리를 이어주는 매개물입니다.

이 총서를 통해 소개되는 도서는 명지대-LG연암문고가 수집한 만여 점의 고서 및 문서, 사진 등에서 엄선되었습니다. 한국문학번역원은 2005년 전문가들로 도서선정위원회를 구성하고 많은 논의를 거쳐 상호 이해에 기여할 서양 고서들을 선별하였으며, 이제 소중한 자료들이 번역을 통해 일반인들에게 다가감으로써 우리의 문화와 학문의 지평을 넓혀줄 것으로 기대합니다. 한국문학번역원은 이 총서의 발간을 통해 정체성 확립과 세계화 구축을 동시에 이루고자 합니다. 우리 문학을 알리고 전파하는 일을 핵심으로 하는 한국문학번역원은 이제 외부의 시선을 포용함으로써 상호 이해와 소통이 현실적으로 가능하도록 더욱 노력하겠습니다.

끝으로 이 총서가 세상에 나오게 힘써주신 여러분들께 감사드립니다. 특히 명지학원 유영구 이사장님과 명지대-LG연암문고 관계자들, 도서 선정에 참여하신 명지대 정성화 교수님을 비롯한 여러 선생님들, 번역자 여러분들, 그리고 출판을 맡은 살림출판사에 감사드립니다.

2009년 5월
한국문학번역원장 김주연

독자들에게

이 책을 저술하는 일차적인 목표는 명확하고 재미있게 내용을 전달하는 것이었는데, 이 목표를 달성하기가 쉽지 않았다. 전쟁사를 정확하고 완벽하게 기술하는 것은 어느 정도 전문성이 필요한 작업이다. 더욱이 난해한 이름을 가진 동떨어진 지역을 다루는 경우 자칫 많은 독자들이 어렵고 지루하게 여길 수가 있다. 따라서 세부적인 설명은 가능한 자제했고 명쾌한 서술을 방해하지 않는 선에서 인명과 지명은 최소한으로 표기했다. 이를 위해 수집한 자료 가운데 극히 일부만 활용했는데, 이 자료들은 활용 가능한 모든 방법을 동원하여 모은 것이다. 중국과 일본의 해명 자료와 외국인의 기록을 망라했고 전함 위에서건 지상에서건 자료가 있는 곳이면 어디든 가리지 않았다. 하지만 공은 주로 일본의 전쟁 출판물에 돌려야 할 것이다. 이 자료들이 없었다면 적어도 현재로서는 전쟁에 대한 명확한 설명을 집대성할 수 없었을 것이다. 일본이 육상과 해상을 통해 거대한 작전을 추진하는 동시에 전쟁을 주제로 풍부한 저술을 생산할 수 있었다는 사실은 대단히 놀라운 점이다. 더욱이 전쟁 기간 중에 오로지 전쟁만을 다루는 수많은 팸플릿 그리고 두 종류의 정기 간행물이 창간되어 전쟁이 끝나기까지 대여섯 차례나 발행되었다. 여기에 포함된 온갖 종류의 정보는 그 양이 매우 방대해 일본 대중에게 하나도 빠짐없이 전쟁의 진상을 알렸다고 말할 수 있다.

  일본 자료를 선호했다고 해서 공정성을 흐트러트리지는 않았다. 일본인은 한결같이 자국 동포보다 적을 훨씬 더 공정하게 평가해 왔다. 또한 정복당한 사람의 역사보다는 승자의 역사에서 진실을 발견하기가 더 쉬운 법이다. 승자는 훨씬 냉정하고 사건을 보다 명확하고 공정하게 바라볼 여유가 있기 때문이다.

차례

발간사 • 5

독자들에게 • 9

서문 • 17

제1부 조선 문제의 기원

제1장 세 나라의 역사적 관계에 관한 소고 • 29

    당 왕조의 전쟁

    쿠빌라이 칸의 무적함대

    히데요시의 조선 침공

제2장 조선 현대사 약술 • 57

제3장 전투 발발 직전 발생한 사건 • 73

    김옥균 암살

    동학교도

    중국의 육군과 해군

    일본의 육군과 해군

제2부 조선 전투

제1장 전투 발발 • 119

　　서울 왕궁에 대한 침략

　　풍도 해전

제2장 첫 번째 군사작전 • 136

　　아산 전투

　　전쟁 선포

　　포트아서와 웨이하이웨이에서의 해군 시위

제3장 평양전투 • 152

　　사전 설명

　　혼성여단의 진격

　　삭령지대의 진격

　　본대의 진격

　　원산지대의 진격

　　평양과 중국군

제4장 평양 공격 • 180

　　혼성여단

　　삭령지대와 원산지대

　　본대

　　중국군의 퇴각과 평양 함락

제3부 중국에서의 전투

제1장 해양도 해전 • 199

제2장 제1군의 중국 침략 • 225

  압록강 횡단

  제5사단의 작전

  제3사단의 작전

제3장 리젠트스워드 반도에서의 전투 • 243

  제2군의 상륙

  진저우만과 다롄만으로의 진격과 점령

  포트아서 점령

제4장 만주 주둔 제1군 • 278

  제5사단, 제1군의 우익

  제3사단, 제1군의 좌익

제5장 제2군의 진격 • 300

제6장 웨이하이웨이 전투 • 307

제7장 첫 번째 평화 사절 • 344

제8장 만주 전투의 지속 • 348

제9장 두 번째 평화 사절 • 363

부록

A. 일본 공사 오토리 게이스케가 조선 정부에 제안한 개혁안 • 379

B. 전투 발발 전 조선 문제에 관해 중국과 일본 정부 사이에 주고 받은 공문서 • 384

C. 고승호의 침몰과 생존자의 진술 • 399

D. 중국과 일본의 전쟁 선포 • 432

E. 상하이에 거류하는 두 일본인의 인도에 관한 서신 • 439

F. 이토 제독과 정 제독이 주고받은 서신 • 447

G. 웨이하이웨이 항약 • 457

H. 도태 우창병과 이토 제독이 주고받은 서신 • 460

I. 히로시마 평화회담 • 462

J. 휴전 • 477

K. 평화협정과 관한 문서 • 480

지도지명 • 531
찾아보기 • 534

※ 일러두기
1. 중국 지명의 경우 현재 쓰이지 않는 지명은 우리 한자음으로 표기하고 현재 지명과 동일한 것은 중국어 발음에 따라 표기하되 필요한 경우 한자를 병기했다. 또 현재 지명과의 일치 여부를 확인하지 못한 경우 일단 우리 한자음으로 표기하였다.
2. 중국 인명은 과거인과 현대인을 구분하여 과거인은 종전의 한자음으로 표기하는 중국어의 외래어 표기법에 따라 등장인물이 1세기 이전 과거 인물인 경우 모두 우리 한자음으로 표기하였다.
3. 일본 인명과 지명은 과거와 현대 구분 없이 일본어 발음에 따라 표기하는 것을 원칙으로 하되 필요한 경우 한자를 병기하였다.

서문

 청일전쟁[1]을 기이하고 생소한 것에 대한 갈망을 충족하려는 호기심 많은 독자에게나 흥미로울 법한, 우리와 동떨어진 낯선 나라들 간의 분쟁쯤으로 여겨서는 안 된다. 이 전쟁은 이미 엄청난 결과를 초래했고 앞으로 더 큰 결과를 가져와 금세기 최대의 사건 중 하나로 평가될 가능성이 있다. 실제로 결과의 규모와 성격, 지속성에서 청일전쟁은 금세기의 주요 전쟁으로 기록될 것이다. 첫 전투가 발발한 지 단 수개월 만에 이 전쟁은 대단히 신속하고 놀라운 여론의 변화를 이끌어 냈다.

 일본은 흔히 우스꽝스러울 정도로 작은 사람들이 사는 나라라는 조롱을 받아왔다. 게다가 일관성이라고는 없이 변덕스럽게 어린아이처럼 모든 것을 모방한 탓에 어떤 영속적인 결과를 기대할 수 없는, 이른바 문명의 '겉치장'만을 소유했다고 생각했던 나라였다. 그런데 그런 나라가 유럽과 미국의 군대와 어깨를 견줄 만한 육군과 해군을 보유했다는 것을 발견하고 전 세계가 경악했다. 일본의 승리는 전혀 예기치 못한 것이었기에 한층 두드러져 보인다. 극동에 대한 서방 세계의 견해를 주도한 진지한 저술가 가운데 어느 누구도 일본의 군사력에 대해서는 생각조차 해본 적이 없다. 적극적으로 관심을 쏟은 나라는 중국이었다. 중국이야말로 러시아의 동방 진출을 저지할 충분한 힘을 가진 유일한 나라이기 때문에 영국의 동맹국으로 삼기 위해 조심스럽게 다루어야 한다고 생각했다. 모든 사람들이 중국이라는 거인에게 잠재되어 있으나 아직 개발되지 않은 군사력이 있다고 언급했을 뿐 일본은 예술과 아름다움의 영역으로 평가 절하해 버렸다.

  이 같은 저술을 통해 자신의 견해를 확립한 사람들은 처음에는 이 전쟁을 우스꽝스러운 사건으로 여겼다. 작은 나라 일본이(유럽 국가 대부분이 인구와 영토 면에서 일본에 뒤진다는 사실은 일단 접어 두자.) 감히 중국과 맞서 싸우려 한다는 점에 웃음을 터트리지 않을 수 없었다. 흔히 발생하는 이러한 오류는 양국의 수적 불균형 때문에 더욱 그럴듯해 보였다. 양은 질보다 평가하기 훨씬 쉬운 법이며 정신력을 덜 필요로 한다.

일본 역사를 공부했거나 짧은 기간이라도 주의 깊게 일본 전역을 여행한 사람이라면, 혹은 교양 있는 일본인을 잘 아는 사람이라면 이 전쟁에 대해 전혀 다르게 전망했을 것이다. 그들은 일본이 항상 호전적인 민족이었으며 최전성기를 구가하던 몽골의 정복 전쟁도 막아냈다는 사실을 상기했다. 또 지난 20년간 일본이 이룬 진보가 허구가 아니라 민족과 제도 전반에 걸쳐 전개된 것이었다는 사실도 떠올렸다. 반면 중국은 한 번도 전쟁을 선호한 적이 없으며 금세기 유럽 군대와 벌인 전투에서 늘 초라한 성적만을 거두었다. 하지만 일본을 가장 호의적으로 찬미하는 사람, 아니 어쩌면 일본 정치인들조차 이처럼 놀라운 성공이 화려하게 이어질 줄은 미처 예상하지 못했다.

아무도 일본 병사의 용기를 의심하지 않았다. 하지만 이 전쟁은 그보다 일본 육군 대장과 해군 장성의 전략적 역량과 냉정함을 전 세계에 과시했다. 일본의 장점과 외국 문명을 흡수하는 신속함을 정당하게 평가하기 위해서는 현재의 전쟁이 최근 3세기 동안 일본이 치른 첫 대외 전쟁이라는 점에 주목해야 한다. 또 일본이 최근 서방 세계로부터 받아들인 새로운 무기와 전술을 처음으로 적용했다는 점도 명심할 필요가 있다. 이런 상황에서도 모든 것이 원활하게 진행되어 마치 일상 훈련을 수행하는 것 같았다. 여기에 한 가지 덧붙여야 할 것은 조선과 만주에서 수행된 전쟁에서 병사와 무기, 식량 등 모든 것이 바다로 운송되어야 했고 따라서 일본군 병참 부대에 엄청난 어려움이 가중되었다는 사실이다. 하지만 일본군은 이 같은 난관을 냉정하게 받아들여 무리 없이 극복했다. 대규모 일본군 부대의 상륙을 목격한 유럽 장교들은 효율적인 운송 시설을 갖추고 잘 훈련된 서방 군대도 이보다 더 훌륭하게 작전을 수행할 수는 없었을 것이라고 토로했다.

  이 같은 예기치 못한 성공의 비밀은 일본 고대사와 근세사를 주의 깊게 고찰함으로써 찾아낼 수 있다. 수세기에 걸친 섬나라 특유의 고립과 봉건 체제로 인해 대다수 일본인들은 충성심과 함께 자신들의 우두머리에 대한 흔들리지 않는 헌신을 배우게 되었고 아울러 영웅적인 용기와 호전성을 키웠다. 최근 사반세기 동안 일본 상류 계급은 서구의 과학과 진보에 심취했다. 그리하여 일본이 대외 전쟁에 힘을 쏟기로 결심했을 즈음에는 왕의 명령에 따라 조국의 영광을 위해 기꺼이 죽을 준비가 된 병사와 더불어 수세기에 걸친 서구 전쟁의 경험을 흡수하고 나폴레옹과 몰트케[2]의 손을 거쳐 완성된 군사 과학의 성과를 체득한 장교와 장수들로 구성된 군대를 보유하게 되었다.

또한 일본은 지리적으로 근접한 중국과의 오랜 교류로 큰 혜택을 누렸다. 일본은 중국으로부터 고대 문명과 문자를 받아들였다. 소리보다 관념을 표현하는 한자의 독특한 성격 때문에 교양 있는 일본인은 중국어를 한마디도 못해도 중국의 책과 글을 이해할 수 있었다. 마치 아라비아 숫자가 핀란드어에서 포르투갈어에 이르기까지 그 소리는 완전히 달라도 뜻이 동일한 것과 같다. 이와 같은 공통의 문자 매체로 적국과 그 군사력에 대한 사전 연구를 쉽게 할 수 있을 뿐만 아니라 전투 과정에서 막대한 이득 또한 얻을 수 있다. 문자로 전달되는 모든 정보를 실수 없이 손쉽게 얻을 수 있으며 통역은 문맹자나 무식한 사람하고 얘기할 때 외에는 굳이 필요가 없었다. 이러한 신속한 정보 매체로 전달되는 온갖 종류의 지식이야말로 현대전에서 승리로 이어지는 엄청난 이점이 된다. 중국과의 전쟁에서 일본이 프랑스나 영국에 비해 상대적으로 큰 성공을 거둔 것도 이러한 이유 때문일 것이다.

일본군의 뛰어난 자질에 주목하면서도 한편으로는 그 같은 장점이 이에 상응하는 중국 측의 단점에 비교되어 돋보인다는 사실을 간과해서는 안 된다. 중국은 오랜 역사를 거치면서도 군사적으로는 좀처럼 두각을 나타내지 못했다. 중국은 더 작은 나라에 정복되는 일이 많았고 마지막 250년간은 북방의 용감한 소수 민족인 만주족의 지배를 받았다. 중국인에 대한 교육과 여론은 하나같이 민족의 잠재적 호전성을 억누르는 경향을 보였다. 군직은 경시되었고 무관은 항상 문관보다 낮은 지위를 차지했다. 병사는 점잖은 호칭을 쓸 필요도 없고 그런 호칭이 어울리지도 않는 최하층 계급으로 간주되었다. 이런 환경에서 중국군 병사들은 그다지 용감하지 않으며 자신들의 복무를 별로 고마워하지도 않는 조국을 위해 기꺼이 목숨을 내던지고 싶어 하지 않는 것은 어쩌면 당연한 일이었다. 병사들의 보수는 보잘것없었고 그것마저 부정한 상급자들이 깎기 일쑤였다. 불구가 된 사람이나 전장에서 사망한 자의 가족에게 연금이 주어지기는커녕 부상자에 대한 의료 지원이나 치료조차 제공되지 않았다. 전쟁이 끝났다는 것은 보통 위기 상황에서 서둘러 입대했던 모든 병사가 해산하는 것을 의미했다.

중국에서 하층 계급이 용감하지도 못하고 또 나라에서 그렇게 되도록 장려하지도 않은 한편, 상류 계급은 서구 과학 문명에 대해 거의 무지했다. 그들은 과학 문명의 도래를 과두정치의 몰락을 예견하는 일종의 전조로 여겼기 때문에 이에 대해 반감마저 갖고 있었다. 체제를 유지할 수 있는 유일한 희망은 백성을 무지한 상태로 몰아넣어 외국뿐만 아니라 중국 내 다른 지역에서조차 무슨 일이 있어나는지 모르게 만드는 것이라고 생각했다. 자유를 얻기 위한 모든 시도는 철저히 억압되었다. 철도 건설은 허용되지 않고, 양질의 상용 도로조차 중국 내에서는 좀처럼 찾기 힘들었다. 따라서 일종의 수상 운송이 중국 내 대부분 지역을 이동하는 보편적인 수단이다. 지적인 분야에서는 상황이 훨씬 심각했다. 이른바 중국의 최고 지식 계층이라고 하는 사람들의 무지는 믿기 어려울 정도였다. 그들은 서구의 모든 지식인에게 필수적이며 제반 과학 분야에서 대담한 일반화를 가져온 유럽과 미국의 사상에 혁명을 일으켰던 수학적 훈련이 되어 있지 않았다. 중국에서 유일한 군사 시험은 단단한 활을 구부리고 무거운 물건을 들어 올리며 칼을 다루는 정도였다.

두 나라의 행위를 통제하는 데 작용하는 이 모든 동시적인 요인에 주목한다면 극동에서의 이번 전쟁은 단순히 두 민족 간의 전쟁이 아니라 과거와 현재의 전쟁이자 서양 문명과 낡은 동양 문명의 산발적인 잔존물 간의 전쟁임을 깨닫게 될 것이다. 즉 트로이에서 아가멤논이 채택했던 전술과 몰트케가 고안했을 법한 전술 사이의 싸움이었다.

중국을 과거 시대의 우승자로 표현했다고 해서 중국이 자신의 몫을 꾸준히 수행하고 있다는 뜻은 아니다. 중국의 고대 숭배는 과거 시대의 위인에 대한 진실한 애정이라기보다는 개혁에 따르는 갈등을 회피하려는 변명에 가깝다. 중국은 위인들의 가르침을 따르지 않고 있으며 세계에서 고대 유적이 이렇게 드문 나라도 없을 것이다. 사실 고대 유적이 전혀 없다고 해도 과언이 아니다. 동시에 중국이 한 번도 변한 적이 없다는 식의 다분히 무지에 의한 오류는 떨쳐 버려야 한다. 정치적으로 흥망성쇠를 그처럼 많이 겪은 나라도 드물기 때문이다. 중국의 역사는 24왕조에 달하며 그중 다수가 이민족의 피비린내 나는 중국 정복을 통해 세워진 외래 왕조였다. 정치적 변화로 인해 의복과 관습까지 완전히 바뀌었고, 국내 통치에도 상당한 변화가 일어났다.

방금 지적한 관점에서 볼 때 일본은 중국보다 훨씬 더 보수적인 나라이다. 일본의 경우 전 역사를 통틀어 오직 하나의 왕조만 존재했다. 바로 전 세대까지만 해도 내부 변화는 인접국에 비해 그 변동 폭이 훨씬 작았다. 동시에 일본은 과거 위인에 대해 존경심을 가지고 있으며 그들의 영웅적인 위업은 백성들의 마음속에 생생하게 남아 있다.

극동 문제를 다루는 저술가들 중에는 가까운 미래 세계를 위협할 기이하고 두려운 변화로 '중국의 부활'을 강조하는 것이 유행이었다. 미래에 대한 이 같은 추측이 실제 발생하는 현상, 즉 '일본의 부활'을 외면하게 만들었다. 아름다운 고향 바다에서, 헬라스를 연상시키는 일단의 섬에서, 불교 포교자나 한국인 화가, 또는 파도에 떠밀려 온 유럽인이 우연히 방문하는 것 외에는 주위 세계에 거의 무지한 채 수세기 동안 잠들어 있던 한 인종이 자신들도 세계 속에 자리 잡고 있으며 그 자리가 영광스럽고 명예로워야 한다는 자각에 갑작스럽게 눈뜨는 그런 현상 말이다.

제1부

조선 문제의 기원

제1장
세 나라의 역사적 관계에 관한 소고

 중국과 일본의 전쟁을 야기한 조선 문제의 기원은 먼 과거로 거슬러 올라간다. 따라서 이 문제를 명확하게 이해하기 위해서는 세 나라의 역사적 관계를 대략적으로나마 살펴보아야 한다.

 중국과 한국, 일본[3]은 독특한 성격의 결속관계로 묶인 일단의 민족 그룹을 형성하고 있는데 이 점은 유럽 독자들이 이해하기 힘든 부분이다. 이와 같은 결속은 세 민족이 지리적으로 근접해 있어서라거나 중국 북부에서 발생하여 점차 한반도와 일본에까지 전파된 고대 문명 때문만도 아니다. 또 중국이 인도로부터 받아들여 동쪽 인접국에 전파했고 세 민족으로 하여금 함께 묶여 있다고 느끼게 만드는 불교가 확산된 때문도 아니다. 그보다 더 큰 이유는 중국에서 발명되어 한국과 일본으로 전파되었으며 두 민족 모두 고유 문자를 가지고 있는데도 여전히 활용하고 있는 한자 때문이다. 한자는 반드시 소리를 나타내지는 않는다. 일차적인 용도가 관념이나 사물을 표현하는 것이어서 언어가 전혀 다른 세 민족이 문자로 의사소통을 하는 수단이 되었다.

한자를 전혀 모르는 사람들은 이 사실을 쉽게 납득하기 어렵다. 하지만 서구에서 이와 유사한 사례를 살펴보면 이해하는 데 조금은 도움이 될 것이다. 유럽 국가들은 모두 아라비아 숫자를 사용한다. 비록 유럽 대륙의 다양한 언어 속에서 전혀 다른 소리로 쓰이고 있지만 말이다. 여행객은 그 나라 발음으로 숫자를 읽을 수는 없지만 가게 문에 쓰인 숫자와 알림표에 적힌 열차 출발 시각을 알 수 있다. 유럽에서는 극히 한정된 경우에만 발생하는 일이 극동에서는 문자가 사용되는 모든 경우에서 일어나고 있는 것이다. 교양 있는 중국인과 일본인, 한국인은 두 인접국의 말을 한마디도 할 수 없어도 문자로 쓰인 거의 모든 것을 이해할 수 있다. 이 같은 공통된 의사소통 수단은 저술을 통해 표현되고 전달되는 보다 고차원적인 사상 체계에 특히 유용한 것으로 본래는 공통점이 거의 없는 나라들 간에 뿌리 깊은 유대감을 형성하게 된다.

사실 세 민족은 신체적으로나 지적으로 전혀 다르다. 일본인은 쾌활하고 예술을 사랑하고 호전적이며 해외로부터 선진 문물을 도입하는 데 적극적이다. 중국인은 대체로 조용하고 부지런하며 평화를 사랑하고 변화를 싫어한다. 그리고 한국인은 수세기에 걸쳐 압제를 겪으면서 그들을 잘 모르는 사람들이 보기에는 믿을 수 없을 정도로 나태하고 둔감해졌다. 세 나라의 언어는 구조부터 달라서 문학과 종교를 통해 차용한 부분을 제외하고는 공통점이 전혀 없다. 현대 일본어는 중국어 단어와 표현으로 가득 차 있다. 하지만 이는 영어에 포함된 프랑스어와 라틴어 낱말, 페르시아어에 포함된 아라비아어 단어처럼 편리한 관용구를 단순히 차용한 것에 지나지 않는다. 따라서 사람들의 정신적 자산을 넓혀주기는 해도 언어 구조에 영향을 미치지는 않았다.

중국의 전설에 따르면 기원전 11세기경 한반도로 이주한 기자라는 중국인 정치 망명객이 한민족의 문명과 국가의 성립에 기여했다고 한다. 기자가 조선朝鮮('아침의 신선함'이라는 뜻)이라는 이름으로 세운 이 나라[4]는 현대 조선과 동일한 영역을 가진 나라는 아니었다. 고대 조선은 한반도 북부 지역만을 포함하고 있었으며 그 밖의 현대 중국의 일부 영역이 속해 있었다. 당시 한반도 남부는 여러 국가로 나뉘어 있었다. 이 나라들은 수 세기에 걸쳐 조선(후에 고구려[5]라고 불리는 북방 민족의 침입을 받아 고구려로 이름이 바뀌었다.)을 비롯한 이웃 나라들과 전쟁을 치른 끝에 점차 통일되어 10세기 초반 단일 국가를 이루었다. 통일되기까지 한민족은 대외 전쟁을 수없이 많이 치러야 했는데 이 같은 전쟁은 교전국 중 하나가 중국이나 일본에 지원을 요청하면서 촉발되는 경우가 많았다.

중국이 한민족을 상대로 벌인 가장 길고 처절했던 전쟁은 수(589~618)나라와 당(618~905)[6]나라 때에 있었다. 대운하를 확장하고 방탕하고 잔인한 기질을 가졌으며 문학을 애호한 것으로도 유명한 악명 높은 황제 양제는 육로와 해로로 대규모 고구려 원정을 계획했다. 30만 명이 동원되었다고 전해지는 1차 원정은 대재앙을 만났다. 육군은 우기에 행군을 강행했는데 이때가 되면 랴오둥遼東* 지역 일부가 지나갈 수 없는 늪지대로 변한다. 식량을 실은 수레가 전진할 수 없어 수많은 병사들이 기아와 전염병으로 목숨을 잃었다. 해군은 산둥 반도山東半島에 위치한 항구 라이저우萊州에서 출발했으나 폭풍우를 만나 난파되었다. 양제는 이에 굴하지 않고 엄청난 규모의 새로운 원정을 계획했다. 그의 병든 정신 속에는 이례적이고 거대한 것에 대한 갈망이 있었던 것 같다. 왕위도 근친상간과 존속살해를 통

---

* 한국과 인접한 중국 북동부 지역

해 탈취한 것이었다.[7] 백성들은 대운하를 파는 데 삶을 소진했다. 수년 후 완성된 운하는 인간이 이룬 가장 위대한 토목공사 가운데 하나가 되었다. 역사가들의 말이 과장된 것이 아니라면 양제는 중국 역사상 가장 규모가 큰 군대를 소집해 전장에 투입한 셈이다.

고구려 침공을 위해 100만 명이 넘는 군사가 소집되었다고 전해지지만 그들이 실제로 이룬 것은 거의 없었다. 이 거대한 군대에 속한 각기 다른 부대는 인원 과다로 시달린 끝에 고구려의 요새를 눈앞에 두고 발이 묶이고 말았다. 한 장수가 수도(지금의 평양)에 도착했지만 고구려 병사가 수적으로 훨씬 우세하다고 믿게 만든 속임수에 빠져 퇴각 명령을 내리고 말았다. 수나라 군대는 고구려군의 끈질긴 공격과 식량 부족으로 결국 퇴각하는 도중 참패했다. 해군도 수도에 도달했지만 육군이 가까이 있다는 사실을 모른 채 물러나고 말았다. 그처럼 큰 군대가 그토록 비참하게 졌다는 것은 좀처럼 상상하기 힘든 일이다. 분명 역사가들이 실제 숫자를 부풀려서 썼을 것이며 출정한 군사 중 극히 일부만 고구려까지 진군하고 대다수는 도중에 탈영했을 것이다. 이 같은 추론을 따른다 해도 이 전쟁은 분명 엄청난 군사적 재앙이었다. 양제는 고집스럽게 새로운 공격 계획을 짜는 데 몰두했지만 살아서 이를 실행에 옮기지는 못했다. 양제의 독재를 더 이상 참을 수 없었던 일단의 반란자들이 그의 생명과 더불어 수 왕조를 끝장내 버린 것이다.

중국인들은 양제의 비정상적인 계획을 지지하지는 않았지만 고구려 때문에 고통받았다는 사실에 굴욕감을 느꼈다. 중국 역사상 명성 높은 새 왕조인 당*은 고구려에 대한 적대적인 정책을 계승하지 않을 수 없었다. 이전 전투에서의 불명예를 씻으려는 욕구 외에도 전쟁을 일으킬 이유는 수없이 많았다. 고구려는 한때 중국에 속해 있던 영토를 여전히 점유하고 있었다. 또한 왕위 찬탈자[8]가 연회 도중 고구려 왕과 여러 대신을 죽였다.** 처음에는 이 같은 문제도 잘 극복되는 듯해서 중국 황제는 왕위 찬탈자를 이 말썽 많은 지역의 속국 군주로 인정해 주었다. 하지만 신라新羅(한반도 남부 소국 중의 하나)가 왕위 찬탈자로부터 보호해 줄 것을 중국에게 요청한 데다 그 찬탈자가 침략을 중단하라는 명령을 듣지 않자 황제는 고구려와의 전쟁을 결심했다.

그렇게 시작된 전쟁은 수 명의 중국 황제를 거치면서 약 반세기 동안 이어지다가 중국이 고구려 북부와 서부를 점령하는 것으로 종결되었다(그리하여 한민족은 고려와 발해로 나뉘게 되었다[9]). 이 전쟁을

---

* 당 왕조는 중국 시가 문학에 있어 아우구스투스 시대였으며 남부 중국인은 스스로 당인(당나라 사람들)이라고 즐겨 불렀다. 반면 북부 중국인은 스스로 '한인'으로 부르는 것을 더 좋아했다.
** 조선의 정치 풍토에서 정치적 암살은 뿌리 깊은 듯하다. 불행하게도 12세기가 지난 후에도 각 정파는 여전히 이와 같은 수단을 사용하고 있다.

통해 중국 역사상 가장 훌륭한 인물이자, 로마 제국의 가장 뛰어난 황제에 비견될 수 있는 군주가 등장했다. 당의 제1대 황제 태조의 아들 태종太宗은 가문의 위업을 달성하고 실질적으로 나라를 창시한 인물이었다. 두 사람 모두 평민 신분이었을 때 태종은 아버지가 반란을 일으키도록 독려했고 자신의 능력으로 아버지의 왕위를 굳건히 지지해 주었다. 한때 독재자 양제의 악행으로 치욕을 당했던 그 왕좌를 말이다.

태종은 고구려 원정을 직접 지휘했다. 그는 스스로 모범을 보여 군사의 사기를 북돋웠으며 애정으로 병사들을 보살폈다. 극히 소박한 음식을 먹고 말안장을 손수 얹었으며 병들고 부상당한 병사를 직접 살폈다. 태종은 탁월한 전략을 바탕으로 군대를 지휘해 수차례 승리를 거두었으며 장수들의 능력은 용감한 병사들로 인해 빛을 발했다. 한 요새를 포위하는 작전에서 병사들이 성벽을 넘을 흙 둔덕을 만들기에 여념이 없을 때 황제는 커다란 흙더미를 퍼내 성벽 아래로 달려가더니 높이 쌓이는 흙 둔덕 맨 꼭대기에 올려놓았다. 그가 이끈 전투가 모두 성공적인 것은 아니어서 태종은 마지막 포위 작전에서 결국 패하고 말았다. 하지만 이 같은 좌절도 그의 허영심을 부채질하지는 못해서 태종은 흔들리지 않고 온화한 성품을 견지했다. 포위를 풀라는 명령이 떨어지자 용감하게 그곳을 방어하던 고구려 성주[10]가 전장에 나타나 퇴각하는 황제에게 인사를 했다. 장수의 용기에 감복한 태종은 답례로 기사도를 지닌 적에게 귀한 선물을 보냈다. 태종의 관대함을 보여 주는 일화는 이것뿐만이 아니다. 병사들이 마을 약탈을 금지한 조치에 대해 불평하자 황제는 자신의 재물로 보상해 주겠노라고 말했다. 전쟁이 끝나자 모든 고구려 포로들이 군대 재정을 위해 노예로 팔려 가는 대신 배상금을 치르고 풀려나거나 황제의 명에 따라 방면되었다. 따뜻한 심성을 가진 황제는 차마 어미로부터 자식을, 남편으로부터 부인을 떼어놓을 수가 없었던 것이다. 가장 격렬하게 저항했던 고구려 장수의 아내가 포로로 잡혔을 때 황제는 여인에게 좋은 비단과 수레를 주어 남편의 시체를 평양까지 운반할 수 있게 했다.

자신의 지위와 행적으로 위대해진 사람, 병사의 거친 삶도 능히 견뎌 내고 전장의 위험에 용감하게 맞섰으며, 그러면서도 여전히 친절하고 관대한 마음을 간직했던 한 남자의 일화는 현재 벌어지는 일에 비추어 볼 때 흐뭇한 내용이 아닐 수 없다. 이 일화들은 현대의 사건과 대조를 이룬다. 또 중국이 과거 시대를 우러르며 시간이 지남에 따라 중요성을 상실한 관습을 보존하기보다 역사에 기록된 고귀한 행적을 모방하고자 애쓴다면 여전히 위대한 나라로 존재할 수 있음을 보여준다. 아울러 이 일화들은 중국이 과거 현자와 영웅의

땅이었다고 군가로 노래하는 일본인들의 생각이 결코 틀리지 않았다는 것을 일깨워 준다.

태종은 전쟁 직후 사망했고(650) 전쟁은 후임 황제들의 치세 기간 동안 산만하게 이어지면서 황후 무則天武后(684~705. 중국 역사상 가장 비범한 인물 가운데 하나)가 왕위를 찬탈할 때까지 계속되었다. 이 복수심 강하고 결단력 있는 여성은 강력하게 전쟁을 밀어붙여 고구려 대부분을 정복했다. 길고 피비린내 나는 전쟁이 끝난 후 한민족은 중국에 복속되었다. 어쩌다 한민족이 충성 맹세를 저버리는 일이 있다 해도 충성심을 다시 환기시키는 데는 보통 단기전으로 충분했다.[11]

우리는 문제의 한 측면, 즉 중국과 한반도 북서부 지역의 고대 정치 관계를 살펴보았다. 이제 또 다른 측면, 즉 일본과 한반도 동부 지역의 관계를 고찰해야 한다. 두 종류의 일련의 역사적 사건들이 상호작용하면서 제3, 제4의 측면이 도출되었고 이때 세 민족 모두 길고 끔찍한 전쟁에 휘말리게 되었다. 아주 오랜 옛날부터 한민족은 일본의 침략을 받아왔다. 일본의 전설에 따르면 202년경 유명한 진구 황후神功皇后가 규슈에서 반란자들에게 살해당한 남편의 죽음을 앙갚음하기 위해 한반도 원정을 감행했다고 한다.[12]

일본 전설에서 전쟁의 신 오진應神의 어머니[13]로 유명한 이 여장부는 규슈에서 일어난 반란을 신라*가 사주한 것으로 여겨 징벌적

응징을 하기로 결심한다. 신라는 한반도 남동부에 위치한 소왕국으로 지금의 강원도와 경상도 지역에 위치해 있었다. 신라 왕은 무시무시한 공격을 끝내 견디지 못하고 엄청난 굴욕을 감수해야 했다. 왕은 스스로 일본의 노예임을 선언했다. 진구 황후는 자신의 활을 신라 왕궁 정문에 걸어 놓았고 심지어 '신라 왕은 일본의 개다'라는 문구를 문에 적어 놓았다고도 한다.

진구 황후의 원정은 전설에 지나지 않는다. 하지만 일본인은 이를 사실이라고 주장하며 자신들의 지폐를 전설에 관한 삽화로 장식했다. 또한 일본은 진구 황후의 신라 정복을 근거로 한반도에 대한 종주권을 주장해 왔다. 이 같은 주장은 1876년 일본이 조선의 대외 교역 개방을 이끌어 낸 조약을 체결하기까지 공식적으로 폐기된 적이 없다.[14]

1,600년이라는 시간은 상징적인 종주권을 유지하기에는 긴 시간이다. 하지만 시간이 좀더 천천히 흐르는 듯한 동양에서 역사는 군주의 치세보다는 왕조에 의해 산정된다는 점을 기억해야 할 것이다. 심지어 유럽 역사에서도 이와 유사하게 잉글랜드가 수 세기 동안 프랑스 왕을 칭하며 프랑스 왕좌와 더불어 자신들의 종주권을 주장

---

* 중국어 발음으로는 신로Shin-Lo라고 읽는다.

신라를 침략했던 진구 황후의 두상이 그려진 일본 지폐.

했던 사례가 있다.[15]

진구 황후의 원정은 3세기 이래 일본의 대한반도 정책에 영향을 미쳤다. 고대의 일화는 대중들의 마음속에 깊이 새겨져 일본의 모든 열성적인 전사와 정치인들로 하여금 진구의 영광을 재현하겠다는 열망 속에 한민족과의 전쟁에 자발적으로 뛰어들게 만들었다. 이 사건은 또한 문제의 세 번째 측면, 즉 중국과 일본 사이의 적대감을 야기했다. 이미 7세기 초반부터 일본은 중국에 맞서 한반도 소국 중 한 나라를 지원하기 위해 원정대를 파견했다. 원정은 성공을 거두지 못했고 일본군은 중국 함대의 기습 공격으로 거의 전멸했다.*[16] 하지만 13세기에 있었던 대규모 군사 원정은 중국과 일본, 조선의 상호 관계에 더욱 큰 영향을 미치게 되었다. 쿠빌라이 칸의 일본 정벌이 실패로 돌아가자 일본은 자국의 지정학적 위치가 지닌 강점과 주변국 사이에서의 상대적 힘의 우위를 깨닫게 되었다. 국가적 위기가 끝난 후 일본은 극동 정치 무대에서 호전적인 세력으로 등장하기 시작했다.

이 유명한 원정은 최근 일본이 승리를 기리며 편년체로 관련 역사를 다시 쓰고 있는 사건으로 종종 에스파냐 왕 펠리페 2세의 무적함

---

* 이 사건은 당 고종(650~684) 때 발생했다.

대에 비견되곤 한다.[17] 펠리페 2세의 일화는 모든 영어권 독자들에게 잘 알려져 있으므로 쿠빌라이 칸의 원정에서 가장 인상적인 장면을 일부 소개하는 것이 더 흥미로울 것이다. 쿠빌라이 칸 혹은 중국 역사가들이 세조(世祖)라고 부르는 인물은 아시아 대륙 대부분을 지배했다. 몽골 세력은 멀리 유럽까지 뻗어나가 독일 국경 지역까지 이르렀다. 몽골의 힘이 아직 미치지 않은 곳은 변경의 작은 섬나라뿐이었다. 쿠빌라이 칸은 처음에는 외교적인 방법으로 복속하고자 오만한 내용의 교서를 지닌 사절을 일본으로 파견했다. 하지만 몽골인은 마침내 이제까지 무적이었던 자국 군대에 맞설 수 있는 민족과 마주치고 말았다. 섬 민족 특유의 자존심과 독립 정신으로 가득 찬 일본인은 항복하라는 쿠빌라이 칸의 간단한 전갈에 감히 대꾸조차 하지 않았다. 그러자 몽골 황제는 무력을 사용하기로 결심하고 300척의 함선과 1만 5,000명의 병사로 구성된 원정대를 파견했다. 원정대는 이키 섬[18] 근처에서 일본군에게 완패했다.

이 같은 외교적 및 군사적인 행동의 실패로 몽골 황제는 미지의 적을 과소평가했다는 것을 깨달았다. 황제는 규모가 훨씬 더 큰 원정대를 준비했다. 3,500척의 선단으로 이루어진 함대와 10만 명이 넘는 군사가 동원되었다고 한다. 이 거대한 함대는 시작부터 불운했다. 총사령관은 병에 걸렸고 후임자는 이처럼 통제하기 힘든 군대를 지휘하기에 역부족이었다. 마르코 폴로는 몽골 장수들 사이에 알력이 끊이지 않았다고 기록했다. 원정대가 일본에 도착하자마자 무시무시한 폭풍우가 함대 대부분을 파괴했다. 살아남은 소수의 배도 조난당한 생존자와 함께 일본군에 의해 난도질당했다(일본인들은 이 폭풍우가 여신 이세(伊勢)의 신력이 작용한 것이며 이세의 도움을 이끌어 낸 것은 천황이었다고 말한다).[19]

황해에서 시베리아 접경, 그리고 이집트에 이르는 지역을 거침없이 휩쓸었던 몽골군을 상대로 대승리를 거둔 일본인의 자부심이 고양된 것은 물론이었다. 일본인은 강압에 의해 몽골군을 도울 수밖에 없었던 중국인과 조선인에게 보복을 하기로 결정했다. 일본 조정은 오랫동안 봉건 전쟁의 제물이 되어 왔기 때문에 대외 전쟁에 나설 형편이 못 되었다. 하지만 일본 백성들에게는 복수할 기회가 충분히 주어졌다. 원 왕조 말부터 명나라(1368~1642) 거의 전 시기에 걸쳐 일본 해적이 중국 해안에 들끓었다. 왜적의 약탈이 너무 심해 명의 제1대 황제(재위 1368~1399) 홍무제(洪武帝)는 해안 방어를 위해 특수부대를 조직해야 했고 해안을 따라 감시초소를 세웠다.

일본 해적이 중국 해안 전역에 출몰했기 때문에 이들의 무자비한 약탈로부터 안전한 곳은 단 한 군데도 없었다. 물론 가장 큰 피해를 입은 것은 중부 지역이었다. 홍무제 치세 기간부터 세종 말기에 걸쳐(1370~1567) 이 지역은 일본 해적들에게 초토화되었다. 왜적은 해안을 노략질했을 뿐만 아니라 요충지 바닷가에 소굴을 만들고 이곳에서 출격하여 약탈하고 파괴하고 불을 질렀다. 하지만 절대 해상권을 놓치는 일은 없어서 배를 숨겨두었다가 상황이 불리해지면 일본으로 퇴각하거나 다른 해안 지역으로 옮겨갔다. 중국군은 해적의 약탈에 맞서 그들의 '소굴'(해적들이 요새라고 부르는 곳)을 파괴하고 배를 불태우는 데 성공하기도 했다. 이 경우 일본인에 대한 무차별적인 학살이 뒤따랐다.

하지만 중국 역사가들은 일본인이 거둔 수많은 승리까지 기록해놓았다. 일본인들은 당시 중국 전역을 휩쓸고 다녔고 바다에서 상당히 떨어진 지역에서도 마음대로 약탈하고 살육했다. 중국 역사가들은 일본의 민족성에 대해 '호전성, 위험이나 죽음에 대한 무관심, 수적으로 우세한 적에 대항해 싸울 수 있는 준비 태세'라고 정확하게 묘사했다.

일본인의 침략을 연도별 혹은 월별로 나열하면 아무리 개략적으로 서술한다 해도 지루할 것이다. 따라서 몇 가지 예만으로도 침략의 성격과 범위를 충분히 이해할 수 있을 것이다. 명 성조成祖 17년(1419) 랴오둥 반도에 있는 지금의 포트아서旅順 부근에서 한 중국인 장수의 매복 작전과 치밀한 전략으로 일본인 2,000명이 섬멸되었다. 재위 기간 중 일본인의 약탈이 가장 빈번하고 극심했던 세종世宗 치세 32년(1553)에는 해적들이 원저우溫州에서 상하이上海에 이르는 해안 전역을 공격했다. 그러나 이 흉폭한 침입자들을 진압할 방법을 도무지 찾지 못했다. 해적들은 항상 바닷가로 퇴각했고 한 지역에서 다른 지역으로 작전 지역을 신속하게 옮겼기 때문이다.

다음 해에 왜적들은 중국군에 심각한 타격을 입히며 그 지방 전역에서 약탈을 자행했다. 한 차례 더 중국군을 격파한 해적들은 일대를 노략질하면서 다른 지역을 통과해 바닷가로 달아났다. 이와 같은 침략으로 입은 손실은 엄청났다. 역사가들의 추정에 따르면 해적이 가장 많이 들끓었던 7~8년간 중국은 막대한 재화를 잃었고 수많은 사람들이 노예로 끌려갔으며 10만 명이 넘는 군인과 민간인이 죽거나 익사했다고 한다. 서구 역사에서 이에 비견할 사건을 찾는다면 중세로 거슬러 올라가 당시 유럽에서 가장 아름다운 지역이 북쪽에서는 노르만족, 남쪽에서는 사라센인으로부터 맹렬한 공격에 시달렸던 시기로 되돌아가야 한다.

해적의 약탈 행위는 민간인 수준의 산발적인 공격에 불과했지만 뒤이어 일본 역사상 가장 큰 규모의 전쟁이 발발한다. 일본에서 내전을 일으킨 아시카가 가문[20]의 극악무도한 정권은 마침내 오다 노부나가織田信長(1534~1582)와 도요토미 히데요시豊臣秀吉(1536~1598)에 의해 종말을 고했다. 히데요시는 비천한 신분에서 제국의 일인자 자리에 올랐다. 하지만 히데요시의 용기와 군사적 역량을 보고 사람들은 그의 천한 태생을 잊어버렸고 그는 황제의 이름을 빌려 절대 권력을 쥐고 전국을 통치했다. 히데요시는 군사들로부터 존경을 받았고 그의 군대는 치르는 전투마다 승리를 거두었다. 또 히데요시는 자신의 군대가 해외로 진출하기를 갈망했다. 이제 일본 안에는 대적할 상대가 없었던 것이다. 수 세기에 걸쳐 일본이 조선에 대해 주장해 온 명목상의 종주권이 조선을 상대로 전쟁을 일으킬 편리한 구실이 되었다. 하지만 조선과의 전쟁은 중국 침략의 첫 단계에 불과했다.

중국 원정은 히데요시가 조금만 더 젊었더라면 이루었을지도 모를 원대한 야망이었다. 이 계획은 일찍부터 히데요시의 마음속에 자라고 있었다. 히데요시는 이를 실행에 옮길 수단을 확보할 때까지 이따금 마음속에 되새기곤 했다. 그가 교토에 있는 기요미즈데라淸水寺에 있을 때의 일이다. 모든 관람객들이 감탄하는 아름다운 자연 속에서 아들의 죽음을 슬퍼하던 히데요시가 시종을 돌아보더니 이렇게 말했다. "위대한 인물은 수만 리 너머로 자신의 군대를 경영해야 하며 슬픔에 굴복해서는 안 된다." 히데요시는 원대한 계획을 통해 슬픔을 억누르려 했으며 정복의 백일몽 속에서 부하 장수들에게 중국을 배분해 주었다. 이 기이한 인물의 자부심과 야망은 그가 조선 국왕에게 보낸 편지에도 잘 나타나 있다. "비천한 가계의 마지막 후손인 그는 태양이 빛나는 곳이면 어디나 그에게 복종하지 않는 곳이 없고 그의 행적은 마치 떠오르는 태양처럼 온 세상을 비추는 그런 운명을 타고났다."

조선 국왕은 중국을 협공하자는 히데요시의 제안을 거절했다. 이 제안을 터무니없는 것으로 여기면서 벌이 거북에게 침을 쏘려는 시도에 불과한 것으로 치부했기 때문이다. 히데요시는 조선에 대한 가공할 침략을 준비했다. 15만 명에 달한 것으로 전해지는 대군이 강력한 예비 병력의 지원을 받으며 부산 인근을 통해 조선에 상륙했다.[21] 병사들은 호전적이었고 승리에 익숙할 뿐 아니라 조선군보다 훨씬 무장이 잘 되었으며 성능 좋은 화기도 많이 보유하고 있었다. 일본인들은 포르투갈인으로부터 화기 사용법을 배웠다. 일본군은 두 명의 장수, 고니시 유키나가小西行長(?~1600)와 가토 기요마사加藤清正(1562~1611)가 지휘했는데 두 사람은 나이와 성격 면에서 판이하게 달랐다. 고니시는 젊고 열렬한 가톨릭 신자였고 가토는 나이가 훨씬 많은 완고한 불교 신자였다. 이 같은 차이점으로 곧 두 장수는 치열하게 경쟁을 하게 되었고 그에 따른 불화가 전쟁의 결과에도 영향을 미쳤을 것이다.

원정대가 출발하기 전 특이한 일이 벌어졌다. 당시 일본 무사는 서구의 중세 기사만큼이나 무식했다. 이들은 중국 장수로부터 서신을 받는다면 몹시 곤란할 것이라고 히데요시에게 사정 얘기를 했다. 그러자 히데요시는 한자를 배운 승려 몇 명을 함께 보내 그들을 도울 것이라 약속했다.

전쟁 초반 일본의 신속한 승리는 놀라울 정도였다. 성질이 급한 젊은 고니시는 정교한 선박 조종술을 이용해 조선에 가장 먼저 상륙했고 곧이어 같은 날 동래성東萊(부산 근처)을 점령했다. 이후 낙동강 계곡을 따라 전진하면서 공격해 상주尙州와 충주忠州를 점령했다. 이처럼 빠른 진격 덕분에 고니시는 최초 상륙일로부터 18일 안에 수도 서울漢城[22]에 입성했다. 신속한 승전보를 전해 들은 히데요시는 너무나 기뻐 다음과 같이 외쳤다. "아 나의 아들이 무덤에서 되살아난 것 같구나."

가토는 다음 날 상륙했는데 자신의 젊은 경쟁자가 도처에서 앞질러 가고 있다는 사실에 매우 화가 났다. 가토는 고니시의 진격을 늦추기 위해 온갖 수단을 사용했으며 심지어 수도 앞을 흐르는 강을 건너는 데 꼭 필요한 배를 없애기까지 했다. 이 같은 지체에도 불구하고 가토는 고니시와 거의 같은 시기에 서울에 입성했다.

일본군의 신속한 공격으로 전쟁에 아무런 대비도 하지 않았던 조선 조정은 일대 혼란에 빠졌다. 충주가 함락되었다는 소식이 서울에 도달하자 심각한 공황 상태가 벌어졌다. 조정 신하들은 왕을 버리고 왕실 마구간에서 말을 빼내 달아났다. 왕은 랴오둥遼東[23]으로 피란해 중국의 원조를 간청해야 했으며 왕자들은 북동 지역으로 피란을 갔다. 두 일본인 장수는 연합작전을 수행할 수 없다는 사실을 깨닫고 나누어 작전을 펴기로 합의했다. 가토는 동쪽으로 진군해 함경 지역을 점령했고 고니시는 평양으로 밀고 올라가 서울을 떠난 지 약 3주일 만에 그곳에 도달했다. 평양에서 일본군은 대동강을 건너는 데 상당한 어려움을 겪었지만 성공적인 작전을 펴 조선군을 물리쳤다. 결국 조선군은 평양을 포기해야 했다.

고대 왕국의 수도이자 강건한 요새인 평양이 함락되면서 조선 전역과 중국 랴오둥 지역에 공포감이 확산되었다. 랴오둥 지역에는 겁에 질린 피란민들이 기하급수적으로 늘어났다.

성급한 고니시는 승리의 여세를 몰아 중국을 침략하려 했다. 하지만 작전 본부로부터 너무나 멀리 떨어져 있었기 때문에 부산에 머물고 있는 일본군 함대에 연합작전을 요청하지 않을 수 없었다. 함대는 서부 해안을 돌아 대동강까지 진격하라는 명령을 받았다. 이 같은 연합작전이 성공했다면 히데요시의 꿈은 실현되었을지 모른다. 일본군이 계속해서 빠른 속도로 진격하고 도중에 어떠한 저항도 받지 않았다면 말이다. 중국군과 조선군 모두 아직 전쟁에 제대로 대비하지 않은 상태였다. 따라서 수 주 만에 조선 영토의 대부분을 점령한 군대는 시간은 좀더 걸렸겠지만 별다른 어려움 없이 랴오둥을 통과했을 것이다. 하지만 히데요시와 장수들의 야심찬 계획을 생각하면 안타까운 일이지만 함대는 집결지에 도착할 수 없었다.

조선군은 처음에는 일본군의 저돌적인 맹공격에 비틀거렸지만 점차 정신을 차렸다. 그들은 절망에서 우러나온 용기에 고취되어 항해 중인 일본 함대를 거제도巨濟島[24]에서 격파하며 부산까지 물리쳤다. 조선 군함이 일본 군함보다 더 강했고 화살과 총알을 막아 주는 두꺼운 갑판이 설치되어 있었기 때문에 조선은 해전에서 승리할 수 있었다. 이 패배로 고니시는 더 이상 진격하지 못했다. 대동강과 평양이 16세기의 유명한 전쟁[25] 기간 내내 일본 군사작전의 최종 한계선을 의미했기 때문에 일본 함대의 패배는 전쟁의 전환점으로 여겨졌다. 이는 또한 해군력이 역사에 미치는 영향에 관한 앨프리드 머핸Alfred Thayer Mahan[26] 제독의 이론을 입증하는 극동에서의 실례로 꼽을 수 있다.

고니시가 평양으로 진격하는 동안 가토는 조선의 북쪽 국경까지 행군해 회령會寧을 포위했다. 회령에는 왕자들이 피란해 있었다. 왕자들은 가토에게 넘겨졌고 요새는 함락되었다. 이 같은 승리에 만족하지 않고 가토는 국경을 넘어 오랑캐*라는 지역을 침략했다. 이곳에서 있었던 감동적인 일화 하나가 전해지는데 이는 일본 화가들이 즐겨 다루는 주제이기도 하다. 동쪽 바다 너머로 일본군은 꿈에도 그리던 후지산으로 착각한 어떤 산의 흐릿한 윤곽을 보았다. 가토는 즉시 투구를 벗고 고국을 향해 경건하게 절을 했다.*

조선 왕이 랴오둥으로 피신해 중국에 지원을 요청하자 중국은 소규모 군대를 파견했고 이 군대는 즉각 일본군에게 격파되었다. 비로소 적의 힘을 깨닫게 된 중국은 대규모의 파병을 계획했고, 시간을 벌기 위해 적과의 협상에 돌입했다. 이것은 수많은 외교 협상의 시작이었다. 기나긴 전쟁 기간 동안 전장과 베이징에서는 수많은 외교 협상이 있었다. 물론 중국군이 협상에서 매우 유리한 위치를 차지하였다. 중국군은 간교한 밀사를 고용할 수도 있었고 그들을 마음대로 버리기도 했다. 반면 일본군은 장수들을 내세웠는데 이들은 무뚝뚝하고 무지한 전사에 지나지 않았다. 일본군 장수들은 한자조차 읽지 못해 데리고 온 승려에 의지했다.

일본군은 간교한 중국인으로부터[27] 대동강에 이르는 조선 전역, 즉 자신들이 정복했던 영토를 보장 받았다. 이 중국인은 일본군이

---

* 지금의 러시아 아무르 지역 일대를 말한다.
* 일본인들은 이 산이 북쪽 에조Yezo(홋카이도)라는 섬에 있는 요태래Yo-tei-rei일 것이라고 추측한다. 아마 해안에서 떨어진 어떤 섬이었을 것이다.

대기하도록 회유하기 위해 파견된 자였다. 일본군이 베이징으로부터 그 같은 협상안을 승인한다는 회신이 오길 기다리는 동안 명明의 대군은 일본군을 공격하기 위해 평양으로 조용히 진격하고 있었다. 일본군은 극히 위험한 처지에 놓였다. 조선의 농부들이 일제히 봉기했고 중국군은 눈앞에 다가와 있었다. 하지만 고니시의 용기와 정신력은 꺾이지 않았다. 그는 퇴각을 거부하고 용감하게 전투 준비를 했다. 중국군이 수적으로 엄청나게 우세한데도 일본군은 모란봉牡丹山(평양 근처에 있는 강고한 요새)에서 진지를 사수했다. 하지만 밤이 되자 퇴각하지 않을 수 없었다.

중국군을 지휘한 장수는 이여송李如松이었다. 이여송은 반란군 진압과 당시 발흥하던 만주족과의 전투로 이름을 날린 노련한 장수였다. 일본군의 도주에 화가 난 이여송은 20만 명에 달하는 병사를 이끌고 즉각 서울로 진격했다. 아마 병사 대다수는 무장도 제대로 갖추지 못한 조선인 농부들이었을 것이다. 고니시는 서울에서 항전하기로 결심하고 가토와 다른 장수들에게 자신과 합류해 줄 것을 요청했다. 중국군과 조선군은 일본군 선봉대를 물리치고 서울로 계속 전진했다. 이곳에서 전쟁 기간을 통틀어 가장 피비린내 나는 처절한 전투가 벌어졌다.[28]

처음에 일본군은 적의 수적 우세에 압도되었지만 결국 적에게 심각한 타격을 입히고 물리치는 데 성공했다. 고대 전투에서 즐겨 사용된 전술을 채택한 한 노장의 책략 덕분이었다. 이 장수는 강력한 예비 병력을 멀리 숨겨 두었다가 중국군이 일본군을 추격하느라 혼란에 빠진 틈을 타 공격을 가했다. 이 승리는 애매한 결과를 가져왔다. 중국군은 심각한 타격을 입었고 아직 고니시와 연합하지 않았을 거라고 짐작되는 가토가 측면에서 공격해올까 두려워 평양으로 후퇴했다.[29] 일본군은 진격해 조선군이 수비하던 몇몇 성을 점령했다. 하지만 오랜 전투에 지쳐 있었고 조선군의 끊임없는 유격전에 시달리고 있었다. 또 장기간에 걸친 전쟁으로 심각한 식량난을 겪고 있었다. 마침내 일본 장수들은 강화조약에 따르기로 합의했다.

일본은 조선의 남부 지방 세 곳과 조선에 대한 종주권을 약속받았다. 또 히데요시는 중국 황제와 동등한 대우를 원했는데 이 하찮은 허영심 때문에 결국 협상이 결렬되었다. 협상 조건을 논의하는 동안 서울에서 철수한 일본군은 해안으로 퇴각해 그곳에서 일본으로부터 보급품을 공급받았다. 이것이 첫 번째 침략의 결말이었다. 일본은 장수들 간의 불화와 수군의 충분하지 않은 지원, 중국의 노련한 외교술을 간파하는 능력 부재로 전쟁 초기 화려한 전공의 결과물을 모두 잃어버렸다. 하지만 당시 일본의 신속한 진격은 경이적인 것이었다.

중국은 매우 성의 없이 협상에 임했고 히데요시는 협상을 통해 자신의 권력을 강화하려는 교만한 욕망에 사로잡혀 있었다. 이 모든 부조화로 인해 중국은 조선인에 대한 일부 일본군의 공격에 불쾌감을 갖게 되었고, 히데요시는 중국 황제로부터 완전히 인정받지 못했다는 사실에 감정이 상했다. 일본은 즉시 조선에 대한 두 번째 침략을 계획했다. 첫 번째 침략과 마찬가지로 강력한 군대가 이 불운한 나라를 공격했다.[30] 두 번째 침략은 첫 번째 공격에 비해 성공적이지 못했다. 조선군은 이전 전투에서 단련된 상태로 대비하고 있었다. 또한 대규모 중국군이 조선군을 지원하기 위해 이미 이 나라에 와 있었다.

일본군은 몇 차례 승리를 거둔 끝에 수도까지 진격했지만 곧 바로 퇴각했다. 첫 번째 침략에서 평양으로 진격할 때와 마찬가지로 수군의 패배로 인해 보급품을 손에 넣을 수 없었기 때문이다. 겨울이 다가오고 있었고 나라 전체가 수년에 걸친 전란으로 황폐해져 있었다. 일본군은 본국에서 가까운 해안까지 물러나야 했다. 이제 영원히 이 나라를 떠나야 한다는 것을 깨달은 일본군은 재물을 챙기고 불행한 조선인들에게 최대한 피해를 주기로 결심했다. 일본군은 남쪽으로 천천히 행군하면서 닥치는 대로 마을을 약탈하고 불을 질렀다. 퇴각하던 군대는 부산과 울산에 진지를 구축했는데 특히 울산에서 일본군은 막다른 골목으로 내몰리게 되었다. 중국군과 조선군으로 이루어진 대군이 이제까지의 패배와 조선에 대한 무자비한 유린에 복수하기 위해 집결하고 있었다.

울산 포위 작전은 이 전쟁의 마지막 주요 사건이었으며 그토록 오랜 세월 동안 지속적으로 조선을 괴롭혀 온 것에 꼭 맞는 결말이었다. 적의 규모와 분노를 잘 알고 있는 일본군은 진지를 강화했다. 튼튼하고 높은 벽을 세 겹으로 둘러쌌다. 진지의 삼면을 방어하는 망루가 측면에 배치되었고 네 번째 면은 바다가 방어하고 있었다. 혹독한 조선의 겨울 내내 일본군은 기아와 갈증의 공포 속에서 격렬한 공격을 견뎌냈다. 공포와 기괴함을 유난히 좋아하는 일본인은 생생한 상상력을 동원해 저 끔찍한 포위 속에서 발생한 무수한 사건을 오늘날까지 전하고 있다. 성 안으로 너무나 많은 화살이 쏟아져 들어와 포위된 군사들은 얼어붙은 말의 시체에서 떼어 낸 살코기를 요리하는 데 화살을 연료로 사용하곤 했다. 부족한 식량을 채우기 위해 온갖 지혜를 동원했다. 쥐를 잡아먹었고 심지어는 허기를 달래기 위해 종이를 씹기도 했다. 굶주린 병사들은 혹독한 추위에도 시달렸다. 수많은 병사들이 양지바른 벽에 기대앉아 얼어 죽은 채 발견되었다. 그곳에서 미약한 온기나마 찾으려고 부질없이 애썼을 것이다.

첫 공격에서 중국군은 일차 포위망을 뚫었다. 동시에 일본군은 엄청난 물 부족에 시달리게 되었다. 적이 모든 물줄기와 수원을 막았기 때문이다. 일본군은 갈증을 해소하기 위해 시체의 상처를 핥고 살코기를 씹는 지경에 이르렀다고 한다. 기아와 갈증 속에서도 격렬하게 움직여야 했기 때문에 혹한 속에서도 갑옷은 땀으로 얼어붙었다. 일본 역사가들은 병사들이 자신의 다리가 대나무 지팡이처럼 말라 각반이 끊임없이 흘러내리는 것을 깨닫는 장면을 자랑스럽게 이야기하곤 한다.

어떤 역사가는 이 모든 공포 속에서 봉건시대 일본 무사의 기질에 아주 잘 들어맞는 몇 가지 영웅적인 일화를 찾아냈다. 울산에 주둔했던 장수 중 한 사람인 아사노는 가토에게 자신이 처한 곤경에 대해 써서 보냈다. 가토는 아사노의 아버지에게 그의 아들을 돕겠노라고 맹세하고 친구가 처한 위험과 궁핍을 함께 나누고자 즉각 울산으로 진격했다. 곤경에 빠진 울산의 수비대는 구조를 요청하는 긴급 전갈을 수없이 보냈다. 하지만 부산에서 출발한 지원군이 필사적인 전투 끝에 포위군을 물리쳤을 때에는 그들 대부분이 기아로 죽은 뒤였다.

양측 군대 모두 결전을 치르기에는 겨울 전투에 너무나 지쳐 있었기 때문에 군사작전은 유격전에 국한되었다. 전쟁 주창자인 히데요시의 죽음으로 전쟁은 곧 종결되었다. 히데요시의 마지막 명령 가운데 하나가 조선에서 모든 군대를 철수하라는 것이었다. 각기 다른 의도로 진행된 협상과 더불어 전쟁은 1592년 중반부터 1598년 말까지 6년 이상 계속되었다. 이 기간에 일본은 중국과 조선에 대항해 싸웠다. 하지만 대부분의 전투에서 승리하고도 보급품이 부족해 퇴각해야만 했다. 두 번의 끔찍한 침략에서 얻은 실제적인 성과는 부산을 점령한 것뿐이었다. 일본은 부산을 점령하고 수비대를 주둔시켰다. 아마 전리품의 개념으로 부산에 집착했을 것이다. 마치 영국이 프랑스에서 축출된 후에도 오랫동안 칼레에 대한 소유권을 유지해 온 것처럼 말이다. 영국은 대륙 정복의 마지막 자취로 본래 칼레가 지닌 중요성 이상으로 의미 부여를 했다.[31]

히데요시가 일으킨 전쟁*에 대해 긴 설명을 했으나 결코 지나친 것은 아니다. 일본의 민족 정신에 깊은 인상을 준 전쟁으로서 이 사건이야말로 일본사에서 주목할 만한 것이기 때문이다. 지금의 일본 저술가들은 이 전쟁을 십자군 전쟁과 유사한 사건으로 기술하기도 한다. 이 영웅적인 전쟁으로 유럽인이 동방에 주의를 집중하게 되었듯이 히데요시의 침략으로 조선에 대한 일본의 관심은 끈질기게 이어지게 되었다.

---

* 본토 역사가 외에도 극동에서 발간된 외국 잡지에 실린 글이 자료 수집에 큰 도움을 주었다.

제2장
조선 현대사 약술

    도요토미 히데요시의 죽음과 함께 그의 원대한 계획이 좌절된 직후 중국과 일본에서는 엄청난 변화가 일어났다. 중국에서는 명 왕조가 하루가 다르게 쇠퇴하더니 마침내 만주족에게 정복되었다. 만주족은 지금까지도 중국을 통치하고 있다. 일본에서는 도쿠가와 가문이 집안 대대로 쇼군 지위를 세습하면서 1868년 왕정복고기까지 국가의 권력을 독점했다.

    조선의 경우 끔찍했던 일본 침략으로 고립주의적 경향이 더욱 심화되었다. 그들은 가능한 모든 수단을 동원해 외국인이 국내로 들어오는 것을 막으려 했다. 북쪽 국경을 따라 중립 지대로 불리는 황무지가 조선과 중국을 갈라놓고 있었다. 두 나라 백성에게는 일 년에 단 한차례 국경 도시에서 벌어지는 정기 시에서의 상업 거래만[32] 허용되었다. 장이 끝난 후 조선 영토에서 발견되는 중국인이나 만주족은 누구나 할 것 없이 살해되기 십상이었다. 해안을 따라 삼엄한 경계가 펼쳐졌고 산꼭대기에 설치된 조직적인 봉화 체계로 수상한 배의 접근은 수도까지 신속하게 보고되었다. 조난당해 해안까지 떠밀려 온 외국인은 모두 엄격하게 유폐되어 본국으로 돌아갈 수 없었으며 중국 사절의 면회조차 허락하지 않았다. 이것이 17세기 네덜란드 선원의 운명이었다. 선원들은 탈출에 성공하기까지 14년이나 억류되었다.

인접국과의 충돌을 피하기 위해 조선은 베이징과 에도江戸(도쿄의 옛 이름)에 조공 사절을 보내기로 한다. 이는 조선의 국고에 부담을 주기보다는 중국과 일본의 자존심을 세워 주는 측면이 더 컸다. 17세기 초반 서쪽 종주권에 대한 충성심을 엄격하게 지키기 위해 조선은 만주족과의 전쟁에 휘말렸다. 당시 만주족은 중국의 명 왕조를 위협하고 있었다. 1627년과 1637년의[33] 두 차례 침략으로 조선은 명 왕조가 아닌 만주족에게 충성 서약을 해야 했다. 하지만 만주족이 곧 용의 제국의 주인이 되자 조선인들은 더 이상 난처하지 않아도 되었고 외국과의 전쟁으로부터 두 세기 이상 면제받는 특권을 누리게 되었다. 불행하게도 어떤 형태의 사회에서나 어느 정도의 분쟁은 피할 수 없는 법이다. 이것이 모든 유기적 세계를 지배하는 법칙이기 때문이다. 인접국과의 전쟁은 물론 먼 거리에 위치한 모험심 강한 나라의 침략을 피하기 위해 조선이 택한 고육책은 평화와 안정을 가져오는 대신 나라 안에 수많은 당파를 양산했다. 이 파벌들은 지금까지도 음모와 정치적 암살, 골육상쟁으로 조선을 분열시키고 있다.

조선에 '은자의 나라', '금지된 땅'이라는 이름을 가져다 준 이 독특한 고립주의는, 조선에 인접한 두 강국마저 대외 통상에 문호를 개방하게 됨으로써 증기선이 조선 해안이 바라다 보이는 곳을 끊임없이 지나다니던 극히 최근까지도 지속된 대단히 비정상적이고 기이한 현상이었다. 많은 나라의 사람들이 극히 상반된 동기를 가지고 이처럼 완강한 은둔[34]을 깨기 위해 갖은 시도를 했다. 지난 세기 말 베이징에서 한국인 몇 명을 개종시킴으로써 한반도에 침투하게 된 가톨릭은 곧이어 프랑스인 선교사 일부를 변장시켜(그들이 할 수 있는 유일한 수단이다) 조선으로 보냈다. 선교사들의 포교 활동은 성공적이었으나 곧바로 극심한 박해가 이어졌다. 가톨릭 선교사들을 항상 적극적으로 보호해 온 프랑스 정부는 조선에서 선교사를 추종하는 사람들이 종교적 관용을 보장받을 수 있도록 다방면으로 노력했다.

라글로와La Gloire호와 라빅토리에즈La Victorieuse호로 구성된 1차 원정대는 잘못된 해도와 조선 해안의 높은 조수 때문에 난파되었다. 박해가 점점 늘어나는데도 중국 정부로부터 아무런 해결책을 얻지 못하자 1866년에 프랑스는 조선인을 회유하기 위해 직접 나섰다. 9월 25일 리델 주교[35]와 안내자인 조선인 개종자를 태운 데룰라드Deroulede호와 타르디프Tardif호가 수도 목전에 정박했다. 이로 인해 조선의 수도는 엄청난 공황 상태에 빠져 인근 지역으로부터 식량을 전혀 들여올 수 없었다. 프랑스군이 계속 버티고 있었다면 아마 자신들의 조건을 관철할 수 있었을 것이다. 하지만 로즈 제독은 주교의 간청에 귀 기울이지 않고 보다 강력한 원정대를 조직하기 위해 체푸로 되돌아갔다. 원정대는 프리깃함 게리에르Guerriere호와 코르벳함 라플라스Laplace호, 프리모게Primauguet호, 통보함 데룰라드Deroulede호와 켠찬Kien-chan호, 포함 타르디프Tardif호와 르브르통Lebreton호, 그리고 600명의 병사로 이루어졌다.

프랑스군은 처음에는 성공을 거두어 강화를 점령하고 수차례 교전에서 조선군을 물리쳤다. 하지만 점차 부주의해져 어느 축성된 절을[36] 공격하다 패퇴하고 말았다. 이 절 역시 함대로부터 포격을 당한 것 같다. 함대 전체로서는 매우 유감스럽게도 이 작은 패배는 제독이 퇴각 명령을 내리기에 충분한 것이었다. 이처럼 납득하기 힘든 퇴각을 조선군은 나라 전체의 승리로 받아들였고 따라서 가톨릭교도에 대한 박해는 한층 극렬해졌다.

같은 시기 조선과 통상관계를 수립하려는 시도도 있었다. 1862년에는 나폴레옹 3세 정권이 한반도에서 프랑스인의 무역 자유권을 얻기 위하여 쇼군大君의 사절을 만나려 했다. 러셀 경은 일본이 부산에서 누리던 통상 특권을 영국도 얻기를 희망했다. 러시아인들도 쓰시마에 항구를 건설했지만 이를 포기해야 했다. 1866년 러시아인들은 통상권을 요구하기 위해 브로턴베이元山에 전함 한 척을 파견했으나 베이징에 요청하라는 대답만 들었다. 같은 해 모험가인 오페르트Ernst Jacob Oppert(『금단의 땅』 저자, 1832~1903)는 조선의 대외 통상 문호를 열기로 마음먹고 조선을 두 차례나 방문한다. 처음에는 로나Rona호를 타고 왔고 그다음에는 엠퍼러Emperor호를 타고 왔다. 한편 미국의 범선 제너럴셔먼General Sherman호는 대동강에서 통상을 시도하다가 파괴되어 선원 전원이 몰살당했다.

조선의 은둔 상태를 깨뜨리려는 시도는 이중적인 감정에서 비롯된 것이었다. 복음을 전파하려는 종교적 열의와 미지의 나라를 개방하는 데 뒤따를 막대한 부를 꿈꾸는 기업가 정신이 그것이었다. 이처럼 전혀 다른 감정이 역사상 가장 특이한 원정을 촉발했다. 프랑스인 선교사들은 자신들을 들짐승처럼 숨어 지내게 만드는 격렬하고

무자비한 박해 아래 거의 광기를 띠는 지경에 내몰리는 경우가 많았다. 그러다 보니 박해받는 무지한 추종자들의 비정상적인 계획을 묵인하기도 했다. 몇몇 조선인들은 극렬한 박해자인 섭정자 대원군이 미신을 신봉하므로 왕실 묘 안에 있는 유골을 확보할 수 있다면 그것을 돌려주는 대가로 종교와 통상의 자유를 얻을 수 있을 것이라고 생각했다.

1866년 오페르트는 두 차례에 걸친 모험적인 통상 항해 과정에서 프랑스인 신부와 조선인 개종자들과 연락을 주고받았다. 1867년 초에는 상하이에 온 프랑스인 신부 한 명과 조선인 가톨릭교도 네 명이 오페르트에게 왕실 묘를 약탈할 계획을 제시했다. 오페르트는 이 계획을 승인했다. 상하이에 있는 몇몇 상인의 도움을 받아 680톤급 증기선 차이나China호와 60톤급 증기 보급선 한 척으로 구성된 원정대를 조직했다. 배에는 여덟 명의 유럽인과 스무 명의 마닐라인, 그리고 100명 가량의 중국인이 타고 있었다.

대원군, 조선 국왕의 아버지이자 왕의 재임 기간 중 섭정자.

선교사와 모험가로 구성된 이 이상한 집단은 종교적 박해를 막고 조선의 통상 문호를 개방하기 위해 계획을 세웠다.

이 모든 것을 접근하기 어려운 신비한 무덤을 통해 얻으려 했던 것이다. 가장 가까운 경로는 프린스 제롬 만牙山灣에 있었다. 이곳에서 한 달 중 조수가 유리한 특정 시기에만 항해할 수 있는 어떤 강[37]을 따라 거슬러 올라가야 했다. 그처럼 치밀하게 계산된 계획이 흔히 그렇듯이 어떠한 사소한 지연도 곧 실패를 의미했다. 시간이 꽤 지체된 상태에서 나가사키에서 석탄을 공급받은 원정대는 1867년 5월 8일 프린스 제롬 만에 도착했다. 하지만 만조가 거의 끝나갈 무렵이 되어서야 거룻배를 타고 강 상류에 도달할 수 있었다. 최대한 신속하게 무덤을 찾아내고 도굴 작업을 시작했다. 하지만 불행하게도 돌로 된 판석 때문에 작업을 중단해야 했다. 그들이 가져온 삽으로는 판석을 들어낼 수 없었던 것이다. 만조가 거의 끝났기 때문에 더 나은 연장을 가지러 배로 돌아갈 시간도 없었다. 게다가 그 지방에서는 원정대의 행동에 놀라 경계를 강화했다. 결국 예상치 못한 판석 때문에 원정 자체가 실패로 돌아갔다.

1871년 좀처럼 납득할 만한 해명을 하지 않고 있는 제너럴셔먼호 실종 사건으로 조선에 대해 반복적으로 관심을 제기해 온 미국이 일본의 문호를 연 것과 같은 방식으로 조선을 개방하고자 강경한 조치를 취한다. 기함 콜로라도Colorado호, 코르벳함 알래스카Alaska호와 베네치아Benecia호, 그리고 포함인 모노카시Monocacy호와 팔로스Palos호로 구성된 원정대가 꾸려졌다. 미국 원정대는 강화도 근처로 진격했는데 이곳은 몇 년 전 프랑스 원정대가 머물렀던 곳이었다. 몇 차례 회담이 성과 없이 끝난 뒤 미국 함대가 포격을 당했고 조선의 요새[38]도 포격을 받아 초토화되었다. 759명 규모의 병력이 상륙해 또 다른 조선 요새[39]를 향해 돌진했다.

총 다섯 개의 요새가 함락되었지만 더 이상의 진전은 없었다. 프랑스 로즈 제독과 마찬가지로 로저스 제독도 퇴각하기로 결정했다. 조선인은 프랑스와 마찬가지로 미국도 용맹하게 싸워 성공적으로 물리쳤다는 자부심을 가지게 되었다.

미국과 유럽에서 정부와 개인 모두 조선을 개방하기 위해 별 효과 없는 시도를 빈번하게 하는 동안 조선 내부는 물론이고 두 인접국인 일본과 중국과의 관계에도 엄청난 변화가 일어나고 있었다. 1392년부터 이어진 조선 왕조는 1864년 왕이 후계자를 정하지도 못하고 죽으면서 갑작스럽게 단절되었다.[40] 일련의 궁중 음모 끝에 당시 어린 소년이었던 지금의 왕이 아버지의 섭정 아래 선출되었다. 왕의 아버지는 대원군이라는 직함을 받았다. 이 이름은 가톨릭교도에 대한 무자비한 박해와 더불어 조선과 그 인접국을 너무나 자주 혼란에 빠뜨렸던 끝없는 음모 때문에 극동의 외국인들에게는 꽤나 친숙한 이름이었다.

일본은 역사상 가장 독특한 혁명을 통해 모든 정치 조직과 사회 관습을 바꾸었으며 중국의 영향에서 벗어나 유럽식 모델을 따르기 시작했다.[41] 극동 전역을 깜짝 놀라게 한 이 같은 조치들은 대원군에게는 특히나 혐오스러운 것이었다. 대원군은 종교적이든 상업적이든 조선에 대한 모든 외세의 침입에 끈질기게 반대해 왔기 때문이다. 일본이 충성 맹세를 되찾기 위해 조금은 충동적으로 조선에 초청장을 보내자 대원군은 이를 오만한 태도로 거절했다. 이 같은 모욕은 일본 내에 깊은 분노를 야기했고 사쓰마의 사이고 다카모리西鄕隆盛[42]를 우두머리로 주전파가 즉각 결성되었다. 하지만 당시 일본은 전쟁에 돌입할 여유가 없었기 때문에 이 문제는 차후 해결할 과제로 남겨졌다.

1875년 당시에는 거의 주목받지 못하고 지나쳤지만 이제는 매우 중요하게 고려해야 할 두 가지 사건이 발생했다. 이것은 서서히 그러나 가차 없이 중국과 일본을 전쟁으로 몰고 간 일련의 사건의 시발이었다.

조선과 중국 사이에 개간되지 않은 채 주인 없이 버려진 중립지대는 도적의 소굴이 되었고 이들의 약탈은 인접한 중국 영토를 황폐하게 만들었다. 이홍장李鴻章은 국경을 넘어 군대를 파견하고 야루[43]에 포함을 보내 약탈자들을 진압했다. 이 군사 원정으로 1877년 전 지역이 중국에 정식으로 합병되었다.[44] 중국의 국경이 압록강까지 확장된 것이다. 이제 조선과 중국은 공동 국경을 가짐으로써 더욱 밀접하게 연결되었고, 그에 따라 중국은 한반도 문제에 더 큰 이해관계를 갖게 되었다. 한편 같은 해인 1875년 9월 운요호雲揚號에 탄 일본군 수병 일부가 물을 얻기 위해 강화도에 상륙했다가 조선군으로부터 포격을 당했다. 즉시 30명의 일본군 부대가 상륙해 요새로 돌격하더니 수비대를 무찌르고 요새를 파괴했다. 사실 이들은 로즈 제독이 이끈 프랑스 군 600명과 로저스 제독이 이끈 미군 759명이 거둔 것과 거의 맞먹는 성과를 이룬 셈이다.

예리한 관찰자라면 조선군이나 중국군을 상대로 전투에 투입된 유럽 군대에 비해 일본군이 어떠한 이점을 가지고 있는지 알아차렸을 것이다. 이 같은 모욕적인 사건 이후 일본의 모든 파벌이 강경 조치를 취하는 데 합의했다. 중국의 중립이 확실해지자 두 척의 전함과 세 척의 수송선으로 구성된 원정대가 800명이 채 안 되는 병사를 싣고 조선에 파견되었다. 일본인은 22년 전 미국인들이 자신들에게 쓴 방법을 조선인에게 똑같이 사용했다. 서울이 바라다 보이는 곳에 함대와 병사를 위풍당당하게 도열하는 식으로 페리 제독의 계책[45]을 모방한 것이다. 3주 후인 1876년 2월 27일 일본과의 교역을 위해 부산을 개방하는 조약이 체결되었다. 1880년에는 원산과[46] 제물포도 개방되었다. 이로써 일본은 점차 조선 내 개화 정책에 몰두하게 되었다.

일본이 조선의 문호를 개방하는 데 성공하자 다른 나라도 경쟁적으로 뛰어들었다. 1882년 슈펠트 제독은 조선의 대미 통상 개방에 관한 조약을 체결했고 그해부터 몇 년에 걸쳐 유럽 국가 대부분이 조약을 체결했다.

하지만 은자의 왕국은 외국인들에게 실망스럽기 짝이 없었다. 자원은 극히 빈약했고 백성들은 나태했으며 유럽인의 손을 거쳐 중요한 교역이 이루어지는 일은 전혀 없었다. 조선은 중국과 일본 기업의 싸움터로 남게 되었다.

특히 일본은 애초부터 자신들이 오랜 은둔 상태에서 끌어낸 이 나라를 지배하기로 작정이라도 한 듯 터를 잡았다. 그들은 웅장한 영사관을 세웠고 번창하는 거류지를 조성했다. 또 19세기 후반에 걸쳐 유럽인들이 중국의 개항장에서 수행했던 역할을 조선에서 떠맡으려 했다. 물론 상당한 저항에 부딪쳐야 했다. 모든 조선인은 무지 탓이건 게으름 탓이건 간에 진보를 혐오해 일본에 적대적이었다. 수 세기에 걸쳐 조선인을 지배해 왔고 온 나라를 살육과 정쟁으로 채우는 데 몰두해 온 낡은 정파는 한반도의 새롭고 낯선 환경에 적합하지 않았다. 이제 개화파와 수구파가 등장해 각자 인접국 중 한 나라의 지원을 얻고자 애쓰게 되었다.

조선에서 중국을 부르는 일반적인 명칭은 대국(큰 나라)이었다. 우리는 국가가 그처럼 명예로운 호칭을 유지하기 위해 종종 엄청난 희생도 마다하지 않는 경향이 있음을 잘 알고 있다.

중국인들은 한반도에 대해 책임감을 느끼고 있었다. 또 한반도가 일본인이 서양으로부터 수입해 극동에 정착시키려 애쓰는 문명 형식을 실천하는 장이 되는 것을 꺼려했다. 중국은 곧 불가항력적으로 조선의 수구파를 지원하는 쪽으로 이끌려 갔다.

한편 일본은 개화파를 지원해야 한다는 의무감을 느꼈다. 개화파는 조약을 통해 개시된 정책을 지속하는 것을 목표로 삼았다. 또 외국의 관습은 물론 동쪽 인접국인 일본이 받아들인 학문을 조선에도 소개하고 싶어 했다. 중국과 일본이 지배하려는 한 국가에서 상반되는 두 정파를 각기 지원함으로써 두 열강 사이의 갈등이 촉발될 가능성이 커졌다. 하지만 두 나라가 각기 상대편에게 느끼는 불신과 의혹 속에는 훨씬 큰 위험 요인이 도사리고 있었다. 모든 정치적 혼란은(이런 혼란은 조선처럼 무질서한 나라에서 흔히 발생하는 것으로 조선은 수 세기 동안 골육상쟁의 제물이 되어 왔다.) 으레 그렇듯이 경쟁국의 책동 때문이다. 정치인들의 신중한 판단이 그 같은 갈등을 지연할 수는 있겠지만 끝까지 막을 수는 없었다.

극동 삼국의 평화를 위협한 조선 내 첫 번째 분규는 1882년 7월[47]에 발생했다. 김옥균과 몇몇 조선인은 일본으로 건너갔다가 경이로운 것을 목격하고 무척 놀랐다. 그리고 한편으로는 만족하여 진보의 열렬한 지지자이자 일본의 영향력에 대한 전폭적인 옹호자가 되어 조선으로 돌아왔다. 이 같은 사상은 이국적인 모든 것을 혐오하는 전 섭정자 대원군에게는 바람직하지 않은 것으로 비쳐졌다. 대원군은 조선의 강력한 파벌인 민씨 일족과 함께 음모를 꾸미기 시작했다. 무력으로 일본인을 축출하기로 결정한 것이다.

배급량이 줄어들자 군사들이 격앙되었고 때마침 일본인에 대한 악의적인 소문이 수도에 퍼졌다. 성난 군중들은 무방비 상태의 일본인을 추격하다가 눈에 띄는 대로 죽이기 시작했다. 조선 군대를 훈련시키던 일본인 장교 한 사람과 일곱 명의 또 다른 장교가 같은 날 살해되었다. 공사관은 공격을 받아 불에 탔다. 공사는 28명의 일본인을 이끌고 고군분투하며 간신히 서울 거리를 빠져나가 바닷가로 도망쳤다. 그곳에서 범선 한 척에 승선했고 영국 포함 플라잉피시Flying Fish호에 구조되었다. 플라잉피시호는 이들을 나가사키까지 데려다 주었다.

일본 정부는 즉각 침해 행위에 대한 배상금을 받아내기 위해 조치를 취했다. 군대는 비상사태에 대비했고 공사는 군대와 함께 다시 서울로 파견되었다. 중국 정부도 조선에 부대를 파견했으나 일본군에 대항하기 위한 것은 아니었다. 찬탄할 만하게도 이 어지러운 나라에 평화를 확립하기 위한 진지한 노력이었다. 실제로 일본군이 손해배상을 얻어내자마자 중국은 한반도에서 일어난 모든 악행의 주모자인 대원군을 체포해 중국으로 압송했다. 그곳에서 대원군은 수년간 억류되었다.[48] 조선 정부는 일본에 사과하기 위해 특사를 파견했고 희생자 가족과 일본 정부에 배상금을 지불했다. 또 공사관 수비를 위해 일정 수의 일본군 병사가 서울에 주둔하는 것도 허용했다. 이 마지막 조건의 결과로 중국도 서울에 군대를 주둔하게 되었다.

이렇게 정착된 평화는 약 2년 여 남짓 지속되었다. 민씨 일파가 정부 요직 대부분을 장악했는데 이것이 개화파의 원성을 샀다. 개화파는 평화적인 수단으로는 승리할 수 없음을 깨닫고 조선에서 일상적인 정치 수단이 되다시피 한 폭력과 암살을 선택했다. 1884년 12월 우정국 개소를 축하하기 위한 공식 만찬이 서울에서 개최되었다. 만찬에는 모든 외국 사절이 초청되었고 조선의 고위 관료 대부분도 참석했다. 만찬이 진행되는 동안 불이 났다는 외침이 들렸다. 민공[보수파 중 한 사람인 민영익閔永翊(1860~1914)을 말한다]은 어디에 불이 났는지 확인하기 위해 연회장을 떠났다가 자객의 공격을 받았다. 민공은 자객의 칼에 치명상을 입었다. 엄청난 혼란 속에 연회는 중단되었고 손님들은 대부분 허둥지둥 도망치고 말았다.

이 사건은 음모의 시작에 불과했다. 밤사이 대여섯 명의 보수파 대신들이 살해당했고 다음 날 아침 김옥균과 개화파 당원들은 새 내각을 구성하였다. 개화파는 왕궁 수비를 목적으로 일본 군대를 불러들였다. 하지만 민씨 일파는 곧 충격에서 벗어나 중국군의 지원을 받아 왕궁을 수비하는 일본군을 공격했다. 전투 도중 왕이 피신함으로써 일본군은 더 이상 수비할 명목이 없게 되었다. 일반적으로 인정되는 국가의 권위로는 더 이상 보호받을 수 없었기 때문이다. 일본군은 싸우면서 시가지를 통과해 공사관으로 퇴각했다. 1882년과 유사한 광경이 이제 좀더 큰 규모로 전개되었다. 공사관이 습격으로 불에 탔고 일본군은 수세를 취하며 특유의 용감함으로 중국군과 조선 군중 사이를 뚫고 서울에서 해안까지 달아났다.

조선 수도에서 발생한 두 번째 소요 사태는 불과 2년 전에 발생한 첫 번째 소요와 매우 흡사했지만 훨씬 심각했을 뿐 아니라 한층 중대한 결과를 초래했다. 일본 공사관이 불타고 병사들은 조선 군중뿐만 아니라 중국군에 의해서도 축출되었다. 이 사건으로 두 나라가 전쟁에 휘말릴 수도 있었다. 하지만 일본인은 예의 그 분별력 있는 명료함으로 두 문제를 분리하여 해결하려고 애썼다. 조선 정부로부터 배상금을 받기 위해 조선에 공사를 파견했고 1882년 협약과 유사한 조건을 제시해 승인을 받았다. 조선은 사과하고 배상금을 지불해야 했으며 일본인 장교를 살해한 자를 처벌하고 자체 비용으로 공사관을 다시 지어야 했다. 중국과 일본 모두 위급한 상황에서 조선에서의 자국 이익을 보호하기 위해 육군과 해군을 파견했지만 다행히 더 이상의 충돌은 없었다.

일본은 조선과 결판 지은 후 중국과 협상하기 위해 이토 히로부미 백작을 특사로 파견했다. 중국 측에서는 전권대신으로 이홍장李鴻章(1823~1901)을 임명했고 오대징吳大澂(1835~1902)이 그를 보좌했다. 1885년 4월 18일 톈진天津 조약이 체결되었다. 조약은 세 개의 항으로 구성되었다. 첫째, 양국 모두 조선에서 군대를 철수해야 한다. 둘째, 양국 모두 더 이상 조선군을 훈련하기 위한 교관을 파견해서는 안 된다. 셋째, 앞으로 소요 사태가 발생했을 때 양국이 조선에 군대를 파견해야 한다면 이를 상대국에게 알려야 한다. 이와 같은 톈진 조약으로 조선에는 9년간 평화가 지속되었다. 이처럼 불안정하고 소란스러운 나라로서는 꽤 긴 시간이었다. 이 일로 두 협상가인 이홍장과 이토 백작에 대한 신뢰가 높아지게 되었다.

제3장
전쟁 발발 직전 발생한 사건

김옥균 암살

1894년 3월 28일 조용한 일상을 자극하는 것이라고는 경마 결과나 환 변동이 고작인 평화로운 상하이 거주민들은 외국인 조계지에서 발생한 기이한 정치적 암살 소식에 깜짝 놀랐다. 1884년 조선 혁명 지도자인 김옥균金玉均(1851~1894)은 자신이 이끌던 정파가 패배한 후 일본으로 피신해 그곳에서 또 다른 조선인 망명객 보쿠 에이코(박영효朴泳孝, 1861~1939)와 함께 1894년 3월까지 머물렀다. 그즈음 김옥균은 한 조선인의 설득으로 상하이에 가기로 결정했다.

이 조선인은 홍종우洪鍾宇(1850~1913)로 해외로 건너가 파리에서 수년간 지냈던 인물이었다. 홍종우는 파리에서 많은 사람을 사귀었는데 그중 유명한 야생트 르와종Pere Hyacinthe Loyson 신부도 포함되어 있었다. 김옥균은 일본인 하인과 조선인 홍종우 그리고 중국인 한 명을 대동하고 3월 27일 상하이에 도착했다.

일행은 미국 조계지에 있는 일본 호텔[49]에 묵었다. 다음 날 김옥균은 중국 은행에서 현금으로 바꿀 5,000달러짜리 수표 한 장을 홍종우에게 건넸는데 그것은 위조 수표였다. 상하이에서는 그런 은행을 찾을 수 없었던 것이다. 홍종우는 돌아와서 지점장이 외출했으니 나중에 다시 가야 한다고 말했다. 그러면서 자질구레한 심부름을 시켜 일본인 하인을 내보냈다. 이후 어떤 일이 발생했는지 목격한 사람은 없다. 하지만 전후 상황으로 보건대 그 극적인 사건은 다음과 같이 전개되었을 것이다. 김옥균은 홍종우가 권총을 꺼내 들고 쏠 당시 침대 위에서 오른쪽으로 누워 있었다. 홍종우는 먼저 김옥균의 왼쪽 뺨을 쏘았고 그 다음 그가 돌아보자 복부를 쏘았다. 그러자 김옥균이 벌떡 일어나 복도로 뛰쳐나갔다. 하지만 홍종우가 김옥균을 추격해 견갑골 아래쪽 등판에 세 번째 총격을 가했다. 그 자리에서 김옥균은 숨을 거두었고, 홍종우는 그대로 달아났다.

총격 소리를 듣고 몰려든 사람들은 층계참에 있는 피웅덩이 속에

김옥균

서 김옥균의 시신을 발견했다. 시신은 그의 방으로 다시 옮겨졌다. 자객은 자치구 경찰의 추격을 받아 다음 날 아침 체포되었다. 홍종우는 자신의 행위를 자랑스럽게 여기는 듯 보였으며 조선 국왕의 지시를 받았다는 말도 했다. 시체 검시 과정에서도 홍종우는 전혀 개의치 않는 듯했다. 다만 김옥균의 일본인 하인이 그에게 천천히 다가오자 홍종우는 몸에 경련을 일으켰고 경찰이 일본인을 쫓아버리자 안도하는 듯 보였다.

상하이에 거주하던 외국인들은 희생자에게 그다지 동정심을 느끼지 않았지만 자신들의 조계지에서 자행된 범죄 행위에 큰 충격을 받았다. 한 신문은 다음과 같은 적절한 논평을 싣기도 했다.

> 그는 안전하게 제거해야 할 매우 위험한 인물이었다. 하지만 자객이 그를 없앰으로써 자신의 조국에 기여했건 아니건 간에 암살자에게는 우리 조계지를 범죄의 장소로 삼을 아무런 권한이 없다. 우리는 우리의 거주지를 조선과 일본에서 온 정치 망명객의 도피처로 만들고 싶지는 않다. 이런 이유로 어쨌든 홍종우는 처벌받아야 한다. 왕권으로

위임받은 암살자에게 상하이 외국인 거주지가 존중되어야 한다는 점을 경고해야 한다.

이 같은 여론에도 홍종우는 중국 정부로 넘겨졌고 나중에 일본인 하인이 일본으로 다시 가져가려 했던 김옥균의 시신조차 중국 당국에 인도되었다. 구금되어 있는 홍종우를 한 조선인 관리가 방문했는데 그는 홍종우 앞에 부복했다. 4월 6일 밤 극도로 삼엄한 경계 속에서 무장한 사람들에 둘러싸여 홍종우는 중국 전함으로 옮겨졌다. 전함은 홍종우가 교묘하게 속여 상하이로 유인했던 희생자의 시신과 함께 조선으로 운반했다. 조선에 도착하자 홍종우는 후한 보상을 받았다. 반면 김옥균의 시신은 사지가 찢겨 토막 난 채로 여러 지역에 나뉘어 버려졌다.

상하이 외국인 사회의 도덕적 정서는 이 같은 문제 해법에 경악을 금치 못했다. 막연하게 어떤 잘못과 실수를 저질렀다는 분위기가 팽배했다. 비록 아무도 그것이 어떤 결과를 가져올지 알 수 없었지만 말이다. 홍종우의 범죄로 매우 복잡한 재판 관할권 분쟁이 일어났다. 상하이 외국인 거주지는 매우 특별한 지위에 있었다. 아마 가장 적절한 비교 대상은 1815년 크라쿠프Cracow 시일 것이다. 크라쿠프는 오스트리아와 프러시아, 러시아의 보호 아래 독립을 선언했다.

상하이 조계에 거주하는 외국인은 자국 법에 따라 자국 영사가 재판을 한다. 한편 중국인도 외국인에게 고용되었거나 외국인과 관련된 경우 외국인 배석판사의 협력 없이는 중국인 사법관의 단독심리를 받지 않는다.

김옥균과 그를 암살한 사람은 모두 조선인이었다. 하지만 조선은 조약국이 아니라 중국의 조공국으로 간주되었기 때문에 이번 사건이 어떤 법률에 따라 판정되고 어떤 재판관의 심리를 받아야 하는지 결정하기 어려웠다. 영사단은 이 문제에 대해 수차례 논의했다. 포르투갈 총영사이자 수석영사인 트라바소스 이 발데즈(Travassos y Valdez)는 문제를 철저하게 규명했다. 그는 영사들로 구성된 자치 의회가 입법적, 행정적, 사법적 권한을 보유하며 이 모두가 참된 주권을 구성하고 있음을 입증했다. 발데즈는 이 같은 주권을 무력화하지 않고 있는 중국과 외국 열강 사이의 각기 다른 협정과 조약의 조항을 인용했다.

또한 중국 황제(중국 법에 따르면 황제는 제국 안에 있는 모든 영토의 소유자이며 백성에게는 단지 영토를 빌려 줄 뿐이다.)에 대한 소액의 토지세 납부는 조계 내 주권 문제에 영향을 미치지 않음을 증명했다. 이는 조공 납부가 조공국이 자국 내에서 가지는 주권을 약화시키지 않는 것과 같다. 발데즈는 합동 재판 규정에 따라 중국 재판관이 최소한의 권한을 가진다는 것을 입증했다. 반면 모든 영사는 어떤 사건에 대해서도 자국 국민에 대해 전권을 가진다. 즉 많은 경우 외국인 배석판사의 출석으로 중국 재판관의 권한이 제한된다.

이 사건에 적용될 수 있는 갖가지 법률 이론을 검토한 후 발데즈는 조선이 속국이므로 조선인도 중국 백성과 똑같이 취급되어야 한다는 불합리한 가정을 완전히 배제해 버렸다. 즉 중국의 종주권은 조선의 주권에 영향을 미치지 않으며 더욱이 조선의 주권은 다양한 조약과 조선의 외교 관계를 통해 인정된 것이다. 그는 이 사건이 영사단의 구성원에 의해 그의 조국의 법률에 따라 심리되어야 한다고 결론을 지었다. 영사단 내 일부 반대 의견이 이 같은 합리적 결론을 막았고 결국 홍종우는 중국 당국에 인계되었다. 결과는 앞에서 이미 살펴본 바와 같다.

발데즈는 이번 조치가 조계지를 수호하는 외국 국기에 대한 모욕이자 신성한 망명권에 대한 침해이며 끝없는 범죄로 이어질 수 있는 위험한 선례라고 한탄했다. 조정의 미움을 받는 조선의 대신은 누구나 상하이 외국인 거주지에서 아무런 제지 없이 살해될 것이며 자객은 조선 정부에 인계되어 두둑한 보상을 받게 될 것이다.

외국인이 중국에서 완수해야 할 고귀한 사명을 스스로 망각한다면 이는 정말 개탄할 일이었다. 중국에 있는 모든 유럽인과 미국인은 이 노화된 제국에 이식되어야 할 보다 고상한 문명의 선구자임을 스스로 자각해야 한다. 홍종우와 김옥균의 시신 인도는 멍청하고 비열한 행위였다. 이는 나약하고 사악하기 그지없는 야만적 본성에 영합하는 행위였다. 백인이 자기 종족의 모든 영광을 망각한 채 수세기에 걸친 기독교적이고 철학적인 진보를 통해 고양된 고귀한 지위에서 내려와 야만적인 조선 정부의 치욕스러운 행위를 묵인하는 공모자가 된다는 것은 정말 슬픈 일이다. 하지만 이 사건을 비난하는 데 말을 낭비할 필요는 없다. 왜냐하면 관계된 모든 당사자에게 자체적인 징벌이 가해졌기 때문이다.

이 책의 나머지 부분은 상하이에서 취해진 잘못된 조치가 중국과 일본 간의 전쟁을 야기한 조선 문제의 일차적인 원인임을 밝혀 줄 것이다. 앞선 두 경우에는 전쟁이 사전에 예방되었다. 격앙된 한반도 정치 파벌이 추가적인 도발을 자제했다면 전쟁은 상당 기간 비껴갈 수 있었을 것이다. 중국은 수많은 생명과 막대한 돈을 잃지 않아도 되었을 것이고, 외국 상인들은 고통스러운 불황으로 어려움을 겪지 않아도 되었을 것이다. 중국 정부를 존중하려는 의도에서 이 같은 조치가 취해졌다면 이는 극동 문제의 진면목을 잘못 판단한 것이다. 다른 모든 경우와 마찬가지로 이 경우에도 중국에 대한 가장 호의적인 조치는 중국이 국제법과 관례에 대한 무지로 인해 자칫 잘못을 범하지 않도록 확고하게 막아 주는 것이다. 진정한 친구는 절대로 맹종하지 않는다. 진정한 친구는 관심을 가진 사람의 약점과 편견을 조장하기 위해 자신의 신념과 감정을 포기하는 법이 없다.

동학교도

16세기 일본의 침략 이후 조선이 여러 파벌로 분열되었다는 사실을 앞에서 언급했다. 또 금세기에 로마 가톨릭의 포교 활동에 대한 무자비한 박해가 자행되었으며 최근 수년간 그 같은 박해를 외국인과 그들의 교리에 강한 반감을 가진 대원군이 주도했다는 사실도 이미 밝혔다. 이로 인해 백성들은 심각하게 동요했다. 국내 분규는 정부의 실정과 끔찍한 억압을 불러왔다. 모든 종류의 상업적 활동에는 세금이 중과되었다. 농민들은 부역의 의무를 졌으며 이 같은 강제 노역을 피하려면 상납금[50]을 납부해야 했다.

공공연한 박해로 대중들의 주의를 끌었던 외국인 선교사의 가르침은 그들의 마음속에 수 세기 동안 주입받은 가르침과는 전혀 다르지만 그에 충분히 견줄 만한 사상체계가 존재한다는 사실을 일깨워 주었다. 금세기 후반 조선 백성들은 남발되는 세금 때문에 모든 상업 및 농업 활동에서 배제된 채 착취를 피하기 위해 당장 생존에 필요한 최소한의 노동만 해야 했다. 따라서 서양에서 들어온 윤리 문제에 몰두할 시간이 많았다. 그 결과 새로운 종파가 탄생했는데 이 역시 조선의 상황 때문에 또 다른 정치 파벌이 되고 말았다.

1859년 부산에서 북쪽으로 약 64킬로미터쯤 떨어진 성곽 도시인 경상도(조선 남동부 지역) 경주에서 로마 가톨릭교에 큰 감명을 받은 최제우崔濟愚(1824~1864)라는 인물이 몸져누웠다가 같은 상황에 처한 다른 광신자들과 마찬가지로 자신의 병을 고칠 치료법을 알려주는 환영과 함께 민중의 복지를 이루기 위한 새로운 교리를 열었다. 병에서 회복된 최제우는 '위대하고 신성한 글'[51]이라는 제목의 책을 저술했다. 이 책은 주로 조선에도 널리 알려져 있는 중국의 3대 종교에서 차용한 교리로 구성되었다.

최제우는 유교에서 다섯 가지 관계*를, 불교에서 마음을 정화하는 법을, 도교**에서 물질적 타락뿐만 아니라 정신적 타락으로부터 몸을 정화하는 법을 받아들였다. 이들 오래된 사상에 어느 정도 참신함을 주기 위하여 기독교 사상도 조금 가미했는데, 윤회의 폐기와 유일신의 존재가 그것이었다. 최제우는 유일신에 천주(하늘의 주인)

---

* 인간관계 즉 군주와 신하, 아버지와 아들, 형과 동생, 남편과 아내, 친구와 친구의 관계에서 도덕적 지침을 제시해 준다.
** 최제우와 그의 교리에 대한 설명은 윌 젠킨Will Jenkin의 『조선의 보고寶庫, Corean Repository』에서 인용한 것이다. 내가 아는 한 이 종파에 관해 유일하게 설명한 책이다.

라는 가톨릭식 이름을 붙였다. 이 종교는 서양 교리 내지 로마 가톨릭과 구분하기 위해 동학, 즉 동방의 교리로 불렸다. 외래 교리에 맞선 이러한 민족주의적 반작용은 경상도에서 인근 충청도와 전라도, 즉 조선 남부 전역으로 삽시간에 퍼져나갔다.

1865년 가톨릭 교도에 대한 박해 당시 최제우도 가톨릭교도 가운데 한 사람으로 체포되어 참수되었다.[52] 아마 관리들은 이 교리의 장점을 구별할 수 없었을 것이고 정통 가톨릭은 아닐지라도 머리 하나를 추가하면 정부에 올릴 자신들의 공적도 그만큼 늘어난다고 생각했을 것이다. 창시자의 억울한 죽음으로 동학교도들은 자연히 분노에 차 격앙되었다. 정부에 대한 원망이 정치 세력으로 발전하게 된 일차적인 자극제가 되었다. 동학교도들은 세간의 불만이 그들로 하여금 정치 세력이 되도록 자극하자마자 즉각 이에 부응했다.

1893년 봄 수많은 동학교도들이 수도 왕궁으로 몰려와 불만을 표출했다.[53] 그들은 순교한 지도자의 결백을 널리 알리고 사후 추존*을 통해 보상해야 한다고 요구했다. 또 자신들을 로마 가톨릭교도와 혼동하지 말아야 하며 자신들의 종교를 매도해서도 안 된다고 주장했다. 이 같은 요구가 받아들여지지 않으면 외국인을 모두 몰아

---

* 조선 정부는 중국 정부와 마찬가지로 사후에도 서훈을 수여했다.

내겠다고 선언하기도 했다. 하지만 동학교도들은 회유하는 말에 해산했고 이들 중 일부는 고향으로 돌아가는 길에 체포되었다.

약 1년 뒤인 1894년 3월과 4월 동학교도들은 자신들의 협박을 실행에 옮기기 시작했다. 첫 반란은 전라도 고부에서 일어났고 곧 이웃 경상도 김해에서 또 다른 반란이 뒤따랐다. 동학교도들은 처음에는 사람들을 설득하려고 애썼지만 여의치 않을 때 주저 없이 폭력을 사용했다. 완강히 저항하는 사람들을 탄압하고 세간을 때려 부수었다. 이런 방법으로 곧 6,000~7,000명의 무리를 형성하게 되었다. 이들은 온 나라를 돌아다니며 관리를 몰아내고 공창과 병기고를 약탈하였다. 동학교도들은 한 지역에서 공격받으면 다른 지역으로 달아나기 때문에 진압하기가 쉽지 않았다. 하지만 한두 달 사이에 동학교도의 숫자가 엄청나게 불어나면서 더 이상 이런 전술을 쓸 필요가 없게 되었다. 이제 전선을 유지하면서 정부군을 상대로 전투를 벌일 수 있게 된 것이다.

1894년 5월이 되자 반란은 매우 심각한 수준에 이르렀다. 반란은 한반도 남부의 세 지역 곳곳으로 번져 나갔다. 동학교도들이 한 지역에서만 2만 내지 3만의 병력을 보유했다는 얘기도 들려왔는데, 이것은 아마 과장일 것이다. 하지만 그 같은 소문은 나라 안의 불안감을 반영하고 있었다. 조정에서는 해로를 통해 2척의 작은 증기선으로 전라도까지 병사를 실어 보냈고 육상으로는 또 다른 병력을 급파했다. 대원군은 권좌에 있을 때 일종의 민병대 내지 의용군을 조직했는데 그 수는 나라 전역에 걸쳐 5만~6만 명 정도로 추정되었다. 이제 그 가운데 경군이 전라도를 향해 남쪽으로 진격했다.

처음에는 정부군도 상당한 성공을 거두면서 반란군을 물리쳤고 반란군은 산악 요새인 백산白山으로 후퇴해야 했다. 이 요새는 수천 명을 수용할 수 있었으며 46미터 높이의 수직 암벽이 삼면을 둘러싸고 있었다. 동학교도들은 패주를 가장하여 정부군의 추격을 유도해 교묘하게 위장한 매복 장소로 끌어들였다. 반란군은 완벽한 승리를 거두었는데 고위 장수 한 명과 병사 300여 명의 손실을 입혔다.

다음 날인 5월 31일에는 서울 조정에도 이 참사가 보고되면서 엄청난 불안감이 수도를 휩쓸었다. 대신들은 밤낮으로 숙의를 거듭했고 백성들은 동학교도들이 바로 문 앞에 와 있다고 생각했다. 비록 그만큼 급박하지는 않았지만 매우 위험한 상황이었다. 6월 1일 반란군이 전라도 도읍인 전주全州를 점령했고 이들의 승전보로 도처에서 봉기가 일어났다. 이때 조선의 게으르고 무식한 백성들 사이에 이상한 소문이 떠돌았다. 동학교도 무리 속에서 그들을 승리로 이끄는 하얀 투구와 갑옷을 입은 어슴푸레한 존재가 보였는데 이 희미한 인물이 바로 김옥균의 유령이라는 것이었다.

김옥균의 죽음은 그의 정치적 명성과 사건의 민감성 때문에 무지한 조선인들에게 깊은 인상을 남겼다. 또 이 사건은 그의 시신을 왕국 전역에 진열하면서 기뻐 날뛰던 민씨 일파에 의해 한층 대중의 주의를 끌게 되었다. 따라서 김옥균의 당에 우호적이거나 민씨 일파를 미워하던 사람들이 김옥균의 죽음과 시체 사지 절단 직후 일어난 혁명을 통해 초인간적인 수단으로 보복이 진행되고 있다고 생각하는 것은 지극히 자연스러운 일이었다.

민씨 일파는 정부군이 패배했다는 소식과 전주가 함락되었다는 소식을 듣고 너무 놀라 반란을 진압할 군대를 파견해 달라고 중국에 요청했다. 톈진 조약 제3항에 따라 일본도 조선에 군대를 파견할 동등한 권리가 있었다. 하지만 일본 정부에 대해서는 의회의 반대와 산적한 국내의 어려움으로 외국의 분규에 관심을 쏟을 여유가 없기를 바랐다. 중국에 대한 지원 요청은 6월 초에 이루어졌고 같은 달 8일 소규모 중국군이 아산에 상륙했다. 며칠 후 상당수 지원군이 파견되어, 당시 중국군은 약 2,000명에 달한 것으로 알려졌다. 비록 소규모 부대였지만 조선 민중이 경외감을 가지고 우러러보는 나라인 중국의 이름으로 온 군대였다. 조선인들은 중국을 대국大國이라고 불렀다. 중국군의 상륙에 따른 심리적 효과와 조선군이 거둔 소규모 승리로 곧 동학군의 확산이 저지되었고, 동학군도 군사 행동을 자제하게 되었다. 물론 여전히 기회만 주어진다면 폭력 통치를 재개할 태세가 되어 있었지만 말이다. 중국 정부는 여러 척의 전함도 파견했다. 양위揚威, 평원平遠, 조강操江은 제물포(수도의 해항)로, 제원濟遠과 치원致遠은 아산으로 파견되었다.

일본 정부는 중국으로부터 조선에 군대를 파견했다는 연락을 받고 톈진 조약 제3항에 따라 동일한 조치를 취하기로 결정했다. 당시 일본에서 휴가를 보내던 조선 주재 일본 공사인 오토리 게이스케大鳥圭介(1833~1911)는 당장 현직에 복귀하라는 명령을 받았다. 오토리는 서둘러 출발해 6월 9일 제물포에 도착했다. 항구에는 일본 전함 6척이 있었는데 해군 부대가 오토리를 서울까지 호위하기 위해 상륙했다. 일본 공사는 6월 10일 새벽 5시에 제물포를 출발해 같은 날 서울에 도착했다. 약 400명의 해군도 서울에서 숙영했다. 하지만 이것은 사전 조치에 불과했다.

일본은 조선에서 자국의 이익을 지키기 위해 훨씬 규모가 큰 군대를 준비했다. 6월 5일 한반도 원정을 준비하라는 명령이 육군과 해군 당국에 시달되었다. 원정대는 오시마 요시마사大島義昌(1850~1926) 소장 휘하 제5사단 소속 부대로 구성되었다. 이 부대는 비정규적인 편제 때문에 나중에 혼성여단이라는 이름을 얻었는데 전쟁에서 올린 공적으로 일본 전역에 아주 친숙한 이름이 되었다. 전쟁 준비는

오시마 소장.

신속하게 진행되어 6월 9일에 1차 파견대가 우지나(히로시마의 항구, 제5사단 본부)를 출발하였다. 일본인들은 애국심이 매우 강했고 조선에 대해 늘 지대한 관심이 있어서 군대를 향해 열렬한 환호를 보냈다. 6월 9일부터 6월 11일까지 승선 준비가 진행되는 동안 우지나와 히로시마에서는 집집마다 국기가 내걸렸다.

일본군 1차 파견대는 6월 12일 제물포에 도착해 해군을 지원하기 위해 즉각 수도로 진격했다. 이후 또 다른 파견대가 도착해 전투 발발 직전 일본군은 서울 주변에 8,000명의 병력을 배치했다고 전해진다. 이 숫자는 나중에 밝혀진 바와 같이 과장된 것이었다. 하지만 일본군이 아산에 주둔한 중국군에 비해 우월한 전력을 보유한 것만은 분명했다.

중국군과 일본군이 조선에 동시에 주둔함으로써 위험천만한 상황이 초래되었고 상호간의 불신으로 어려움은 갈수록 증폭되었다. 불행히도 양국은 외교 서신을 통해서도 대화의 공통 기반을 찾지 못했다. 중국 정부는 톈진 조약에 따라 자국 군대의 조선 행을 통보했지만 조선이 조공국이고 지원을 요청했기 때문에 군대를 파견할 특권이 있다고 생각했다. 한편 일본 정부는 양국에 군대를 파견할 동등한 권리를 부여한 톈진 조약만 따를 것을 주장했고 조선을 중국의 속국으로 인정하지 않았다. 후자의 문제에 있어 의견합치는 전적으로 불가능했다. 중국은 계속해서 자신의 종주권을 주장했고 일본은 이것을 인정하지 않았다.

1876년의 조약[54]에 따라 일본은 자신의 종주권을 포기하고 조선을 독립국으로 대우했다. 따라서 조선이 중국의 보호령임을 실질적으로 부정하였다. 뒤이은 조약에서 조선은 항상 유럽 열강에게 중국의 종주권을 통보하면서도 그와 같은 종주권이 국내 문제나 대외 문제에서 자국의 주권에 영향을 끼치지 않으며 조약 체결권도 제한하지 않는다는 사실을 덧붙이곤 했다. 일본 국민들은 이 문제에 관해 자신들의 정부만큼이나 극히 민감했다. 공교롭게도 아산 주둔 중국군 장수의 포고문[55]이 일본 신문에 대대적으로 보도되면서 커다란 분노를 불러일으켰다. 포고문에는 반란군이 항복하면 선처해 줄 것을 약속하고 저항하는 자들에게는 무시무시한 협박을 하는 것 외에 조선을 중국의 속국으로 언급하였다.

협상 과정에서 또 다른 어려움이 발생했다. 일본 정부는 동학운동을 우발적인 사건이 아니라 조선의 지속적인 실정이 낳은 불가피한 결과로 간주했다. 또 조선에서 근본적인 개혁이 수행되지 않는 한

반란을 진압할 수도, 재발을 막을 수도 없을 것이라고 주장했다. 일본은 개혁이 실시되어야 한다고 주장하면서 이를 강제하는 데 중국이 일본을 도와줄 것을 요청했다. 중국은 그 같은 조치의 필요성을 느끼지 못했고 한반도 내부 문제에 개입하고 싶지도 않았기 때문에 협력을 거부했다.

일본 정부의 제의는 결과적으로 또 다른 문제를 야기했지만 매우 현명한 조치였다. 이는 중국을 진퇴유곡에 빠뜨렸다. 조선의 실정은 너무나 명백해 부인하기 어려웠다. 그런데도 중국은 그 같은 실정을 야기한 정파에 대해 적대적인 조치를 취할 수 없었다. 이들이야말로 중국의 지지자였고 바로 이들을 지원하기 위해 군대를 파견했기 때문이다.

하지만 중국으로서는 일본의 제안을 받아들이는 것이 더 나았을 것이다. 가난한 나라 조선은 전쟁을 할 만한 가치가 없었고 명목뿐인 종주권은 유치한 허영에 불과했기 때문이다

일본은 강력한 외교 역량을 보여 주었을 뿐만 아니라 위기가 시작되었을 때부터 엄청난 정치 군사적 이점을 확보하고 있었다. 중국이 조선의 지방에 소규모 병력만 보유한 반면 일본군은 수도를 지배했고 조선 정부를 자신들의 영향 아래에 두고 있었다. 일본군은 이 같은 이점을 활용하면서 조금도 시간을 낭비하지 않았다. 오토리는

개혁을 강조하면서 그 같은 취지로 만든 특별위원회[56]의 임명권을 얻어냈다. 오토리의 개혁안은 매우 철저했는데 다섯 개의 주요 항목과 세분되는 하위 항목으로 구성되었다.*

조선인들은 오토리의 끈질긴 요구에 겉으로는 굴복했지만 실제로는 그처럼 철저한 국가 개혁을 수행할 의사가 전혀 없었다. 조선인들은 시간만 질질 끌더니 결국 일본군이 조선에서 철수하기 전까지는 개혁에 착수할 수 없다고 통보했다. 상황이 매우 심각해졌다. 중국과 일본은 서로 물러서려 하지 않았고 조선은 결정을 내리지 못했다. 조선이 호의를 느끼는 나라는 중국이었지만 일본은 조선의 수도를 장악하고 있어 원하는 것을 강제할 능력이 있었다.

협상은 쉬지 않고 진행되었다. 우호적인 열강이 평화를 위해 중재에 나섰지만 어떠한 해결책도 이끌어 낼 수 없었다. 일본은 개혁 문제에 대해 중국과 조선에 자신들의 입장을 명확히 밝히기로 결심했다. 일본은 중국과의 교신을 끊었고 중국이 개혁안을 거부함에 따라 일본 정부는 그 같은 상황**에서 발생하는 어떠한 우발적 사건에 대해서도 전혀 책임이 없다고 선언했다. 온갖 수단을 동원하여, 심지어 다른 수단이 실패할 경우 무력을 써서라도 조선에서 개혁을

---

* 부록 A 참조.
** 전쟁에 앞서 있었던 모든 서신 왕래가 부록 B에 수록되어 있다.

강제하기로 결정했다. 7월 하순이 되자 평화에 대한 전망은 거의 기대할 수 없게 되었다. 남은 문제는 어떤 사건이 무력 충돌을 촉발할 것인가 하는 것뿐이었다. 7월 16일 중국 정부는 더 이상 개항장에 전함을 보내지 말 것을 일본에 요청했다(아마 푸저우*사건이 재발될까 두려웠을 것이다).⁵⁷ 7월 24일에는 일본 정부가 군사작전의 범위에 이 항구를 포함하지 않기로 약속했다는 사실이 상하이에 알려졌다.

전투 발발과 전쟁의 경과를 기술하기 전에 양국의 육군과 해군에 대해 잠깐 살펴보는 것도 이해하는 데 도움이 될 것이다.

중국 육군

중국의 육군은 명목상 네 체제로 구성되었다.

1. 팔기군八旗軍
2. 녹영군綠營軍(중국 육군)
3. 향용군鄉勇軍(의용군)
4. 단련군團練軍 또는 연군練軍

---

* 1884년 전투가 시작되기 전 프랑스 함대가 푸저우 강으로 올라가 중국 함대를 봉쇄했다. 이후 중국 함대는 파괴되었다.

1. 첫 번째는 현재 중국을 지배하는 만주족 왕조의 첫 군주가 다음과 같은 부대로 편성하면서 붙인 이름이다.

각 기군은 만주족과 몽골족, 한족으로 이루어졌으며 이들 각각이 하나의 구사固山를 이루었다. 따라서 전체 기군은 24개의 구사로 나뉘었다. 이 군대에 복무하는 사람들은(이들을 병사라고 부를 수는 없다) 약 250년 전 중국을 정복해 지금의 왕조를 세운 군대의 후예들이었다. 본래 만주족과 몽골족으로 구성되었던 팔기군은 후에 명 왕조를 저버린 일부 한족 군대의 변절로 증강되었다. 세 민족으로 이루어진 연합 군대는 전국을 정복하고 중국 주요 도시에 수비대로 자리 잡았다. 2세기 전 요새를 지키고 반란을 진압하기 위해 용맹한 병사가 자리했던 곳에서 이제는 그들의 후예를 볼 수 있다. 이들은 한족 가운데 평화롭게 살면서 특권을 향유했지만 나머지 백성들과 분명히 구별되지는 않았다. 지금의 기군 구성원에는 잡다한 유목민 무리를 황량한 북부 지방에서 비옥한 중원으로 이끌었던 용기와 모험 정신은 이제 흔적조차 남아 있지 않다. 이들은 조상이 후세를 위한 화려한 영광을 이미 이루었다고 생각했기 때문에 자신들의 몫을 챙기는 데만 전념했다.

팔기군의 병력은 약 250만 명으로 추정되는데 그 가운데 거의 3분의 2가 베이징이나 즈리直隸 지방 대도시에 위치했고 나머지는 중국 주요 도시에 수비대로 주둔해 있었다. 이 같은 배치는 현 왕조의 과거 정책에 따른 것이었다. 처음에 청 왕조에게 중국은 정복한 나라였기 때문에 어떠한 초기 반란도 진압할 수 있는 수비대가 필요했다. 따라서 군대 대부분을 베이징 근처에 주둔시키고 긴급 상황이 발생했을 때 어느 방향으로든 진격할 수 있도록 대비했다.

베이징에 주둔한 팔기군의 예하 부대는 표와 같다.

어쨌든 상기 병력 가운데 병사로 볼 수 있는 것은 약 2만~3만 명 정도였다.

부 대	군사
'명예로운 기병'驍騎營(토마스 웨이드[58] 경은 이를 '유급 부대'라고 불렀다), 만주족과 몽골족, 한족으로 구성. 구사마다 1영(대대)이 배치되므로 총 24영	28,800명
근위대 또는 측면 부대護軍營, 만주족과 몽골족, 8영	15,000명
전위대前鋒營, 만주족과 몽골족, 4영	1,700명
경보병 사단健銳營, 만주족과 몽골족, 2영	2,000명
친위대親軍營, 3개 상위 기군에 속한 만주족과 몽골족, 1영	1,700명
헌병대, 만주족과 몽골족과 한족, 8영	21,000명
포병대와 소총부대火器營, 만주족과 몽골족, 4영	약 6,200명
베이징 야전군步軍營, 만주족과 몽골족과 한족	약 20,000명
계	96,400명

2. 두 번째 부류인 녹영군(중국 육군)은 한족으로만 구성되었으며 만주족이 중국을 정복할 당시 존재했던 고대 군대의 변형일 뿐이었다. 그 수는 대략 50만~60만 명*이며 다양한 임무를 맡았지만 매우 엉성한 수비대 형태로 분포되었다. 이들의 임무는 대부분 유럽에서 경찰이 수행하는 것과 같았다. 사실 팔기군과 녹영군 모두 군대라기보다는 오히려 경찰대 성격이 강하다. 중국 내에서는 군대로

---

* 증국번의 기록에 따르면 옹정제雍正(1723~1736) 치세부터 건륭乾隆 45년(1781)에 걸쳐 녹영군은 명목상 64만 명으로 이루어졌지만 실제로는 6만 명이나 7만 명 정도에 불과했다. 건륭 46년(1782)에 약 6만 명이 추가되었다. 이로써 중국군의 수치가 얼마나 믿을 수 없는 것인지 잘 알 수 있다.

불렸지만 이들은 평화를 유지하고 소규모 반란을 진압하는 데만 쓸모가 있었다. 중국인의 지리적, 정치적 관념은 자신들의 제국에 한정되어 있었기 때문에 제국을 세상과 동일한 경계로 생각했다. 이같은 관념 속에서 경찰과 군대의 임무는 혼동되기 쉬웠다. 반란은 소규모 전쟁이고 전쟁은 곧 대규모 반란이었다. 물론 무력 사용은 두 경우 모두 필수적이었다.

정복 후 오랜 기간 중국이 누린 완벽한 평온 덕분에 우리가 기술한 두 부류는 점차 군사적 효율성을 완전히 상실해 버리고 단순히 평상시에 백성을 통제하기 위한 기구로 변질되고 말았다. 이것이 입증된 사건이 바로 태평반란[59]이었다. 당시 광둥廣東과 광시廣西 지방에서 온 하층민들은 제국의 절반을 휩쓸면서 정부를 거의 전복할 뻔했다. 일부 애국심이 투철한 사람들이 제국 정규군의 비효율성을 깨닫고 정부군을 도와 반란을 진압하기 위해 후난湖南과 후베이湖北 농민 가운데 의용군 무리를 모집하기 시작한 것도 이때였다. 이 같은 움직임은 증국번曾國藩(1811~1872)에 의해 상기 지역에서 시작되었고 이홍장도 이를 본받아 안후이安徽 지방에서 비슷한 무리를 모집했다. 정규군에 속한 세습적이고 직업적인 병사를 지원하기 위해 모집된 의용군이 세 번째 부류를 형성한다.

3. 향용군鄕勇軍. 이 부류는 각기 다른 지역에서 모여든 한족으로 구성되었다. 같은 지역 사람들은 함께 모여 살지만 군 복무 때에는 지역에서 지역으로 이동했다. 비상시 징집된 지원병으로 구성되었기 때문에 이들의 숫자는 확실하지 않다. 향용군의 전력은 지역 내부 사정에 따라 유동적이었다. 하지만 어느 정도의 병력은 항상 대기하고 있었다.

4. 단련군團練軍. 유럽식* 훈련을 받은 향용군에서 차출한 병사가 주를 이루었다. 그 수가 매우 불확실해 정부 기관마다 5만에서 10만으로 달리 추산한다.

전쟁과 반란으로 타격을 받은 중국 정부는 군사 조직의 비효율성을 깨닫고 개혁을 추진했다. 하지만 그처럼 가상한 노력도 무기력과 관료적 부패, 보수 성향에 의해 저지되곤 했다. 태평반란으로 향용군이 결성되었고 프랑스와 영국 간의 전쟁으로 미약하나마 유럽식 훈련 제도도 채택되었다. 또 쿨자Kuldja[60]를 둘러싼 러시아와의 분규로 만주 특수군이 창설되었다.

---

* 이것은 중국군을 평가할 때 기억해야 할 중요한 특징이다. 어떤 총독은 활과 화살의 사용을 다루는 부하 병사의 숙련도에 대해 언급하고 있다.

만주 특수군은 지금 벌어지는 전쟁에서 특히 주목해야 하는 군대이다. 그 수는 7만 명으로 추산되며 유럽식으로 무장했다. 하지만 이 숫자는 목표치일 뿐 개혁의 결과를 나타낸 것은 아니다. 일본의 한 전쟁 간행물에 따르면 만주 3개 지역 명부에 오른 병사가 약 17만 5,000명에 달하지만 대다수가 군사적인 면에서 무력했다고 한다. 또 오대징吳大澂(1835~1902)이 1884년부터 1889년에 걸쳐 만주에서 특별 복무를 하는 동안 지방마다 보병 8개 대대(4,000명)와 포 20문을 보유한 기병 2개 대대(500명)로 구성된 부대를 조직했다고 한다. 만주 전역에서 60문의 포를 보유한 총 1만 3,500명의 병력이 추가된 셈이다. 이 자료는 1888년에 나온 것이지만 전쟁에 투입된 병력으로 판단하건데 이후에도 증가한 것 같지는 않다.

지역에 따른 중국 육군 배치 상태를 보여 주는 다음의 표는 일본의 한 전쟁 간행물에서 인용하였다.

지역	팔기군	녹영군	향용군	단련군
즈리直隷	162,646	47,138	22,700	4,000
산시山西	4,149	26,288	5,700	
산둥山東	2,405	25,406	6,500	
허난河南	1,011	8,943	4,500	5,000
장쑤江蘇	6,539	46,840	22,700	
안후이安徽			4,400	
장시江西	—	11,074	—	
저장浙江	4,055	37,546	2,850	
푸젠福建	2,781	62,573	5,500	
광둥廣東	5,356	69,015	3,000	
광시廣西	—	11,535	—	3,000
쓰촨四川	2,065	34,790	12,900	
후베이湖北	5,842	22,603	6,000	
후난湖南	—	26,470		
산시陝西	6,719	43,261		
간쑤甘肅	5,791	43,519		
윈난雲南	—	36,110		
구이저우貴州	—	30,613		
성경盛京[61], 만주	19,592			
키류, 만주	10,712			
아무르[62], 만주	11,661			
투르키스탄	7,623	15,295		
하이	7,925			
총계	266,872	599,019	96,750	12,000

중국 해군

해군은 육군에 비해 훨씬 나았다. 외국인 교관을 많이 보유하고 있었고 한동안 해군 제독으로 랑R. N. Lang 대령이 복무했기 때문이다. 중국군 장교도 대부분 자신들의 전문 분야에 숙달되어 있어서 육군 장교들과 기이한 대조를 이룬다. 이 같은 차이점은 놀라운 것이 아니다. 해군은 평화 시에도 지속적인 주의와 어느 정도 전문 지식을 갖추고 있어야 한다. 적어도 장교 상당수가 과학적인 교육을 받지 않으면 배를 운항할 수 없다.

중국 해군은 네 개의 함대로 나뉜다. 북양北洋[63] 또는 북부 함대, 남양南陽 또는 남부 함대, 그리고 푸젠 함대福建艦隊[64]와 캔턴 함대廣東艦隊가 그것이다. 다음 도표에 각 함선의 가장 두드러진 특징과 함께 목록이 제시되었다.

이 책의 목적에 부합하는 관심을 기울일 만한 함대는 북양北洋 함대뿐이다. 전투에 참가한 유일한 함대이기 때문이다. 더욱이 북양 함대는 수도 방위를 위해 특별히 창설된 중국의 최정예 함대였고 포트아서旅順와 웨이하이웨이威海衛에 두 개의 웅장한 요새 항을 보유하고 있었다.

북양(북부) 함대

함선 이름	용적 톤수	마력	장갑대 두께(인치)	포의 종류와 수	속도(노트)	선원(명)
정원定遠	7,430	6,000	14	305mm 크루프 포 4문, 150mm 크루프 포 2문, 호치키스 기관포 8문, 상륙포 2문	14	330
진원鎭遠	7,430	6,000	14		14	330
정원經遠	2,900	3,400	9.5	10톤급 210mm 포 2문, 150mm 포 2문, 기관포 7문	15	202
내원來遠	2,900	3,400	8		15	202
평원平遠	2,850	2,400	8	260mm 크루프 포 1문, 150mm 포 1문, 기관포 9문	10.5	200
제원濟遠	2,355	2,800	—	210mm 크루프포 2문, 150mm 포 1문, 기관포 9문	15	180
치원致遠	2,300	7,500	—	12톤급 8인치 포 3문, 4톤급 6인치 포 2문, 57mm 포 7문, 57mm 포 2문, 27mm 속사포 8문	18	202
정원靖遠	2,300	7,500	—		18	202
초용超勇	1,350	2,600	—	10인치 암스트롱 포 2문, 120mm 속사포 4문, 기관포 7문	16	130
양위揚威	1,350	2,600	—		16	130
강제康濟	1,200	750	—	수송 함대		
위원威遠	1,200	750	—			
민첩敏捷	700	—	—			
진해鎭海	440	380	—	160mm 포 2문, 120mm 포 4문	10	119

함선 이름	용적 톤수	마력	장갑대 두께(인치)	포의 종류와 수	속도 (노트)	선원 (명)
진북 鎭北	440	380	—	35톤급 암스트롱 포 1문, 22파운드 포 2문	10	119
진남 鎭南	440	380	—		10	119
진서 鎭西	440	380	—		10	119
진동 鎭東	440	380	—	25톤급 암스트롱 포 1문, 22파운드 포 2문	10	119
진중 鎭中	440	380	—		10	119
진변 鎭邊	440	380	—	22톤급 암스트롱 포 1문, 12파운드 포 2문	10	119
진안 鎭安	440	380	—		10	119
전쟁 직전 북양함대는 다른 함대로부터 아래 전함을 지원받았다.						
태안 泰安	1,258	600	—	160mm 포 1문, 120mm 포 4문	10	180
광갑 廣甲	1,296	1,600	—	150mm 포 3문, 120mm 포 4문, 후치키스 포 4문	14	
광병 廣丙	1,100	3,400	—	150mm 포 1문, 120mm 포 1문, 기관포 4문		
광을 廣乙	600	500	—	120mm 속사포 3문		
미운 湄雲	515	400	—	160mm 바바세로 포 1문, 120mm 포 2문, 6파운드 바바세로 포 4문	—	70
조강 操江	572	400	—	160mm 바바세로 포 4문	—	

남양(남부) 함대

함선 이름	용적 톤수	마력	포의 종류와 수	속도 (노트)	선원
해안海晏	2,600	1,750	210mm 크루프 포 2문, 150mm 크루프 포 4문, 120mm 크루프 포 12문	12	372
이원馭遠	2,600	—	포 26문(아마 위와 같을 것이다.)	14	372
남서南瑞	2,200	2,400	8인치 암스트롱 포 2문, 120mm 속사포 8문, 호치키스 포 10문	15	250
남심南琛	2,200	2,400	210mm 크루프 포 2문, 120mm 크루프 포 6문, 노르덴펠트 포 4문	15	250
개제開濟	2,153	2,400	200파운드 포 2문, 70파운드 포 6문	15	270
보민保民	1,477	2,400	150mm 크루프 포 2문, 120mm 크루프 포 5문, 기관포 4문	16	
환태寰泰	1,477	2,400	160mm 포 1문, 120mm 포 4문	15	
등영주登瀛洲	1,258	600	포 5문	10	
경청鏡淸	1,209	750	포 5문	12	
위청威淸	1,100	600	120mm 포 15문	12.5	
측해測海	700	430	38톤급 암스트롱 포 1문, 12파운드 포 2문, 기관포 2문	12.5	
비정飛霆	400	310		9	
책전策電	400	310		9	

그 밖에 증포를 탑재한 3~4대의 포함이 있다.

푸젠 함대(福建艦隊)

함선 이름	마력	용적 톤수	포의 종류와 수	속도 (노트)	선원
복정(福靖)	2,400	2,200	8인치 암스트롱 포 2문, 4.7인치 속사포 8문, 기관포 4문	17	180
복파(伏波)	600	1,258	160mm 바바세르 포 1문, 9톤급 포 1문, 40파운드 포 4문, 46파운드 포 6문	–	180
원개(元凱)	600	1,250	160mm 포 1문, 40파운드 포 4문	10	180
초무(超武)	750	1,250	190mm 포 1문, 40파운드 포 4문	11.5	180
정원(靖遠)	480	600	160mm 바바세르 포 2문, 40파운드 포 2문	8	100
정해(靖海)	480	600	7톤급 포 1문, 56파운드 포 4문	9	100

광둥 함대(廣東艦隊)

함선 이름	마력	용적 톤수	포의 종류와 수	속도 (노트)	선원
영보(永保)	2,400	2,500	10톤급 포 8문 3문, 120mm 크루프 포 7문	15	
해경(海鏡)	600	1,450	160mm 포 1문, 120mm 포 2문	9	180
진충(鎭衷)	550	1,391	포 2문		
광기(廣己)	2,400	1,030		16.5	
광경(廣庚)	2,400	1,030	120mm 속사 포 3문, 기관 포 8문	16.5	
광정(廣丁)	2,400	1,030		16.5	

그 밖에 600톤에서 120톤에 이르는 소형 포함이 20~30대 있다. 하지만 포가 좌아 내수에서 행해지는 밀수나 약탈 행위를 진압하는 데만 사용할 수 있다.

일본 육군

일본은 국가 체제 전반을 개편하면서 자연스럽게 육군에도 대대적인 개혁을 도입했다. 이 자부심 강하고 호전적인 민족은 시모노세키와 가고시마에서의 뼈저린 교훈[65] 이후 당대의 군사적 진보에 보조를 맞출 필요성을 느꼈다. 불과 30년 전 발생한 왕정복고 전쟁 당시만 해도 상당수 전사들이 갑옷과 투구를 사용했다고 한다. 이는 고대 풍습의 산발적인 잔재에 지나지 않는 것이지만 일본의 전반적인 군사 제도는 여전히 대외 전쟁보다는 봉건적 분쟁에 더 적합했다. 무기에 대해 독점적 사용권을 가진 무사 계급의 존재를 인정하고 유지해 온 봉건제도가 폐지되자 다른 방법으로 군대를 조직해야 했다. 때는 전 세계적으로 군사 개편이 진행되던 시기였다. 당시 프랑스 - 프로이센 전쟁[66]의 충격적인 결과로 모든 국가가 신체 건강한 남자를 군사적인 목적으로 전원 소집할 필요성을 깨닫게 되었다. 일본은 프러시아에서 유래했고 유럽 대륙의 모든 국가가 최소한의 수정만을 거쳐 채택한 군사 제도를 도입했다.

1872년 11월 28일자로 입법되어 1889년 1월 21일자로 한층 강화된 법에 따르면 일본 백성은 누구나 스무 살이 되면 군 복무 의무를 져야 한다. 현역에서 3년(해군은 4년), 예비군으로 4년(해군 예비군은

3년) 그리고 국방 의용군으로 5년을 복무한다. 이 같은 병력 외에도 17세부터 40세 사이의 모든 남자는 국민군의 일부가 된다. 이처럼 철저한 징병제도는 어떤 나라에서도 완벽하게 실시되지 않으며 또 그럴 수도 없다. 50만 명에 달하는 대규모 상비군을 보유한 프랑스와 독일조차 복무 의무가 있는 젊은이 가운데 약 절반만을 선발할 뿐이다. 두려워할 만한 침략도 없고 자금을 조달하기 위한 중과세도 없는 일본은 법으로 복무를 규정한 사람 가운데 극히 일부만 현역으로 받아들였다. 신체가 허약하다는 이유로 상당수가 면제되었고 일부는 부모 봉양이나 형제의 군복무 같은 가족 문제로 면제되었다. 이처럼 반복적인 선별 작업을 거친 후에도 여전히 국가가 원하는 수보다 많아 필요한 파견대를 제비뽑기로 선발했다.

일본 육군의 조직은 유럽 군대와는 조금 달랐다. 일본군에는 군단이 없어서 사단이 가장 큰 군사 단위였다. 일본군은 6개 사단 외에 친위대를 보유하고 있었다. 친위대는 병력 수가 사단과 거의 비슷하기 때문에 1개 사단으로 간주할 수 있다. 사단의 구성은 일률적이지는 않았다. 사단마다 2개 여단 또는 4개 보병 연대가 있었으나 각 사단에 배속된 포병대대와 기병대, 공병대, 수송대는 수적으로 약간 편차가 있었다. 보병 연대는 각기 4개 중대를 보유한 3개 대대로 구성되었다. 기병대대는 3개 중대로 구성되었다. 포병 연대는 야전

포 2개 대대 4개 중대와 산포 1개 대대 2개 중대로 구성되었다(포병 경호 연대는 2개 대대로만 구성되었다). 공병 대대는 3개 중대로 구성되었다(호위대는 2개 중대뿐이다). 또 수송 대대는 2개 중대를 보유하고 있다. 〈도표 1〉은 보병 여단과 연대뿐만 아니라 6개 사단의 지역적 분포를 나타낸 것이다. 이를 통해 각 사단이 어떤 부대로 구성되었는지도 알 수 있다.

이 같은 제국 차원의 일반적인 군사 조직 외에 일본군에는 두 개의 특수 지방 군단이 있다. 열도 최북단에 위치한 예소 섬 주둔군은 각기 2~6개의 중대가 속한 포병 4개 대대와 기병대 1개 군단, 산포병 1개 군단, 그리고 공병대 1개 군단으로 구성되었다. 일본과 조선 사이에 있는 두 개의 작은 섬 쓰시마의 방위 군단은 보병 1개 군단과 성채 포병 1개 군단으로 구성되었다. 또 헌병대 6개 군단이 사단 지구마다 하나씩 있었다.

각 군단과 전군의 병력에 대해서는 일본과 외국 정부 당국 간의 신중한 비교를 통해 다음과 같은 결론에 이른다. 이 숫자는 현 상황에서 최대한 정확하게 산정한 것이다. 병력 수는 끊임없이 바뀔 뿐만 아니라 날짜에 따라 달라진다. 또 저자 나름의 방식에 따라 각 부대에 배속된 지원 부대와 비전투원과 같은 특정 부류를 포함하거나 생략하므로 동일한 시기라도 다르게 산정될 수 있다. 〈도표 2〉는 전투원과 비전투원의 세부적인 구분과 함께 일본 육군에 속한 각 군사 단위의 평화 시 전력을 나타내 것이다. 이 수치를 다른 군단에도 적용한다면 다음과 같은 결과를 얻게 된다.

	인원
보병	48,440명
기병	2,570명
야전 포병	5,159명
성채 포병	1,698명
공병	2,596명
병참부	3,840명
계	64,303명

여기에 약 1,000명의 헌병대와 4,000명 가량의 예소 부대가 추가되어야 한다. 그리하여 최종 합계는 일본 육군의 평화 시 전력으로 보통 제시되는 수치보다 약간 높다. 하지만 이것은 규정된 수치를 나타낸 것이므로 전쟁 발발 시점이 되어서야 실제 수치에 가까워진다. 그때는 모든 연대가 실전 가능한 병력에 도달하게 된다.

〈도표 1〉

사단	여단	보병대	기병대	포병대	공병대	병참부대	성채포병
호위대	—	4개 연대(도쿄)	1개 대대	1개 연대	1개 중대	1개 대대	
제1사단 (도쿄)	제1여단(도쿄) 제2여단(사쿠라)	제1연대(도쿄) 제15연대(다가사키) 제2연대(사쿠라) 제3연대(도쿄)	1개 대대	1개 연대	1개 대대	1개 대대	2개 대대
제2사단 (센다이)	제3여단(센다이) 제4여단(아오모리)	제4연대(센다이) 제16연대(시바타) 제5연대(아오모리) 제17연대(센다이)	1개 중대 2개 대대 기병중대	1개 연대	1개 대대	1개 대대	
제3사단 (나고야)	제5여단(나고야) 제6여단(가나자와)	제6연대(나고야) 제18연대(도요하시) 제7연대(가나자와) 제19연대(나고야)	1개 중대 2개 대대 기병중대	1개 연대	1개 대대	1개 대대	
제4사단 (오사카)	제7여단(오사카) 제8여단(히메지)	제8연대(오사카) 제9연대(오쓰) 제10연대(히메지) 제20연대(오사카)	2개 중대	1개 연대	1개 대대	1개 대대	
제5사단 (히로시마)	제9여단(히로시마) 제10여단(마쓰야마)	제11연대(히로시마) 제21연대(히로시마) 제22연대(마쓰야마) 제12연대(마루야베)	1개 중대 2개 대대 기병중대	1개 연대	1개 대대	1개 대대	
제6사단 (구마모토)	제11여단(구마모토) 제12여단(후쿠오카)	제8연대(구마모토) 제23연대(구마모토) 제14연대(고쿠라) 제24연대(후쿠오카)	2개 중대	1개 연대	1개 대대	1개 대대	1개 대대

〈도표 2〉

	보병연대	기병대대	포병연대	성채포병연대	공병대대	병참대대
전투원						
대좌(중좌)	1	1	1	1	1	—
소좌	4		3	3		1
대위	13	4	9	15	4	3
중위	27	7	15	27	7	5
기수	25	6	12	24	6	4
특별원사	12	3	6	11	3	2
원사	12	3	7	13	3	3
하사관	130	35	64	136	32	31
사병	1,440	426	576	1,404	330	180-360
계	1,664	485	693	1,634	386	589
비전투원						
수석군의관	1	—	—	1	—	—
군의관	5	2	3	2	1	2
수석 간호 보조사	3	1	1	3	1	1
간호 보조사	12	3	6	12	3	2
수의사	—	2	2	—	—	2
고용인	7	2	8	7	2	2
총포 대장장이	6	2	—	2	2	1
편자공	—	4	2	—	—	3
마구 제조인	—	1	2	11	—	—
대장장이	—	—	2	2	1	—
양복장이	21	7	10	21	7	7
구두 제조공	11	5	6	—	5	5
목수	—	—	2	2	2	—
계	66	29	44	63	24	25
총계	1,730	514	737	1,697	410	614

각 사단에 포함된 병사의 수는 다음과 같다.

	인원
호위대	7,359명
제1사단(도쿄)	10,243명
제2사단(센다이)	8,872명
제3사단(나고야)	8,943명
제4사단(오사카)	9,107명
제5사단(히로시마)	8,898명
제6사단(구마모토)	10,271명
합계	63,693명

예비군으로는 9만 1,190명을 보유하고 있으며 국방 의용군은 10만 6,088명이다. 따라서 전시가 되면 일본군 각 사단은 약 1만 3,000명 정도 증강되어 전장에 진격할 태세를 갖춘다. 그 밖에 국토 방위를 맡는 약 1만 5,000명의 병력이 있다. 하지만 그처럼 거대한 병력에 비해 장교가 충분하지 않다. 또 전시 편제에서 일본군 1개 사단이 과연 2만 명에 달했는지도 의문이다. 물론 남은 병력은 언제든 활용할 수 있으므로 전사나 질병으로 발생하는 부족분을 즉각

채우곤 했다.

　3개 대대 12개 중대로 이루어진 보병 연대의 경우 평시 편제에서는 중대마다 120명의 병사를 보유하고 전시에는 210명을 보유한다. 따라서 전시 병력은 2,810명까지 늘어나며 그중 2,744명이 전투원이다. 다른 군단도 비례하여 증가할 경우 기병 대대의 전시 병력은 약 800명에 달할 것이며 포병 연대는 약 1,200명, 공병 대대는 약 600명, 병참 대대는 약 1,000명*에 달할 것이다. 전시체제에서 1개 사단마다 1만 5,000명 가까운 병력이 투입되는 셈이다. 잡다한 용도로 병참 부대에 배속되는 인원이 증가하면서 그 수는 한층 늘어날 것이다. 병력 분포를 나타낸 일본군 통계표를 보면 예비군과 국방 의용군 가운데 상당수가 병참 부대에 할당되어 있다. 그 같은 배치는 원거리 정벌에서 드러나는 일본 육군의 탁월한 병참조직을 잘 설명해 주고 있다.

　포병 연대는 6개 대대로 구성되어 있으며 각 대대는 평화 체제에서 포 4문을, 전시에 6문을 보유하고 있다. 그중 4개 대대는 야전포 대대 소속이고 2개 대대는 산포 대대 소속이다.

　일본군 보병은 전시에는 같은 이름의 일본인 장교가 발명한 후장

---

* 전시 일본군 병력에 관한 세부적인 설명 가운데 상당 부분은 우치야마 대위가 교토 교육학회에서 행한 강연에서 발췌한 것이다.

총인 무라다 소총으로 무장했다. 당시 무라다 소총에는 탄창이 없었다. 기병은 기병대 검과 무라다 카빈총으로 무장했고 근위 기병만 창을 가졌다. 포병은 이탈리아식 압축 청동으로 만든 70밀리미터 포를 보유했는데 이는 오사카에서 만든 것이다. 오사카에 있는 포병 공창에는 대포 제조를 위해 특별히 고용된 이탈리아 장교가 관리 감독을 맡고 있었다.

일본 해군

모든 나라의 해군 조직은 유사하기 때문에 굳이 설명할 필요는 없지만 몇 가지 점은 언급해야겠다. 오로지 섬으로만 이루어진 일본이 그토록 광활한 해안과 수많은 해상 인구를 가졌으면서도 상대적으로 해군이 빈약했다는 사실은 이상한 일이다. 일본 육군이 규율과 군사과학 면에서 매우 탁월했고 실제 수적으로도 중국군에 비해 우세했던 반면 일본 해군은 열세였고 북양北洋 함대의 거대한 철갑선인 진원鎭遠과 정원定遠에 필적할 만한 강력한 전함은 한 척도 보유하지 못했다. 일본은 대여섯 척의 쾌속함을 보유하고 있는데 그중 하나인 요시노吉野는 세계에서 가장 빠른 전함이었다. 하지만 일본의 승리는 병사들의 기량과 용기 덕분이지 그들이 승선한 배 때문은 아니었다.

일본은 요코스카, 구레, 사세보 세 곳에 군항을 보유하고 있었고 군항마다 1개 함대가 배속되었다. 하지만 전쟁 기간 동안 함대는 4척으로 이루어진(그 이상은 드물었다) 대여섯 개의 전대戰隊로 나뉘었다. 이 같은 전대가 군사작전의 전술적 단위로 활약했다.

다음 도표는 일본군 전함의 가장 중요한 특징을 보여 준다.

일본 함대.

전함 이름	용적 톤수	마력	포	속도	승무원 수
후소扶桑	3,718	3,500	15톤급 240mm 크루프 포 4문, 170mm 크루프 포 2문, 기관포 5문	13.2	377
하시다테橋立	4,277	5,400	320mm 카네 포 1문, 120mm 속사포 11문, 3파운드 포 6문, 기관포 6문	17.5	360
나니와浪速	3,650	7,235	28톤급 260mm 암스트롱 포 2문, 5톤급 150mm 크루프 포 6문, 속사포 2문, 기관포 10문	18.7	357
다카오高雄	1,760	2,330	6인치 속사포 4문, 4.75인치 속사포 1문	15.0	222
야에야마八重山	1,600	5,400	120mm 속사포 3문, 기관포 6문	20.0	217
무사시武蔵	1,476	1,600	170mm 크루프 포 2문, 120mm 크루프 포 8문, 기관포 2문	13.5	256
야마기天城	1,030	720	150mm 크루프 포 1문, 120mm 크루프 포 4문, 기관포 2문	11.0	159
아타고愛宕	615	700	150mm 크루프 포 4문, 기관포 2문	–	104
이츠쿠시마嚴島	4,277	5,400	320mm 카네 포 1문, 120mm 포 11문, 6파운드 속사포 5문, 3파운드 속사포 11문, 기관포 6문	17.5	360
지요다千代田	2,450	5,600	120mm 속사포 10문, 470mm 속사포 14문, 기관포 3문	19.0	300
공고金剛	2,200	2,450	170mm 크루프 포 3문, 150mm 크루프 포 6문	13.7	286
히에이比叡	2,200	2,490	170mm 크루프 포 3문, 150mm 크루프 포 6문	13.0	286
야마토大和	1,476	1,600	170mm 크루프 포 2문, 120mm 크루프 포 5문, 기관포 8문	13.5	231

요코스카 함대

유게 함대

전함 이름	용적톤수	마력	포	속도	승무원 수
즈쿠시筑紫	1,500	2,887	25톤급 암스트롱 포 2문, 4인치 암스트롱 포 4문, 기관포 4문	17.0	177
덴료天龍	1,490	1,250	6톤급 170mm 크루프 포 1문, 120mm 크루프 포 6문	12.0	214
마야摩耶	615	700	150mm 크루프 포 4문, 기관포 2문	12.0	104
아카기赤城	615	700	240mm 크루프 포 1문, 120mm 크루프 포 1문, 기관포 2문	12.0	126
마츠시마松島	4,277	5,400	320mm 카네 포 1문, 120mm 카네 포 11문, 6파운드 속사포 5문, 3파운드 호치키스 포 11문, 기관포 6문	17.5	360
요시노吉野	4,150	15,000	6인치 속사포 4문, 4.7인치 속사포 8문, 3파운드 속사포 22문	23.0	—
타카치호高千穂	3,650	7,500	28톤급 260mm 암스트롱 포 2문, 5톤급 150mm 암스트롱 포 6문, 기관포 12문	18.7	357
아키츠시마秋津洲	3,150	8,400	320mm 카네 포 1문, 120mm 속사포 12문, 기관포 6문	19.0	— (사세보 함대)
카즈라기葛城	1,476	1,600	170mm 크루프 포 2문, 120mm 크루프 포 5문	13.0	231
카이몬海門	1,490	1,250	170mm 크루프 포 1문, 120mm 크루프 포 6문	12.0	211
니신鯖魚	1,470	1,270	7인치 M.L.R 암스트롱 포 1문, 120mm 크루프 포 5문	—	157
이와키磐城	600	650	150mm 크루프 포 1문, 120mm 크루프 포 2문	10.0	112
조가이鳥海	615	700	210mm 크루프 포 1문, 120mm 크루프 포 1문, 기관포 2문	10.0	104
오시마大島	640	1,200	120mm 속사포 4문, 47mm 속사포 8문	—	129

제2부

조선 전투

제1장
전투 발발

서울 왕궁에 대한 침략

7월 중순경에는 이미 조선 문제가 너무 복잡해져서 평화적인 수단으로 해결하기란 불가능해 보였다. 일본 정부가 개혁안을 제시했지만 중국은 필요성을 느끼지 못하고 협력을 거부했다. 조선 정부도 처음에는 개혁안에 동의했으나 이후 시간을 질질 끌면서 일본군 철수가 모든 개혁 조치에 선행되어야 한다고 주장했다. 조선의 태도가 변한 것은 중국의 책동 때문이었다. 일본 정부는 민씨 일파가 중국의 이익을 위해 사용해 온 권력을 빼앗기로 했다. 설령 일본 정부가 원하지 않았다 해도 강경 노선을 채택할 수밖에 없었을 것이다. 일본 전역에서 민심이 매우 격앙되었고 조선에서 더 이상 치욕을 당할 수 없다고 국내 여론이 들끓었다.

국내 한 정파는 1876년 조선과의 첫 조약을 이끌어 낸 평화 정책을 수치스러운 것으로 받아들였다. 잇따른 불만으로 결국 1877년 사쓰마 반란이 일어났다. 이 반란으로 일본은 7개월에 걸친 내전 기간에 수천 명의 인명과 막대한 금전 손실을 입었다. 서울 주재 일본 공사관이 두 차례 공격당하자 민감한 일본인들은 그들의 자부심에 깊은 상처를 입었다. 일본인들은 조선 정부의 사과와 배상금만으로는 자국 동포에게 가해진 살상과 폭행에 대한 충분한 보상이 되지 못한다고 생각했다. 따라서 일본은 자국의 존엄이 훼손되지 않도록 힘으로 자국의 의지를 보여 주어야 했다.

한편으로는 기회가 너무 좋아 절대로 놓칠 수가 없었다. 일본인은 한층 빠르고 영리해졌다. 일본은 조선을 개혁하는 데 중국이 일정 부분 역할을 해 주기를 원했으나 중국은 이를 거절했다. 일본군은 수도에 강력한 군대를 보유하고 있었기 때문에 중국의 도움 없이 실행에 옮길 수 있었다. 전쟁 없이는 사태를 해결할 수 없을 듯했고, 이 경우 신속성이야말로 성공의 주요 요소가 될 것이다.

사건은 매우 신속하게 전개되었다.

7월 18일 조선 정부는 대규모 일본군 부대의 주둔이 백성의 마음을 어지럽히고 있으므로 일본군 부대가 철수하기 전까지는 개혁을 추진할 수 없다고 일본 공사 오토리 게이스케에게 통보했다. 19일에는 중국 공사 원세개袁世凱(1859~1916)가 수도를 떠나[67] 제물포에서 중국 전함에 승선해 고국으로 돌아갔다. 일본은 원세개가 1885년부터 서울에 머물면서 조선인이 저항하도록 선동했다고 의심했다. 7월 20일 오토리는 조선 정부에 최후통첩을 보냈다. 그는 1885년 조약에 따라 조선이 일본군 병사를 위한 병영을 건설해야 한다는 점을 상기시켰다(오토리는 이를 통해 일본이 조선의 우방으로서 이 나라에 군대를 파견할 완전한 권리를 가지고 있음을 암시하고 있다). 그러면서 속국을 보호하겠다는 목적을 공개적으로 선언하는* 군대의 주둔은 조선의 독립과 양립할 수 없다고 덧붙였다. 오토리는 조선 정부에게 사흘의 시간을 줄 테니 자신의 요구 사항에 대해 최종적으로 답변하라고 말했다. 답변이 만족스럽지 않을 경우 일본은 무력으로 개혁을 추진하기로 했다. 조선 정부는 그들의 무력함을 고려할 때 매우 주목할 만한 해결책을 제시했다. 22일 밤 조선 정부는 자신들의 요청으로 중국군이 도착했으며 조선 정부의 요청 없이는 떠나지 않을

---

* 오토리는 중국군 장수의 선언문을 암시하고 있다.

것이라고 답변했다.

수도 근처에서 야영하던 일본군 부대에게 다음 날 아침 왕궁을 공격하라는 명령이 시달되었다. 모리 소좌와 하시모토 소좌가 이끄는 2개 대대가 아침 일찍 야영지를 떠나 진격했다. 아산에 주둔해 있는 중국군을 공격하는 것이 목표라고 공표했지만 곧 행선지를 바꾸어 왕궁의 전방과 후방으로 이동했다. 짧은 교전 끝에 일본군은 조선군을 몰아내고 왕을 붙잡았다. 일본군은 조선 왕에게 왕궁을 수호하고 추악한 도당으로부터 왕을 구출하기 위하여 왔노라고 선언했다. 궁궐 밖에서는 일부 조선군 부대와 짧은 난투극이 벌어졌다. 하지만 일본군은 두 차례 전투에서 두 명이 죽고 다섯 명이 부상당하는 손실만 입은 채 조선의 수도와 조정의 지배자가 되었다.

오토리 조선 주재 일본 공사.

원세개 조선 주재 중국 공사.

일본군은 7월 23일이 조선에서 새 시대가 시작된 날로 기록될 것이며 조선 정부를 개혁하기 위해 힘쓰겠노라고 대대적으로 선포했다. 민씨 일파가 축출되고 진보적인 정치인들이 자리를 대신했다. 왕의 아버지로 수년간 자신의 아들을 만나는 것조차 금지당했던 악명 높은 대원군이 궁궐로 불려가 막강한 권한을 부여받았다. 서구 정치 무대뿐만 아니라 극동 정치 무대에서도 기이한 변화가 발생했다. 진보와 문명의 이름으로 일본이 도입한 혁명의 첫 단계가 대원군을 권좌에 복귀시키는 것이었다는 사실은 정말 아이러니하다. 대원군은 가톨릭교에 대한 무자비한 박해자이자 모든 외국인들을 혐오하는 인물이었으며 1883년 일본의 공격을 사주한 혐의로 중국에서 수년간 억류되었던 인물이었다.

왕궁 점령과 내각 교체는 일본이 향후 추진하는 모든 조처에 법적 강제력을 부여했다. 일본군은 즉시 아산에서 중국군을 몰아내 달라는 요청을 조선 정부로부터 접수했다. 이제 중국군은 수호자가 아닌 침입자였다. 궁궐에서의 미약한 저항과 함께 일본과 조선 사이의 교전은 시작과 동시에 끝났다. 이제 앞으로 남은 유일한 문제는 중

고종.[68]

국과 일본의 전투가 언제 시작되는가 하는 것뿐이었다. 첫 전투는 서울과 아산 사이 어느 지점에서 발발할 것으로 예상되었다. 하지만 극동에서 상영될 예정인 장대한 드라마를 위해 전혀 색다르고 한층 놀라운 개막식이 연출되었다.

풍도 해전

조선 정세가 날로 심각해지자 일본뿐만 아니라 중국도 조선에서 군대를 증강하기 시작했다. 7월 21일부터 수일간에 걸쳐 병사 8,000명을 태운 증기선 11척이 톈진을 떠나 조선으로 급파되었다. 배는 두 방향으로 파견되었다. 일부는 조선과 국경을 이루는 압록강으로 향했고 나머지는 본래 동학교도를 진압하기 위해 파견되었던 소규모 원정대의 전력을 증강하기 위해 아산으로 향했다. 중국의 목표는 일본의 어떠한 공격에도 견딜 수 있을 정도로 아산 파견대를 강화하는 것이었다. 그와 동시에 한편으로는 수도를 향해 남쪽으로 진격해 일본군을 축출할 대규모 군대를 구성하기 위해 국경 지역으로 군사를 지속적으로 이동시켜야 했다. 그렇게 함으로써 양쪽에서 일본군을 공격해 바닷가로 몰아낼 작정이었다. 계획은 훌륭했으나 효과를 거두기 위해서는 신속한 기동력이 필요했다. 이 같은 조건은 중국으로서는 애초에 불가능한 것이었음이 이후의 전쟁 전 과정에서 드러났다. 전투부대가 거의 없는 결함투성이 군사 조직 외에 양질의 도로와 철도의 부재로 인해 육상으로는 신속하게 집결할 수 없었다. 중국은 조선과 긴 국경을 맞대고 있었지만 이 인접국으로 부대를 신속하게 보내기 위해서는 바다에 의존할 수밖에 없었다.

일본은 섬나라라는 조건 때문에 비슷한 처지에 놓여 있었다. 즉 바다가 유일하게 열린 통로였던 것이다. 조선 내 두 세력 간의 상대적인 위치가 바닷길을 더욱 길고 위험하게 만들었다. 서울 주둔 일본군 입장에서는 남쪽에 있는 중국군이 일본과 가장 가까운 항구인 부산과의 모든 통신을 엿들을 가능성이 있었다. 따라서 일본군의 통신은 전부 제물포를 경유해야 했다. 아산 주둔 중국군 입장에서는 북쪽에 포진한 강력한 일본군 때문에 오직 해상으로만 중국과 통신할 수 있었다. 아산은 제물포 남쪽 바로 밑에 위치하기 때문에 해상 통신로조차 교차되었다.

일본군의 당면 목표는 아산 주둔 부대가 지원군을 받지 못하도록 막는 것이었다. 서울 주둔 일본군은 자신들의 위치를 고수하는 것뿐 아니라 아산에 주둔한 적을 무찌르기에도 부족한 숫자였다. 북쪽에서 다가오는 중국군은 멀리 떨어져 있어서 당분간 큰 위협이 되지 않았다. 만약 이 같은 목표를 달성하지 못한다면 서울 주둔 일본군은 위험해질 것이다. 실제로 잠시 동안 양측 군대의 상황은 매우 위험해 보였다. 아산 주둔 중국군과 서울 주둔 일본군은 똑같이 작전 본부에서 멀리 떨어져 있었다. 어느 편이 자신의 입지를 강화하고 적의 입지를 약화시키는 데 성공할지는 알 수 없었다.

일본 정부는 중국군 수송선이 출발했다는 정보를 입수하고 7월 23일 아키츠시마秋津洲와 요시노吉野, 나니와浪速를 사세보佐世保에서 출항시켰다. 3척의 배는 일본 해군에서 속도가 가장 빨랐고 예정된 임무를 수행할 만큼 탁월한 자질을 갖추고 있었다. 25일 오전 7시에 함대가 풍도豊島와 새뱅이섬[69] 근처에 도착했을 때 2척의 중국군 전함 제원濟遠, 광을廣乙과 마주쳤다. 중국 함대는 아산 근처에서 오는 길이었다. 다른 증거 자료*를 통해 확인했듯이 일본군의 서울 왕궁 공격은 그 전날 오후 5시 20분에 아산에 알려졌다. 따라서 중국 함대는 전쟁이 거의 선포된 것이나 마찬가지라는 것을 알고 있었고 아마 적선이 공격할 수도 있다고 예상했을 것이다.

반면 일본 전함은 이틀 동안 해상에 머물러 있어서 23일 서울에서 발생한 엄청난 사건에 대해 전혀 모르고 있었다. 물론 일본 전함도 그런 사건이 발생할 수 있음을 인지했을 것이고 아마 모든 수송선을 정지시키라는 지시를 받았을 것이다. 하지만 중국군이 자국

---

* 「상하이 신문」에 게재된 증기선 비경飛鯨호의 항해일지.

국기에 경례하지 않고 전투 준비를 하자 일본군은 깜짝 놀랐다. 일본군 역시 전투태세를 갖추었다. 섬 사이 수로가 매우 좁았기 때문에 일본군은 공해로 나가기 위해 남서쪽으로 항로를 바꿨다. 이때 바로 근처까지 다가온 중국 전함이 포격을 개시했다.

전투는 짧고 결정적이었다. 약 1시간 만에 광을이 망가져 좁은 수로 안으로 도망쳤다. 제원은 함수포가 망가지고 선원 스무 명이 전사한 채 웨이하이웨이까지 도망쳐야 했다. 탄환으로 벌집이 되다시피 해 일부 목격자들에 따르면 마치 후춧가루 통처럼 보였다고 한다. 전투 중 제원이 백기와 일본기를 올렸고 일본 전함 한 척이 다가가자 어뢰 한 발을 발사했는데 빗나갔다는 얘기도 전해진다. 요시노는 한동안 제원을 추격했다.

이상의 내용은 일본 측 설명이다. 중국군은 일본군이 먼저 발포했다고 주장했다. 하지만 제원이 너무 잘 싸워 일본 전함 한 척이 백기를 올려야 했고 다른 전함이 도착하는 바람에 간신히 나포를 면했다고 한다. 좀더 상세한 설명도 덧붙였다. 한 발의 포탄이 선교를 파괴해 일본군 제독이 죽었으며 그가 공중에서 몇 차례 공중제비를 도는 광경이 목격되었다고 한다. 하지만 몇 명의 유럽인*이 백기와 일장

---

* 폰 한네켄, 물렌스테트와 고승호의 간부 선원들.

기를 꽂고 도망가는 제원을 목격함으로써 이 같은 설명을 반박했다. 불행하게도 중국의 육군과 해군 장교들은 대중의 구미에 맞춰 과장된 보도를 퍼뜨려야 했다. 중국 국민 대다수가 군사 문제에 무지했기 때문에 아무리 영웅적인 전투일지라도 솔직하게 설명해서는 그들을 만족시킬 수 없었다.

전쟁 기간 내내 중국군 장수와 장교에 대한 평가에서 일본군이 그들의 동포보다 훨씬 공정했다. 제원과 광을이 3척의 일본 전함과 맞섰던 이번 전투는 각각의 일본 전함이 두 전함을 합친 것 이상의 성능을 보유했기 때문에 분명 영웅적인 전투였다고 할 수 있다. 이 전투는 이번 전쟁에서 가장 치열한 전투이자 중국군이 압도적으로 우세한 적과 교전한 유일한 전투였다. 따라서 제원의 함장 방백겸方伯謙이 두 달 뒤 비겁한 행동을 했다는 죄목으로 참수된 것은 이상한 일이다. 인간의 감정이 고조되어 판단력을 상실하는 일순간의 잘못과 편견을 바로잡는 것이야말로 역사의 임무이다. 전투에 무지한 문신 관료가 제기한 성급한 사형선고에 맞서 방백겸을 상대로 싸운 유능한 일본군 해군 장교*의 견해와 그의 배에서 일한 독일인 기관

---

* 일본군이 다음 해 웨이하이웨이에서 어뢰정을 포획했을 때 중국군 포로에게 던진 질문 가운데 하나는 다음과 같다. "풍도에서 그토록 잘 싸운 방백겸이 왜 참수되었는가?" 중국군 장교들은 자신들은 잘 모르며 다만 정여창 제독이 그를 구하려고 애썼다고 말했다.

사*의 증언을 인용하는 것이 공정할 것이다.

중국군 입장에서 볼 때 이번 전투는 분명 성급했다. 중국군이 먼저 발포했다면 유추할 수 있는 유일한 설명은 어떤 대가를 치르더라도 수송선을 보호하라는 명령을 받았으리라는 것이다. 물론 일본군 전함을 파괴하거나 추격전을 벌여 조선 해안에서 멀리 끌어내길 바랐을 것이다.

요시노가 제원을 쫓는 동안 두 척의 또 다른 배가 눈앞에 나타났다. 중국의 소형 통보함 조강操江과 영국 상선 고승高升이었다. 아키츠시마는 조강을 추격하여 이내 나포했고 조강은 아무런 저항도 하지 못했다. 나니와는 고승을 맡았는데 이때 고승에 있던 사람들의 무지와 불신 때문에 1,000명 이상의 목숨이 희생된 피비린내 나는 참극이 벌어졌다.

오전 9시경 나니와는 고승을 향해 닻을 내리라는 신호를 보냈고 두 발의 공포탄으로 정지 신호를 재차 보냈다. 그 후 몇 차례 추가 신호와 다른 전함과의 협의 끝에 나니와는 증기선에 승선할 장교를 태운 보트 한 척을 내보냈다. 장교는 배의 서류를 조사한 후 그 배가 조선으로 군대를 수송하기 위해 중국 정부가 전세 낸 영국 증기선이

---

* 호프만은 상하이의 한 신문에서 방백겸이 압록강 전투에서 자신의 전함을 이끌고 훌륭하게 싸웠다고 증언했다.

라는 사실을 알아냈다(고승호에는 약 1,200명의 병사가 승선해 있었고, 그 밖에 12문의 대포와 탄약 등이 있었다. 또 수년간 중국군에 고용되어 요새를 건설했던 독일인 장교 폰 한네켄이 일반 승객으로 승선해 있었다). 몇 가지 질문을 던진 후 일본군 장교는 고승호 선장에게 나니와를 따라와야 한다고 말했다. 그러고 나서 너무나 급작스럽게 가버려 선장은 간신히 전함의 명령을 따를 수밖에 없다는 대답만 했다. 물론 마지못해 그렇게 했을 것이다.

일본군 보트가 떠난 후 시달된 명령을 이행하기 위해 준비하고 있을 때 끔찍한 소동이 벌어졌다. 나니와가 고승을 세우자 부대를 책임지고 있던 두 명의 중국군 장수가 매우 격분하더니 자신들은 포로가 되느니 차라리 죽겠노라고 폰 한네켄에게 말했다. 폰 한네켄은 중국어를 할 수 있는 유일한 유럽인이어서 전 과정을 처리해야 했다. 그는 골드워지 선장에게 중국군의 의사를 전달했다. 그리고 두 사람은 전쟁 선포 전인 7월 23일 배가 출발했던 다구大沽 항으로 되돌아갈 수 있도록 허락을 받아내야 한다는 데 의견을 모았다. 하지만 일본군 장교가 너무나 급작스럽게 가버려 선장은 이의를 제기할 시간도, 폰 한네켄을 부를 시간도 없었다.

중국군 장수들은 어떤 요구가 제시되었는지 눈치 채자마자 급속도로 흥분했다. 이 사실이 전해지자 병사들도 난폭하게 갑판 주위로 몰려들었다. 장수들은 상당수의 병사들에게 무기와 탄약을 지급했으며 나니와를 따라가지 않고 일본군과 싸울 것이라고 선언했다. 고승호의 간부 선원들이 중국군이 싸울 작정이라면 배를 떠나겠다고 선언하자 무장 병사들을 동원해 모든 유럽인을 감시했다. 일본군의 지시에 복종하거나 배를 포기하려는 징후가 조금이라도 보이면 즉시 죽여 버리겠다고 협박하기도 했다. 두 명의 장수를 포함해 그토록 많은 장교들에게 군사적 경험이 없었다는 점은 정말 딱한 일이었다. 그들은 상선이 강력한 전함과 맞서는 것이 얼마나 어리석은 일인지 깨닫지 못했다. 국제법에 무지한 그들은 아마 외국 국기와 승선한 유럽인 때문에 보호받을 수 있다고 믿었을 것이고 인질을 잡고 있는 한 안전할 것이라고 생각했을 것이다. 자신들은 뱃삯을 지불했고 막대한 금액을 납부했으므로 아산이나 다구 어디든 상륙할 권리가 있다고 생각했다. 이들의 무지가 자신들의 운명과 자신들의 지휘 아래 있는 가엾은 사람들의 운명을 결정해 버린 것이다.

중국군이 증기선을 장악하고 있는 동안 일본군은 따라오라는 신호를 보내고 있었다. 그러자 폰 한네켄은 골드워지 선장에게 나니와에 보트를 다시 보내달라는 신호를 전하라고 부탁했다. 이 요청은 즉시 이행되었다. 이번에는 폰 한네켄이 직접 일본군과 교섭하러 갔는데 그 광경이 참으로 극적이었다. 갑판에는 흥분을 간신히 억누르고 있는 무장 병사들이 들끓고 있었다. 지휘관의 풍모를 지닌 폰 한네켄은 현문에 있었고 일본군 장교들은 칼자루에 손을 얹은 채 사닥다리에 올라서 있었다. 폰 한네켄은 선장 마음대로 명령에 따를 수 없는 사정을 설명했다. '선장이 나니와를 따라가는 것을 중국군이 용납하지 않는다. 또한 그들은 다구로 되돌아가기를 원하고 있다.' 이 같은 요구는 폰 한네켄과 선장에게는 일리가 있는 것으로 여겨졌다. 일본군 장교는 나니와의 함장에게 이 문제를 보고하겠다고 말했다.

이 문제를 심사숙고하기 위한 얼마간의 시간이 흐른 후 나니와로부터 나온 신호는 '즉시 배를 떠나라.'라는 것이었다. 이것은 물론 유럽인들에게만 해당되는 말이었다. 하지만 철주마다 중국군 병사들이 감시하고 있어서 유럽인들은 떠날 수 없었다. 골드워지 선장은 '우리가 떠나는 것을 허용하지 않는다. 보트를 보내 달라.'고 신호를 보냈다. 하지만 일본군은 '구명정은 보낼 수 없다.'는 대답을 했다. 그리고 나니와는 주위를 돌아 좌현에서 150미터 떨어진 지점에 고승호와 나란히 서더니 어뢰 한 발을 발사했다. 이어 좌우현 뱃전에서 일제히 발포가 시작되었다.

어뢰가 배에 명중했는지는 확실치 않다. 하지만 대기를 온통 석탄 먼지로 가득 채워 모든 것을 뒤덮어 버릴 만큼 무시무시한 폭발이 일어났다. 혼란 속에서 폰 한네켄과 유럽인들은 배 밖으로 뛰어내려 빗발치는 탄환 속에서 필사적으로 헤엄쳤다. 헤엄칠 줄 모르는 중국군 병사들은 자신들이 죽을 수밖에 없다는 사실을 깨닫자 물속에 있는 일본군과 동료 병사를 향해 무차별적인 사격을 가했다. 나니와는 오후 1시경 포격을 시작했고 30분 만에 고승호는 침몰했다. 선장과 일등 항해사, 조타수는 일본군 보트에 구조되었다. 폰 한네켄과 일부 병사들은 해안까지 헤엄쳐 갔고 일부는 고승호 돛대에 매달려 다음 날 아침 프랑스 포함인 라이온Lion에 구조되었다. 하지만 구조된 전체 생존자 수는 170명을 넘지 못해 결국 1,000명 이상이 목숨을 잃었다.*

고승호의 침몰은 희생된 유럽인의 목숨과 그것이 제기한 국제적인 문제로 인해 파란만장한 아침에 있었던 또 하나의 사건을 잊게 만들었으며 잊지 못할 날의 두드러진 특징을 덮어 버렸다. 이처럼 비본질적인 문제에 주의를 빼앗기지만 않았어도 7월 25일 전투를 수행하는 일본군의 효율성과 신속함이 전 세계에 드러났을 것이며 일찌감치 일본군의 군사적 역량을 파악했을지도 모른다. 일본군 전함은 오전 7시에 제원과 광을을 만났고 오후 1시 30분 고승이 침몰

---

* 일부 생존자의 진술은 부록 C에서 확인할 수 있다.

했다. 약 6시간 만에 전함 한 척이 파괴되었고 다른 한 척은 못쓰게 되었으며 통보함 한 척이 나포되고 수송선 한 척이 침몰했다.

일본은 격정적인 민족으로 알려졌지만 이 모든 일이 혼란이나 문제의 핵심을 벗어나지 않고 진행되었다. 제원과의 전투에서 일본군은 부서진 배를 완전히 파괴하기 위해 추격하는 대신 수송선을 저지하기 위해 남았다. 고승은 국제법상 복잡한 문제를 야기했고 일본군 장교들은 전투 직후 몇 시간 안에 이 문제를 해결해야 했다. 당장이라도 다른 중국군 함선이 전투를 재개하러 올 수 있다는 불안감을 지닌 채 말이다. 이 문제는 적절하게 해결되었다. 하지만 전 세계가 존경하고 있고, 극동에서 경외심을 갖고 우러러보는 영국 국기에 대해 발포하는 해법을 선택했다는 점은 주목해야 한다. 따라서 일본인이 그처럼 짧은 숙고 끝에 그토록 단호하게 행동한 것은 유례없이 대담한 행위였다.

25일의 사건은 군사적인 관점에서도 대단히 중요하다. 1,000명의 정예 병사와 함께 고승이 침몰한 것은 피비린내 나는 전투에서의 패배와 맞먹는 일이다. 아산 주둔 부대의 운명과 중국의 전투 계획의 방향이 이날 결정되었다고 할 수 있다. 고승이 아산에 도착했다면 1,200명에 달하는 새로운 병력의 상륙과 폰 한네켄 같은 용감하고 노련한 장교의 존재, 그리고 언제든지 지원군을 받을 수 있다는 확신으로 고양된 중국군의 사기가 첫 육상 전투에 실질적인 영향을 끼쳤을 것이다. 대담함 못지않게 늘 신중하게 행동하는 일본군은 아마 지원군이 오기 전까지 아산 진지에 대한 공격을 주저했을 것이다. 또한 전쟁 전 과정에 걸쳐 또 다른 결과도 야기했다. 이 사건으로 중립국은 불확실한 사업을 착수할 때 좀 더 신중해졌고, 중국군은 해상을 통한 병력 수송이 얼마나 어렵고 위험한 일인지 알게 되었다.

제2장
첫 번째 군사작전

아산 전투

 7월 23일 왕궁을 침탈해 조선 정부를 교체할 당시 일본군은 이미 조선에 와 있던 중국군과 맞설 준비를 하고 있었다. 북쪽에 있는 군대는 그 수가 불확실했고 정확한 위치도 알려져 있지 않았다. 하지만 당면한 위협 요인은 아니었으므로 중국군의 움직임을 살피기 위해 23일 소규모 기병 척후 부대를 파견했다. 아산에 있는 남쪽 부대는 매우 가까이 있었고 수적으로 위협적이지는 않아도 증원될 가능성이 있었다. 어쨌든 북쪽 군대가 가까이 오기 전에 궤멸시켜야 했다. 그렇지 않으면 일본군은 양면 공격에 노출되기 때문이었다.

이 같은 군사적 이유 외에도 아산 주둔 중국군의 신속한 격퇴가 절실한 또 하나의 이유가 있었다. 일본이 명백하게 월등하다는 것을 입증해 줄 인상적인 승리를 통해 일본에 우호적인 조선 정파와의 불안한 동맹 관계를 공고히 할 필요가 있었던 것이다. 또 중국군 부대가 이 이상 주둔한다면 이미 혼란에 빠진 남부 지방에 불평불만이 확산될 염려가 있었다.

7월 25일 오시마 장군은 수도 경비에 필요한 소규모 병력만 남겨 둔 채 주력 부대를 이끌고 아산으로 출발했다. 일본군은 신속하게 진격했다. 26일 수원水原에 도착했고 27일에는 진위振威에, 그리고 28일에는 중국군 진지의 시야에 들어 있는 소사장素沙場[70]에 도달했다. 갖가지 어려움 속에서 행군이 계속되었다. 짐을 끄는 가축을 구하기가 쉽지 않았던 데다 짐꾼*으로 고용한 조선인 노무자들이 첫날 도망가 버렸다. 일시적으로 본대보다 하루 정도 앞서 행군했던 선봉대는 수원에서 발이 묶여 더 이상 전진할 수 없었다. 사령관인 고시 소좌는 노무자와 가축을 징발하기 위해 밤낮으로 헛되이 애쓴 끝에

---

* 유럽에서는 짐승만 하는 여러 일에 극동에서는 사람이 동원된다는 사실을 유럽 독자들은 알 필요가 있다. 이들은 작은 수레를 끌기도 하고 먼 거리까지 짐을 나르기도 한다. 전쟁 기간 내내 일본군은 대규모 노무자를 대동했는데 이들 대부분이 운송을 담당했다.

지나치게 상심하여 자살하고 말았다. 26일 나머지 군대가 수원에 도착했을 즈음에는 어려움이 점차 해결되고 있었다.

오토리 공사는 서울에서 편지를 보내 아산에서 중국군을 축출하는 임무를 조선 정부로부터 위임받았다고 알려주었다. 또 일본군에게 노무자와 짐 운반용 가축 등을 제공하여야 하며 그 경우 적절한 보상을 받을 것이라는 칙령을 모든 관리에게 선포했다고 말했다. 조선 농부들은 자국 군대의 약탈에 익숙해 징발된 물품에 대한 보상을 거의 믿지 않았다. 하지만 농부들은 곧 일본군의 낯선 풍습을 기꺼이 받아들이게 되었고 그들이 요구하는 모든 원조를 제공해 주었다. 26일 오시마 장군은 오토리로부터 전날 발생한 먼 해상에서의 전투 소식을 들었다. 즉시 전 부대원이 승전보를 전해 들었다. 이 소식을 들은 병사들은 해군의 성공을 추월하려는 열망과 조바심으로 가득 찼다.

중국군은 일본군이 공격할 가능성이 있다는 것을 예견하고 아산에서의 항전을 피하기로 결정했다. 아산에는 바다가 있어서 중국군의 퇴로가 차단될 수 있었던 것이다. 하지만 노련하게도 성환成歡 근처에 강력한 방어 요새를 선정했고 엄청난 공을 들여 방비를 강화했다. 서울과 아산 간 도로는 소사장에서 두 개의 작은 강을 건너야 했는데 그 가운데 하나는 소택을 이루고 있었다. 땅은 엄호물을 전허 찾을 수 없는 논으로 구획되어 있었고 논 너머로 산등성이가 있었다. 중국군은 다리를 파괴하고 강에 둑을 쌓았으며 산 위에 가시울타리로 둘러친 여섯 개의 진지를 구축했다.

7월 28일 일본군은 정오가 되기 전에 중국군 진지로부터 8킬로미터 떨어진 소사장에 도착했다. 장교들은 쌍안경으로 수많은 깃발로 화려하게 장식한 중국군 참호를 이내 발견했다. 몇몇 일본군 장교는 변장을 하고 중국군 방어선 가까이 접근하기도 했다. 저녁에 이들이 돌아오자 오시마 장군은 긴급회의를 소집했다. 이 자리에서 진지의 견고함과 차폐물 없이 적의 포화에 노출된 채 논을 통과해야 하는 어려움 때문에 야간 공격을 감행하기로 결정했다. 부대원들에게는 이 계획을 알리지 않았다. 하지만 한밤중에 갑작스럽게 기상 명령을 받은 병사들은 전혀 동요하지 않고 적을 향해 소리 없이 진격했다. 일본군은 진영을 둘로 나누었다. 다케다 중좌 휘하의 우익은 보병 4개 중대와 공병 1개 중대로 구성되었으며 적의 왼편에서 강력한 견제 작전을 펴기로 하였다. 오시마 장군 휘하의 좌익은 보병 9개 중대와 포병 1개 대대, 기병 1개 중대로 구성되었는데 우회로를 통해 중국군 우익 측면과 후방을 공격하기로 했다.

마츠사키 대위가 보병 1개 대대를 거느리고 우익 선봉에 서서 두 개의 강을 어렵사리 건넜다. 물은 어깨까지 찼으며 왼쪽으로 꺾인 좁은 길은 연못을 가로지르고 논을 통과하여 어떤 부락으로 이어져 있었다. 일본군은 어둡고 험한 길에서 곧 혼란에 빠졌다. 일부 지대는 길을 잃기도 했다. 다케다 중좌는 통역에게 조선인 가옥에 가서 길을 물어보라고 했는데, 이때 갑자기 하얀 옷을 입은 사람이 쏜살같이 달아나며 소리쳤다. 부락에 매복해 있던 중국군 병사들이 즉시 격렬하게 사격을 개시했다. 제방 뒤에 엎드려 있던 일본군도 응사했지만 몹시 곤란한 상황에 처하게 되었다. 지형 때문에 이동할 수 없어 적의 포화 아래 무리 지어 모여 있었다. 토키야마 중위는 선봉대를 지원하러 진격해야 한다는 조바심에 가득 차 20명의 병사와 함께 연못 속으로 뛰어들었는데 마침 그곳이 가장 깊은 지점이어서 그만 익사하고 말았다.

마츠사키 대위. 안성에서 전사하다.

부하들이 물러서지 않자 더욱 고무된 마츠사키 대위는 논둑 위에 서서 칼을 휘둘렀다. 총알 한 방이 무릎에 박혔지만 여전히 버티면서 또 한 발의 총알에 목숨을 잃을 때까지 용감하게 독려했다. 차츰 지원군이 도착하자 일본군은 공격을 시작해 중국군을 마을에서 남쪽 논으로 몰아냈다. 두 개의 강 가운데 안성천의 이름을 딴 이 전투는 오전 3시에서 3시 30분까지 계속되었다.

오전 5시가 되자 요새 공격을 시작으로 전투가 재개되었다. 이번에는 오시마 휘하 좌익이 작전에 돌입해 중국군 참호를 향해 중포 사격을 시작했다. 중국군은 포를 다루는 훈련을 제대로 받지 않은 상태였다. 일본군의 포탄이 요새 안으로 쏟아져 들어오자 중국군 진영에서는 엄청난 혼란이 일어났다. 포화가 자욱한 틈을 타 일본군은 우측과 좌측 최전방 요새로 돌격했다. 양쪽에서 포위된 중국군은 오전 5시 30분 요새를 모두 버리고 우왕좌왕하며 퇴각했다. 오시마 장군은 제11연대를 이끌고 천안으로 이어지는 도로를 따라 중국군을 추격했다. 한편 다케다 중좌는 제21연대를 거느리고 아산으로 진격했다. 일본군은 이곳에서 중국군이 필사적으로 저항하리라 예상했지만 곧 중국군이 아산에서 철수해 버렸다는 것을 알았다. 중국군은 성환에서 싸우기를 원했다. 성환에서는 천안으로 이어지는 좋은 퇴로를 확보할 수 있었기 때문이다.

전투에 참여한 병력은 당시에는 조금 과장된 것이었다. 우리가 살펴본 바와 같이 일본군 양익은 보병 13개 중대와 공병 1개 중대, 기병 1개 중대, 포병 1개 대대로 구성되었다. 이는 평시 체제에선(이때까지는 예비 병력을 받을 수 없었다.) 모두 합해 약 2,500명에 해당하는 병력이다. 일본군이 사로잡은 포로에 따르면 중국군이 3,000명에 달했지만 그 가운데 일부만 성환 전투에 참여했다고 한다. 총사령관 섭지초葉志超는 이미 퇴각한 상태여서 일본군에 대항해 싸운 병력은 1,500명에 불과했을 것이다.

중국군은 8문의 포와 수많은 깃발(중국군에게는 엄청난 양의 깃발이 있었기 때문에 그다지 중요하지는 않다.) 그리고 엄청난 양의 비축품과 탄약을 잃었다. 또 일본군의 설명에 따르면 500명이 죽거나 부상당했다고 한다. 일본군은 장교 6명과 병사 82명이 죽거나 부상당했다. 특히 주목할 가치가 있는 것은 장교의 비율이다. 일본 육군에 대해 설명하면서 제시한 연대 편성표에 근거해 본다면 총 사상자 88명 가운데 장교는 3~4명 정도여야 한다. 실제로 더 큰 피해가 발생했다는 사실은 일본 육군 장교에 대한 신뢰를 높여 준다. 이 수치야말로 일본군 장교들이 부하를 독려하기 위해 자신의 목숨을 어떻게 내놓는지 일본의 신문과 전쟁 출판물의 그 어떤 현란한 묘사보다 잘 나타내 준다.

최초의 전투 보고서에서는 중국군이 전멸했다고 발표되었다. 하지만 나중에 패주한 중국군 가운데 상당수, 즉 약 1,500명이 우회로를 통해 북쪽으로 달아나 평양 주둔 중국군에 합류했음이 밝혀졌다. 이 같은 퇴각은 섭 장군에 의해 탁월한 전략적 이동으로 묘사되었다

(그는 덧붙여서 성환 전투가 일본군에게 심각한 타격을 주었다고 말했다). 이것이 점차 과장되어 섭 장군은 황제로부터 훈장과 포상금을 받았고 일본군은 섭 장군의 탈주를 허용했다는 이유로 경멸 섞인 비난을 받아야 했다. 하지만 진실은 이 모든 과장과는 동떨어진 것이었다. 고승호의 침몰 소식을 듣고 더 이상 지원군을 받을 수 없다는 것을 깨달은 섭 장군이 군대 일부분이라도 구한 것은 옳은 일이었다. 비록 그처럼 뛰어난 군사 진지를 확보한 상황이라면 성환에서 좀더 치열한 항전을 전개했어야 하지만 말이다. 반면 오시마 장군은 소수의 탈주자를 포기하고 전투에서 좀더 중요한 임무에 전념해야 했다.

이번 전쟁에서 드러난 일본군의 가장 큰 장점은 지엽적인 것에는 주의를 기울이지 않고 항상 전투의 주요 대상에 전념한다는 점이다. 7월 29일 오시마 장군은 모든 사소한 부분을 희생해서라도 일본군이 수도를 지배하고 북쪽에서 내려올 대규모 중국군에 맞설 수 있도록 전력을 비축해야 했다.

7월 31일 일본군은 아산을 출발해 8월 5일 서울에 도착했다. 이날 개선식이 거행되었는데 포와 깃발 등 모든 전리품이 전시되어 이를 본 조선인들이 크게 감탄했다. 또 조선인들이 세상에서 가장 위대한 나라로 여겨 온 중국을 능가하는 일본의 군사적 우월성을 확인해 주었다. 성환의 승리는 참전한 병력의 수로 볼 때 그다지 중요하지는 않지만 몇 가지 점에서 커다란 역사적 의의를 지닌다. 이번 전투는 3세기 만에 치른 대외 전쟁에서 일본이 수행한 첫 전투였고 철저하게 유럽식 체제로 조직된 새로운 군대의 첫 시험 무대였다. 일본군은 승리를 확신했지만 자신들의 기대가 그처럼 완벽하게 실현되자 분명 더할 나위 없이 만족스러웠을 것이다.

아산전투는 작은 사건에 불과했다. 하지만 전투의 신속한 수행을 통해 일본군 장교들은 지휘 방법을 잘 알고 있으며 좋은 도로가 구비되지 못한 나라에서도 군사 조직이 원활하게 작동한다는 사실을 보여 주었다. 장교와 병사들은 확고한 신념을 가지고 행동했다. 한편으로는 이국적인 군복이 오랜 사무라이 정신까지 바꾸지는 않았다는 것을 입증하는 몇 가지 영웅적인 사례가 있었다. 전투에서 결정적인 순간에 놀라운 용기를 보여준 마츠사키 대위는 죽을 때까지 부하들을 독려했다. 또 대위 옆에 있던 불쌍한 나팔수

나팔수 시라카미 겐지로.

시라카미 겐지로는* 치명적인 부상을 입은 채 마지막 숨을 거둘 때까지 나팔 불기를 멈추지 않아서 이번 전쟁의 첫 대중적 영웅이 되었다.

전쟁 선포

7월 25일과 29일에 있었던 해상과 육상에서의 전투는 공식적으로 전쟁이 선포되지 않은 상황에서 발생하였다. 8월 1일 중국과 일본이 동시에 전쟁을 선언했다. 흥미로운 두 선언문의 내용은 부록으로** 실었다. 재일 중국인과 재중 일본인은 미국의 보호 아래 있었다. 공식적인 전쟁 선포에 양국은 전혀 다른 반응을 보였다. 항상 국가의 영광에 민감했고 전쟁을 갈망해 온 일본인들은 이 소식을 듣고 기쁨에 넘쳐 환호했으며 조국의 영광된 승리를 위해 스스로 커다란 희생을 감내할 준비를 했다.

---

* 지역 의원이 나팔수 가족에게 선물을 주라는 요청을 받았을 때 아들을 잃고 남은 아버지는 진정한 일본인처럼 대답했다. "죽는 것은 모든 사람의 숙명입니다. 내 아들도 언젠가는 죽어야 합니다. 이 누추한 헛간 구석에서 친척 몇 사람 외에는 애도하는 사람도 없이 잠드는 대신 아들은 싸움터에서 쓰러져 수많은 상관들의 찬사를 받았습니다. 그렇기 때문에 아이 엄마와 나는 이 일을 비통하게 생각하지 않습니다. 우리는 아들이 일본의 영광을 수호하기 위해 자신의 피를 뿌릴 만큼 국가에 충성했다는 사실이 기쁩니다."(「재팬 메일 Japan Mail」에서 인용)

** 부록 D 참조

일반적으로 알려진 빈곤에도 일본은 전쟁 자금을 쉽게 충당했고 외국 자본에 의존하지 않고 모든 경비를 부담했다. 부상자를 간호하고 병사들에게 최대한의 위안을 제공하기 위해 온갖 종류의 단체가 결성되었다. 돈과 유용한 물품을 기부한 사람이 귀족이나 부자들만은 아니었다. 가난한 사람들도 자국의 영광을 위해 멀리서 싸우는 병사에게 작은 힘이나마 보태고자 허리띠를 졸라맸다. 병사들이 전장으로 출발하기 위해 기차로 이동할 때면 역마다 군중들이 몰려와 맛있는 음식을 제공하며 작별 인사를 외쳤다. 승전 소식이 전해질 때마다 각 가정에서 국기를 내걸고 경건하게 경축해 거리를 걷기만 해도 언제 일본군이 승리를 쟁취했는지 알 수 있었다.

반면 중국은 전혀 다른 풍경을 연출했다. 백성들은 호전적이지 않아서 군사적 영광에 무관심했다. 더욱이 중국인은 조선 문제에 그다지 관심이 없었다. 일본에 대한 적개심을 불러일으키려는 시도가 일부 있었으나, 개항장의 폭도들이 죄 없고 얌전한 일본인을 상대로 난폭한 공격을 가한 것 이상은 아니었다. 불행히도 상하이가 이 수치스러운 일화의 무대가 되었다. 전투 발발 직후 중국인들은 온 나라가 일본인 스파이로 가득 찼다는 의구심으로 격앙되었다(전쟁 준비 부족과 적은 군인 수를 고려할 때 일본인들이 도대체 어떤 정보를 밀고할 수 있다는 건지 상상하기 어렵다). 따라서 검은 피부에 낯선 복장을 한 사람은 모두 일본인 스파이로 의심받았다. 처음에는 프랑스 증기선에서 화부로 일하는 한 아랍인이 체포되었다가 풀려났다. 하지만 이후 중국인처럼 차려입은 두 명의 진짜 일본인이 외국인 거주지에서 붙잡혀 미국 영사에게 인계되었다.

일본 측은 미국 영사가 그들을 보호해 줄 것이라고 여겼다. 일본인들은 공정한 법정에서 심리를 받아야 했고 유죄가 밝혀졌을 때 전쟁 법에 따라 총살되는 것은 너무나 당연했다. 하지만 이들은 아무 조건 없이 중국 당국에 넘겨져 난징南京으로 끌려간 뒤 끔찍한 고문을 당한 후 참수되었다. 상하이 주재 미국 영사는 이 범죄에 책임이 없었다. 워싱턴의 명령에 따라 행동했기 때문이다. 하지만 이 사건은 자유와 진보를 상징하는 미국 성조기를 더럽힌 대단히 치욕적인 사건이었다. 아무런 두려움 없이 미국의 보호를 믿었던 일본인들이 고문이 자행됨으로써 모든 정의가 배제되고 모든 결정이 무효화되는 그 같은 법정으로 넘겨져서는 안 되었다.

이처럼 개탄스러운 조치는 미국 정부의 권위를 떨어뜨렸으며 극동에서 미국의 명성은 크게 훼손되었다. 미국이 국가의 권위와 위신을 회복하고 악행의 기억을 없애기까지는 수많은 세월이 소요될 것이다. 더욱이 이번 사건은 외국인 거주지의 특권을 위반한 것이었다. 외국인 거주지에서는 경우에 따라 중국인도 공동재판소[71]에서 재판받을 수 있다. 미국은 중국 내에서 일본인을 심리하는 것을 거부할 수는 있어도 외국인 거주지에서는 이를 포기해서는 안 된다. 또한 이 사건이 중국에게 득이 되었는지도 의심스럽다. 중국은 저 불쌍한 두 사람의 죽음으로 얻은 것이 거의 없을 뿐만 아니라 전체 문명 세계가 지켜보는 가운데 망신을 당했다. 외국인들은 자국 문명의 명예와 중국의 점진적인 발전을 위해서라도 중국의 낡은 법이 맹목적이고 무책임하게 남용되는 것을 막아야 한다.

중국 정부도 일본인의 목숨과 전함 파괴에 대한 배상금을 치렀다. 하지만 그처럼 원시적인 방법은 아무런 실질적인 효용이 없었으며 오히려 전 세계에 자신들의 야만성을 드러낼 뿐이라는 사실을 전혀 깨닫지 못했다. 전쟁의 긴박한 요구에 부응하기 위하여 무익한 여러 방법들이 동원되었다. 아무런 구체적인 증거도 없이 일본이 식량 부족에 시달리고 있다고 추측해 대일본 식량 수출을 금지했다. 하지만 그 같은 방법으로 타격을 입을 사람은 오직 생산자인 중국 농민뿐이었다.

공식적인 전쟁 선포에 앞선 수일간은 군사작전이 매우 적극적으로 추진되었다. 하지만 이상하게도 저 엄숙한 선언 후 거의 2개월 가까이 일종의 소강상태가 지속되었다. 외국의 구경꾼들은 기다리는 데 진력이 나기 시작했다. 일본군의 능률성이 과장되었으며 이것은 일본이 최후의 승리를 거두는 데에 불길한 징조라고 생각했다. 사실 일본이 승리할 수 있는 유일한 기회는 중국이 자신의 강력한 힘, 즉 병사를 위해 보급품을 나르는 데 필요한 많은 노무자와 같은 힘을 결집하기 전에 신속하고 충격적인 몇 차례 타격을 가하는 데 있다는 것이 유럽과 극동에 있는 외국인의 일반적인 견해였다.

하지만 일본은 전투 계획을 세우면서 모든 준비가 완료될 때까지 작전을 개시하지 않기로 했다. 지나친 성급함 때문에 발생할 그 어떤 사소한 실패도 적의 사기를 올리고 일본군의 명성을 추락시킬 것이기 때문이다.

포트아서와 웨이하이웨이에서의 해군 시위

8월 10일 이토 유코伊東佑亨(1843~1914)[72] 제독은 약 스무 척의 일본군 함대를 이끌고 중국의 해군항인 포트아서旅順와 웨이하이웨이威每衛를 공격했다. 이 사건은 요새와 전함이 긴 거리를 두고 포격을 주고받은 극히 사소한 사건이었다.

한동안 사람들은 이번 정찰 활동의 의미를 파악하기 위해 고심했다. 대부분은 중국군 함대 사령관인 정여창 제독[73]을 자극해 밖으로 끌어내 대규모 해전을 벌이려 했다고 생각했다. 하지만 약 한 달

후 진짜 목적이 드러났다. 그동안 내내 조선으로 군대를 실어 나르고 있던 일본군 수송선의 움직임을 은폐하기 위한 것이었다. 일본군은 미처 준비를 갖추기 전에 해전을 치르는 것이 두려워 이 중요한 시기에 중국 함대를 묶어 둔 것이다.

처절하게 패배할 때까지는 중국이 항복하지 않을 것임을 확신하자 일본군은 놀라울 정도로 신속하게 전쟁 준비에 박차를 가했다. 바다를 건너 수행하는 전투의 어려움을 인식하고 일본군은 살 수 있는 모든 증기선을 사들였다. 전쟁 기간 동안 일본군은 47척의 배를 사들였다고 알려졌는데 그중 대부분이 대형 선박이었다. 이 선박들은 일본군의 탁월한 해군 상선과 함께 병력과 군수품, 그리고 기타 전쟁 필수품을 운반하는 강력한 수송대를 이루었다. 조선에서의 입지를 강화하는 차원에서 조선의 독립을 확고히 하고자 일본은 8월 25일 조선과 방위조약을 체결했다.[74] 이를 위해 일본은 필요한 군사력을 제공했고 조선은 전국에 걸쳐 부대가 쉽게 이동할 수 있도록 모든 지원을 제공하기로 약속했다.

9월 상순 일본에서는 또 하나의 중요한 조치가 내려졌다. 황궁 내에 있던 군 지휘부(대본영)를 히로시마로 옮긴 것이다. 히로시마는 내해에 면한 도시로 전장으로 군대를 파견하기에 유리했다. 천황은 일본 연대기에서 경축일로 기리게 될 9월 15일 히로시마에 도착했고 즉시 전쟁 지휘에 전력했다. 천황의 지휘 본부는 두 개의 작은 방으로 구성된 검소한 곳이었다. 천황은 일찍 일어나고 늦게 잠자리에 들면서 거의 온종일 그곳에서 업무를 처리하며 보냈다. 황실 의사들은 쉼 없는 집무로 천황의 건강이 나빠지지나 않을까 긴장했지만 천황은 강건한 체질로 모든 피로를 이겨냈다.

군사작전이 소강상태에 있던 7월 29일부터 9월 중순까지 일본군은 제물포(인천)와 원산, 부산에 부대를 상륙시켰다. 하지만 부산은 전장에서 너무 멀리 떨어져 있어 곧 포기했다. 따라서 인천과 원산이 일본군의 주요 상륙지가 되었으며 특히 인천이 주로 이용되었다. 중국군도 육로와 해로로 서둘러 진격했다. 만주 세 지역의 군대가 천천히 남하하면서 일부는 평양으로, 나머지는 압록강 기슭으로 진격했다. 압록강은 중국과 조선 사이에 국경을 이루는 강으로 이곳에 제2군이 구성되었다. 압록강 입구 근처에는 해로로 수송된 중국군의 주요 상륙지[75]가 있었다.

제3장
평양 전투

사전 설명

중국군의 본래 계획은 두 가지 경로로 조선에 군대를 파견하는 것이었다. 해로를 통해 아산으로 직파하는 것과 육로로 압록강을 넘는 것이었다. 해로 수송 군대가 일본군을 묶어 둠으로써 훨씬 규모가 큰 육로 수송 군대가 남쪽으로 진격해 적을 한반도에서 몰아내는 데 필요한 시간을 벌 작정이었다. 그러면 일본군은 양쪽에서 협공을 당하게 될 것이었다. 아산 군대는 일본 군대와 일본 사이에 자리 잡고 있기 때문에 통신 설비를 방해하거나 적어도 전신선을 가설할 수 없게 만들 수 있었다.

아산 전투에 관해 설명하면서 일본군의 신속하고 성공적인 공격으로 이 계획의 첫 장이 좌절되었음을 이미 살펴보았다.

하지만 두 번째 계획, 즉 북쪽에서 남하하는 군대는 여전히 건재했다. 군대의 수는 소문을 통해 부풀려졌고 중국인들이 자신만만하게 예견하듯이 이 군대가 조선에서 일본군을 쓸어낼 수 있을 것 같았다. 일본군은 다른 문제에 몰두하면서도 이 부대의 움직임을 빈틈없이 파악하였다. 7월 23일 일본군이 아직 아산으로 진격하지 않았을 때 마치다 중위와 다케노우치 기병 중위 휘하 소규모 산악 척후 부대가 정찰을 목적으로 북쪽으로 파견되었다.

다케노우치 중위, 대동강변에서 중국군의 움직임을 정찰하는 도중 전사하였다.

이 소규모 부대의 활약은 모험소설의 한 장을 떠올리며 일본군이 진취적인 기상과 대담함으로 얼마나 고무되어 있었는지 잘 보여 준다.

서울을 출발한 척후 부대는 자연의 장애물이 가득한 미지의 지역을 통과하며 말을 달려 맞은편에 평양이 바라다 보이는 대동강변까지 올라갔다. 이들은 평양에 중국군이 집결했다는 것을 알게 되었다. 평양 근처 거의 적의 시야 안에서 아흐레 동안 머무르며 적의 동태를 관찰했고 목숨을 건 과감한 시도로 적을 괴롭혔다. 중국군의 전신국을 파괴하고자 보트를 구해 밤에 강을 건너려고 거듭 시도했지만 한 척의 나룻배도 발견할 수 없었다. 그때 가와사키 중사가 용감하게 헤엄쳐 강을 건넜고 적에게 발각되자 빗발치는 총탄 속을 헤엄쳐 동료 곁으로 되돌아왔다. 동료 병사들은 가와사키의 용기 있는 행동에 박수를 치며 그를 맞아들였다.

지속적인 정찰 활동으로 이들 대부분이 목숨을 잃었다. 8월 9일 밤 200명의 중국군으로부터 공격을 받아 용감하게 항전한 끝에 두 명을 제외한 전원이 죽음을 당한 것이다. 살아남은 두 명의 병사는 탈출에 성공해 부대에 복귀했다. 이 성공적인 소규모 전투로 사기가 올라간 중국군은 황주黃州까지 진격했다. 일본군은 용감하게 헤엄친 병사의 공적을 기록하면서 히데요시 시대에도 비슷한 무훈담이 있었다고 전했다.

이 사건 직후 이치노에 소좌가 보다 중요한 진전을 이끌어 내었다. 8월 8일 이치노에는 일본군 선봉대를 지휘하면서 서울에서 북쪽을 향해 출발했다.

이들은 같은 날 고양高陽에서 휴식을 취하고 다음 날 파주坡州에 도착했다. 10일에는 미리 준비한 배로 청강[76]을 건넜다.

반대편 둑이 높은 언덕으로 이루어져 있었기 때문에 이곳은 수도에서 북쪽으로 이어지는 대로상에서 중요한 전략적 위치를 차지했다. 11일 이치노에 소좌는 개성開城에 도착했다. 일본인은 요충지이자 한때 고려의 수도였던 개성을 자신들의 고대 수도인 교토에 비교하곤 한다.

일본군은 개성에서 이틀간 머물렀고 앞서 중화中和까지 진출했던 기병 척후부대의 생존자로부터 보고를 받았다. 필사적인 탈출 후 생존자들은 서흥瑞興까지 퇴각했으며 그 사이 중국군은 대동강을 건너 봉산鳳山까지 진격했다.

8월 13일 새로운 소식을 접한 일본군은 개성을 출발해 매우 조심스럽게 전진했다. 거의 적국 안에서 행군하는 것이나 마찬가지였다. 더욱이 지세가 너무 험해 행군은 위험천만한 일이었다. 개성에서 금천金川으로 이어지는 길은, 첫 번째 굽잇길에서 어떤 산맥의 남사면을 휘감고 돌아, 전진하는 적에게 커다란 자연의 장애물이 될 수 있었다. 소수의 병력만으로도 수천 명에 맞서 방어할 수 있는 몇 리에 걸친 어떤 고갯길[77]은 잘만 수비된다면 난공불락의 요새가 될 수 있었다. 일본군은 아무런 공격도 받지 않고 이 좁은 길을 통과해 같은 날 금천에서 휴식을 취했다.

14일 일본군은 골짜기 사이에 있는 작은 마을인 평산(平山)까지 진군했다. 정찰을 위해 파견대를 보냈으나 중국군은 전혀 발견할 수 없었다. 적군과 가까워지면서 일본군은 차츰 진군 속도를 늦췄다. 일본군이 남천(南川)까지 진격한 것은 17일이나 되어서였다. 중국군이 황주에서 출발해 남쪽으로 진군한다는 소식을 들었다. 조선인 관리 한 명이 남천까지 일본군과 동행했다. 이 관리는 동맹 관계인 조선 국왕의 동의 아래 일본군이 진군하고 있음을 조선 관리와 백성에게 알리기 위해 중앙정부가 파견한 인물이다. 관리는 개성에 도착하자마자 병을 핑계로 소환해 줄 것을 요청하는 전보를 쳤으나 일본군과 함께 남아 있으라는 지시를 받았다. 그는 남천에 도착할 때까지 일본군과 동행했지만 이후 지방 관리들과 함께 도망쳐 버렸다.

19일 일본군은 2리를 더 진군했고 마시다 대위 휘하 파견대는 서흥까지 밀고 올라갔다. 20일 파견대는 하루 동안 이곳에 머물면서 중국군의 동태를 정찰했다. 중국군은 대동강을 방어선으로 삼고 평양을 작전기지로 확보한 채 요새를 구축하기 위해 강을 따라 전진했다. 이 같은 일본군의 위치는 적지에서 너무 멀리 앞서간 것이어서 위험하게 생각되었다. 원거리에 위치한 본부로부터 적절한 지원을 받을 수 없었고 보급품 부족으로 고통받고 있었기 때문이다. 이런 이유로 이치노에 소좌는 퇴각하라는 명령을 받았다. 21일 이치노에 소좌는 금천까지 물러났고 22일에는 개성까지 후퇴했다.

　이처럼 중대한 시기에 아주 이상한 일이 발생했다. 대동강을 건넜던 중국군 역시 후퇴해 버린 것이다. 아마 자신들이 지나치게 노출되었다고 생각했거나 혹은 일본군이 대군을 이루어 진격하고 있다고 생각했을 것이다. 그 결과 서로 10리 이내에 접근해 있던 두 선두 부대가 동시에 후퇴하면서 개성에서 평양에 이르는 전 지역에 군대가 전혀 남지 않게 되었다. 하지만 8월 23일 중국군은 개성 이북 전 지역에 일본군이 없다고만 보고했다. 그리고 마치 자신들이 그 사이 다양한 전투에서 승리를 거둔 것처럼 보고했다. 중국 내에서는 일본군이 하나씩 축출되고 있다고 믿었다. 또 이 같은 산발적인 전투 끝에 중국군이 서울로 입성할 것이라고 확신했다.

　중국군의 신중한 행보는 아마 오시마 육군 소장이 자신이 처음 세운 계획을 따랐다면 정당화되었을지 모른다. 이 계획에서는 일본에서 파견되는 지원군을 기다리지 않고 혼성여단으로 불리는 자신의 군대만을 이끌고 중국군을 공격해 평양에서 몰아내기로 되어 있었다. 하지만 8월 19일 노즈 미치쓰라野津道貫 중장이 부산에서 육로로 이동해 서울에 도착했다. 노즈 중장은 즉시 적의 위치와 움직임을 파악했다. 그는 중국군이 평양에 있는 작전 본거지를 쉽게 포기하지 않을 것임을 정확하게 지적했다. 평양은 강과 산으로 둘러싸여 수비하기 편리한 조선 북서부 최강의 요충지였으며 중국군 전선 방어와 조선 수도 공격을 위한 모든 작전의 핵심이었기 때문이다. 또한 중국군이 전투 때마다 요충지에 안주하는 오랜 습성을 버리기 어려우리라는 점도 잘 알고 있었다. 노즈 중장은 중국군이 진격할 염려는 거의 없다고 판단했다. 한편으로는 대본영으로부터 조선에서 중국군을 단 한 명도 남겨 두지 말고 완전히 축출하라는 명령을 받았기 때문에 평양을 공격하는 것 외에는 달리 선택의 여지가 없었다. 그는 이 목적을 달성하기 위한 군대 배치와 작전 계획에 몰두했다.

오시마는 서울과 개성에 주둔한 군대 외에도 삭령朔寧에 1개 대대를 파견했다. 삭령은 수도에서 개성 정도 거리에 위치한 소규모 도시로 평양으로 이어지는 또 다른 도로상에 있었다. 한편 소규모 지원군이 수도에 도착해 명령을 기다리고 있었다. 8월 8일 제12연대(제10여단) 보병 1개 대대와 포병 1개 중대가 원산에 도착해 곧장 수도로 진격했고, 서울과 인접한 지점에 도착해 보고했다. 사단 사령관 노즈는 그들에게 즉시 돌아가 삭령으로 진격해 그곳에 이미 도착해 있던 혼성여단의 대대를 지원하라고 명령했다. 이 연합 부대는 삭령지대支隊로 불리게 되며 보병 2개 대대와 포병 1개 중대로 구성되었다.

8월 23일 오시마 장군에게 혼성여단을 이끌고 북쪽으로 진군하라는 명령이 떨어졌다. 오시마 장군은 같은 날 금촌金村에서 야영한 뒤 다음 날 개성으로 들어갔다. 개성에서는 이치노에 소좌가 퇴각하는 선봉대를 이끌고 22일부터 기다리고 있었다. 지원군이 오자 이치노에 소좌는 이튿날인 8월 25일 북쪽으로 진격했다.

21일에는 제10여단 사령관 다치미 나오부미立見尚文 소장이 제물포에 도착해 다음 날 수도까지 진격했다. 다치미 소장은 삭령지대를 지휘할 예정이었다. 이제 작전 배치를 끝낸 일본군은 두 가지 경로로 평양으로 전진하기로 했다. 하나는 삭령을 통과하는 것이고 다른 하나는 주로를 이용하는 것이었다. 주로는 8월 초 첫 진격 당시 이치노에 소좌가 이미 거쳐간 길이었다.

두 갈래 다른 길을 이용하기는 하지만 대본영에서 볼 때 정면에서 이루어질 이 같은 공격은 목적에 맞지 않았다. 노즈 장군은 8월 26일 원산에 제3사단의 혼성여단이 상륙한다는 사실을 전신으로 보고받았다. 이 부대는 다른 사단에 속해 있었지만 노즈의 지휘 아래 놓여 있었다.

야마가타 아리토모山縣有朋(1838~1922) 원수가 확정한 평양 공격 계획은 다음과 같았다. 본대를 거느린 노즈 장군과 혼성여단을 거느린 오시마 장군이 주로를 통해 진격하고 삭령지대를 이끄는 다치미 장군도 주로로 진격할 계획이었다. 그리고 사토 대좌는(오세코 장군은 지휘권을 인수하러 제때 도착하지 못했다.) 제3사단 소속 부대를 이끌고 원산에서 진격하기로 했는데 이 부대도 노즈 장군의 지휘 아래 있었다. 이렇게 평양 주둔 중국군을 포위해 궤멸하고자 했던 것이다. 통과해야 할 지역 일부는 거의 알려지지 않았고 제대로 된 도로도 없는 난관투성이였기 때문에 계획을 실행하는 데 15일이 주어졌다. 각기 다른 지대支隊가 8월 31일과 9월 15일 사이에 평양에 도착하기로 되어 있었으나 9월 15일까지 실제 공격을 해서는 안 되었다. 혼성여단을 제외하고는 모든 지대의 이동이 가능한 한 비밀에 부쳐졌고 9월 15일 이전까지는 평양에 지나치게 가까이 접근하지 않기로 했다.

작전에 대해 설명하기 전에 8월 31일 이전까지 어떤 움직임이 있었는지 살펴볼 필요가 있겠다. 혼성여단은 8월 24일 개성에 도착해 28일까지 머물렀다. 이어 28일 금천金川까지 진격했고 29일에는 평산平山에 도착했다. 이들은 평양을 향한 본격적인 진격 날짜로 정해진 31일에도 여전히 평산에 머물러 있었다. 삭령지대는 8월 31일에 신계新溪에 도착했다. 원산의 병력은 아직 항구에 남아 있었다. 본대는 주로를 따라 배치되었는데 약 이틀 간격으로 2개 종대로 나뉘어 하나는 개성에, 다른 하나는 수도인 서울에 있었다. 다음 도표는 각 지대에 대한 상세 정보를 담은 것이다.

삭령지대와 본대, 그리고 혼성여단은 세 경로로 평양으로 진군하는 일본군의 우익과 중앙, 좌익으로 볼 수 있다. 이 중 두 갈래 길은 서로 교차하는 경우가 많았다. 정찰 체계에 아무리 결함이 많다 해도 중국군은 이 같은 동시다발적인 진격에 대해 상당한 정보를 가지

평양 공격을 위한 일본군 병력 분포

	보병	기병	포병	공병	각 지대의 전력
혼성여단(오시마 소장)	제11연대 제21연대(1개 대대 제외)	1개 중대	1개 대대	1개 중대	5,540
삭녕지대(다치미 소장)	제12연대 제1대대(1개 중대 제외) 제21연대 제2대대(1개 중대 제외)	2개 기병 중대	1개 중대	—	2,160
원산지대(사토 대좌)	제18연대	1개 기병 중대	1개 대대	1개 대대(1개 중대 제외)	3,640
보대(노즈 중좌)	—	—	—	—	2,300
제1종대(시바다 중좌)	제22연대(제3대대 제외)	—	1개 대대	—	
제2종대(토모이누 중좌)	제12연대(제1대대 제외)	1개 대대	—	1개 대대(1개 중대 제외)	3,100
				계	16,740*

상기 병력 외에도 조선에는 다음과 같은 일본군 부대가 배치되어 있었다.

	보병	기병
서울 방비를 위한 지대(아스미즈 소좌)	제22연대 제2대대(1개 중대 제외)	
원산지대(오쿠보 소장)	제6연대	
전신 보호를 위한 지대	제21연대 제8중대	
통신 보호를 위한 지대		
인천 주둔 지대	제22연대 제5중대	1개 기병 중대
용산 주둔 지대	제12연대 제1중대	

* 통계 도표에서 제시한 비와 같이 이론적 전력을 통해 산출한 총계는 실제 숫자보다 약간 과장된 것이었다. 일본군은 평양을 공격하기 위해 약 1만 4,000명의 병력만 보유하고 있었다. 혼성여단의 평시 체제로 환산할 경우 이 정도 숫자가 나오나 이때 혼성여단에는 약 3,500명 정도가 배치된다. 혼성여단은 혼성여단의 편제 기간 동안 평시 체제로 남아 있어야 했다. 위 사실에 혼성여단은 조선기부터 조선에 파견되었다. 이때는 예비군이 미처 소집되기 전이어서 혼성여단은 상당 기간 평시 체제로 남아 있어야 했다. 위 사실에 대한 가장 결정적인 증거는 전력으로 측정하기 어려운 것이 경우 혼성여단이 더 많은 병력을 보유하게 된다는 사실이다.

고 있었을 것이고 각 지대의 대체적인 전력에 대해서도 보고받았을 것이다. 평양 전투를 치르기 전 중국군은 조선 전역에 걸쳐 수많은 지지자를 보유하고 있었다. 서울뿐만 아니라 일본군 지지자 가운데에서도 자신들의 정보원과 은밀한 지지자를 확보하고 있었다. 대원군 자신도 중국군 장교와 서신을 주고받으면서 중국군이 수도로 진격하도록 부추겼다.*

수도와 인근 지역으로부터 대규모 병력이 출발한 사실은 숨길 수 없었다. 따라서 중국군은 좌측과 우측으로부터의 강력한 양동작전과 함께 정면에서 막강한 군사력으로 공격받을 것이라고 예상했어야 했다. 나중에 살펴보겠지만 이처럼 지극히 당연한 예측을 하면서도 중국군은 일본군의 전략적 능력에 기만당하고 말았다.

일본군은 원산에서 진격한 부대를 원산지대라고 불렀을 뿐만 아니라 때로는 예비대라고 불렀다. 중국군은 이 병력이 접근하는 것을 눈치 채지 못해서 아주 가깝게 접근할 때까지도 전혀 알지 못했다. 일본군은 혼성여단을 제외한 모든 일본군 부대에게 9월 15일까지 가능한 한 비밀을 유지하라는 엄격한 명령을 내림으로써 이 같은 목적을 달성할 수 있었다.

---

* 대원군의 서신은 평양 함락 후 일본군 손에 들어갔다.

좀더 명확하게 설명하기 위해서는 각 부대의 진격 상황을 별도로 기술해야 한다. 하지만 다른 지대의 동시 이동이나 배치가 주제와 직접적으로 연관될 때마다 그 부분을 간단하게 언급할 것이다.

혼성여단의 진격

8월 29일 혼성여단은 평산平山에 도착해 머물다가 9월 3일이 되자 총수葱秀[78]로 진격했다. 다치미 장군(삭령지대 사령관)은 평산까지 오시마 장군과 동행했고 3일에는 지휘권을 인수하기 위해 신계로 출발했다. 총수는 산으로 둘러싸인 작은 마을이어서 일본군을 위한 숙박 시설을 제공할 수 없어 부대는 텐트에서 잠을 자야 했다. 이곳에서 서흥까지 20여 리에 걸쳐 평야가 펼쳐져 있었다. 일본군이 수도를 떠난 이후 처음 만난 평야[79]였다. 이 같은 사정은 험준한 산악 지대를 통과해 행군하면서 일본군이 부딪쳐야 했던 어려움을 충분히 설명해 준다. 4일이 되자 부대는 서흥에 도착했고 5일에는 또 다른 작은 마을에 다다랐으며 6일 봉산에 도착했다. 부대가 봉산으로 진격하는 동안 그곳에 있던 약 70명의 중국군이 혼비백산하여 대동강을 넘어갔다. 중국군은 군수물자를 숨겼지만 일본군에게 차례차례 발견되었다. 일본군은 군수품 가운데 약 1만 개의 마름쇠를 발견하고 깜짝 놀랐다. 아마 부대의 진격을 늦추려고 고안한 것이었겠지만 일본군에게는 단순한 장난감에 지나지 않아 보였다.

이 기간 내내 선두 부대는 거의 봉산과 황주 중간 지점에 머물렀고 니시시마는 자신의 연대를 이끌고 봉산에 주둔했다. 6일 니시시마는 이치노에 소좌를 지원하기 위해 사리원沙里院으로 진격했다. 이치노에 소좌는 황주까지 진군해 적과 첫 교전을 치렀다. 조선군과 중국군 부대가 황주에 있다고 척후병들이 알려왔지만 이들은 극히 미미한 저항만 했을 뿐이었다. 일본군은 도시 안으로 적을 밀고 들어가 다시 반대편으로 몰아냈다. 황주를 점령하는 과정에서 일본군은 단 한 명의 병사도 잃지 않았다. 일본군은 튼튼한 석벽으로 둘러싸이고 평양에서 10리 정도 떨어진 곳에 알맞게 자리 잡은 1,000여 호가 넘는 도시의 주인이 되었다. 부대가 묵을 만한 좋은 숙박 시설도 있어 오시마는 9월 7일 이곳에 도착해 10일까지 머물렀다.

황주에 머무는 동안 일본군은 적을 정탐했다. 적이 대거 진격하는 징후가 전혀 보이지 않았기 때문에 일본군은 10일 평양으로 가는 길목에 있는 다음 도시인 중화中和로 행군했다. 가는 도중 가슴 아픈 일화가 있었다. 부대는 마시다 중위와 다케노우치 중위가 소수의 기병과 함께 중국군에게 포위되어 난도질당한 곳을 지나가게 되었다. 생존자의 증언을 통해 노변에 있는 무덤과 다케노우치가 죽임을 당한 소나무 숲을 더듬어 찾아갈 수 있었다. 좀더 떨어진 곳에 다케노우치가 말에서 떨어진 장소가 있었다. 그 불쌍한 짐승의 뼈는 아직도 그 자리에 남아 있었다. 일본군은 생생한 상상력으로 필사적인 용기와 비참한 살육 장면을 하나도 남김 없이 마음속에 그려 냈다.

많은 이들의 눈에서 눈물이 흘러내렸다. 죽은 동료를 기리기 위해 준비한 일곱 개의 나무 팻말이 세워졌다. 병사들은 죽은 자의 영혼에 정중히 경의를 표하기 위해 조용히 무기를 바쳤다. 이 사건은 일본식 영웅주의의 보이지 않는 원천을 보여 준다. 이것이야말로 모든 일본군 병사가 언제든지 조국을 위해 목숨을 던질 준비를 하게 만드는 산 자와 죽은 자 간의 영속적인 유대감이었다. 병사들은 자신의 이름이 영원히 기억되고 소중히 간직되리라는 것을 잘 알고 있었다. 또 이 같은 불멸의 영광을 얻을 수만 있다면 거짓 쾌락과 지루한 근심 걱정과 더불어 몇 년의 세속적인 삶은 충분히 희생할 수 있다고 생각했다.

중화로 행군하는 도중 일본군은 중국군 병사가 모자 위에 얹어 비를 피하는 데 사용하는 기름종이 덮개[80] 수백 장이 길 위에 뿌려져 있는 것을 발견했다. 동시에 척후병이 인근 지역에서 싸움이 벌어지고 있다는 첩보를 조선인으로부터 입수했다. 곧 적의 주둔지를 발견하게 되리라 예상하고 일본군 전 부대가 전투태세로 돌입했다. 하지만 중국군의 흔적은 더 이상 찾을 수 없었다. 지역 주민을 엄중하게 조사한 결과 일본군은 다음과 같은 사실을 알아냈다.

전날 밤 인근 지역에서 야영하던 3,000명의 중국군이 어둠과 폭우 속에서 진격 중인 조선군 일부를 일본군으로 오인했다. 전초 부대가 즉시 일제 사격을 실시한 후 본대까지 정신없이 퇴각했다. 본대 역시 다급한 나머지 이들을 일본군으로 착각해 서로 다른 중국군 부대 간에 치열한 전투가 벌어졌다. 사격은 오후 8시부터 11시까지 계속되었고 자신들의 실수를 알게 되었을 때는 이미 심각한 손실을 입은 상태였다. 다음 날 아침 중국군은 서둘러 죽은 병사를 묻고 평양으로 퇴각했다. 우천용 모자 덮개는 이 한밤의 전투 끝에 버려진 것이었다.*

일본군은 9월 10일과 11일 중화에 머물렀다.

이제 주제에서 조금 벗어나 본대의 움직임을 잠시 살펴보자. 본대는 노즈 장군의 지휘 아래 혼성여단 바로 뒤를 쫓아 서울과 평양 간 도로를 따라 진격했다. 현 시점에서 이 같은 일탈로 중요한 전략적 변화를 알 수 있다. 지금까지 본대는 가능한 한 혼성여단의 우측을 고수해 왔다. 즉 서울에서 진격 중인 부대의 중앙이 본대의 본래

---

* 아마 조선인 농부의 이 같은 정보는 조금 과장된 것이었을 것이다.

위치였다. 하지만 9월 10일부터 이들 부대의 방향이 서로 바뀌었다. 우리가 살펴본 바와 같이 혼성여단은 오른쪽으로 이동하며 중화로 밀고 올라갔고 노즈 장군은 왼쪽으로 진격해 황주까지 행군한 뒤 대동강을 건널 준비를 하고 있었다. 두 지대는 서로 교차되어 중앙이 좌익으로 바뀌었다. 실전을 불과 며칠 앞두고 적과 가까운 거리에서 이 같은 변화를 준 것은 중국군으로 하여금 일본군의 공격 방향을 알 수 없게 만들려는 전체 작전의 일부였다.

12일 오전 4시 혼성여단은 중화를 출발했고 9시 25분 선봉대가 중국군의 첫 번째 요새 부근에서 중국군과 교전했다. 이 요새는 평양 맞은편으로 대동강 왼편 기슭에 있었다. 중국군은 요새 안으로 쫓겨 들어갔다. 작전 본부로부터 일대를 수색하라는 지시가 시달되었다. 일본군 병력은 다음과 같이 배치되었다.

니시시마 휘하 우익

제11연대. 보병, 포 8문(아산 주둔 중국군으로부터 빼앗은 포 2문 포함)

다케다 휘하 좌익

제21연대*, 보병, 대략 포 10문

---

* 삭령지대에 포함된 1개 대대를 제외한 숫자이다.

중국군은 요새에서 포격을 시작했고 일본군은 응사하지 않았다. 중국군은 분명 대규모 공격을 예상하고 엄청난 준비를 했다. 수천 명의 중국군 병사가 평양에서 나와 이런 때를 대비해 만든 배다리(船橋)를 건너 왼편 기슭에 있는 요새에 배치되었다. 기병이 일본군을 정탐하기 위해 파견되었다. 총격과 포격이 끊이지 않았고 평야와 언덕에서는 깃발이 나부꼈다.

13일에는 혼성여단이 일련의 무력시위를 감행했다. 일본군 본대가 전방에 있으며 정면 공격으로 기선을 제압하려 한다고 중국군이 믿게 만들려는 의도적인 작전이었다. 제21연대 제3중대에 속한 소규모 군사를 이끌고 중사 몇 명이 일본군 병사에게 너무나 잘 어울리는 무모하기 짝이 없는 대담한 작전을 수행했다. 이들은 대동강을 건너 반대편 강변에 정박한 20척의 적선을 공격했다. 엄청난 포격과 총격에 노출되긴 했지만 결국 크기가 제각각인 5척의 중국군 배를 끌고 돌아오는 데 성공했다. 돌아오는 길에는 강에 있는 어떤 섬에서 굶주린 채 버려져 있던 50~60명의 조선인도 구출했다.

일본군 포병 역시 요새를 향해 지속적으로 포격했다. 이 거짓 포격의 목적은 적의 포가 몇 대인지 알아내기 위한 것이었다. 그 결과 중국군 포가 약 10문에서 14문임을 확인할 수 있었다. 범선을 강탈한 이유는 일본군이 평양 부근에서 강을 건널 준비를 하고 있다고 중국군이 확신하도록 만들기 위함이었다. 또 그즈음 노즈 장군이 본대를 거느리고 강 하류 쪽에서 진격을 시도하고 있던 실제 경로를 은폐하기 위한 목적도 있었다.

14일은 아주 화창했다. 오전 6시 30분 중국군이 포격을 시작했으나 일본군은 응사하지 않았다. 일본군 장교들은 망원경으로 중국군의 움직임을 일일이 살피느라 분주했다. 다음 날 중국군이 어떤 일이 닥칠지 눈치 채고 병력을 분산할까 걱정되었기 때문이다. 하지만 중국군의 일차적인 염려는 혼성여단에 의한 정면 공격임이 곧 드러났다. 다가올 전투를 위한 마지막 준비가 진행되었다. 전투는 다음 날인 9월 15일 오전 3시에 개시될 예정이었다. 구급차가 본부를 향해 출발했다. 좌익은 오쿠야마 소좌 지휘 아래 지대 하나를 파견할 계획이었다. 적의 측면을 공격하기 위해 보트로 강을 건널 예정이었다. 모든 포병이 평양시 대동문 밖에 있는 중국군 요새를 포격하기 위해 우측으로 이동했다.

삭령지대의 진격

이 부대가 수도에서 파견된 보병 1개 대대를 포함해 원산에서 서울로 진격하는 도중 목적지를 바꿔 삭령 주둔 대대를 지원하라는 명령을 받은 보병 1개 대대와 포병 1개 중대로 구성되었다는 사실은 이미 앞에서 언급했다. 접선이 이루어진 장소의 이름을 따 지대 명칭이 붙여졌다. 앞에서 이미 부대를 지휘하기로 한 다치미 장군이 오시마 장군이 이끄는 혼성여단과 함께 주로를 따라 진격해 평산에 도착했음을 살펴보았다. 9월 2일 다치미 장군은 평산에서 진로를 바꾸어 3일 신계에 도착했다. 신계에서는 야마구치 소좌와 다미타 소좌의 지휘 아래 기다리고 있던 자신의 부대를 만났다. 신계는 삭령과 평양 간 도로상에 위치한 인구가 조밀하고 풍족한 곳이었다. 하지만 바로 직전 아산에서 도주한 중국군 패잔병이 지나가는 바람에 도시는 황폐해지고 주민들은 달아나 버린 상태였다. 일본군은 신계에 머무는 동안 극심한 식량 부족에 시달렸다.

9월 6일 지대는 2킬로미터를 전진했고 7일에는 1.5킬로미터를 더 행군해 약 1,000여 호가 거주하는 수안遂安에 도착했다. 8일에는 가파른 고갯길을 올라 숙박시설이 전혀 없는 작은 마을에 도착했기 때문에 부대원들은 소나무 숲에서 잠을 자야 했다. 9일 부대는 삼등三登으로 출발했고 상원祥原으로 향하는 길목에서 정찰을 위해 타나베 대위 휘하 제21연대 제8중대를 파견하였다.

삼등으로 가는 길은 매우 험했다. 다리 하나 없이 몇 척의 보트만으로 강을 건너야 했다. 극심한 폭풍우가 몰아쳤기 때문에 벌판에서 젖은 옷을 입은 채 잠을 자야 했다. 삼등에 도착해 보니 주민들은 모두 달아나고 없었다. 그곳은 평양에서 불과 3킬로미터 떨어진 곳이었다. 공격이 15일로 예정되어 있었기 때문에 부대는 9일부터 11일까지 3일간 휴식을 취했다. 상원에서 돌아온 타나베 대위는 아산의 중국군 패잔병이 며칠 동안 상원에 머물렀다고 보고했다.

12일 일본군은 다시 진격했다. 야마구치 소좌는 선봉대를 이끌고 오전 8시 대동강에 도착했다. 건너편 둑 위에서 약 50명의 중국군 기병을 보았다. 이들은 이내 흩어지더니 약 1,000명의 보병으로 대체되었다. 그러자 일본군 보병 2개 분대가 언덕 위에 배치되어 반대편 둑에 있는 중국군을 향해 대여섯 차례 일제 사격을 가했다. 중국군은 금세 완전히 자취를 감추었다. 강을 건널 준비가 완료되었다. 처음 일본군이 찾아낸 것은 부서진 배 한 척뿐이었다. 하지만 이 배를 수송선으로 개조해 야마구치 소좌가 대동강을 건넜다. 이 지점에서 대동강 폭은 300미터로 좁아진다. 야마구치 소좌는 전략적으로 매우 중요한 작은 마을을 점령하고 전초부대를 내보냈다. 다치미 장군은 지대 본대를 이끌고 강동江東까지 진격할 작정이었으나 포격 소리를 듣자 더 행군했다. 배가 부족해 그날 밤은 도강하기 어려웠다. 5척의 배가 징발되었고 지대가 모두 대동강 우측 기슭으로 건너간 것은 13일 오전 10시나 되어서였다.

같은 날 야마구치 소좌는 전날 강을 건넌 선봉대를 이끌고 진격을 감행했다. 일본군은 아주 조심스럽게 전진했다. 상당히 높은 어떤 산의 정상에 도달했을 때 산악 척후병 한 명이 돌아와 적의 요새가 보인다고 보고했다. 일본군은 멈췄고 장교들은 망원경으로 살피느라 바빴다. 평양 거리와 중국군 장교들의 깃발을* 똑똑히 볼 수 있었다. 도시 우측과 정면에는 모란봉이 있었다. 모란봉은 일본군과 역사적 인연이 깊은 높은 산봉우리였다. 히데요시의 첫 번째 원정 당시 고니시 장군이 중국과 조선 연합군에 대항해 항전하다 패주한 곳이 바로 이곳이었다. 모란봉 뒤에 있는 한 언덕 위에서 엄청난 수의 텐트를 볼 수 있었다. 일본군 병사들은 진격을 중단했다. 공격하기로 정한 시간이 아직 되지 않았기 때문이다. 하지만 멀리서 들려오는 포격 소리를 통해 주로로 진격하는 오시마 장군이 적의 주의를 붙잡아 두고 있음을 알 수 있었다. 다치미 장군은 군대가 요새 안에 틀어박혀 있을 때는 전투를 서두르지 않는다고 말했다.

14일 일본군은 오른쪽으로 대성산大城山에서 왼쪽으로 국추시[81] 정상에 이르는 전선을 확보하고 다음 날 아침 공격에 대비했다. 추분이었던 그날 밤은 매우 아름다웠다. 보름달이 평양과 적의

---

* 중국군 장교들은 자신의 이름을 대문짝만하게 써넣은 큰 깃발을 가지고 있었다. 이 깃발들은 사령부의 높은 장대 위에서 펄럭이고 있었다.

진지를 비추고 있었고 수많은 사람들이 그곳에서 자신들을 기다리는 대량 학살에 대해서는 전혀 알지 못한 채 곤히 잠들어 있었다.

본대의 진격

서울에서 두 경로로 평양을 향해 진격하는 병력의 중앙을 이루는 본대는 2열종대로 혼성여단이 거쳐간 길과 거의 같은 경로로 전진했다. 10일까지 간헐적으로 사소한 이탈만 있었을 뿐이었다. 하지만 10일이 되자 혼성여단이 중화까지 이동하고 첫 번째 종대가 황주에, 두 번째 종대가 봉산에 도착하면서 이미 설명한 바와 같이 중앙 진영이 좌익으로 바뀌고 좌익은 중앙이 되었다.

이 같은 계획에 따라 본대는 대동강 다른 편 기슭에 위치한 강서江西까지 전진해 그곳에서 대동강을 건너야 했다. 같은 날 일본군은 도강을 준비했다. 공병대의 바바 소좌는 곧 철섬鐵島 부근에서 몇 척의 나룻배를 확보했다고 보고했고 뒤이어 25척의 나룻배가 준비되었다는 후속 보고를 보내 왔다. 대동강 도하는 9월 11일에 시작되었다. 이 지점에서는 강폭이 약 914미터에 달했고 물살이 너무 강해 도하는 느리게 진행되었다. 강을 가로질러 건너고 되돌아오는 데(왕

복으로) 빠른 배로는 2시간이 걸렸고 느린 배로는 4시간이나 걸리기도 했다. 그날은 제1종대 보병만 강을 건너는 데 성공해 포병은 다음 날까지 기다려야 했다.

12일에는 제2종대도 대동강에 도착했다. 배가 매우 부족했는데 무엇보다 전날 작전으로 많은 배가 파손되었기 때문이다. 장교들의 행낭과 짐말은 황주에 남겨두어야 했다. 9월 13일에도 전군이 대동강을 건너지는 못했다. 이 큰 강의 도하는 본대가 행군 과정에서 극복해야 했던 심각한 장애이기는 했지만 유일한 장애는 아니었다. 평양에 도착하기 전 샛강 두 개를 건너야 했기 때문이다. 14일 일본군은 평양에서 4리 떨어진 곳까지 진출했고 선봉대는 평양에서 1리 정도 떨어진 지점까지 진출했다. 12일부터 평양 쪽에서 들리는 포격 소리를 통해 오시마 장군이 중국군으로 하여금 공격 준비에 몰두하도록 유인하고 있음을 알 수 있었다. 일본군은 가능한 한 평양 가까이 진출했다. 다음 날 아침 원산지대와 삭령지대가 도시 반대편에서 공격을 개시하자마자 진격할 수 있도록 준비한 것이다.

원산지대의 진격

이 부대는 제3사단(나고야)으로 구성되었으나 보병 18연대만 상류했다. 사토 대좌의 지휘 아래 포병과 공병을 충분히 할당받은 뒤 양덕陽德과 성천成川을 지나 평양으로 진격했다. 거쳐간 길이 매우 험했기 때문에 고생이 극심했다. 부대는 2열종대로 9월 2일과 4일 양덕에 도착했는데 양덕까지 가는 도중 포병은 말 120마리 가운데 13마리를 잃었다. 일본군은 양덕에 도착해서야 식량이 바닥났다는 것을 알았다. 양덕 서쪽부터는 모든 주민이 친중국 성향이어서 일본군이 접근하자 관리들과 함께 달아나 버렸다. 어디에서도 식량을 구할 수 없었다. 중국군을 위해 식량이 전부 징발된 상태였다.

5일 양덕을 떠난 일본군은 8일 성천에 도착했다. 이곳에서 머무르다 11일에는 1리 가량 더 진격해 평양에서 불과 8리 떨어진 작은 마을에 다다랐다. 이 부대의 진격은 예상치 못한 것이어서 인근에서는 단 한 명의 중국군 병사도 찾아볼 수 없었다. 13일에는 순안順安까지 진격해 평양에서 불과 5리 떨어진 중국군 진지 배후에 무사히 자리 잡았다. 중국군이 아직까지 이쪽 방면에서 적이 진격해 오는 것을 눈치 채지 못한 것 같자 사토 대좌는 평양 1리 이내까지 진격했고 도중에 발견한 소규모 중국군 기병대를 멀리 쫓아 버렸다. 오시마 장군 부대의 활발한 포격과 분주한 준비로 중국군은 자신들이 예상하는 쪽, 즉 대동강 남쪽 기슭에서 주로 공격받을 것이라고 철석같이 믿었다.

평양과 중국군

평양은 약 2만 명이 거주하는 조선 북서부의 주요 도시이다. 평안도 도읍이자 조선 역사에서 중요한 역할을 수행해 온 곳이다. 상당 기간 지금의 경계보다 훨씬 북쪽까지 확장되어 있었던 고대 조선의 수도 평양은 천자天子가 이웃 소국을 대상으로 전쟁을 벌일 때마다 육로와 해상을 통한 중국군의 지속적인 공격 목표가 되었다. 히데요시의 침략 기간 동안 평양은 일본군의 최북단 진출 지점이었다. 도시 북쪽에 위치한 모란봉에서 중국군이 승리를 쟁취해 일본 군대로부터 중국과 조선을 구해냈다.

평양은 자연적인 면과 인공적인 면 모두에서 매우 견고한 곳이다. 동쪽에 있는 대동강이 도시의 삼면을 거의 둥글게 감싸고 흐른다. 북쪽으로는 모란봉으로 불리는 산이 있는데 이곳은 1592년 고니시가 패한 곳이었다. 강기슭은 가팔라서 방어에 유리했다. 도시는 높고 튼튼한 성벽으로 둘러싸여 있었으며 중국군은 자신들이 찾아낸 요새를 상당한 수준까지 강화해 놓은 상태였다.

중국군은 다음의 네 부대로 구성되었다.

성자군盛字軍 위여귀衛汝貴 장군 휘하	보병 10영 포병 1개 대대 기병 1개 중대	약 6,000명
의자군毅字軍 마옥곤馬玉崑 장군 휘하	4영	약 2,000명
봉군奉軍 좌보귀左寶貴 장군 휘하	보병 6개 대대 기병 2개 대대 포병 1개 대대	약 3,500명
봉천奉天 단련군 풍신아豊伸阿 장군 휘하	보병 2개 대대 기병 2개 대대	약 1,500명
	합계	13,000명

*중국군의 영營은 약 500명으로 이루어진 부대를 가리키는 군사 용어이다.

	보루
도시 남부(약 2,000미터 길이의 일련의 참호로 엄호되고 있어 1차 방어선을 형성하고 있다.)	15
대동문 밖, 왼쪽 기슭(그 밖에 아주 견고한 교두보가 있다.)	5
북쪽, 도시 외곽에 위치한 산들	4
모란봉	1
북쪽 끝 도시 내부	2
총계	27

각 영과 대대는 한 개의 사각 보루를 차지하고 있었다. 보루의 수와 배치는 대략 위의 표와 같다.

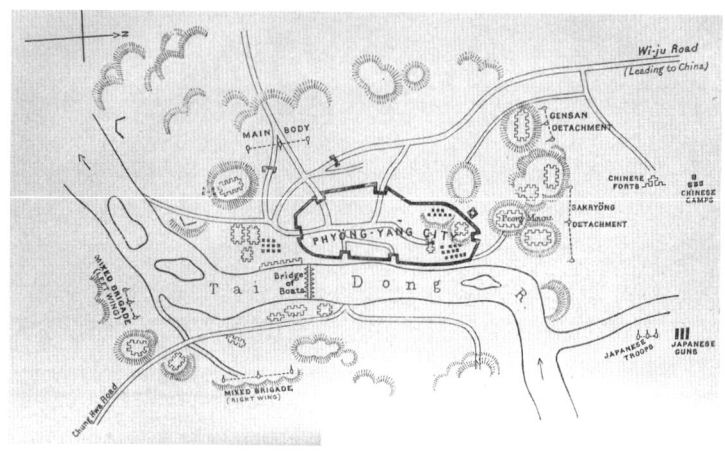

평양시와 인근 지역 평면도.

  이 요새들은 대단히 치밀하게 축성되어서 일본군이 이제까지 예상했던 그 어떤 요새보다 튼튼했다. 요새에는 야전포와 산포가 충분히 배치되었고 군사들은 연발총으로 무장했다. 중국군 장수들은 자신들이 보유한 진지와 방어 수단의 위력을 확신한 나머지 수만[*]명의 일본군을 상대로 몇 년이라도 이곳을 사수할 수 있다고 큰소리쳤다. 하지만 일본군이 설사 요새의 강점을 몰랐다 해도 15일로 예정된 공격에서 있을 수 있는 모든 장애물에 대비하였음을 짚고 넘어가야겠다. 9월 12일 대규모 증원군이 인천에 도착해 즉각 전선으로

---

[*] 중국군과 일본군은 계산 단위로 1만(10,000)을 사용한다. 따라서 그들은 100,000을 10만이라고 하며 1,000,000은 100만이라고 부른다.

이동되었다. 이 병력은 조선 주둔 일본군의 새로운 총사령관인 야마가타 아리토모 사령관이 지휘했다. 하지만 평양에서는 이들이 필요 없었다. 부대가 대동강에 도착하기도 전에 평양이 함락되었기 때문이다.

제4장
평양 공격

혼성여단

 이 부대의 진격 상황을 기술할 때 9월 12일부터 15일까지 전 기간에 걸쳐 척후 활동이 진행되었다는 사실에 주목해야 한다. 15일의 대규모 공격뿐만 아니라 이 기간 중 발생한 사건을 이해하기 위해서는 평양시 지도를 잠깐 살펴볼 필요가 있다. 혼성여단이 진격할 중화가도는 대동강에 가까워지면서 북쪽으로 방향이 바뀐다. 길은 두 개의 보루 사이를 통과해 작은 개울을 가로지른 후 보루를 측면에 두고 강과 거의 평행으로 이어지다가 중국군이 선교를 방어하기 위해 축조한 교두보에 도달한다.

  9월 12일 진격 당시 일본군은 중국군이 버린 첫 번째 보루 2개를 차지했고 이어 작은 개울을 건너 다리까지 진출했다. 이곳에서 일본군은 소수의 중국군을 만나 총격전을 벌였다. 일본군은 중국군을 뒤편으로 몰아냈지만 추격하지는 않았다. 개울을 지나면서부터는 길에 나무와 같은 차폐물이 없어 대동강 건너편 중국군 보루의 측면 포화에 노출되기 때문이다. 평양을 공격하기 위해 혼성여단은 선교 부근에 축조된 견고한 세 보루의 포격과 강을 따라 늘어선 보루의 측면 포격을 받으며 차폐물이 없는 지형을 통과해야 했다. 동시에 일본군 포병대로부터는 지원사격을 거의 받을 수 없었다. 포를 설치하기에 적합한 유일한 지점이 중국군 보루로부터 상당한 거리에 있었기 때문이다.

  9월 14일 혼성여단은 다음 날 아침 공격을 위한 준비를 마쳤다. 혼성여단은 대여섯 개의 지대로 나뉘었다. 한 지대는 삭령지대와 연합하기 위해 북쪽으로 전진했고 다른 지대는 몇 개의 산봉우리 사이를 넘어 정면에서 중국군을 공격할 예정이었다. 또 다른 지대는 중화에서 이어지는 주로를 따라 진격할 예정이었고 그 사이 오쿠야마 소좌가 이끄는 지대가 대동강을 건너 노즈 중장이 이끄는 본대와 연합해 평양 남동부를 공격하기로 했다.

9월 15일 오전 4시 30분 혼성여단은 동이 트기도 전에 맹렬한 포격과 함께 공격을 개시했다. 일본군의 포는 강 왼편 기슭에 위치한 선교 방어 보루와 전진하는 적에게 치명적인 측면 포격을 수행할 수 있는 반대편 기슭의 요새를 향했다. 중국군은 강력하게 응사했다. 하지만 중국군의 조준은 일본군에 비해 형편없이 뒤처져 이 포병전에서 최악의 패배를 하고 말았다. 포병의 엄호를 받으며 일본군은 차츰 진격했으나 곧 강력한 저항에 부딪쳤다. 잃어버린 명예를 회복하기 위해 전면에 배치된 아산 패전군 외에도 마옥곤馬玉崑 장군이 이끄는 중국군 최정예 부대가 모두 왼편 기슭 보루에 자리 잡고 있었다. 모저 연발총으로 단단히 무장한 이들은 전진하는 적을 향해 우박 같은 총탄 세례를 퍼부었다. 보루 전방의 개방 지형에서는 차폐물을 전혀 찾을 수 없었으며 일장기가 일본군의 위치를 적에게 알려주고 있었다.

 일본군 장교들은 언제나 부대 선봉에 서서 소리치며 부하를 끊임없이 독려했다. 필사적인 노력 끝에 일본군은 중국군이 왼편 기슭에서 방어하던 4개의 보루 가운데 첫 번째 보루 두 곳의 외루를 점령해 제11연대 깃발을 토루 위에 꽂았다. 하지만 중국군은 보루 중심부로 퇴각하면서 집중 사격을 계속했다. 이 같은 사격 앞에 일본군 병사들은 그들의 생생한 표현을 빌리면 마치 체스의 말처럼 쓰러졌다. 중국군은 성채 안에서 탄약을 충분히 공급받고 있었고 선교를 통해 새로운 보급품이 계속 전달되었다. 일본군 포병이 다리를 파괴하려고 애썼으나 허사였다. 일본군은 탄약이 떨어지자 죽거나 부상당한 동료의 몸을 뒤져 탄약통을 찾아야 했다. 마침내 총검만으로 중국군 보루의 무시무시한 십자포화에 맞서게 되었다. 중국군 보루는 매우 좋은 위치에 자리 잡고 있어서 이를 공격하기 위해서는 적의 보루 사이를 통과해야 했다.

상황이 매우 심각해지자 기수 오모리는 연대 깃발이 중국군 손에 들어가지 않도록 외루 옆에 구덩이를 파고 깃발을 땅속에 묻었다. 또 자신이 죽을 때를 대비해 깃발을 찾을 수 있도록 몇몇 병사에게 위치를 알려 주었다.

제9중대 병력 절반과 제21연대 제2대대로 구성된 새로운 일본군 부대가 중국군 보루를 향해 필사적으로 진격했다. 하지만 토루가 너무 높고 가팔라 심각한 손실을 입은 채 후퇴해야 했다. 일본군 병사들은 오전 3시부터 정오가 지날 때까지 음식을 전혀 먹지 못했고 탄약도 바닥났기 때문에 원래 위치로 후퇴해야 했다. 이 공격은 중국군을 유인하기 위한 단순한 견제 작전에 불과했다. 하지만 이 임무를 너무나 열성적으로 수행했기 때문에 중국군의 저항이 조금만 약했어도 이들 보루와 선교를 차지했을지도 모른다. 강 이쪽에 있는 중국군은 분명 일본군 공격 부대보다 훨씬 많았을 것이고 요새와 지형적 이점 때문에 일본군을 쉽게 물리칠 수 있었을 것이다.

일본군의 피해는 매우 심각했다. 제11연대에서는 대위 3명과 중위 1명이 죽었고 제21연대 제2중대와 제10중대에서는 장교 전원이 죽거나 부상당했다. 또 제4중대에서는 기수 한 명만이 살아남았다. 오시마 장군조차 부상당했다. 오시마는 그야말로 거침없는 용기를 보여 주었다. 전투가 한창일 때 오시마 장군은 연대 깃발 쪽으로 말을 타고 달려가더니 병사들에게 보루를 점령하지 못하면 죽어 버리겠다고 선언했다.

좌익을 이끈 오쿠야마 소장은 역할 분담에서 한결 운이 좋았다. 그는 대동강을 건너 중국군 보루 근처 가옥에 불을 지르는 데 성공했다.

삭령지대와 원산지대

두 지대는 아주 멀리 떨어진 곳에서 출발했지만 평양의 동일한 지역에 집결했기 때문에 나뉘어 공격할 수 없었다. 연합 공격의 대상인 도시 북부는 5개의 보루로 수비되었다. 그중 하나가 그 유명한 모란봉으로 평양시 전체를 굽어보는 산봉우리였다. 보루는 지그재

그로 배치되어 있었다. 1차 방어선으로 세 개의 보루가 보였고 2차 방어선으로는 모란봉을 포함해 두 개의 보루가 있었다. 삭령지대는 대동강과 가장 가까운 오른쪽을 공격하고 원산지대는 보루 방어선 왼편을 공격하기로 했다.

원산지대는 평양으로 진격하는 과정에서 매우 운이 좋았다. 오시마 장군이 지휘하는 혼성여단의 견제 작전에 완전히 정신이 팔린 중국군이 이 부대의 진격을 전혀 예상하지 못했기 때문에 중국군 보루 왼편 끝에서 1,500미터 떨어진 지점에 알맞게 자리 잡은 어떤 산에 진지를 구축할 수 있었다. 9월 14일에는 다음 날 아침 공격을 위해 산포를 곧장 산 정상까지 끌어올렸다.

삭령지대는 동 틀 무렵 두 부대로 나뉘어 공격을 개시했다. 중국군 우측에는 1개 대대를 거느린 야마구치 소좌가, 중앙에는 또 다른 대대를 거느린 토미다 소좌가 배치되었다. 중국군은 모저 연발총으로 진격하는 일본군에게 끊임없이 사격을 가했다. 하지만 야마구치 소좌가 이끄는 대대는 필사적으로 공격해 오전 7시 30분경 엄청난 피해를 입은 상태로 강에서 가장 가까운 첫 번째 중국군 보루를 점령했다. 제1방어선 중앙에 자리 잡은 세 번째 보루는 좀더 오래 저항했다. 하지만 포병 중대가 어떤 구릉의 800미터 지점에 포를 끌어올린 후 정확하게 조준해 포격하자 중국군은 혼란에 빠지고 말았다. 토미다 소좌가 이 기회를 틈타 오전 8시경 세 번째 보루로 돌진했다.

그 사이 원산지대는 별다른 어려움 없이 다섯 번째 보루를 점령했다. 중국군은 아마 자신들을 향한 동시다발적인 공격에 당황했을 것이다. 강 양안에 대포 소리가 요란했다. 1차 보루 방어선이 접수되자 두 지대는 남은 두 개의 보루를 향해 집결했다. 규모가 작은 보루는 저항 없이 무너졌지만 모란봉 위에 있는 보루는 한동안 버텼다. 삭령지대 사령관 다치미 장군*은 야마구치 소좌에게 그가 점령한 보루에서 나와 정면에서 모란봉을 공격하라고 명령했다. 그 사이 토미다 소좌는 세 번째 보루에서 나와 후방에서 진격할 계획이었다.

다치미 소장.

사토 대좌도 2개 대대를 거느리고 다섯 번째 보루에서 나와 모란봉을 향해 진격했다. 따라서 모란봉은 삼면에서 공격을 받았다. 이곳은 평양의 주요 방어선을 이루고 있었기 때문에 한동안 완강하게 버텼다. 이때 도시 성벽을

---

* 다추미와 같다. 두 발음 모두 옳다.

부수기 위해 애쓰던 일본군 포병(삭령지대 1개 중대와 원산지대 1개 대대)이 보병 부대의 어려운 처지를 눈치 채고 모란봉으로 포를 돌렸다. 포격이 너무나 강력했기 때문에 중국군은 흔들리기 시작했다. 일본군 보병은 그들의 표현을 빌리면 마치 개미 떼처럼 삼면에서 산을 기어올라 오전 8시 30분에 드디어 저 유명한 모란봉을 점령했다.

사토 대좌는 모란봉이 점령되자 그곳에서 가장 가까운 겜무문(玄武門)*을 공격 목표로 정한다. 하지만 중국군이 워낙 성벽을 잘 방어하면서 격렬하게 포격을 지속했기 때문에 일본군의 공격은 실패하고 말았다. 병사들은 마지못해 퇴각하면서 용감한 동료의 헛된 죽음을 슬퍼했다. 이때 냉정하고 과학적인 현대전에서 일어난 사건이라기보다는 기사 모험소설의 무용담에나 나올 법한 사건이 일어났다. 후퇴로 인해 치욕감에 불타던 미무라 중위가 병사들을 향해 "누가 나와 함께 저 문을 열러 가겠느냐?"라고 외치더니 즉시 겜무문을 향해 돌진했다. 그러자 미무라의 부하인 하라다가 "누가 저 성벽 위에 가장 먼저 올라서겠느냐?"라고 말하면서 상관의 뒤를 좇아갔다. 두 사람이 너무나 빨리 달려갔기 때문에 단 11명의 병사만 빗발

---

* 이것은 일본식 발음이다. 조선어로는 현무라고 발음하지만 하라다의 유명한 공적을 고려할 때 일본식으로 불리는 것이 마땅하다.

치는 총탄을 뚫고 성벽 아래에서 두 사람과 합류할 수 있었다. 미무라와 소수의 영웅들은 밀고 들어가기에는 성문이 너무나 견고하다는 사실을 깨달았다. 이어 중위가 벽을 기어오르라는 명령을 내렸다. 중국군은 정면에서 사격을 가해 일본군을 물리치는 데 몰두하느라 한 줌의 병사들이 자신들의 눈앞에서 원숭이처럼 벽을 기어오르리라고는 꿈에도 상상하지 못했다. 미무라와 그의 부하들이 불시에 그들 앞에 나타나자 중국군은 순간적으로 흩어졌다. 일본군은 즉시 성벽 안으로 뛰어내려 문으로 달려갔다. 세 명의 수비병사를 죽이고 나머지는 흩어지게 했으며 미무라는 칼로 좌우를 베었다.

그들이 열기 힘든 문을 붙들고 애쓰는 동안 숫자가 늘어나기 시작한 중국군이 멀리서 사격을 가했다. 곧 병사 한 명이 쓰러졌고 또 한 명이 부상당했다. 중위는 바깥에서 나머지 중대원을 불러들여야 한다고 외쳤다. 하지만 하라다가 빗장을 여는 데 성공하여 밖에 있던 놀란 일본군에게 문을 열어 주기까지 또 한 명의 병사가 죽임을 당했다.

사토 대좌.

모란봉과 겜무문을 점령함으로써 평양은 사실상 함락되었다. 이 화려한 영광은 다치미 장군과 사토 대좌, 그

하라다, 겜무 문의 영웅.

리고 이들이 이끈 부대의 공훈 덕분이었다. 하지만 운도 많이 따른 것이었다. 사토 대좌는 9월 14일 중국군이 방치한 견고한 진지를 차지했다. 15일에 있었던 격렬한 전투 중에 이 전쟁이 배출한 가장 용감한 중국군 장수 좌보귀(左寶貴)가 죽음으로써 그가 이끌던 부대의 사기가 떨어져 일본군의 승리를 촉진했다. 모란봉을 쉽게 점령할 수 있었던 것도 바로 이 때문이다. 좌보귀 장군은 전투 초반에 부상을 당했으나 옷을 찢어 상처를 싸맨 채 병사들을 계속 격려했다. 또 다른 부상도 그의 용기를 꺾지는 못했다. 좌보귀는 세 번째 총탄을 맞고 목숨을 잃을 때까지 계속 부하들을 독려했다. 장군의 죽음은 그의 부대를 혼란 속으로 내몰았다. 병사들은 산산이 흩어져 사방으로 도망쳤다.

겜무문 공격 직후 평양의 주요 문에 백기가 내걸렸다. 다치미 장군은 깃발이 걸린 이유를 알아내려고 말을 타고 나아갔지만 중국군과의 대화는 어려웠다. 중국군은 다치미 장군의 말을 이해할 수 없었다. 다치미 장군이 글을 써서 내보였지만 평양의 조선인 관리로부터 편지 한 통을 받았을 뿐이다. 중국군 병사들이 성벽 위에 무리 지어 모여 마치 위협하는 것처럼 보였기 때문에 다치미는 의도가 분명치 않은 적의 기습 공격에 자신과 부하들이 노출될 필요가 없다고 생각하고 물러났다. 그 순간 격렬한 공격이 시작되었고 일본군은 모란봉까지 후퇴했다.

본대

노즈 장군과 그의 부대는 공격을 않다가 오전 8시에 평양 남부 중국군 보루를 향해 격렬한 포격을 시작했다. 이 같은 포격의 엄호를 받으면서 일본군 보병 1개 중대가 보루에 접근했고 그와 동시에 100여 명의 중국군 기병 1개 부대가 보루에서 나왔다. 일본군 포병은 바로 적의 돌격대를 발견했다. 뿐만 아니라 중국군 기병이 접근하는 것을 미처 눈치 채지 못한 일본군 보병이 위험에 처해 있다는 사실도 알아차렸다. 포병은 보루에서 기병을 향해 포를 돌렸다. 포병의 포격으로 보병들도 중국군이 접근하고 있다는 것을 알게 되었다. 불운한 중국군 기병들은 빗발치는 포격과 총격 세례를 받아 극소수만이 탈출했다. 일부는 포로가 되었는데 이들로부터 좌보귀 군에 속한 부대임을 확인했다. 좌보귀의 부대는 사령관이 죽은 후 해체되었던 것이다.

곧이어 1,000명 이상의 기병이 보루 뒤편으로 도망치는 것이 발견되었다. 기병들은 평야를 통과하는 동안 무시무시한 포격에 노출되었다. 결국 본대는 원산지대와 삭령지대가 도시 북부에서 치열한 전투 끝에 승리하는 광경을 구경하는 처지가 되었다. 본대가 할 수 있는 일은 패주하는 중국군의 도주로를 차단하는 것뿐이었다.

강을 건너 중국군 보루 근처의 가옥에 방화했던 혼성여단의 오쿠야마 소좌는 본대의 이 손쉬운 임무를 지원했다. 오후 2시 보병 1개 부대가 보루를 공격해 별다른 어려움 없이 중국군을 쫓아낸 후 불을 지르고 본래 위치로 물러났다.

중국군의 퇴각과 평양 함락

백기는 단지 시간을 벌기 위해 내걸린 것이었다. 중국군은 그곳에 남아 방어할 생각이 전혀 없었다. 그 전날 작전 회의에서조차 섭지초葉志超와 다른 장수들은 퇴각을 건의했다. 어느 정도 방어가 이루어졌다면 이는 오로지 좌보귀左寶貴의 분노에 찬 훈계 덕분이었다. 좌보귀의 죽음으로 평양은 유일하게 남아 있던 용맹한 수호자를 잃었고 모든 장교와 병사들은 가능한 한 빨리 도망치는 데에만 혈안이 되었다. 15일 밤새도록 평양 성문 밖으로 병사들이 줄줄이 무리 지어 나왔다. 불행하게도 본대와 원산지대가 두 갈래 도주로를 감시하고 있었기 때문에 중국군은 일본군 포격의 긴 터널을 통과해야 했다. 살육은 밤새도록 이어져 아침까지 계속되었고 마침내 아침 햇살이 전쟁의 구역질 나는 참상을 그대로 드러내 주었다. 두 갈래 죽음의 길 양편에는 시체와 죽은 말이 무더기로 흩어져 있었다. 무질서한 도주가 있었던 그 끔찍한 밤에 중국군은 약 1,500명의 군사를 잃었다고 한다.

다음 날 아침이 되자 평양에는 중국군 병사가 단 한 명도 남아 있지 않았다. 일본군은 각기 다른 성문을 통과해 행진했고 천황 폐하 만세를 외치며 도시를 접수했다.

일본군은 온갖 종류의 전리품을 노획했다. 양질의 포 35문과 500대가 넘는 연발총, 후장총 500개, 대포와 총에 쓰이는 어마어마한 양의 탄약, 그 밖에 텐트, 말, 돈, 그리고 북, 나팔, 마차 등 그 종류가 셀 수 없이 많았다. 일본군은 놀라운 정확성으로 물품을 조심스럽게 낱낱이 세어 나갔다.

일본군은 중국군이 축성한 요새를 보고 경탄을 금치 못했다. 일본군은 그처럼 완벽한 요새가 구축되어 있으리라고는 전혀 예상하지 못했다. 도시를 차지하고 있던 42일 동안 어떻게 이 모든 작업을 실행했는지 도무지 짐작할 수 없었다. 조사 결과 모든 중국군 병사뿐만 아니라 17세에서 50세에 이르는 조선인이 강제 노역에 동원되었다는 사실이 밝혀졌다. 보루마다 약 500명의 수비대 외에 360명의 조선인 노무자가 요새를 축성한 것이다.

평양전투에서 각 일본군 지대가 입은 피해는 다음의 표와 같다.

	사망자	부상자	행방불명
혼성여단			
장교	6	18	
사병	110	257	13
삭령지대			
장교	0	3	
사병	9	45	1
원산지대			
장교	2	5	
사병	31	87	19
본대			
장교	0	1	
사병	4	22	
총계	162	438	33

총 8명의 장교가 죽고 27명이 부상당했으며 154명의 사병이 죽고 411명이 부상당했다. 그 밖에 33명이 행방불명되었다. 일본군은 사

상자 명단을 매우 주의 깊게 작성해 모든 일반 사병의 이름과 고향이 공표되었다. 중국군 사상자는 이 정도로 정확하게 알 수는 없었다. 하지만 그다지 과장하려 애쓰지 않는 일본군에 따르면 전투와 퇴각 과정에서 약 2,000명의 중국군이 전사한 것으로 추정된다. 그 밖에 더 많은 수가 부상당했고 600명이 포로로 잡혔다.

평양에서 거둔 승리의 결과는 실로 엄청났다. 조선에서 가장 견고한 도시가 단 하루 만에 점령되었고 서울로 입성할 예정이던 대규모 중국군 부대가 해산되었다. 조선 내 수구파는 중국으로부터 지원받을 수 있다는 희망을 완전히 잃고 말았다. 평양을 둘러싼 전투와 함께 조선에서의 전투가 막을 내렸다고 할 수 있다. 더 이상의 저항은 없었고 중국군은 자국 국경을 방어하기 위해 압록강을 넘어 퇴각했다. 7월 25일 전투가 시작되어 9월 15일에 조선이 정복되었다. 두 달이 채 안 되는 기간 동안 극히 미미한 인명 손실만 입은 채 말이다. 조선에서의 전투 중에 일본군은 부상이나 병으로 단지 663명의 병사만 잃은 것으로 추정된다.

일본군의 신속한 정복에 놀랐다면 3세기 전 그들의 선조 역시 이처럼 민첩했다는 사실을 잊지 말아야 한다. 상륙일로부터 두 달여의 짧은 기간 안에 고니시는 평양을 점령했다. 그것도 해안 근처 편리한 상륙지로 병사를 운송할 증기선도 없이 조선을 관통해 진격했다.

차이점은 후일담에 있었다. 16세기 일본의 침략이 최후의 대승리를 장식한 평양에서 멈춘 반면 19세기의 전쟁에서 평양전투는 예상치 못한 눈부신 연승의 시작에 불과했다. 두 전쟁이 전혀 다른 성과를 거두게 된 이유는 이 책의 다음 장에 나올 것이다.

제3부

중국에서의 전투

제1장
해양도 해전

평양전투 이전까지 일본 해군은 매우 분주했다. 8월 10일에 있었던 포트아서_旅順_와 웨이하이웨이_威海衛_에서의 무력시위 이후 일본 해군은 조선 해안을 순찰하고 조선 주둔 부대의 지원병을 나르는 일본 수송선을 보호하는 데 전념했다. 9월 12일 마지막 원정대가 제물포에 도착했다. 원정대는 30척의 수송선으로 구성되었고 조선 주둔 일본군의 새로운 총사령관 야마가타 아리토모와 1만 명의 병사, 4,000명의 운송 노무자, 그리고 3,500마리의 말이 타고 있었다. 부대는 상륙하자마자 매우 신속하게 전선으로 급파되었기 때문에 항구에 정박해 있던 외국 전함이 찬사를 보낼 정도였다. 수송선단은 대여섯 개 전대로 나뉜 강력한 함대의 호위를 받았다.

14일 병력과 군수품이 상륙한 후 함대 일부가 대동강 입구를 향해 출발했다. 대동강에서는 함대와 어뢰정 몇 척이 파견되어 강을 거슬러 올라가 평양 공격을 준비 중인 부대를 지원할 계획이었다. 나머지 함대는 쇼펙 곶Cape Shoppek[82]에 정박했다. 9월 16일 본대와 제1유격대가 적의 동태를 살피기 위해 해양도海洋島로 항진했다. 일본군은 전투를 하게 되리라고 예상하지 못했기 때문에 어뢰정을 대동강에 남겨 두었다.

이즈음 중국 함대도 비슷한 임무를 수행하고 있었다. 9월 14일 5척의 증기선이 4,000명의 군사를 싣고 다구大沽를 출발해 압록강으로 향했다. 중국군은 평양 주둔 제1군을 지원할 제2군을 압록강에 집결시키고 있었다. 수송선은 처음에는 순양함 6척과 어뢰정 4척의 호위를 받았다. 하지만 다롄 만大連灣 부근을 지나면서 북양함대 소속 대형 전함과 합류했다. 그리하여 전 함대가 압록강을 향해 전진해 16일경에는 군사들이 모두 상륙했다. 목표를 달성하자 17일 아침 중국군은 항구로 돌아갈 준비를 했다.

같은 날 아침 일본군 함대가 해양도에 도착해 정찰한 후 대록도大鹿島[83]를 향해 전진했다. 오전 9시가 조금 지났을 때 멀리서 연기가 보였고 11시 40분 중국군 함대가 시야에 들어왔다. 이토 유코 제독은 즉시 전투 준비를 하도록 함대에 지시했다. 제독의 함대는 속도와 동력이 각각 다른 배로 구성되었다. 따라서 약하고 느린 배일지라도 단 한 척도 잃지 않고 협력하여 싸우도록 작전을 짜기는 매우 어려운 일이었다. 제독의 함대 구성은 다음과 같다.

19~23노트의 속도를 내는 4척의 순양함으로 이루어진 정예부대인 제1유격대와 전혀 다른 속력을 내는 6척의 배로 구성된 본대가 있었다. 본대 가운데 4척은 17.5~19노트의 속도를 낼 수 있었고 나머지 두 대는 13노트 정도의 속도만 낼 수 있었다. 이 밖에 600톤이 약간 넘는 포함인 아카기赤城와 무장한 증기 상선 사이키오마루西京丸를 보유하고 있었다. 마지막 두 함선은 전투함으로 볼 수 없었기 때문에 두 유격대 좌측에 자리 잡았다. 이렇게 함으로써 두 유격대가 중국군 함대로부터 2척의 배를 보호할 수 있었다. 결국 이 2척의 배와 본대 가운데 속도가 느린 히에이比叡의 안전을 염려하여 이토 제독은 자주 전략을 수정해야 했다.

중국군 함대 역시 12척*의 배와 6척의 어뢰정으로 구성되었는데 일본 함대에 비해 속도는 느렸지만 훨씬 많은 병사를 보유하고 있었다. 중국군 함대는 조금 불리한 입장에 처해 있었다. 어뢰정을 보유

---

* 일부 보고서는 중국군이 14척의 배를 가졌다고 전한다. 하지만 실제로 전투에 참여한 것은 10척이었기 때문에 전체 숫자는 중요하지 않다.

한 함선 가운데 2척의 출발이 압록강에서 지체되어 나머지 배와 떨어졌기 때문이다. 따라서 중국군은 전선에 10척만 투입했고 일본군 전함의 수도 같았다.

뒤이어 나올 설명을 명확히 전달하기 위하여 전투에 참가한 모든 배의 이름과 적재량, 속도, 포가 기재된 도표를 첨부했다. 배마다 번호를 부여해 전투가 전개되는 과정을 그린 도해에서 위치를 추적할 수 있게 했다. 물론 도해의 정확성은 근사치일 뿐이다. 배의 상대적인 위치와 전개를 정확하게 판단할 수 없는데다 특히 전투가 한창 진행될 때에는 대체로 배들이 원거리에서 싸우기 때문이다.

중국군 함대 10척이 전투 대형을 펼치며 한 줄로 섰는데 가장 강한 배가 가운데 위치하고 약한 배는 날개 쪽에 자리 잡았다.[84] 이토 제독은 1열종대로 함대를 배치했다. 제1유격대가 이끌고 선두에 요시노(吉野)가 자리 잡았다.[85] 두 함대가 접근하자 중국군이 6,000미터 지점에서 포문을 열었다. 하지만 일본군은 3,000미터 지점에 다다를 때까지 포격을 자제했다. 전투는 오후 1시경 시작되었다. 일본군 함대는 처음에는 중국군 중앙을 공격하려는 것처럼 보였다. 아마 이런 이유 때문에 중국군 제독 정여창이 가장 큰 배를 중앙에 배치했을 것이다. 하지만 중국군이 다가가자 제1유격대가 원래 방향에서 벗어나 중국군 함대의 우익을 통과하려 했고 동시에 속도도 10

배 이름	적재량	속도(노트)	포
			중국군 함대
1. 양위(揚威)	1,350	16.0	10인치 25톤급 암스트롱 포 2문, 120mm 속사포 4문
2. 초용(超勇)	1,350	16.8	
3. 정원(靖遠)	2,300	18.0	8인치 12톤급 포 3문, 6인치 4톤급 포 2문, 속사포 17문
4. 내원(來遠)	2,850	16.5	8.25인치 10톤급 포 2문, 6인치 4톤급 포 2문, 기관포 7문
5. 진원(鎭遠)	7,430	14.5	
6. 정원(定遠)	7,430	14.5	305mm 크루프 포 4문, 150mm 4톤급 포 2문, 기관포 8문
7. 경원(經遠)	2,850	16.5	8.25인치 10톤급 포 2문, 6인치 4톤급 포 2문, 기관포 7문
8. 치원(致遠)	2,300	18.0	8.25인치 10톤급 포 3문, 6인치 4톤급 포 2문, 속사포 17문
9. 위원(威遠)	1,350		
10. 제원(濟遠)	2,355	15.0	210mm 크루프 포 2문, 150mm 크루프 포 1문, 기관포 9문
11. 광병(廣丙)	1,100		
12. 평원(平遠)	2,850	10.5	10.2인치 크루프 포 1문, 6인치 크루프 포 2문, 속사포 8문

배 이름	적재량	속도(노트)	포
			일본군 함대
			제1유격대
1. 요시노吉野	4,150	23.0	150mm 속사포 4문, 120mm 속사포 8문, 속사포 22문
2. 타카치호高千穂	3,650	18.7	260mm 28톤급 암스트롱 포 2문, 150mm 5톤급 암스트롱 포 6문, 속사포 2문, 기관포 10문
3. 아키츠시마秋津洲	3,150	19.0	320mm 카네 포 1문, 120mm 속사포 12문, 기관포 6문
4. 나니와浪速	3,650	18.7	260mm 28톤급 암스트롱 포 2문, 150mm 크루프 포 6문, 속사포와 기관포 12문
			본대
5. 마츠시마松島	4,277	17.5	320mm 카네 포 1문, 120mm 포 11문, 호치키스 속사포 16문, 기관포 6문
6. 치요다千代田	2,450	19.0	120mm 속사포 10문, 4.20mm 속사포 14문, 기관포 2문
7. 이츠쿠시마厳島	4,277	17.5	320mm 카네 포 1문, 120mm 포 11문, 속사포 16문
8. 하시다테橋立	4,277	17.5	320mm 카네 포 1문, 120mm 포 11문, 속사포 16문
9. 히에이比叡	2,200	13.0	170mm 3.5톤급 크루프 포 3문, 150mm 크루프 포 6문
10. 후소扶桑	3,718	13.2	240mm 15톤급 크루프 포 4문, 170mm 6톤급 크루프 포 2문
			전투에서 제외된 배
11. 사이쿄마루西京丸	2,913	—	
12. 아카기赤城	615	12.0	240mm 크루프 포 1문, 120mm 크루프 포 1문, 기관포 2문

노트에서 14노트까지 높였다. 〈그림 1〉은 이때 두 함대의 위치를 보여 준다.

잠시 본래 항로를 쫓아가던 본대도 제1유격대와 같은 방향으로 이탈했다. 함대 이동을 이끈 요시노(1)는 잠깐 동안 중국군 전 함대의 목표물이 되었다. 하지만 속도가 워낙 빨라 요시노와 유격대의 나머지 요함은 중국군 우익을 스쳐 지나갔고 대열 끝에 위치한 약한 함선에 치명적인 포격도 퍼부었다. 일본군 함선이 일차로 지나가자 불쌍한 소함선 양위揚威(1)가 화염에 휩싸였다.

이토 제독이 내놓은 이 정교한 전개는 빠른 속도를 이용해 중국군

요시노

해양도 해전에서의 군사작전을 보여 주는 도해. ▲ : 중국군 함선, △ : 일본군 함선

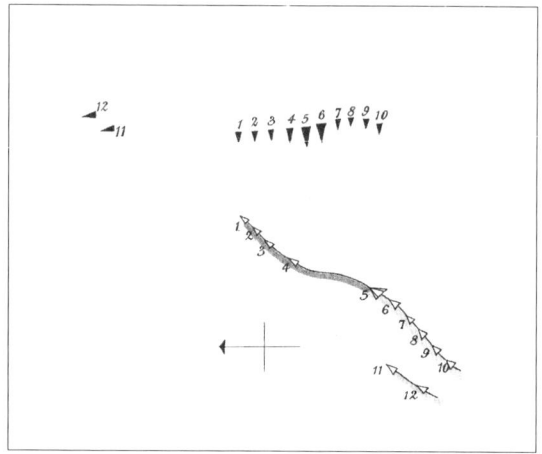

그림 1

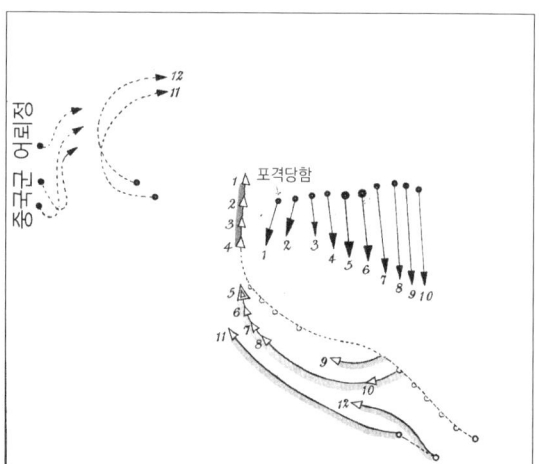

그림 2

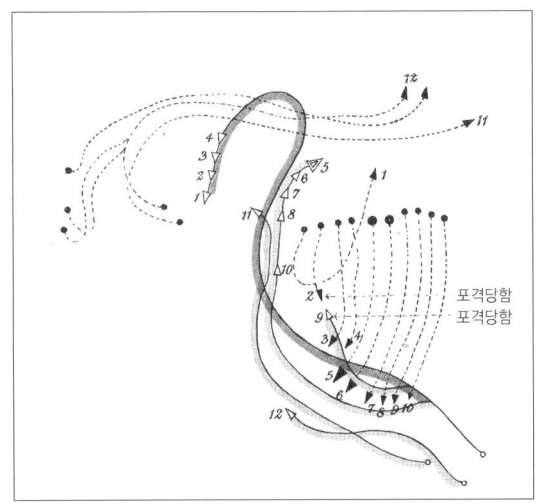

그림 3

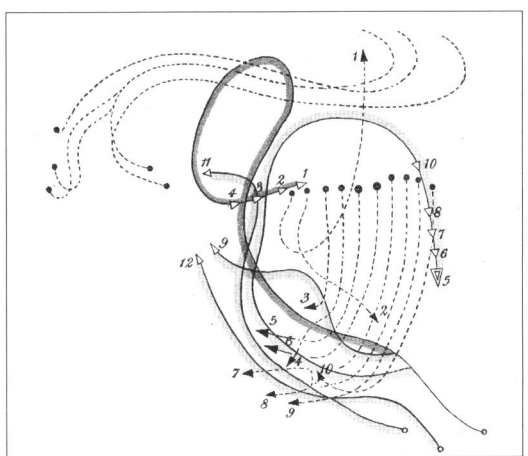

그림 4

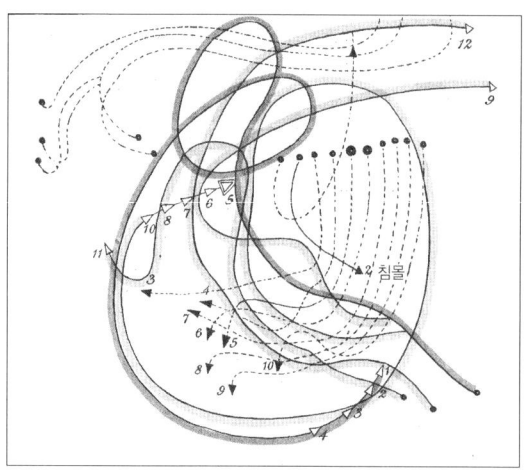

그림 5

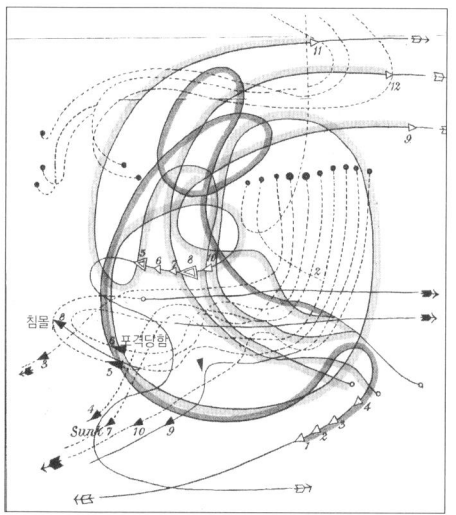

그림 5

을 포위하기 위한 것이었다. 이와 같은 경로를 택함으로써 중앙에 있는 큰 배와 강력한 중포로부터 거리를 유지할 수 있었다. 또 별다른 위험 없이 접근할 수 있는 측면 소규모 함선에 포격을 집중해 치명적인 타격을 입힐 수 있었다. 본래 계획은 원을 계속 이어가 다른 쪽 날개를 둘러싸는 것이었다. 또 다른 중국군 함선 2척이 6척의 어뢰정을 거느리고 나머지 배와 합류하기 위해 다가오는 것을 보았을 때 유격대는 이미 좌현으로 배를 돌리기 시작했다.

이후 유격대는 새로운 적을 공격하기 위해 오른쪽으로 방향을 틀었다. 적선은 신중하게도 불공평한 대결을 피해 퇴각했다. 이토 제독은 새로운 경로를 관찰하고 나서 유격대에 신호를 보내 다시 진로

아키츠시마.

를 바꿔 본대를 따르도록 했다. 〈그림 2〉는 일본군 함대가 통과한 후 양위(1)가 화염에 휩싸이고 유격대가 새로운 중국의 함선을 추격하기 위해 오른쪽으로 도는 장면을 나타낸 것이다.

본대는 유격대 뒤를 따르면서 중국군 우익을 스쳐 지나가더니 초용超勇(2)에 포격을 가해 배를 불태웠다. 일본군 함대 가운데 빠른 배들이 완벽한 성공을 거두는 동안 느린 배들은 큰 위험에 노출되었다. 이 배들은 오직 기술력과 용맹함으로 위험에서 벗어날 수 있었

히에이.

다. 가장 느린 배 중 하나인 히에이(9)는 뒤에서 꾸물거리느라 본대의 요함과 보조를 맞출 수 없었다. 히에이는 이제 빠르게 접근하는 중국군 전 함대의 긴 포격 세례를 받아야 할 처지에 놓였다. 사령관은 그런 위험을 무릅쓰기보다는 과감하게 중국군 전선을 통과하기로 결정했다. 이 같은 경로를 채택함으로써 호의 현을 따라 나머지 배와의 간격을 줄일 수 있고 보다 짧은 시간 안에 보다 적은 함선의 포격에 노출된다. 히에이는 500미터 거리에서 정원定遠(6)과 경원經遠(7) 사이를 통과했고 자신을 향해 발사된 두 개의 어뢰도 피했다. 하지만 여러 척의 중국군 함선이 퍼붓는 포격을 견뎌야 했다. 히에이가 성공적으로 적의 전선에서 빠져나왔을 때에는 이미 불이 붙은 상태였다.

〈그림 3〉은 히에이(9)가 중국군 함대를 통과하고 그 사이 유격대가 본대를 쫓아 방향을 계속 오른쪽으로 도는 광경을 나타낸 것이다.

히에이(9)는 오후 1시 55분 배가 불타고 있다는 신호를 보냈고 느린 속도 때문에 히에이에 뒤처져 있던 소형 함선 아카기(12)가 용감하게 지원하러 왔다. 이때 아카기(12)는 내원來遠(4)의 맹렬한 추격을 받았다. 내원의 포가 아카기 사령관을 죽이고 스팀파이프를 파괴해 앞 갑판에서는 포탄 공급이 중단되었다. 아카기(12)는 용감하게 전투를 계속했다. 큰 돛대가 부러져 넘어지자 잘린 밑동에 다시 깃발을 올렸다. 한때 내원(4)이 불과 300미터 거리에 위치하는 바람에 포탄으로 큰 피해를 입었다. 하지만 아카기(12)가 발사한 행운의 포 한 방으로 내원에 불이 붙었고 이후 내원은 추격을 포기해야 했다.

본대와 함께 원을 그리며 중국군 함대에 접근하던 이토 제독은 히에이(9)와 아카기(12)가 곤경에 처한 장면을 놓치지 않았다. 제독은 유격대에 신호를 보내 다시 경로를 바꿔 우현으로 돌아 두 배와 중국군 함대 사이에 끼어들도록 했다.

〈그림 4〉는 히에이(9) 근처 아카기(12)와 추격 중인 중국군 함대를 나타낸 것이다. 유격대는 다시 우현으로 방향을 돌리려 하고 본

내원.

대는 중국군 함대 후방으로 접근하고 있다. 동시에 사이키오마루(11)가 우현으로 돌고 있다.

오후 2시 33분 본대가 800미터 거리에서 초용(2)을 스쳐 지나가자 초용이 침몰했다. 일본군에 따르면 대포의 포효 속에서도 물에 빠진 사람의 외침을 들을 수 있었는데 이는 매우 가슴 아픈 광경이었다고 한다. 이제까지 빠른 속도 덕분에 진격하는 중국군 함대로부터 도망쳤던 사이키오마루(11)는 이제 유격대가 적 함대의 우익을 돌아 지나가자 처음에는 멀리 뒤처졌던 중국군 함대와 어뢰정이 나머지 중국군 함선과 연합하기 위해 다시 접근하는 것을 발견했다. 함대와 충돌하는 것을 피하기 위해 사이키오마루(11)는 진로를 바꾸어야 했다.

〈그림 4〉에서는 사이키오마루가 우현으로 도는 광경을 볼 수 있다. 이 같은 위험을 피하면서 사이키오마루는 히에이(9)와 아카기(12)에 다가갔고 두 배를 쫓던 중국군 함대의 사격에 노출되었다. 한동안 사이키오마루는 극히 위험한 처지에 놓여 있었다. 정원(6)에서 발사한 305밀리미터 포탄 한 방이 사이키오마루를 강타해 조타장치와 연결된 보일러를 파괴했다. 사이키오마루는 수동 핸들이 수선될 때까지 속도를 늦추어야 했다. 그사이 떨어져 있던 중국군 함선(11)(12)과 몇 척의 어뢰정이 다른 편에서 다가오는 바람에 사이키

오마루(11)는 이제 양쪽에서 협공을 받는 처지에 놓였다. 어뢰정 한 척이 사이키오마루의 뱃머리를 가로지르며 어뢰 두 발을 발사했다. 사이키오마루가 동시에 전속력을 냈기 때문에 다행히 어뢰는 빗나갔다. 반대편에서 사이키오마루 쪽으로 다가오던 어뢰 한 발은 바로 밑을 지나갔다고 한다. 이토 제독이 유격대에 신호를 보내 본대를 따르는 대신 경로를 수정해 반대편으로 항진해서 히에이(9)와 아카기(12)를 보호하라고 지시했음은 이미 설명했다. 유격대의 접근으로 사이키오마루(11)도 구조되어 세 척의 취약한 배는 전투에서 벗어날 수 있었다.

사이키오마루.

〈그림 5〉는 이 같은 전개가 진행된 이후 함대의 위치를 나타낸 것이다. 히에이(9)와 아카기(12)는 안전하게 전장을 벗어났고 사이쿄마루(11)는 탈출하기 위해 이미 돌고 있다. 사이쿄마루(11)에 대한 어뢰 공격을 나타낸 일본군 도해가 없는 것은 안타까운 일이다. 하지만 배의 위치 변화를 주의 깊게 관찰한다면 독자의 상상력으로 생략된 부분을 메울 수 있을 것이다. 유격대와 본대는 거의 원을 그리며 서로 반대 방향에서 중국군 함대를 둘러싸고 지나갔다. 초용(2)이 침몰한 지점도 표시되어 있다.

두 일본군 함대가 양쪽으로 중국군 함대에 접근하면서 이번 전투에서 가장 치열한 접전이 벌어졌다. 두 대의 기함 마츠시마松島(5)와 정원定遠(6)이 가공할 위력을 가진 포격을 주고받았다. 중국군 기함은

정원.

곧 화염에 휩싸였고 그 사이 정원이 마츠시마(5)를 향해 발사한 305밀리미터 포탄 한 방으로 탄약 더미에 불이 붙어 수병 80명이 죽거나 부상당했다. 화재가 발생했지만 곧 진화되었다. 일본군은 엄청난 용기로 끔찍한 살육을 견뎌 냈다. 포수 대부분이 죽었지만 악단 단원들까지 포를 조작하겠노라고 자청하고 나섰다. 중국군은 기함에서 화재가 발생해 포를 사용할 수 없게 되자 진원鎭遠(5)이 용감하게 구원하러 와 계속 곁에 머물렀다. 기함이 파괴되지 않은 것은 이 같은 진원(5)의 개입 덕분이었다. 마침내 정원(6)에 탑승한 폰 한네켄*과 몇 명의 다른 외국인이 화재를 진화해 풀이 죽어 있던 중국

진원.

* 고승호 승객인 폰 한네켄은 정 장군을 돕기 위해 파견되었다. 육군 장교가 이 같은 목적으로 선발된 것에 대해 놀랄 필요는 없다. 중국군 제독도 연륜 있는 기병 장교였기 때문이다.

군의 사기를 북돋웠다.

오후 3시 30분경 치원致遠(8)이 침몰했다. 이어 일본군은 경원經遠(7)에게 주의를 돌렸다. 일본군 두 함선이 중국군 함대를 둘러싸고 지나가더니 포위하러 되돌아왔다. 이제 중국군 전함은 큰 혼란에 빠졌다. 일부는 도망쳤으며 제대로 규율을 갖춘 배는 단 한 척도 없었다. 유격대가 뒤쪽으로 지나가면서 계속 경원(7)을 공격한 끝에 오후 4시 48분 경원도 침몰했다. 이제 다시 한 번 두 함대가 흩어진 중국군 함선을 둘러싸더니 주로 두 척의 대형 철갑선 정원(6)과 진원(5)을 향해 집중 포격을 했다. 하지만 배에 부착된 36센티미터 두

치요다.

께의 장갑 띠는 일본군의 온갖 종류의 포에도 끄떡없었다. 배 윗부분이 불타고 포격으로 벌집이 되었지만 배는 여전히 떠 있어 전투를 계속할 수 있었다. 몇 달 뒤 한 일본군 장교는 일본 해군에게 철갑선의 가치가 분명히 입증되었으며 이 배들이 포획되거나 침몰하기 전까지는 안심할 수 없다고 말했다. 하지만 그 장교는 전투가 한 시간만 더 지속되었다면 두 척의 철갑선도 포획했을 것이라고 덧붙였다. 해질 녘이 되자 중국군 함대를 추격하던 유격대가 소환되었다.

이츠쿠시마.

〈그림 6〉은 두 유격대가 중국군을 다시 포위하기 위해 뒤로 돌고 있는 전투의 마지막 단계를 보여 준다. 치원(8)과 경원(7)이 침몰한 지점도 표시되어 있다.

석양 무렵 어뢰정이 진원鎭遠(5)과 정원定遠(6)에 합류하자 일본군은 야간 전투에 돌입하게 되는 것을 염려하여 멀리서 중국군을 따라갔다. 하지만 다음 날 아침 중국군 함대를 시야에서 놓치고 말았다. 두 함대 모두 기나긴 전투에 지쳐 있었다. 중국군의 손실은 매우 심각했다. 양위揚威(1)와 초용超勇(2), 경원經遠(7), 치원致遠(8) 이 4척의 배를 잃었다. 그 밖에 다롄 만 근처로 퇴각하는 도중 좌초된 한 척은 일본군 손에 넘어가지 않도록 선원들이 폭파했다. 일본군은 단 한

하시다테.

척도 잃지 않았지만 마츠시마松島(5)와 히에이比叡(9)가 심하게 파손되었다. 인명 피해도 경미해 전 함대에서 단 115명이 죽고 103*명이 부상당했다. 하지만 총 피해 인원 가운데 기함이 51명의 전사자와 41명의 부상자를 냈다. 승선한 360명 가운데 92명이 사상한 셈이다. 중국군의 인명 피해는 훨씬 심각했다. 3척이 침몰하면서 600명의 병사를 잃었다. 하지만 다른 배에서는 약 100명이 전사하고 200~300명이 부상당했을 뿐이다.

해양도 해전은 이 전쟁에서 유일하게 중요하며 현 시대에 가장 주목할 만한 전투 가운데 하나이다. 이번 전투는 군사기술 면에서 현대의 진보한 기술로 무장한 두 함대 간의 첫 해전이었으며 독창적인 작전 계획에 따라 수행된 전투였다. 일본 함대의 멋진 전개는 고대 전술과는 전혀 다르면서도 현대 해군의 빠른 속도와 속사포 중무장에 적합한 탁월한 전술이었다. 신속한 집결과 적의 취약점을 향한 궤멸적인 포격은 역량 있는 지휘관에 의해 즉각 효과를 발휘했다. 서로 떨어져 상대 배가 깃발을 내릴 때까지 난타하는 식의, 배와 배 사이의 단독 전투가 이어지는 고대 전투 대형은 이제 완전히 폐기되었다.

---

* 이 숫자는 병원에 입원한 사람만 언급한 것이며 더 많은 사람들이 배 위에 남아 있었다.

일부 전문가들은 두 유럽 함대 사이의 해전은 한쪽 또는 양쪽 함대가 완전히 파괴되지 않은 채 5시간 이상 지속되기란 불가능하다고 단정적으로 말해 왔다. 이것은 현대적인 함선을 고대 전술과 혼합한 데서 나온 잘못된 결론이다. 그들은 두 함대가 옛날 방식처럼 서로 나란히 달리면서 한 편이 항복하거나 파괴될 때까지 끊임없이 속사포를 발사하는 장면을 상상했다. 그들은 후장총이 보병의 전술을 바꾼 것처럼 속사포의 도입이 해상 전투를 바꿨다는 사실을 이해하지 못한다.[86] 육상 전투에서 보병이 산개 대형으로 전진해야 하고 자신들이 맞부딪치게 될 총탄 세례를 피하기 위해 지형에서 이용 가능한 모든 차폐물의 도움을 받아야 하듯이 해상 전투에서도 함선은 속사포에 의해 파괴되지 않도록 속도에 의존해야 하며 정교한 전개를 통해 전투 시간과 거리를 선택해야 한다.

이토 제독은 중국군 함대를 전멸시키지 못했다는 비난도 받았다. 하지만 역사상 전 함대가 파괴된 예는 극히 드물며 대개의 경우 나일 강 전투에서처럼 배가 정박해 있었거나 육지로 인해 이동할 수 없었음을 기억해야 한다. 또 그 같은 경우조차

이토 제독.

살라미스[87]나 레판토[88]에서처럼 다수의 배가 탈출에 성공하는 예가 많았다.

이번 전투에서 중국군은 전력의 3분의 1에 달하는 4척의 배를 잃었다. 지난 세기 대부분의 해전에서 여러 함선 가운데 한 척, 그것도 함선 일부만 파손됨으로써 전투 결과가 판가름 난 것을 고려할 때 중국군의 일방적인 패배를 인정해야 한다. 또 이토 제독에게는 작전에 지장을 초래한 3척의 약한 배가 있었지만 그 가운데 한 척도 잃지 않았음을 기억해야 한다. 그중 한 척은 엔진에 단 한 방만 맞아도 망가지는 증기 상선이었고 또 한 척은 600톤급 포함이었다. 우리는 이 배들이 없었다면 일본군이 어떻게 했을지 알 수 없다. 또 일본군에게는 어뢰정이 한 척도 없었다. 몇 달 뒤 웨이하이웨이에서 일본군이 어뢰정을 활용한 솜씨를 떠올린다면 해양도에서 어뢰정이 있었을 경우 중국 함선은 그날 밤 극소수만 탈출했을 것이라고 추론할 수 있겠다.

어떻게 이 모든 어려움을 극복하고 일련의 아름다운 전개를 통해 전투를 승리로 이끌었는지를 생각할 때 이토 제독의 탁월한 능력에 경탄하지 않을 수 없다. 그러한 전개는 약한 배를 보호하면서도 항상 적의 파괴라는 최종 목표를 지향하는 것이었다. 이토 제독은 중국군과 마주치리라 예상하지 못했기 때문에 즉석에서 계획을 세워야 했고 이 점에서 그의 공적은 한층 빛을 발한다. 제독은 불과 1시간 만에 역사상 유례없는 전투 대형을 고안했다. 아직까지 어떤 주요 해전에서도 속사포 한대 없이 철갑선과 싸운 적이 없었기 때문이다. 해양도 전투는 그 독창성 때문에 해군 전술을 배우는 모든 학생의 관심을 끈다. 30여 년 전만 해도 범선으로 구성된 함대밖에 없었던 일본이 현대 해전의 교훈을 제시했다는 사실은 대단히 놀라운 일이다.

이 해전은 전쟁 전반에 엄청난 영향을 끼쳤다. 1592년 조선 원정에서 고니시는 평양을 점령한 후 중국을 관통하는 진격 작전을 포기해야 했다. 일본 함대가 거제도에서 패하여 고니시와 연합하는 데 실패했기 때문이다. 이것이 16세기 일본군 원정의 전환점이 되었다. 해양도에서의 승리가 없었다면 이 전쟁에서도 일본군이 대패했을 것이라고 추론하는 것은 해상력의 영향력을 지나치게 과장한 것이다. 일본의 군사력이 압도적으로 우월했고, 중국군이 너무나 처참하게 붕괴했기 때문에 어떤 단일 사건으로도 전쟁의 운명을 바꿀 수는 없었을 것이다. 하지만 중국군의 무기력한 패배와 그에 따른 일본군의 해상 지배로 일본군의 모든 군사작전이 용이해졌고, 따라서 일본군은 원하는 시간과 장소에 군대를 상륙시킬 수 있게 되었다.

또 그와 같은 해상에서의 우위가 없다면 매우 위험했을 대담한 전투 계획이 고안되었다. 이 해상 전투를 현 위치에서 볼 때 중국에서 전개될 전투의 출발점이라고 보는 것은 바로 이런 이유 때문이다. 비록 해양도 전투가 평양 전투 직후 단 이틀 만에 발발했으며 그동안 일본군 전 부대가 여전히 조선에 있었고 중국을 침략하기까지 한 달 이상 조선에 머무르기는 했지만 말이다. 이 해전은 이미 이틀 전에 판가름 난 조선 전투에는 전혀 영향을 끼치지 않았다. 하지만 일본군의 다음 전투에 아주 중요한 요인으로 작용했고 일본군의 화려한 승리에 크게 기여했다.

제2장
제1군의 중국 침략

압록강 횡단

평양 전투로 조선에서의 전투는 종결되었다. 조선에서 더 이상 저항할 의사가 없었던 중국군은 중국과 조선 사이에 경계를 이루는 압록강으로 퇴각했다. 중국군의 전투 의지가 조금만 더 있었더라면 좋은 방어 진지가 되는 두 곳에서 항전할 수 있었을 것이다. 대단히 높은 성벽으로 둘러싸인 강력한 요새인 안주安州에서는 주로가 좁은 골짜기를 지나기 때문에 소규모 병력으로도 쉽게 방어할 수 있었다. 64킬로미터를 퇴각하는 동안 중국군은 사기를 회복할 여유를 가졌어야 했다. 평양에서 48킬로미터 정도 떨어진 정주定州에서는 반격할 준비를 하라는 지시가 내려졌어야 했다. 하지만 군대는 완전히 사기를 잃고 압록강을 넘어 추격자를 따돌리는 데에만 급급한 나머지 이 지역을 포기하고 말았다.

일본군은 평양을 점령하고 나서 짧은 휴식을 취한 후 국경을 향해 북진했다. 다치미는 선봉대를 이끌고 10월 5일에 안주에 머물렀고 6일에는 가산嘉山, 7일에는 정주定州, 9일에는 선천宣川, 그리고 10일에는 의순義順(의주와 압록강 근처)에 도착했다. 하지만 일본군 척후병은 10월 6일 벌써 의주義州에 도착했으며 같은 달 18일에는 의주와 평양 간 전신선이 완성되었다. 일본군은 평양에서 의주까지 이어지는 조선 북부 지방의 도로가 이전에 거쳐간 그 어떤 도로보다 양호하다는 사실을 발견했다. 이 점에 대해서는 중국군에게 감사해야 한다. 중국군은 평양까지 포를 운반하기 위해 도로를 보수했던 것이다. 10월 20일경 일본군이 모두 압록강 남쪽 기슭에 위치한 의주 근방에 도착했다. 일본군은 제3사단과 제5사단으로 구성되었다. 이들 부대는 이제 일본 육군에서는 새로운 형태인 하나의 군단을 이루었다. 이제까지 일본군의 가장 큰 군사 단위는 사단이었다. 이 병력은 제1군으로 불렸고 야마가타 아리토모 사령관이 지휘를 맡았다.

9월 17일 해전에서의 승리와 그에 따른 제해권 확보는 일본군 지휘부에게 새로운 가능성을 열어 주었다. 그들은 이제까지 자신들의 전략적 행동을 지배해 왔던 원칙을 한층 광범위한 규모로 지속하기로 결정했다. 일본군은 조선 전투에서 지대를 활용했던 것처럼 이제 육군 군단을 활용할 수 있게 되었다. 중국 정복의 원대한 계획을 위해 동시다발적으로 군단을 진격시키게 된 것이다. 1개 사단과 1개 여단으로 구성된 병력이 준비되고 있었는데 이들은 제2군으로 불렸다. 그사이 제1군은 조선 내에서 압록강을 향해 진격하였다. 두 군단의 중국 침공과 진격이 거의 동시에 이루어짐으로써 중국군의 강력한 반격이라는 그다지 현실성 없는 가정 아래 한 군단이 다른 군단을 위험에서 구할 수 있도록 지휘할 계획이었다. 서술의 연속성을 유지하려면 두 군대의 작전을 동시에 기술하기 어렵다. 하지만 한 군단의 진격이나 전투가 다른 군단에 영향을 미칠 때마다 전후 참조 설명할 것이다.

 중국과 조선 사이에 있는 압록강은 넓고 깊어 만만찮은 자연 장애물이 되었다. 중국의 새로운 사령관인 송경宋慶 장군은 현명하게도 중국 제국에 대한 위협적인 공격에 맞서 1차 방어선으로 압록강을 택했다. 중국과 조선 양국에서 이 강의 방어는 늘 주요 관심사였기 때문에 강력한 요새 두 곳이 강 양안에 자리 잡고 있었다. 북쪽으로는 주롄청九連城, 남쪽으로는 의주가 바로 그곳이었다. 두 도시는 이제 송과 야마가타의 지휘 본부가 되었다.

압록강에 도착하자마자 일본군은 강을 건널 준비를 시작했다. 10월 12일에 도착한 제5사단 공병들이 강폭을 확인하는 작업에 착수했다. 반대편 강기슭이 중국군 병사들로 들끓고 있었기 때문에 결코 쉬운 일은 아니었다. 하지만 일본군은 대담한 해결책을 찾아냈다. 뛰어난 수영 실력을 자랑하는 공병대 병사 미하라는 줄을 가지고 강을 가로질러 헤엄치겠다고 자청했다. 하지만 감각을 잃을 정도로 차가운 물 때문에 사지가 마비되어 익사하고 말았다. 미하라의 시체는 멀리 반대편 강기슭까지 떠내려갔다.

미하라의 비운에도 위축되지 않고 공병 가운데 미야케 중사가 이름이 알려지지 않은 병사 한 명과 함께 얼음장처럼 차가운 물속으로 뛰어들었다. 이들은 줄을 가지고 헤엄쳐 건너는 데 성공해 원하던 정보를 가지고 되돌아왔다. 일본군은 아마 강에 다리를 놓을 만큼 부교가 충분치 않다는 사실을 깨닫게 된 것 같다. 통나무를 모아 뗏목을 만들기 시작했기 때문이다. 따라서 압록강에서 익사한 불쌍한 병사의 생명은 그의 조국에 큰 기여를 한 셈이었다.

10월 20일경 일본군은 압록강 남쪽 기슭에서 무력 시위를 시작했다. 이번에는 이곳에서 나타나는가 하면 다음번에는 다른 곳에 출몰했다. 중국군을 지치게 만들어 경계심을 떨어뜨리려는 작전으로 아주 손쉬운 임무였다. 중국군이 군사적인 문제에 매우 부주의해졌기 때문이다.

야마가타 사령관은 통군정統軍亭이라는 높은 산 위에 있는 건물을 숙소로 택했다. 이곳에서는 매우 아름다운 전망을 즐길 수 있었다. 아래쪽으로는 압록강이 흘렀고 눈앞에 펼쳐진 광활한 평원 위로 오른쪽에는 수구진水口鎭과 이자원梨子園이, 왼쪽으로는 안동安東과 오도구五道溝가, 그리고 가운데에는 주렌청九連城이 드문드문 산재해 있었다. 유일하게 오른쪽으로 산이 하나 있었는데 그 형세가 웅크린 호랑이와 닮았다 하여 호산虎山으로 불렸다.

호산의 높이는 100미터에 불과했다. 주렌청과 의주 근처에서 압록강은 아이허叆河 혹은 아이장叆江이라는 지류와 합쳐지며 여러 개의 섬으로 인해 물줄기가 갈라진다. 통군정에 자리 잡은 야마가타 사령관은 지형을 유심히 살피고 자신의 지도와 비교한 뒤 이 지역의 핵심이 호산임을 깨닫고 그에 따라 작전 계획을 세웠다. 10월 23일 밤 수구진까지 강을 따라 올라가 압록강을 건너라는 명령이 사토 대좌에게 시달되었다.

사토 대좌는 제18연대 7개 중대와 소규모 기병, 포 2문을 이끌고 수구진까지 진격해 24일 압록강을 건넜다. 요새에서 중국군이 일본군에게 사격을 가했고 300명의 보병과 60명의 기병으로 이루어진

야마가타 아리토모 원수.

소규모 부대가 공격을 해왔다. 하지만 일본군은 이들을 물리치고 요새로 밀고 들어가 산포 2문과 탄약, 그리고 다량의 겨울옷을 포획했다. 작전은 싱겁기 짝이 없었다. 일본군에서는 병사 한 명이 경미한 부상을 입었을 뿐이다. 중국군은 일본군이 600미터 지점까지 접근하자 도망쳐 버렸다. 사토 대좌는 압록강 왼편 기슭에 진지를 구축하자마자 본부에 승리를 전하기 위해 기마 전령을 파견했고 강 일대를 완전히 소탕하기 위해 진격을 계속했다.

야마가타 사령관은 다음 날 호산에 대한 전면 공격을 결심하고 10월 24일 밤 부대 배치 명령을 시달했다.

군은 다음과 같이 다섯 부대로 나뉘었다.

브리지 사단(공병대 야부키 대좌)
    보병 1개 대대
    공병 2개 대대
    3사단의 부표

제3사단(가쓰라 중장)

　보병 1개 여단

　기병 1개 대대

　포병 1개 연대

제5사단(노즈 중장)

　보병 1개 여단

　기병 1개 대대

　포병 1개 연대

혼성여단(다치미 소장)

　보병 1개 여단

　기병 1대 대대와 포병

동원 포병 부대(쿠로다 소장)

　박격포와 야포로 이루어진 포병 중대

24일 밤부터 25일 사이에 공병이 부표와 뗏목으로 가교架橋를 완성했다. 이 지점에서 압록강은 세 지류로 나뉜다. 첫 번째 지류는 폭 60미터에 깊이 80센티미터였고 두 번째 지류는 폭 150미터에 깊이 3미터, 세 번째 지류는 폭이 약 110미터였다. 25일 오전 4시 30분에 제3사단이 강을 건너 호산으로 이동했고 쿠로다 휘하 포병중대는 박격포로 도강을 엄호하기 위해 의주 북동쪽에 자리 잡았다. 다치미의 여단은 제3사단을 뒤따라 좌익에 자리 잡았고 제5사단은 지원 태세를 갖추고 반대편 기슭에 남아 있었다.

  중국군은 평소와 마찬가지로 마치 결사항전이라도 할 것처럼 오랜 시간에 걸쳐 요새를 쌓고 있었다. 하지만 강 이편에서 갑자기 일본군이 출현하자 놀란 나머지 그만 전의를 상실하고 말았다. 오전 6시 15분에서 7시 45분까지 계속된 전투가 끝난 후 중국군은 아이장 강을 건너 주롄청 방면으로 퇴각했다. 중국군 장수는 이제서야 중대한 사건이 발생했다는 것을 깨달았다. 주롄청에서 온 새로운 군대가 일본군을 공격하기 위해 3열종대로 진격했다. 오세코와 다치미는 중국군 우익을 공격했고 가쓰라는 정면에서 중국군과 전투를 벌였다. 짧은 전투가 끝난 후 중국군은 패퇴하여 일부는 다시 아이장 강을 건너 후퇴했고 나머지는 산으로 흩어졌다. 전투는 오전 10시 30분에 종료되었고 11시 30분이 되자 야마가타는 이미 호산에 도착해 있었다.

  다음 날인 26일 주롄청을 공격하기 위한 준비가 밤새도록 진행되었다. 가쓰라 장군이 제3사단을 이끌고 후방에서 공격하고 노즈 장군은 제5사단을 이끌고 아이장 강 오른편 기슭을 따라 진격하기로 했다. 하지만 다음 날 아침 일본군이 진격했을 때 중국군은 이미 밤사이 도시에서 철수하고 없었다. 일본군은 적 가까이 있으면서도 젖은 옷을 말리기 위해 밤에 불을 피울 수밖에 없었다. 중국군은 효과도 없는 포격을 계속했는데 아마 자신들의 후퇴를 엄호하기 위한 것이었을 것이다. 일본군은 강을 등지고 전투를 벌이는 것이 무모하다는 것을 잘 알고 있었지만 전쟁술에 무지한 적을 상대할 때에는 그 정도 위험쯤은 감수할 수 있다고 생각했다.

강 상류에서 이 같은 일이 발생하는 동안 오쿠야마 소좌는 보병 3개 중대를 이끌고 25일 안동과 면한 곳으로 내려가 주롄청에 대한 지원군을 막기 위해 견제 작전을 벌였다. 중국군이 밤새도록 소총으로 일제사격을 퍼부었지만 일본군이 두 대의 야전포로 사격을 시작한 것은 26일 아침이 되어서였다. 중국군이 전혀 응사하지 않자 오쿠야마 소좌는 오전 9시경 강을 건넜고 자신들이 이미 안동까지 점령했다는 사실을 곧 깨달았다. 일본군은 아직 사용한 적이 없는 대여섯 대의 크루프 포와 개봉하지도 않은 상자에 담긴 900대의 연발총을 포획했다.

안동은 송 장군의 거주지였는데 이제 그의 집은 가쓰라 장군이 점거했다. 가쓰라 장군은 적의 가구를 사용했는데 그 속에는 손자(孫子)*와 오기(吳起)**가 지은 중국의 병법서와 함께 다양한 종류의 조선과 일본 지도가 있었다. 일본군은 타원형 모양으로 생긴 자신들의 조국을 발견하고 매우 즐거워했다.

주렌청을 둘러싼 전투에서 일본군은 장교 1명과 병사 32명이 죽고 장교 3명과 병사 108명이 부상당하는 손실을 입었다. 또 495명의 중국군을 묻었는데 아마 이보다 훨씬 더 많은 숫자가 아이장 강에서 익사했을 것이다. 전리품은 다음과 같다.

야전포 74문과 기관포 4문
소총 4,395개
포탄 36,384발
소형 무기용 탄약 4,300,660발

일본군은 자신들이 발견한 요새를 보고 감탄을 금치 못했다. 성환에서 평양을 거쳐 주렌청까지 지속적인 발전이 있었다. 하지만 여전히 유능한 병사는 부족했다. 전쟁은 물질보다는 사람에 더 좌우된다

---

* 기원전 6세기경의 장수, 유명한 병법서가 바로 이 사람의 것이다.
** 기원전 4세기 초의 유명한 장수.

고 일본군은 말하곤 했다.

패주한 송 장군 휘하 중국군 부대는 봉황성鳳凰城까지 퇴각했다. 봉황성은 14개 내지 16개 영營를 거느린 신[89] 장군이 관할하고 있었다. 이제 1875년까지 64킬로미터에 걸친 중립지대가 개간되지 않은 채 중국과 조선 사이에 존재했다는 사실을 상기해야 한다. 이 책의 초반부에 실은 역사를 개괄한 부분에서 이 사실을 언급하였다. 봉황은 중립지대와 맞닿은 접경 도시로 이곳으로부터 대여섯 갈래 길이 나 있어 전략적으로 중요한 곳이었다.

일본군은 천황의 생일인 11월 3일 봉황을 공격하기로 했다. 이날 승리를 거두어 경축하고 싶었던 것이다. 하지만 이 같은 희망은 중국군에 의해 좌절되고 말았다. 다치미 장군이 봉황에서 2킬로미터 떨어진 도시 탕산湯山에 도착하자 기병 척후병으로부터 중국군이 10월 29일 도시에 불을 지르고 퇴각했다는 보고가 들어왔기 때문이다. 10월 30일 다치미는 아무런 저항도 받지 않고 봉황에 입성했다. 일본군은 2대의 산포와 3대의 박격포, 그리고 다량의 소총과 텐트를 획득했다. 포로의 진술을 통해 중국군이 전의를 상실한 채 흩어졌다는 것을 확인했다. 병사 대부분은 해안 쪽 다구산大孤山까지 도망쳤고 그 사이 송 장군은 소수의 부하를 이끌고 묵덴奉天을 향해 북쪽으로 퇴각했다.

봉황 점령 후 제1군 소속 2개 사단이 분리되었다. 제3사단은 서쪽으로 전투를 계속했고 그 사이 제5사단은 북쪽과 동쪽에서 작전을 수행했다. 제1군 작전 본부는 주렌청에 있다 후에 안동으로 옮겼고 오세코 장군과 다치미 장군이 각각 제3사단과 제5사단의 선봉을 이끌었다.

제5사단의 작전

11월 9일 다치미 장군은 봉황에서 묵덴奉天으로 이어지는 두 갈래 길에 지대를 파견했다. 첫 번째 지대는 서쪽 길을 따라 11월 11일 연산관連山關까지 진격했고 12일에는 저 유명한 마천령摩天嶺을 정찰했다. 마천령은 묵덴으로 가는 길에 위치한 대단히 강고한 요새였다. 일본군은 중국군이 이 길을 삼엄하게 방비하고 있다는 것을 알게 되었다. 병사 한 명이 죽고 세 명이 부상당하는 소규모 전투 끝에 연산관으로 퇴각했다. 정찰의 목적은 이미 달성한 셈이었다.

중국군이 타오호쿠草河口 근처에 계속 출몰하면서 연산관에 있는 일본군의 통신을 위협했기 때문에 다치미는 지대에게 타오호쿠에 집결하도록 명령을 내렸다. 또 다른 지대는 북쪽 길로 진격했다. 하지만 대서구大西溝를 지나면서 적이 대군을 이루고 있음을 알게 되었다. 지대의 목적은 정찰이었기 때문에 곧 퇴각했다. 다치미 장군은 이제 적이 한편으로는 연산관과 타오호쿠 부근에, 다른 쪽으로는 애양변문&朝陽邊門 근처에 주둔하고 있다는 것을 알게 되었다.

제3사단의 작전

제3사단 선두를 지휘하는 오세코 장군은 서쪽 방면으로 작전을 펴기로 했다. 11월 5일에는 다둥커우&大東溝와 다구산&大孤山까지 진격했다. 평양 전투에서 잡힌 포로 가운데 한 명이 다구산 출신이어서 오세코 장군이 그를 극진히 대접했다. 이제 이 포로가 정보를 수집하는 데 매우 유용한 존재가 되었다. 포로는 봉황&鳳凰에서 도주한 병사들이 온 마을에서 약탈과 폭력을 일삼는 등 엄청난 난행을 저질렀다고 알려 왔다. 이들 중 일부는 진저우&金州까지 도망쳤고 나머지는 슈이안&岫巖으로 달아났다. 슈이안은 각 방면에서 뻗어 나온 도로가 모이는 전략적으로 매우 중요한 지점이었기 때문에 이곳을 공격하기로 했다. 여느 때와 마찬가지로 일본군은 양동작전을 계획했다. 오세코 장군이 한쪽 길을 따라 다구산에서 진격하는 동안 다치미 장군이 파견한 미하라 대좌는 다른 경로로 봉황에서 진격할 계획이었다. 정면과 후방에서의 동시다발적인 공격으로 중국군을 혼란에

오세코 소장.

빠뜨릴 계획이었다.

11월 4일 오세코 장군은 보병 3개 대대와 기병 1개 중대, 포병 1개 대대(1개 중대 제외)를 거느리고 다구산에서 출발했다. 16일에는 중국군 기병과 소규모 전투를 벌인 끝에 오전 11시 30분 토문자土門子에 들어갔다. 중국군 기병과 보병 대여섯 개 부대가 그곳을 공격했지만 격퇴되었다. 17일 오전에는 중국군의 흔적을 더 이상 찾아볼 수 없게 되었고 오세코는 홍가보자紅家堡子까지 진격했다. 오전 11시 20분 멀리서 들리는 포격 소리로 미하라가 북동쪽에서 슈이안을 공격하고 있음을 알 수 있었다. 오세코의 선발 부대는 계속 진격하다가 한 중국군 부대와 마주쳤다. 중국군은 원거리에서 발포하기 시작했고 그 사이 슈이안에 설치된 포가 공격에 가담했다.

오후 2시에는 중국군이 약 2,000명에 달할 정도로 차츰 늘어나 일본군의 측면을 위협했다. 하지만 일본군이 대열을 전개해 진격하자 중국군은 퇴각했다(일본군이 보기에 마치 부끄럼을 타는 처녀 같았다고 한다). 중국군은 원거리에서 싸우는 것을 선호해 600미터도 지나치게 가깝다고 여겼다. 밤이 되어 일본군이 슈이안 접수를 포기하는 바람에 점령은 다음 날로 유예되었다. 하지만 18일 아침 일본군이 진격했을 때에 도시는 이미 버려진 상태였다. 전날의 양동작전이 중국군을 완전히 혼란에 빠뜨렸다. 중국군은 포위되는 것이 두려운 나머지 서쪽으로 후퇴한 것이다. 오후 8시 30분 오세코 지대 가운데 주력부대가 슈이안에 입성해 9문의 포와 다량의 소총을 찾아냈다.

측면 공격을 이끈 미하라 대좌는 11월 14일 보병 1개 대대와 전초 기병 1개 중대를 이끌고 봉황에서 출발했다. 15일 기병대는 황화뎬黃花甸에 도달했고 보병은 노야묘老爺廟에 도착했다. 16일에는 보병이 링코우領勾에 도달했다. 기병이 부족했기 때문에 보병 분대가 척후병으로 보강되었다. 이 연합 선봉대는 황영자黃岺子 근처에서 중국군을 만나 격렬한 교전을 벌였다. 17일에는 미하라가 자신의 전 부대를 이끌고 도착해 황영자를 공격했다. 중국군은 이미 16일 토문자土門子에서 오세코 부대와 교전한 적이 있으며 이제 양면 공격에 대응해 전력을 나누어야 했다. 중국군은 황영자에 보병 4영과 기병 1영*을 배치했다. 이 부대는 산마루에 위치한 유리한 진지를 활용해 일본군에 결사항전으로 맞섰다.

---

* 이 정도면 2,250명의 병력에 해당한다. 하지만 수차례 패한 뒤여서 중국군 간부진은 매우 부족했을 것이다.

미하라는 2개 중대에게 길의 오른편과 왼편으로 전개해 산을 오르라고 명령했다. 40명의 정예 병사로 구성된 선봉대를 이끄는 마시다 중위는 오른편에서 활약하며 중국군을 암벽에서 암벽으로 몰아붙였다. 하지만 험준한 산악 지역이 흔히 그렇듯이 하나의 고지를 점령하자마자 공격해야 할 또 다른 봉우리가 나타났다. 이 같은 공격이 이어진 후 일본군은 최고 봉우리인 황영자를 점령하고 산포한 대를 획득했다. 중국군은 흥륭구興隆勾로 퇴각했으나 슈이안에 있던 주력부대는 밤사이 절목성折木城까지 물러났다. 토문자에서 오세코와 싸우는 동안 후방에서 미하라로부터 예기치 못한 공격을 받자 깜짝 놀란 중국군이 통신이 두절될까 두려워 퇴각한 것이다. 후방 수비대가 슈이안을 방어하기 위해 남아 일본군의 진격을 방해했으나 미하라 대좌는 곧 이들도 물리치고 슈이안에 입성했다.

포획한 깃발에 쓰여 있는 이름과 주민의 진술을 통해 풍豊,[90] 섭攝,[91] 가[92] 장군이 대략 보병 10영營과 기병 1,000명을 거느리고 슈이안에 주둔했었음을 확인할 수 있었다. 일본군에 따르면 미하라가 진격하는 동안 가와사키 중사가 기병 한 명과 함께 오세코의 지대와 연락을 취하기 위해 다른 길로 파견되었다고 한다. 어떤 마을을 지나는 동안 중사는 잠깐 자신의 동료와 헤어졌는데 그가 돌아왔을 때 발견한 것은 동료의 목 없는 몸통뿐이었다. 이 일은 가와사키 중사가 구사일생으로 목숨을 건진 두 번째 사건이었다. 가와사키는 7월 말 평양으로 파견된 산악 척후 부대 가운데 한 사람이었다. 그는 대동강을 건너 헤엄친 후 중화에서 발생한 중국군의 기습 공격 중에 운 좋게 살아남았다. 이 공격으로 가와사키의 동료 대부분이 목숨을 잃었다.

80킬로미터나 떨어진 다구산과 봉황에서 각기 출발한 오세코와 미하라의 연합 공격은 너무나 정확하게 제때 이루어져 완벽한 성공을 거두었다. 수비대가 포획한 총포를 가지고 슈이안에 남았지만 오세코는 주력부대를 거느리고 다구산으로 물러났다. 일본군은 이미 상륙하여 포트아서旅順를 향해 행군 중인 제2군이 북쪽으로 진격해 연합할 때까지 제1군을 출격시키지 않을 작정이었다. 제1군은 주롄청에서 부챗살처럼 방사상으로 퍼지면서 지대를 파견하는 임무만 수행했다. 다구산과 슈이안, 연산관에 전초기지가 배치되어 적과 접촉함으로써 유사시에 적이 진격해 올 경우 증강될 수 있는 태세를 갖추었다. 전초기지에 있던 일본군의 고생은 막심했다. 일본인 노무자가 끄는 수레로 매우 험준한 산악로를 넘어 보급품을 운반해야 했기 때문에 식량 없이 여러 날을 지내는 경우가 많았다.

당분간 수비에 치중하면서 북쪽으로부터 있을 모든 공격을 물리치고 통신선을 유지하는 것이 작전의 주요 목표였다. 물론 이런 계획은 누설되지 않아서 일반적으로 제1군이 묵덴으로 진격할 것이라고 생각했다. 묵덴은 만주 왕조의 고대 수도이자 중국 황실 선조의 무덤이 있는 곳으로 중국 정부로서는 대단히 중요한 도시였다. 공공연하게 나돌던 이 거창한 계획이 중국인을 두려움에 떨게 해 북쪽 길을 수비하는 데 대규모 군대를 투입하도록 만들었을 것이다. 사람들은 일본군의 묵덴 점령이 늦어지는 것에 대해 의아해했다. 제1군 군사작전이 이 같은 휴지 상태로 있어 우리는 같은 시기 대단히 활발한 작전을 폈던 제2군으로 관심을 돌릴 수 있다.

제1군은 만주 일부를 점령하자마자 일본에서 파견된 민간인 고용인과 함께 주요 지역에 민간 행정 기구[93]를 조직했다. 일본 국민은 만주에서의 성공에 대해 깊이 감동했다. 일본군 병사들은 압록강을 건넜다. 일본 시인들이 항상 노래하던 그 강은 일본군 병마의 갈증을 달래 주었을 것이다. 만주 행정 기구는 일본법을 대아시아 대륙 일부까지 확장시켰고 수천 년간 바다에 의해 속박당했던 섬나라 백성의 자부심을 고양시켰다.

제3장
리젠트스워드 반도(關東半島)에서의 전투

제2군의 상륙

9월 17일 해전에서 승리를 거둔 이후 제2군은 신속하게 전쟁 준비를 했다. 제2군은 1개 사단(제1사단)과 1개 혼성여단(제6사단에서 차출되었다)으로 구성되었고 각각 야마지 중장과 하세가와 요시미치 소장[94]이 지휘를 맡았다. 야마지 중장은 일본군 내에서는 단호한 결단력의 화신으로 여겨지는 인물이다. 한쪽 눈을 잃은 뒤로는 '외눈박이 용'*으로 불렸다. 제1사단은 9월 22일부터 이동하기 시작했고 27일

---

* 일본군이 강베타Gambetta에게도 붙였던 이름이다.[95]

에는 사단 전체가 제국 대본영이 있는 히로시마에 머물렀다. 26일에는 병무대신 오야마 이와오大山巖(1842~1916) 원수가 총사령관에 임명되었다.

여단은 대동강 부근을 통해 조선에 상륙했다. 10월 15일에는 사단이 승선할 수송대가 히로시마의 항구 우지나宇品에 대기했다. 사단은 10월 15일에서 20일까지 여러 날에 걸쳐 출발했다. 이전과 마찬가지로 대중의 열광적인 환호를 받았으며 국회 양원 의원들이 오야마 원수를 우지나까지 동행했다.

일본군 함대는 적당한 상륙 지점을 찾기 위해 한동안 만주 해변을 탐사했다. 하지만 장소가 선정되자 제2군 참모진 사이에 의견충돌이 생겼다. 이들은 선정된 지점이 주요 공격 목표인 포트아서旅順로부터 너무 멀리 떨어져 있다고 불평했다. 해군 장교들은 탐사 활동의 타당성을 내세우며 다른 곳으로 바꿀 수 없다고 고집했다. 만주 해안 근처 바다는 수심이 얕아 대부분의 지역이 육지로부터 수킬로미터 이내로 접근하기가 어려웠다. 그 같은 조건에서 상륙할 경우 장거리를 걸어야 하는 어려움이 따랐다. 하지만 함대가 선택한 장소에서는 만조 때 바위 위로 상륙할 수 있었다.

10월 23일 제2군의 여단을 나르는 수송선이 전함 14척의 호위를 받으며 대동강 입구에서 출발했다. 24일 아침에는 전 함대가 화원구

오야마 원수.

花園溝에서 8킬로미터 떨어진 화원강花園江 입구 작은 마을에 정박했다. 안개가 자욱해서 흐릿하게만 해안을 판별할 수 있었다. 하지만 일출 전 해군 일부가 상륙해 수송대를 위한 신호로 산 위에 일장기를 꽂았다. 곧이어 해군이 보병지대로 교체되었다. 곧이어 공병대가 상륙했고 부교로 말과 포를 운반할 부잔교를 만들었다.

평온했던 마을의 주민들은 가끔씩 범선이나 들르던 조용한 항구에 함대가 나타나자 깜짝 놀라 혼비백산했다. 많은 사람들이 공포에 질려 도망쳤으나 곧 붙잡혀 왔고 일본군은 적의가 없음을 전했다. 일본군은 네 명의 농부에게 배 위에 올라가 의복을 팔라고 요청했다. 의복은 즉시 일본군 통역관들에게 지급되었다. 통역관들은 변발을 하고 있었기 때문에 그 고장의 옷만 갖춰 입으면 원주민인 양 위장하고 정찰할 수 있었다. 주민을 진정시키고 군대의 규율을 강화하기 위해 오야마 원수의 이름으로 포고문이 발표되었다.

포고문에서 국제법에 따라 적국에 있는 군대는 기증품을 징수할 권리가 있지만 그 같은 권리는 전체 군대에 있는 것이지 개인에게 부여된 것은 아니라고 선언했다. 따라서 소유주의 동의 없이, 대가를 지불하지 않고 물건을 빼앗는 병사는 누구나 엄하게 처벌되었다. 이후 10월 29일에는 징발을 해야 하는 척후병을 위해 일련의 규정이 공표되었다.

일본 육군은 상륙과 거의 동시에 내륙으로 진격했다. 25일에는 지대 하나가 강 상류 10킬로미터 지점까지 파견되었고 사이토 소좌 휘하 1개 대대는 피쯔워(貔子窩)를 향해 진군했다. 피쯔워는 포트아서(旅順)로 이어지는 도상에서 약 48킬로미터 떨어진 도시이다. 최초 상륙 지점으로 선정되었으나 해안에서 8킬로미터나 펼쳐진 사주와 얕은 수위 때문에 포기했던 곳이다. 26일에는 오야마 원수가 참모진을 이끌고 도착했다. 그는 대담하게도 단 한 척의 전함 호위도 받지 않고 25일 대동강에서 출발했다.

중국군 함대는 수송선에 아무런 방해도 가하지 않았다. 수송선은 공세를 펴기도 해 아사키마루와 다른 한 척의 배가 목재와 박격포를 실은 15~16척의 범선을 포획했다. 일본군 함대는 게으름을 피우지 않았다. 일부 전함은 두세 명의 육군 장교를 태우고 해안을 정찰했다. 그들은 수로 안내인으로 활용하기 위해 대동강 입구에서 데려온 네 명 외에도 어부 몇 명을 잡았다. 다롄 만(大連灣) 근처를 순항하던 어뢰정은 30톤급 소형 증기선을 나포해 예인선으로 활용했다.

이 같은 대규모 부대의 상륙에는 오랜 시간이 걸렸다. 말이 모두 상륙하기까지는 12일 이상 걸렸다. 10월 24일의 화원구 상륙이 사토 대좌가 압록강을 건넜던 바로 그날 이루어졌다는 점은 주목할 만하다.

진저우 만과 다롄 만으로의 진격과 점령

포트아서$_{旅順}$ 또는 중국어로 뤼순커우$_{旅順口}$라 불리는 곳은 해상과 육상으로 매우 견고하게 방어되고 있었다. 더구나 이곳으로 진입하는 것만으로 엄청난 자연적 이점을 얻는 것인 만큼 적절히 수비한다면 거의 난공불락에 가까웠다. 만주 세 지방 가운데 하나인 성성$_{盛省}$ 남부 지역은 바다로 돌출되어 있었고 끝 부분에서 리젠트스워드라 불리는 매우 좁은 지협으로 연장된 반도를 형성하고 있다. 포트아서는 반도 끝단에 위치해 있었으며 반도의 목 부분인 지협은 진저우$_{金州}$라는 요새화된 도시와 중국군 함대의 정박지 다롄 만 요새가 수비하고 있었다. 포트아서로 진군하기 위해 일본군은 진저우를 공격해야 했다. 하지만 일단 진저우와 다롄만 요새를 점령하기만 하면 포트아서로 가는 길이 열릴 뿐만 아니라 일본군의 표현을 빌리면 수비대를 가방 안에 가두어 놓을 수 있었다. 화원구에서 진저우까지는 약 145킬로미터였다. 진저우 공격일은 11월 6일로 정해졌다.

11월 2일 사이토 소좌는 정찰 지대를 이끌고 진저우에서 약 61킬로미터 떨어진 피쯔워에서 출발했다. 지대는 보병 1개 대대와 공병 1개 대대, 그리고 기병 1개 중대로 구성되었다. 적의 위치를 정찰하는 것 외에도 주력부대의 진군을 위해 도로를 보수할 계획이었다. 4일 사이토 소좌는 유가둔劉家屯에서 소규모 중국군 부대를 만나 손쉽게 물리쳤다. 이것이 제2군이 중국에 상륙한 이후 가진 첫 전투였다. 사이토 소좌 뒤에는 제1사단이 뒤따랐다. 11월 3일 야마지 장군 휘하 제1사단이 피쯔워를 출발했다. 보병 1개 연대와 기병 1개 중대, 산악 포병 1개 중대로 구성된 제1사단의 선봉대는 노기 소장이 지휘를 맡았고 후발대는 니시 소장이 지휘했다.

  진저우 공격 작전을 이해하기 위해서는 성경성盛京省 남부 지형을 머릿속에 기억하고 있어야 한다. 곶은 바다로 뻗어 나가면서 진저우 남쪽에 이를 때까지 계속 좁아진다. 이곳에서 육지의 폭은 약 3킬로미터 정도에 불과하다. 따라서 해안을 따라 달리는 두 개의 길은 차츰 서로 가까워지다가 진저우에서 만나게 된다. 두 개의 주로를 통해 진저우에 접근할 수 있는데 하나는 화원구花園溝와 피쯔워에서 뻗어 나온 길이고 다른 하나는 푸저우復州와 푸란덴普蘭店(포트 애덤스)에서 이어진 길이다. 진저우에 가까워지면서 한 길에서 다른 길로 넘어가기가 쉬워지므로 양동작전을 써서 단순한 중국군을 혼란에 빠뜨리는 일본군의 평상시 전략을 활용할 수 있었다.

피쯔워에서 뻗어 나온 길로 진격하던 일본군은 재빨리 다른 길로 지대를 파견했다. 4일 사이토 소좌는 전신선을 차단하기 위해 푸저우 길로 기병 중대를 파견했다. 이때 일본군의 접근을 알리기 위해 포트아서에서 푸저우로 보내는 공문서를 소지하고 가던 전령 한 명이 붙잡혔다. 중국군 포로는 돌에 머리를 찧어 자결하려 했다. 그의 용기에 탄복한 사이토 소좌는 일본군은 절대 포로를 죽이지 않는다고 말하며 아버지와 어머니가 있는지 물었다. 중국군 포로는 이 말에 감동해 자신이 돌아오기를 밤낮으로 기도하는 어머니가 계시다고 대답했다.

11월 5일 일본군은 중국군 1차 방어선에 접근했다. 이 방어선은 도로 측면에 있는 산 위에 축조된 두 포대로 이루어졌고 각각 4문의 포가 설치되어 있었다. 일본군은 처음에는 정찰만 하고 물러났다. 야마지 장군은 중국군 진지가 정면에서는 매우 강한 반면 푸저우 길 쪽에서는 상대적으로 약하다는 보고를 받고 사단 규모의 병력을 이끌고 푸저우 길을 향해 나갔다. 남은 병력 일부는 피쯔워 길에, 일부는 두 길 사이에 배치되었다. 처음 요새를 공격했던 지대는 정오에 싸움을 재개해 오후 2시까지 포격을 계속했으나 자신들의 위치가 지나치게 불리하다는 것을 깨닫고 퇴각했다. 물론 중국군은 이 사소한 저지 작전으로 한껏 고무되어 마치 승리를 거둔 것처럼 생각했다.

다음 날 아침인 6일 총공격을 개시하라는 지시가 밤사이 전달되었다. 새벽 4시가 되자 사이토 소좌가 지대를 이끌고 산을 올라가 첫 번째 포대의 오른쪽 측면을 돌았다. 일본군은 오전 6시경 이곳에 도착했고 약 30분 만에 양 포대 안으로 밀고 들어갔다. 사이토 소좌도 직접 전투에 참가했는데 한 중국군 병사가 지뢰를 폭파하려는 것을 보고는 총탄 세례를 뚫고 포대 안으로 돌진해 단칼에 병사의 두개골을 이빨까지 쪼개 버렸다.

진저우의 문.

문을 폭파한 공병대의 오노구치 사병.

일본군 부대와 동행했던 프랑스인 무관이 프랑스 알파인 부대에게도 명예로울 그런 활약상을 일본군이 보여 주었다고 언급한 것도 아마 이 전투였을 것이다.

포대를 점령한 후 진저우로 이어지는 피쯔워 길이 뚫렸다. 그 사이 야마지 장군이 푸저우 길에서 진격해 오전 8시 진저우를 향해 포병 부대를 배치하기 시작했다. 순식간에 30대의 야전포가 진저우를 향해 불을 뿜었다. 중국군은 약 50분간 크루프 포로 응사했으나 이후 포격이 멈췄다. 그러자 야마지 장군이 대열 사이를 질주하며 공격을 명했다. 중국 북부에 있는 대부분의 도시와 마찬가지로 진저우도 측면이 나침반의 네 꼭지점에 해당하는 완벽한 사각형이었다. 공격은 북쪽과 동쪽 사면에서 이루어졌다. 성벽이 9미터나 되고 매우 가팔라 오를 수가 없었다. 그러자 문을 폭파하기 위해 공병대가 전진 배치되었다. 북쪽 사면에는 영안문永安門이 있었는데 이 문은 15미터 높이에 쇠로 뒤덮여 있었다. 야노메 중위는 문으로 돌진하면서 폭파해 열도록 지대를 지휘했다. 오노구치 사병은 중국군이 총안을 통해 총알을 퍼붓는 가운데 면화약 상자를 들고 진격했다. 그는 팔에 부상을 입고 피를 뚝뚝 흘리면서도 문까지 짐을 운반했고 문은 폭파되어 산산조각이 났다. 일본군은 문을 통과해 밀고 들어갔고 시가지를 지나 곧장 동쪽 사면까지 진격해 동료들에게 문을 열어 주었다. 그 사이 중국군은 포트아서로 향하는 서쪽 문을 통해 도주했다.

공격 중에 신기한 일이 일어났다. 세이지 소좌는 처음에는 문까지 진격했으나 문을 밀고 들어갈 수 없다는 것을 깨닫고 110미터 정도 후퇴했다. 이때 바닥에서 9미터 길이의 십자가를 발견했다. 의심스러운 표식이 석연치 않았던 세이지 소좌는 다시 진격했고 문이 폭파되자 도시 안으로 들어갔다. 나중에 공병이 그 지점을 파 보니 지뢰 하나가 있었다. 소좌가 제때 물러나지 않았다면 지뢰가 폭발해 100명 가까운 병사가 죽었을 것이다. 중국군은 이런 장치에 큰 기대를 걸고 있었다. 하지만 많은 노력과 탄약을 소비하고도 좀처럼 효과를 거두지 못했다. 봉황성 점령 당시 일본군 바로 앞에서 지뢰가 폭발했는데 희생된 것은 고작 불운한 개 한 마리뿐이었다. 같은 장소에 있던 다른 지뢰는 번개에 맞아 폭발했다.

일본군은 추격전을 벌여 상당수 중국군을 사살했다. 중국군은 도망가기에 바쁜 나머지 성벽에서 몸을 던지기도 했다. 하지만 11월

5일과 6일에 있었던 진저우 전투는 매우 지지부진했다. 일본군은 한 명도 죽지 않았고 단지 몇 명만 부상당했을 뿐이다. 일본군은 이 전투가 전쟁사에서 그 유례를 찾아볼 수 없는 사건이었다고 자평했지만 다음 날 벌어진 사건들은 정도가 더 심했다.

진저우 점령 후 다음 공격 목표는 중국 해군의 정박지인 다롄 만이었다. 다롄 만의 육상 포대는 리젠트스워드 반도의 좁은 지협을 수비하고 있었다. 다롄 만은 포트아서와 웨이하이웨이 다음으로 중요한 곳이었기 때문에 일본군은 11월 7일 아침 공격에 대비해 세심하게 준비했다. 각각 보병 1개 연대와 기병과 포병으로 이루어진 3지대가 여러 포대로 진격하기로 했다. 연이은 승리로 사기가 충전된 병사들은 이곳을 점령하지 못하고 후퇴하느니 차라리 죽겠다고 맹세했다. 하지만 이처럼 고귀한 맹세는 필요 없었다. 일본군이 진격하자 남아 있던 소수의 수비대마저 몇 발의 포격 끝에 달아나 버렸기 때문이다. 포대를 점령하고 나서 일본군은 상당수 대포에 아직 탄환이 장착되어 있는 것을 발견했다. 이처럼 믿기 힘든 사건에 대해 세세하게 설명할 필요는 없을 것이다.

폰 한네켄은 포대를 최첨단 현대식으로 축조하였고 중무장시켰다. 화상도는 3개의 포대를 보유했는데 그중 하나는 210밀리미터 포 2문과 150밀리미터 포 2문을 보유했고 나머지 두 포대는 각기

240밀리미터 포 2문을 보유했다. 서가산徐家山 포대는 150밀리미터 포 4문을 보유했다. 노용두老龍頭 포대는 240밀리미터 포 2문과 210밀리미터 포 2문을 보유했으며 황산黃山 포대는 240밀리미터 포 2문과 120밀리미터 포 2문을 보유했다. 이 같은 중포 외에도 소형 포와 기관포가 측면에 배치되었다. 포대를 조사하던 일본군 장교는 1개 중대만으로도 1개 사단에 대항할 수 있을 정도라고 말했다.

수비대 역시 남아 있었다면 성공적인 항전을 펼칠 수 있었을 만큼 충분했다. 진저우와 다롄 사이에 배치된 중국군은 다음과 같은 부대를 보유한 것으로 추정된다.

			병력 수
화자군華字軍	보병	6영	3,000
	보병	1개 중대	200
	기병	1개 중대	50
후잉군[96]	보병	3영	1,500
	기병	1영	250
	포병	1영	500
단련 기군	보병	—	500
	기병	—	200
		총계	6,200
후난군[97]	보병	—	미상
	기병	—	

일본군이 포획한 전리품은 다음 목록에서 보는 바와 같이 실로 어마어마했다.

> 소총 621대(신식 독일제 소총 70대와 기타 기관총 다수)
> 포 129문(개틀링 포 7문, 다수가 난징南京에서 만들어졌고 사용된 적이 없다. 바닷가에 설치된 크루프 포 전부)
> 소형 무기용 탄약 33,814,300발
> 대포용 탄약 2,468,271발
> 정화 6,000달러

그 밖에 쌀과 말, 기타 잡화가 있었다. 일본군은 모든 것을 주의 깊게 헤아렸기 때문에 아마 일본군 장교들은 검보다 펜대를 더 바삐 움직여야 했을 것이다.

일본군은 만으로 들어가는 입구를 방어하기 위한 지뢰와 어뢰 배치 계획도 찾아냈다. 따라서 '소탕 작전'을 힘들게 펴지 않아도 별다른 피해 없이 진입할 수 있었다. 두 나라가 사용하는 공용 문자 덕분에 교육받은 사람이라면 누구나 상대국의 서류와 공문서를 읽을 수 있다.

일본군 함대는 다롄 공격 과정에서 육군 지원 계획을 세웠다. 이 임무가 그처럼 손쉬우리라는 것을 예상하지 못했던 것이다. 11월 6일 오전 6시에 다롄 만을 향해 출발한 일본군 함대는 다음과 같은 순서로 배치되었다.

본대 : 하시다테, 치요다, 이츠쿠시마, 나니와, 마츠시마
제1유격대 : 요시노, 타카치호, 아키츠시마
제2유격대 : 후소, 카츠라기, 콩고, 다카오
제4유격대 : 츠쿠시, 아카기, 마야, 오시마, 초카이

함대는 오후에 목적지에 도착했다. 만으로 통하는 입구를 어뢰가 막고 있다는 것을 깨닫고 아주 조심스럽게 전진했다. 6척의 증기선으로 구성된 소규모 함대는 만을 '급습'하여 어뢰를 제거하라는 명령을 받았다. 그동안 멀리서 포격소리가 계속 들렸다. 육군이 진저우를 공격하고 있음을 알고 함대 병사들은 크게 고무되었다.
다음 날 그 희극적인 특성 때문에 통상적인 전쟁과는 잘 맞지 않아 보이는 광경이 벌어졌다. 비록 아침에 있었던 중국군의 황당한 행동 때문이긴 하지만 말이다. 11월 7일 오전 6시에 일본군 함선이 천천히 만으로 진입했다. 처음에는 제4유격대만 들어가 요새를 향해 포격을 가했다. 하지만 아무런 응답이 없었다. 오전 9시에 본대

가 다롄 만으로 들어갔다. 10시에는 상당한 정도의 추가 포격이 있었지만 어떤 대응도 없었다. 만을 둘러싼 음산한 포대가 어떤 공격도 하지 않는 것에 일본군 함대는 매우 의아했다. 마침내 세심한 관찰 끝에 일본군 보병의 짙은 모자와 군복을 발견했고 이후 포대 위에 자국 국기가 펄럭이는 것을 보았다. 바닷가로 파견된 보트는 그날 아침 육군이 전 포대를 점령했다는 기쁜 소식을 안고 돌아왔다.

다롄 만 점령은 포트아서 전투에서 대단히 중요한 진전이었다. 포트아서의 실질적인 육상 방어벽을 이루는 가공할 진입로를 점령하였을 뿐만 아니라 중포 상륙을 위한 부두와 장비는 물론 정박지도 획득하게 되었다. 따라서 일본군은 화원구나 피쯔워에서 공성포를 힘겹게 끌고 오는 대신 포트아서에서 가까운 지점에 상륙할 수 있었다.

포트아서 점령

진저우와 다롄 점령 후 오야마 원수는 혼성여단이 도착하기를 기다렸다. 11월 7일 진저우에는 지협을 방어하고 후방을 지킬 소규모 수비대를 남겨 놓은 채 오야마 사령관은 전군을 이끌고 출발했다.

포트아서로 이어지는 두 갈래의 길이 있는데 하나는 북부 해안을 따라 이어지는 것이고 다른 하나는 반도 남쪽 해안을 따라 이어지는 것이었다. 일본군은 자신들의 평소 전술대로 두 길 모두 진격로로 택했다. 남쪽으로 진격한 지대는 규모가 매우 작아 견제 작전만 벌이기로 했다. 이 부대는 마츠미주 중좌의 지휘 아래 보병 2개 대대와 기병 1개 중대, 산포병 1개 중대, 그리고 공병 2개 중대로 구성되었고 왼쪽 종대에 해당되었다. 진저우에 남겨진 2개 대대와 통신선 보호를 위한 1개 대대, 즉 총 3개 대대를 제외한 나머지 부대는 정찰대에 의해 가장 좋은 경로로 판명 난 북쪽 길을 따라 전진했다. 부대는 다음과 같은 순서로 진격했다.

첫째, 정찰 기병, 아키야마 소좌 휘하 2개 대대(5개 기병 중대 제외)
둘째, 제1사단과 혼성여단(진저우에 남은 부대와 왼쪽 종대를 이루는 부대 제외)

두 부대 모두 같은 경로로 진격해 남관령南關嶺과 잉청쯔榮城子, 쌍태구雙台溝, 투청쯔土城子를 거쳐 포트아서와 인접한 수사영水師營까지 전진했다. 나흘 만에 이 지역을 모두 통과해 11월 20일경에는 전군이 진지를 구축하고 포트아서를 공격할 준비를 마쳤다.

이 기간 동안 몇 차례 소규모 전투가 있었다. 18일에는 기병 1개 중대를 거느리고 투청쯔에서 진군하던 아카야마 소좌가 수사영에서 오던 중국군 부대와 마주쳤다. 중국군은 점차 늘어나 3,000명 정도에 달하더니 일본군 기병을 완전히 포위해 버렸다. 일본군은 매우 용감하게 싸워 적진을 뚫고 쌍태구까지 퇴각하는 데 성공했다. 전투 소식을 들은 마루이 소좌가 기병을 돕기 위해 보병 1개 중대를 파견했다. 이번에는 이들이 공격을 받아 중국군에 포위되었다. 구원병이 처한 위험을 알아차리자 아사카와 대위 휘하 소규모 기병이 이들을 구출하기 위해 필사적으로 공격했다.

보병과 기병은 퇴각하는 데 성공했으나 부상자들은 버려둘 수밖에 없었다. 부상병은 적에게 고문당하느니 차라리 자결하는 것이 더 나았다. 나카만 중위는 심각한 부상을 당했는데 부하가 그의 목을 잘라 영광스럽게 묻힐 수 있도록 진지로 가져갔다. 아사카와 대위도 부상당했으며 그의 말은 총격을 받았다. 하지만 사병 티오가 치명적인 부상을 당하고서도 자신의 말을 상관인 아사카와 대위에게 주어 그곳을 벗어나게 하고 자신은 쓰러져 죽었다. 마루이 소좌는 남은 대대를 이끌고 선봉대를 구하기 위해 도착했으나 중국군을 물리칠 수 없었다. 중국군은 이제 산 위에 포 4문을 설치해 놓은 상태였다. 중국군이 물러난 것은 선봉대의 포병이 도착해 포를 설치

아사카와 대위를 사병 티오가 구출하다.

하고 난 뒤였다. 일본군은 장교 1명과 병사 11명이 죽고 장교 1명과 병사 32명이 부상당하는 손실을 입었다.

이 같은 성공에 고무된 중국군은 11월 20일 일본군이 모두 포트아서 앞에 도착했을 때 3,000여 명의 병사를 이끌고 출격했다. 야마지 장군은 중국군의 움직임을 보고 받고 아주 조용히 준비하였다. 적이 일본군 연대가 점령한 산을 포위하자 포병이 강력한 측면 공격을 가했다. 중국군은 이 포격으로 들판에 약 100명의 사망자를 남겨둔 채 퇴각해야 했다.

이제 포트아서 방어선에 대해 잠깐 살펴볼 필요가 있겠다. 방어선은 육지와 바다 양쪽에 접해 있었고 너무나 적절히 배치되어 상호지원이 가능했다. 두 개의 내만으로 나뉜 장방형 항구를 둘러싸고 거의 연속적으로 포대 사슬이 이어져 있었다. 항구 북부 해안에 면한 육지 방면으로는 서쪽부터 시작해 의자산 위 세 포대를 볼 수 있다. 포대는 각각 의자산椅子山, 안자산案子山, 망대望臺 포대로 불렸다. 포대 높이는 각각 86미터, 128미터, 137미터였다. 일반 방어선보다 조금 뒤에 위치했기 때문에 우월한 고도를 이용해 다른 포대를 내려다보며 배후에서 포격할 수 있었다. 이 포대가 바로 포트아서 전체 방어선의 핵심이었다. 동쪽으로 전진하면 103미터 높이의 송수산松樹山 포대와 마주친다. 좀더 동남쪽으로 내려가면 82미터 높이의 이룡산=龍山과 126미터 높이의 계관산鷄冠山 위에 있는 7개의 포대를 무더기로 발견하게 된다. 이들 포대는 내륙 쪽에서 포트아서를 거의 감싸다시피 하고 있었다.

이 같은 방어벽은 바다에 인접한 두 포대에 의해 완성되었다. 하나는 84미터 높이의 백조산白照山 위에 있으며 다른 하나는 노려취老蠣嘴인데 해안과 가까워 해안 포대로 볼 수 있었다. 이제 바다를 따라 서쪽으로 나아가면 78미터 높이의 황금산黃金山 포대를 만나게 된다. 이 포대는 전체 방어선을 통틀어 가장 중요한 포대 가운데 하나이다. 황금산 포대에서는 어느 방향에서든 사격할 수 있도록 포가 설치되어 있었기 때문에 해상 공격뿐만 아니라 육상 방어 작전에서도 협공을 벌일 수 있었다.

이제 항구 입구를 가로질러 항구 안으로 이어져 있으며 중국인이 노호미老虎尾라는 그럴 듯한 이름으로 부르는 좁고 긴 지형으로 옮겨 가야 한다. 이 가늘고 긴 지형과 이곳과 연결된 반도에는 8개의 포대가 있었다. 하지만 포대의 이름을 알려고 애쓸 필요는 없다. 앞으로 펼쳐질 웅장한 전쟁 드라마에서 극히 미미한 역할만을 담당하기 때문이다. 이들 포대 가운데 111미터 높이의 만터우 산饅頭山 위에 있는 포대도 육상 방어에 중요하다. 이 포대는 항구를 가로질러 포격할 수 있기 때문에 내륙 포대를 방어할 수 있었다.

포대에 설치된 포는 셀 수 없이 많았고 그중 대부분이 고성능이었다. 다음에 포의 목록 일부가 나온다.

의자산 포대 : 자료 없음

송수산

    200mm 포 2문, 90mm 포 2문, 속사포 1문, 120mm 크루프 포 1문, 산악 크루프 포 2문, 산포 1문, 70mm 산포 1문

이룡산, 계관산

    제1요새 : 속사포 3문

    제2요새 : 속사포 2문, 90mm 포 1문

    제3요새 : 속사포 2문, 120mm 크루프 포 2문

    제4요새 : 속사포 2문, 90mm 포 3문

    제5요새 : 90mm 크루프 포 4문, 속사포 1문, 120mm 암스트롱 포 2문

    제6요새 : 90mm 크루프 포 1문, 속사포 2문

    제7요새 : 120mm 암스트롱 포 2문, 150mm 크루프 포와 90mm 크루프 포 각 1문, 속사포 1문

판타오 : 자료 없음

노려취 : 자료 없음

황금산

240mm 포 3문, 야전포 4문, 90mm 크루프 포 4문, 210mm 크루프 포 2문, 180mm 포 2문, 90mm 포 4문

노호미

    제1요새 : 210mm 크루프 포 2문, 90mm 포 3문

    제2요새 : 90mm 크루프 포 3문

    제3요새 : 150mm 크루프 포 2문

    제4요새 : 160mm 크루프 포 4문, 90mm 포 1문

    제5요새 : 150mm 크루프 포 4문, 120mm 포 2문

만터우 산饅頭山

240mm 크루프 포 3문, 120mm 크루프 포 2문

성두산

120mm 크루프 포 2문, 90mm 크루프 포 6문

노철산

90mm 포 9문

포가 총 100여 문이나 되는 것으로 나타나지만 이는 일부에 불과하다. 일본군이 포획한 포만 해도 330문에 달했다.

수비 부대는 아래와 같이 배치되었을 것으로 추정된다.

대개의 경우처럼 중국군 영營이 총 정원을 모두 채우지 못했다는

부대이름		인원(명)
친경군親慶軍	8영	4,000
귀자군貴字軍	4영	2,000
호자군護字軍	3영	1,500
성자군盛字軍	5영	2,500
화자군華字軍(진저우에서 도주)	6영	1,800
공위군拱衛軍	4영	1,200
	1기병대	200
명자군銘字軍	6개 중대	400
	총계	13,600

점을 감안해도 적어도 약 1만 명의 병사가 이곳에 있었을 것이다. 이 정도면 강력한 항전을 벌이기에 충분한 병력이었다. 야마지 장군은 이를 예상하고 포트아서로 행군하는 도중 장교들과 논의하면서 이 가공할 요새를 점령하기까지 약 1,000여 명의 병력을 잃게 될 것이라고 추정했다. 쿠르베Rene Courbet 제독의 견해에 따르면 이 요새는 강력한 함대와 2만 명에 달하는 군대에 맞서 상당 기간 버틸 수 있을 만큼 견고했다.

공격일은 11월 21일 아침으로 결정되었다. 하지만 20일에서 21일에 걸친 밤까지도 공성포가 도착하지 않았다. 공성포는 운송 노무자들이 험준한 산악길로 끌고 와야 했다. 이들은 애국심에 가득 차 포를 운반하느라 이틀 밤낮을 쉬지 않고 일했다. 야마지 장군은 다음 날 아침으로 예정된 공격의 성패가 공성포에 달려 있다고 생각했다. 진저우 전투에서 강력한 사전 포격이야말로 중국군을 당황하게 만들어 쉽게 공격할 수 있다는 사실이 입증되었다. 야마지 장군은 공성포 36문과 야전포 64문을 포트아서에 집중 배치할 작정이었다. 공격은 포대에 대한 설명 순서대로 전개될 예정이었다.

사단은 먼저 의자산 위 세 포대를 점령하고 그다음 송수산에 있는 포대를 점령하기로 했다. 혼성여단은 이들 포대가 점령되기를 기다렸다가 이룡산과 계관산에 있는 7개의 포대를 공격할 계획이었다.

다른 경로를 통해 포트아서로 진군한 좌측 종대는 포대 방어선 북동쪽에서 견제 작전을 폄으로써 육지 방어선 반대편 끝에서 수행할 주공격으로부터 중국군의 주의를 분산할 계획이었다. 이 정도면 하루 종일 펼칠 작전으로 충분해 보였다. 하지만 공격이 워낙 신속하게 진행되었기 때문에 정오가 조금 지나자 작전 계획이 바닥나 버렸다. 따라서 전투를 진행하면서 작전 계획을 확대해야 했다.

일본군은 유리한 위치를 확보하기 위해 한밤중에 행군했으며 오전 2시가 되자 전군이 공격 준비를 완료했다. 일출 전 공성포와 야전포, 산포가 사격을 개시해 중국군의 잠을 깨웠다. 의자산 포대에 있는 40대의 포만 조준해 계속 포격했다. 이 포대들은 격렬하게 응사했으며 송수산과 황금산 포대도 지원했다. 황금산 포대는 중무장 해안포도 활용하고 있었는데 이 포는 어떤 방향으로든 조준할 수 있었다. 약 1시간 후 의자산에 있는 포가 잠잠해졌다. 산 서쪽에 배치되어 있던 일본군 보병이 백병전에 돌입했다. 투청쯔에서 중국군에게 밀렸던 마루이 소좌는 치욕을 되갚아 주려는 복수심에 불타 자신의 대대를 이끌고 첫 번째 포대로 돌격하여 수비대를 죽이고 내쫓았다. 이 공격에서 일본군은 80명이 죽거나 부상당했다. 오전 8시 의자산 포대 점령 작전이 성공하자 안자산과 망대 포대에 있던 중국군이 겁에 질려 일제히 도망쳤다. 하지만 이들은 도중에 1개 연대를 거느리고 의자산과 송수산 사이 연병장으로 진격하던 노기 장군과 마주쳤다.

이들을 지원하기 위해 만터우 산 포대에서 포탄을 쏘기 시작했으나 패산병들은 모두 흩어지고 말았다. 흩어진 병사들은 항구 외곽을 돌아 북쪽으로 달아나려다 포트아서 반도 서쪽을 향해 순항하던 일본군 전함의 포격을 받았다. 불쌍하게도 궁지에 내몰린 중국군은 노철산 바위 위에서 은신처를 찾을 수밖에 없었다.

야마지 중장.

이제 송수산 포대를 공격하기 위해 야전포가 배치되었으나 중국군의 사기가 너무나 저하되어 있었기 때문에 이들을 도망치게 하는 데는 포탄 몇 발로도 충분했다. 의자산 포대의 높은 고도와 방어선 약간 후면에 자리한 위치로 인해 일본군은 이들 포대를 점령함으로써 다른 포대 배후에서 포격을 내리 퍼부을 수 있었다. 매우 음울하고 무뚝뚝한 표정을 지닌 야마지 장군도 송수산 포대의 함락을 목격하고는 미소 지었다. 이 같은 광경은 너무나 이례적인 것이어서 한 장교가 장군이 웃는 것을 보았다는 사실을 즉각 알리기도 했다. 송수산 포대는 오전 11시에 점령되었다.

혼성여단은 이날 가장 치열한 전투를 벌였다. 병력 대부분이 좌측 종대로 파견되었기 때문에 혼성여단은 1개 연대로 축소되었다. 더욱이 이쪽에 야전포가 한 대도 없었고 공성포도 너무나 멀리 떨어져 있었다. 따라서 공격 목표인 7개 포대에 대한 작전에는 산포山砲만 투입했다. 하지만 일본 사람들은 규슈* 사람이 공성포 1대보다 더 큰 가치가 있다고 말하곤 했다.

공격 부대는 계관산 포대를 공격할 제3대대와 이룡산 포대를 공격할 제2대대로 구성되었으나 이들 병력만으로는 부족했다. 제1대대 산하 3개 중대가 혼성여단을 지원하기 위해 파견되었다. 일본군은 매우 격렬한 포격 속에서 전진해야 했기 때문에 어떤 작은 부락으로 피신할 수밖에 없었다. 그후 적의 사정거리에서 멀리 떨어진 곳으로 피했다. 송수산이 함락되기 전까지 한동안 이들은 송수산과 계관산 포대의 이중 측면 포격에 노출되어 있었다. 이때 계관산 포대를 먼저 점령하기로 결정해 오전 11시 30분 제3대대가 포대를 점령했다. 12시 30분에는 제2대대가 이룡산 포대를 점령함으로써 포트아서의 육지 방어선이 모두 무너지고 말았다.

혼성여단의 이번 공격과 관련해 극적인 일화 두 개가 전해진다.

---

* 규슈는 일본의 남쪽 섬으로 국가를 개혁한 정치가와 이번 전쟁의 주요 지도자 대부분을 배출한 곳이다.

하나오카 소좌는 치명적인 부상을 입었지만 계속해서 포대로 돌격하며 "천황폐하 만세! 일장기 만세!"를 외쳤다. 나중에 병원에 실려 간 후 남길 유언이 있느냐는 질문을 받고 하나오카 소좌는 "나는 조국을 위해 죽었다. 어머니가 부디 몸 건강하시고 자식들이 공부할 수 있도록 돌봐 주시길 바란다."라고 대답했다. 부하들에게 남길 말이 없냐고 하자 하나오카 소좌는 "무사하길 바란다."고 대답했다. 임종을 지켜본 장교들은 그가 그처럼 난공불락의 요새를 점령하는 불멸의 영예를 얻었다며 위로했다. 하지만 하나오카 소좌는 "이제 나에게 이 세상의 영광이 무슨 소용이 있겠는가."라고 말했다. 순간 주위 사람들이 흐느끼면서 소좌가 베이징을 보지 못하는 것을 한탄했다. 이 마지막 이야기는 일본군이 중국의 위대한 수도로의 입성을 얼마나 갈망하고 있는지 알지 못하는 사람에게는 이상하게 들릴 것이다.

이룡산 포대를 공격하기 위해 파견된 중대의 지휘관 카니는 이질로 오랫동안 고생했다. 하지만 공격 당일이 되자 병을 떨치고 일어나 부하들 선두에 서서 진격했다. 그러나 포대 90미터 앞에서 쓰러지는 바람에 부하들이 진격하는 내내 땅바닥에 누워 있어야 했다. 병원에 실려 간 카니는 자신의 병약함을 끝내 용납할 수 없었다. 전투가 있은 지 일주일 후인 11월 28일 아침 병원을 탈출한 카니는 자신이 쓰러졌던 지점으로 가 칼로 자결하고 말았다.

시신 옆에서 다음과 같은 편지가 발견되었다.

> 병마가 나를 가로막아 내가 없는 상태에서 부하들이 포대를 공격하는 어려움을 겪었던 곳이 바로 이곳이다. 살아 있는 한 나는 이 치욕을 절대 씻을 수 없다. 명예를 회복하기 위해 나는 여기서 죽는다. 그리고 이곳에 나를 대변해 줄 편지를 남긴다.*

야마지가 내린 작전 계획은 오후 12시 30분경 모두 끝이 났다. 남은 시간을 활용하기로 결정하자 아직 전투에 투입되지 않았던 제2연대에게 황금산 포대를 공격하라는 명령이 시달되었다. 황금산 포대는 핵심 해안 포대로 오전 내내 방어선에 대한 중요한 지원 활동을 했다. 일본군은 포트아서 시가지 도로를 지나 산으로 돌격한 후 별다른 어려움 없이 포대를 점령했다. 아직 노호미에 있는 포대와 항구 입구 반대편에 있는 포대가 남아 있었다. 하지만 그날 밤사이 중국군이 포대를 버리고 도망쳤기 때문에 저 가공할 포트아서 요새는 단 하루 만에 점령한 셈이다.

---

* 「재팬 메일」에서 인용했다.

이 놀라운 결과는 중국군의 근본적인 결함에 기인한다. 중국군은 전쟁의 승패가 막대한 양의 최상급 군수물자를 준비하는 데 달려 있다고 여겼을 뿐 이를 사용할 병사들이 얼떨결에 징집된 미숙한 오합지졸이라는 사실은 전혀 염두에 두지 않았다. 중국군은 열심히 포를 발사했으나 보병의 사격은 제대로 활용하지 않았다. 또 일본군 내에서 부상자에 비해 사망자 비율이 낮다는 사실로 보아 중국군은 아주 먼 거리에서 총을 사용했음이 분명하다.

황금산 포대.

포트아서 함락으로 일본군은 극동에서 가장 좋은 해군 공창을 보유하게 되어 함대 수리에 필요한 모든 것을 갖추게 되었다. 이제 적의 문 앞에 훌륭한 해군 작전기지를 갖게 된 것이다. 포트아서에 있는 기계 장비와 부두와 같은 시설은 6,000만 엔, 즉 약 600만 파운드의 가치를 지니는 것으로 추정된다.

이 모든 것이 극히 적은 수의 목숨을 대가로 얻은 것이었다. 단 270명의 전투 병력을 잃었으며 그중 18명이라는 우스꽝스러울 정도로 적은 숫자만이 실제 전투에서 사망한 것으로 나타났다. 물론 나중에 많은 병사들이 부상으로 죽긴 했지만 말이다. 중국군은 1,000여 명이 목숨을 잃었다.

일본군은 열렬히 환호하며 자신들이 거둔 경이로운 승리를 축하했다. 병사들은 연병장에 운집해 천황과 대일본제국을 위해 '만세'를 외쳤다. 오야마 원수는 성대한 연회를 베풀었다. 연회 석상에서 니시 장군은 잘 알려진 일본의 시를 노래했다.

"조국의 위대한 승리를 축하하기 위해서는 산사태와도 같은 목소리가 필요하리라."

하지만 일본군은 자신들의 열정으로 과업에 지장을 주지 않았다. 11월 26일 히로시마 대본영에서 온 전보는 스파르타식 간결함으로 해군 작전기지가 포트아서로 이전되었음을 공표했다. 이는 이홍장

총독이 막대한 자금과 수년간의 노력을 투입했던 중국군 본거지에 대한 묘비명이었다.

리젠트스워드 반도는 행정적으로 두 지역으로 나뉘었고 일본인 관리가 임명되었다. 12월 1일 오야마 원수는 지휘 본부를 진저우로 옮겼다.

일본군 함대는 중국의 정여창 제독이 포트아서 방어에 가세하기를 바라면서 작전을 준비했다. 11월 11일 이토 제독이 12척의 배와 6척의 어뢰정을 이끌고 정 제독을 웨이하이웨이에서 끌어내려 유인했다. 하지만 정 제독은 현명하게도 남은 함대를 위험에 빠뜨리려 하지 않았다.

11월 21일 포트아서 공격 당일 일본 함대는 항구 주위를 순항하면서 해안 포대와 장거리 사격을 주고받았다. 또 이미 살펴본 바와 같이 중국군 도망병을 포격하기도 했다. 하지만 함대의 협공은 지극히 형식적이었다. 포트아서가 함락될 때 일본군 어뢰정이 항구 안으로 과감하게 진입해 포대의 주의를 분산함으로써 요새 함락에 공헌했다는 보도가 해외로 나갔다. 하지만 일본의 전쟁 출판물에서는 그 같은 사건이 전혀 언급되지 않았다. 일본 민족의 대담한 성격에 그토록 잘 들어맞는 영웅적인 위업을 일본인들이 빠뜨렸을 것 같지는 않다.

진저우 부근에서 있었던 중국군 도망병 부대에 대한 비무장 일본인 노무자의 돌격.

일본 육군이 포트아서를 점령하는 동안 중국군은 지협을 방어하기 위해 진저우에 남아 있던 소규모 수비대를 위협적으로 공격했다. 중국군은 진저우가 허술하게 수비되고 있다는 낌새를 알아차리고 기습 공격으로 점령하려 했다. 수비대는 수적으로 열세였지만 용감하게 저항했다. 함대에서 온 몇몇 해병들이 보병에게 진저우에서 포획한 성채포 조작 방법을 가르쳐 주었고 운반 노무자들조차 전투를 자청하고 나섰다. 곤봉만으로 무장한 채 중국군 도망병 부대를 향해 필사적으로 돌격하기도 했다. 진저우는 한동안 양쪽으로 위험에 노출되었다. 중국군 부대가 푸저우 길을 따라 남쪽으로 진격하는 동안 포트아서에서 온 도망병 부대가 그들의 유일한 탈출로인 북쪽을 향해 전진하고 있었던 것이다. 하지만 일본군은 냉정함과 용감함으로 양쪽으로부터의 위험을 물리쳤다.

포트아서 함락은 엄청난 파장을 몰고 왔다. 극동에 있는 외국인들은 일본군의 승리를 깎아내리려는 경향이 있었다. 일본의 승리는 조선의 구석진 변방과 중국 국경 지역에서 얻은 것에 불과하고 분명 일본군이 과장되게 선전하는 것이라고 의심했다. 또 중국은 총력을 투입할 시간이 없었으며 몇 달간 준비한다면 중국군은 포트아서와 같은 가공할 요새에 대한 일본군의 어떠한 공격도 물리칠 수 있을 것이라고 생각했다. 이 모든 추측은 단 하루 동안의 전투로 부정되었고 결국 커다란 충격파를 몰고 왔다.

  베이징에서는 처음으로 심각한 위험 신호가 감지되었다. 경멸하는 적이 바로 문 앞에 와 있는 것처럼 느껴졌다. 당면한 위험을 피하기 위한 조치가 서둘러 마련되었고 평화사절단이 추진되었다. 하지만 속임수를 좋아하는 중국인의 습성은 여전했다. 전권을 지닌 명망 높은 정치가를 보내는 대신 책임 능력이 없는 몇몇 유럽인이 부적절한 신임장을 지니고 일본으로 향했다. 톈진 주재 세관장이자 이홍장 총독이 신임하는 고문인 데트링Detring이 일본 내각 총리대신 이토 히로부미 백작에게 보내는 총독의 편지를 한 통 지닌 채 파견된 것이다. 편지에는 평화에 관한 황제의 칙령이 일부 언급되었다. 일본 정부는 당연히 이 같은 사절과의 협상을 거절하고 정중하게 돌려보냈다. 일본 국민들은 분개했으며 이번 사절단을 국가의 존엄성을 모독하는 것으로 간주했다.

제4장
만주 주둔 제1군

11월 중순까지 제1군 산하 2개 사단의 작전이 두 가지 목적에 한정되어 있었음은 이미 언급했다. 제5사단 선두 부대를 거느린 다치미 장군은 북쪽과 동쪽으로 도로를 단속하기 위하여 정찰대를 수없이 파견하면서 중국군과의 접촉을 유지했다. 중국군이 남쪽으로 내려와 일본군 통신선을 위협할 가능성이 있었기 때문이다. 오세코 장군은 제3사단 선봉대를 이끌고 서쪽으로 진격해 11월 18일 슈이안岫巖을 점령했다. 이것은 포트아서를 점령한 제2군이 마음놓고 북쪽으로 진군하게 되자마자 수행하게 될 중요한 전략적 이동을 위한 사전 조치였다. 이제 우리는 두 사단의 이후 작전에 대해 좀 더 살펴보아야 한다.

제5사단, 제1군의 우익

만주 이 지역에서의 작전을 이해하기 위해서는 지역을 가로지르는 도로를 잠깐 살펴볼 필요가 있다. 우선 주롄청九連城과 봉황鳳凰에서 랴오닝遼寧과 묵덴奉天으로 이어지는 주로가 있다. 저 유명한 마천령摩天嶺이 이 도로상에 있다. 우리는 일본군이 정찰 활동을 하고 나서 마천령 공격을 포기하고 전초기지를 처음에는 연산관連山關으로, 나중에는 타오호쿠草河口로 철수했음을 살펴보았다. 또한 주롄청에서 동북쪽으로 원형으로 휘어지는 길이 있는데 이 길은 창뎬長甸을 지나 탄뎬團甸, 콴뎬寬甸, 애양변문靉陽邊門, 사이마지賽馬集를 거쳐 타오호쿠에서 주로와 만난다. 이 두 길 사이에는 세 개의 교차로가 있는데 그중 두 길은 봉황과 애양변문 사이를 잇는 고리 모양을 이루고 있다.

그 밖에 사이마지에는 만주 북부로 이어지는 도로가 하나 있다. 주롄청에서 다구산大孤山, 봉황에서 슈이안으로 가는 길은 고려할 필요가 없다. 이 길은 제3사단이 작전을 펼칠 지역과 연결되기 때문이다. 11월 말경 제5사단에 두 개의 정찰대가 구성되었다. 그중 하나는 주렌청에서 사이마지까지 이어지는 원형 도로를 택했다. 이 도로에서는 화승총으로 무장한 농부가 가세한 소수의 중국군이 미미하게 저항했을 뿐이다. 다치미 장군이 직접 이끈 또 다른 정찰대는 훨씬 중요한 임무를 띠고 있었다. 일본군은 이크탕아依克唐阿(?~1901) 장군이 이끄는 잘 훈련된 타타르 부대가 아무르 지방으로부터 방금 언급한 원형 도로상의 사이마지와 접경을 이루는 길을 따라 남하하고 있다는 정보를 입수했다.

중국군 장수의 목표는 봉황을 재탈환하고 동시에 연산관에 있는 일본군 전초기지를 함락하는 것이었다. 일본군은 이미 마천령에서 정면으로 중국군 부대와 대치하고 있었기 때문에 이 두 부대의 연합을 막는 것이 매우 중요했다. 이크탕아의 타타르군과 마천령 주둔 중국군은 두 가지 방법으로 연합할 수 있었다. 타오호쿠에서 사이마지로 가는 길을 이용하거나 혹은 적의 세력이 미치지 않는 북쪽 산악로를 거치는 방법이었다. 두 부대의 연합을 저지하기 위해서 일본군은 타오호쿠를 지키기만 해도 되었다. 타오호쿠는 주로와 사이마지로 이어지는 도로의 교차점에 있었기 때문이다. 따라서 11월 23일 연산관에 있던 전초기지를 철수했다. 지나치게 노출되어 있고 전략적 중요성도 떨어졌기 때문이다.

11월 25일 마천령에 있던 중국군 약 1,500명이 포 2문을 가지고 진격해 타오호쿠 주둔 일본군 전초기지를 공격했다. 그 사이 이크탕아 장군이 4,000명의 보병과 1,000명의 기병, 포 6문을 이끌고 사이마지에서 출격해 반대편을 공격했다. 일본군은 심각한 어려움에 처했으나 치열한 전투 끝에 마침내 적을 물리쳤다. 중국군이 승리했다면 타오호쿠에서 사이마지로 통하는 길이 열렸을 것이고 이크탕아의 타타르군과도 연합할 수 있었을 것이다.

그동안 다치미 장군은 11월 26일 봉황에서 출발해 애양변문과 사이마지를 거치는 또 다른 길을 택해 타오호쿠 북동쪽으로 밀고 올라가 최가방崔家房이라 불리는 곳에서 중국군을 물리쳤다. 중국군은 5,000명 정도였다고 전해지는데 아마 며칠 전 타오호쿠를 공격했던 병력일 것이다. 일본군이 겪은 고통은 끔찍했다. 급류를 열 번 이상 건너야 했고 차가운 밤바람에 젖은 옷이 얼어붙기도 했다. 승리를 거둔 후 다치미 장군은 주로를 따라 돌아와 12월 5일 봉황에 머물렀다. 열흘 만에 다치미 장군은 애양변문과 사이마지, 타오호쿠를 거쳐 봉황으로 되돌아오는 순환 행군을 한 것이다. 또한 11월 25일 장군은 타오호쿠에서 격퇴시킨 군대를 산속까지 추격했다. 그리하여 일본군은 마천령에서 사이마지로 이어지는 길을 따라 두 중국군 부대의 연합을 저지했을 뿐만 아니라 산악로를 통해서도 연합하기 어렵게 만들었다.

하지만 일본군은 승리를 거둔 후 퇴각해야 했다. 아마 전초기지에 군수품을 보급하기 어려웠기 때문이었을 것이다. 또 이들 기지가 늘 적의 공격에 노출되어 있었기 때문에 차라리 적이 전진하게 내버려 둠으로써 적에게 긴 휴식을 즐길 수 있음을 암시하는 편이 낫다고 생각했다. 타오호쿠에 있던 전초기지는 철수했고 다치미 장군은 남쪽 진지에 자리 잡았다.

이제까지 일본군 전초기지가 막았던 마천령과 사이마지 사이의 길이 열려 중국군은 타타르군과 연합할 수 있게 되었다. 이크탕아 장군은 이 기회를 놓치지 않고 봉황을 공격할 준비를 했다. 이크탕아의 군대는 세 경로로 진격했다. 타오호쿠에서 봉황으로 이어지는 주로와 봉황에서 나와 고리 모양을 이루며 애양변문에서 다시 합쳐지는 두 길이 그것이었다. 타타르 장수 자신도 주로를 택한 지대를 직접 이끌었다.

적의 진격 소식을 접한 다치미 장군은 12월 9일 봉황을 출발해 북쪽으로 행군했고 반가대攀家臺 부근에서 적과 마주쳤다. 이곳에서는 도로와 작은 강이 약 250미터 높이의 두 산 사이를 지나고 있었다. 산은 1,200미터에서 2,000미터 정도 떨어져 있었다. 이크탕아 장군은 포 2문과 함께 2,000명의 단련군과 새로 소집된 1,000여 명의 병력을 보유하고 있었고 일본군은 소규모 포병과 3개 대대를 보유하고 있었다. 다치미 장군은 중국군 중심부를 향해 맹렬하게 공격함으로써 적의 병력을 둘로 쪼개 좌우로 흩어지게 했다. 전투는 오전 10시부터 오후 4시까지 계속되었다. 중국군은 100여 명이 죽었고 일본군은 다음 날 하루 종일 적을 추격했다.

 6,000명으로 추정되는 나머지 아무르군이 애양변문에서 두 길을 따라 봉황으로 진격했다. 일본군은 지원군을 요청하지 않을 수 없었다. 탕산(湯山)에 주둔해 있던 1개 대대가 봉황으로 파견되었고 그 자리는 주롄청에서 온 1개 대대가 대신했다. 지원군이 오자 토모야수 대좌는 봉황에서 출격해 12월 14일 아침 중국군과 마주쳤다. 그는 중국군을 격퇴하고 포 4문을 빼앗았다. 동시에 주로상의 전선에서 멀리 떨어져 있던 다치미 장군도 적의 접근 소식을 듣고 퇴각을 차단하기 위해 지대를 파견하라고 명령했다. 후방으로부터의 예상치 못한 공격은 중국군의 패주를 가속화시켰다. 만주 이 지역에서 중국군은 더 이상 일본군에게 위협이 되지 못했다.

 이제 우리는 다치미 장군과 작별을 고해야 한다. 다치미 장군은 사토 대좌과 함께 평양에서 모란봉으로 돌격하여 평양 함락을 확정지었던 이번 전쟁의 첫 대규모 전투로 커다란 명성을 얻었다. 그 빛나는 업적을 이룬 뒤 다치미 장군은 주요 작전에서 더 이상 자신을 부각시키지 못했다. 그는 주로 산악 행군이나 산발적인 전투를 치렀다. 이 같은 일은 뛰어난 자질을 필요로 하고 일본군 통신선을 보호하는 데에 대단히 중요하지만 대중적인 관심을 끌 만한 것은 아니었다. 하지만 다치미의 부하들은 장군을 높이 평가했다. 적지에서 군에 대한 지원을 이끌어 내는 방법을 안다는 점에서 나폴레옹에 버금가는 자질을 가지고 있다고 일본인들이 인정하기 때문이다. 혹독한 동절기 동안 산악 지방에서 야영하고 행군해야 했지만 다치미의 부하들은 항상 보급품을 충분히 공급받았다. 사실 일본군이 겪은 어려움은 결코 평범한 것이 아니었다. 따라서 지휘부의 선견지명과 병참부의 탁월한 준비가 없었다면 아마 견뎌낼 수 없었을 것이다. 겨울 전투가 불가피하게 되자 일본 정부는 엄청난 양의 양가죽* 외투를 사들여 각 부대에 배포했다. 전투 전 과정에 걸쳐 운송 노무자 대열이 산악 도로를 넘어 일본군 전초기지까지 수레를 끌면서 일본군이 필요로 하는 모든 것을 끊임없이 공급해 주었다.

다치미 장군은 만주에서 가장 유능하고 용감한 중국군 장수들과 맞섰다. 일본군은 이크탕아가 공세를 취한 최초의 장수였다고 말했다. 성환과 평양, 주롄청에서 다른 장수들은 요새 뒤에 편안히 기댄 채 무심하게 적이 오기만을 기다렸다. 하지만 이크탕아는 군대 배치

---

* 가죽 대부분은 중국에서 사들인 것이라고 한다.

에 상당한 전략적 능력을 보여 주었다. 일부 지대가 좀더 빨리 진격하여 동시다발적인 공격에 합류했다면 그의 부대는 성공을 거두었을지도 모른다. 그는 매우 집요하게 봉황을 점령하려고 시도했다. 제3사단의 과감한 진격 때문에 전략상 후퇴하여 더욱 큰 위험에 처한 지역으로 군대를 보내지만 않았어도 그 같은 시도를 되풀이했을 것이다

제3사단, 제1군의 좌익

우리는 방금 제5사단이 봉황을 수복하고 일본군의 통신선을 단절하려는 중국군의 시도를 어떻게 물리쳤는지 살펴보았다. 이제 제1군의 다른 부분, 즉 제3사단의 움직임을 살펴보아야 한다. 이 무렵 제3사단은 이번 전쟁에서 전략상 가장 중요한 작전 가운데 하나를 수행한다. 압록강을 건너는 순간부터 일본군은 묵덴奉天과 베이징이라는 두 도시가 이번 전쟁의 목표라고 공표했다.

묵덴은 적을 속이기 위한 견제 작전의 성격이 더 강했다. 하지만 평양에서 있었던 오시마의 공격에서 살펴본 바와 같이 일본군은 너무나 성실하게 견제 작전을 수행하기 때문에 단순한 견제작전이 실제 공격이 되기도 한다. 더욱이 야마가타는 동시에 두 목표물을 위

협하는 단일 계획을 전개할 만큼 천재적이었다. 일본군이 단순한 군사작전으로부터 이끌어 낸 결과의 복잡성은 정말 놀라울 정도이다 그들은 전쟁의 주요 목표가 무엇인지를 파악하고는 절대 놓치지 않고 성취했다. 따라서 여기에는 필연적으로 세부적인 것이 뒤따르게 마련이다.

중국 북부와 만주 지도를 잠깐 살펴보면 베이징에서 묵덴으로 이어지는 주로가 해안을 따라 평행으로 달리며 거의 직선으로 뻗어가다 진저우錦州(포트아서 부근의 진저우가 아니다) 부근에서 묵덴을 향해 동쪽으로 방향을 급격히 트는 것을 볼 수 있다. 진저우에서는 또 하나의 길이 잉커우(지금의 뉴좡)를 거쳐 가이핑蓋平까지 이어진다. 가이핑에서는 슈이안과 주렌청까지 이어지는 도로 하나가 분기된 채 해안을 따라 포트아서까지 이어진다. 주렌청과 슈이안을 거치는 또 하나의 길이 있는데 이 길은 하이청까지 이어지고 뉴좡(구)*을 거치면서 베이징과 묵덴 간 주로에 연결된다.

다시 말해 포트아서와 압록강 부근에 있는 일본 육군에게는 중국 본토로 진격할 수 있는 세 갈래 길이 있다고 할 수 있다. 하나는 포트아서에서 푸저우復州, 가이핑, 잉커우를 거치면서 계속 해안을 따라

---

* 이곳은 잉커우營口와 구분하기 위해 구 뉴좡으로 불린다. 잉커우는 개항장으로 외국인들이 보통 뉴좡이라고 부른다.

가는 길로 제2군이 거쳐 가기로 결정한 길이다. 또 다른 길은 봉황에서 마천령과 랴오닝을 거쳐 묵덴으로 이어지는 길이다. 묵덴에서는 주로가 베이징까지 연결되어 있다. 이 길은 지나치게 돌아가는 데다 마천령에서 견고하게 수비하고 있었다. 마지막으로 두 길 사이에 제3의 길이 있는데 이 길은 봉황에서 슈이안을 거쳐 하이청까지 이어진다. 따라서 이제 하이청을 점령하는 것이 제3사단의 목표가 된다. 이 목표를 달성한다면 다음과 같은 결과가 뒤따를 것이다.

즉 마천령에 있는 묵덴의 가공할 방어선이 붕괴할 것이다. 주로를 우회할 수 있어 일본군이 랴오닝을 거쳐 곧장 묵덴에 접근할 수 있기 때문이다. 따라서 묵덴과 랴오닝, 하이청과 가이펑으로 이어지는 전선을 따라 주둔한 중국군은 둘로 나뉘게 된다. 또 하이청은 사방으로 뻗은 도로의 중심이기 때문에 일본군은 흩어진 적을 하나하나 격파할 수 있다. 마지막으로 하이청은 시산산十三山(진저우錦州 근처에 있다)에서 불과 121킬로미터 떨어져 있고 묵덴은 시산산에서 217킬로미터 떨어져 있기 때문에 일본군은 언제라도 주로로 불리는 호의현을 따라 곧장 진격해 랴오닝과 묵덴에 주둔한 군대를 중국으로부터 완전히 떼어놓을 수 있다. 단순히 진격하기만 해도 일본군은 적의 전방을 공격하면서 한편으로는 적의 퇴로를 위협할 수 있게 되므로 적은 퇴각하거나 아니면 둘로 쪼개져 각개격파당하게 된다.

이 같은 전략적 군사작전의 제1단계는 오세코가 슈이안을 점령하면서 이미 달성되었다. 하지만 오세코의 병력만으로 작전 전체를 수행하기에는 충분하지 않았기 때문에 독자적으로 작전을 수행할 수 있도록 제3사단을 조직해야 했다. 12월 3일 제3사단 주력부대가 안동에 있는 지휘 본부를 출발해 8일 슈이안에 도착했고 이때 사령관인 가쓰라 장군도 합류했다. 장군은 12월 5일 안동에서 출발했다. 하루 동안 휴식을 취한 후 부대는 10일 절목성折木城을 향해 출발했다. 하이청으로 가는 길을 방어하기 위해 중국군 1개 부대가 절목성에 주둔하고 있음을 확인했다. 하루 전인 9일에는 두 지대가 파견되었다. 사토 대좌 휘하의 지대는 가이핑으로 진격하여 인근에 주둔한 중국군의 측면 공격에 대비하기 위한 것이었고 오세코 장군 휘하의 지대는 다른 길로 절목성으로 진격하기 위한 것이었다.

12월 11일 본대는 이도하자二道河子와 백초요구白草凹溝에서 중국군을 만났는데 각기 약 4,000명과 2,000명 규모였다. 짧은 전투 끝에 이 부대를 물리쳤다. 12일 본대는 오세코 장군과 동시에 절목성으로 들어갔다. 오세코 장군은 다른 길을 택해 3,000명 규모의 중국군을 물리친 상태였다. 다음 날인 13일 일본군은 하이청으로 진격했다. 하이청에 있는 중국군은 도시 측면에 위치한 두 개의 산 위에 자리 잡고 있었다. 극히 짧은 저항 끝에 중국군이 퇴각했고 일본군은 도시를 점령했다. 이 같은 소규모 전투에 대해 상세하게 설명할 필요는 없다. 11일과 12일의 전투에서 일본군은 고작 7명만 부상당했고 13일에는 아무런 피해 없이 하이청을 점령했다. 하이청의 엄청난 전략적 중요성을 고려할 때 너무나 값싼 대가를 치른 셈이다. 남은 전쟁 기간 내내 하이청은 두 적대적 군대의 모든 군사작전의 중심축이 되었다.

하이청을 포기하자마자 중국군은 이번 손실의 심각성을 깨닫기 시작했다. 하지만 아마 그 같은 처지로 인해 장차 발생하게 될 사건까지는 바로 깨닫지 못했을 것이다. 또 일본군이 시산산十三山이나 진저우錦州로 곧장 진격하여 중국으로부터 모든 만주 군대를 떼어놓게 되는 위험도 인식하지 못했을 것이다. 하지만 중국군은 자국 군대 사이에 밀고 들어온 적의 존재가 주는 불편함은 곧바로 느꼈다. 랴오닝과 잉커우(지금의 뉴좡) 사이는 하이청을 거쳐 직접 교신했는데 이제 일본군에 의해 차단되었다. 중국군은 뉴좡(구)을 통과하는 우회로를 따라 통신할 수 있었지만 이마저도 위험했다. 하이청 주둔 일본군이 뉴좡으로 진격할 경우 이 경로도 차단될 수 있었다. 중국군은 통신이 곤란해졌을 뿐만 아니라 통신로를 잃지 않기 위해 뉴좡 방어 부대를 파견함으로써 병력마저 분산되었다. 그리하여 남은 전쟁 기간 동안 중국군은 랴오닝과 뉴좡(구), 잉커우 부근에 주둔하게 되었고 일본군은 이 세 도시의 중심인 하이청에 자리 잡은 채 계속 중국군의 공격을 물리치며 연합을 저지했다.

물론 일본군은 그 같은 위치를 확보함으로써 엄청난 위험을 감수해야 했다. 하지만 중국군처럼 느리고 무기력한 적에 대항해 이 정도 위험쯤은 감수해야 한다는 사실이 결과적으로 입증되었다. 가쓰라의 하이청 진격은 가이핑에 대한 제2군의 진격이 있기 한 달 전에 이루어졌고 따라서 가쓰라는 지원을 받을 수 없는 처지에 놓였다. 중국군이 가쓰라가 진지를 강화하기도 전에 전 병력을 모아 동시에 공격했다면 가쓰라는 커다란 위험에 처했을 것이다. 하지만 그와 같은 합동작전은 이루어지지 않았으며 결국 중국군은 기회를 놓치고 말았다. 가쓰라는 슈이안에서 진격하면서 이에 따른 위험을 예견하고 측면을 방어하기 위해 사토 대좌를 가이핑으로 파견했다. 사토 대좌는 12월 13일 천마하자千馬河子까지 전진해 그곳에 머물면서 적의 동태를 주시했다.

송경宋慶 장군은 약 1만 명의 군사를 이끌고 잉커우에서 진격해 일본군을 유리한 위치에서 끌어내리려 했다. 척후병으로부터 이 같은 움직임을 보고받은 가쓰라는 중국군에게 시간을 줄 경우 랴오닝 군대가 다른 쪽에서 공격해 자신의 군대가 위험에 처할 것을 크게 우려했다. 그리하여 다른 중국군 장수들이 계획을 세우기 전에 공세를 펴 송 장군을 물리치기로 결심했다. 두 군대는 항와새缸瓦寨에서 마주쳤다. 송 장군은 이곳에서 진지를 구축하기 시작했는데 아마 랴오닝 군대가 협공을 준비할 때까지 기다리려는 의도였을 것이다.

가쓰라 장군은 하이청을 방어할 소규모 병력만을 남겨 둔 채 주력 부대를 이끌고 팔리하八里河까지 진격했다. 팔리하는 두 길이 만나는 지점에 있었다. 그중 한 길은 다스차오大石橋를 지나 가이펑까지 이어졌고 다른 한 길은 항와새와 고간高刊을 지나 잉커우(현재의 뉴좡)까지 이어졌다. 따라서 가쓰라는 두 경로를 통한 공격으로부터 하이청을 방어할 수 있었다. 12월 19일 아침 오세코 소장은 보병 1개 연대와 기병 일부, 포병 3개 대대를 이끌고 항와새로 진격하라는 명령을 받았다. 오세코의 병력은 아마 2,500명 정도였을 것이다. 오세코는 중국군 부대와 마주치지 않고 오전 11시경 개가둔蓋家屯에 도착했다. 이때 대규모 중국군이 항와새에 집결했다고 척후 기병이 알려왔다. 오세코는 이 소식을 가쓰라에게 보고하고는 적을 공격했다.

개가둔과 항와새 사이에 있는 하이청과 잉커우를 잇는 도로는 남쪽으로 구부러져 상가하上加河와 하가하下加河라는 마을을 통과한다. 하가하에서는 갈림길 하나가 마권자馬圈子까지 이어졌고 마권자에서는 또 하나의 길이 향수포자香水泡子를 거쳐 항와새로 이어졌다. 이 길은 대략 삼각형을 이루었고 작은 언덕과 소나무 숲이 있었다. 중국군은 항와새와 마권자에서 목격되었다. 주로를 따라 진격 중인 일본군은 하가하에 도착하고 나서 마권자를 먼저 공격해야 할 필요성을 깨달았다. 그렇지 않으면 마권자에서 나온 중국군이 치명적인 측면 공격을 감행해 하이청으로 가는 길에 위치한 나머지 부대와 이들을 격리시킬 위험이 있었던 것이다.

3개 중대만으로 이루어진 1개 대대가 이번 작전을 위해 파견되었다. 1개 중대는 예비부대로 뒤에 남았고 나머지 2개 중대가 마권자를 향해 진격했다. 하지만 소나무 숲에 매복한 중국군이 좌측에서 집중 포격을 개시했고 이 때문에 부득이하게 전선을 바꾸어 숲 속에 있는 적을 먼저 상대해야 했다. 일본군은 방향을 돌려 좌측 측면에서 적을 몰아내기 시작했다. 하지만 숲에 있던 중국군이 퇴각하는 동안 마권자에 있던 중국군이 새로운 일본군 전열의 우측 측면에 포격을 가하기 시작했다. 이는 전선 상황을 새롭게 바꿔 놓았다. 전투는 엄청난 어려움 속에 벌어졌고 병사들은 무릎까지 차는 눈을 뚫고 전진해야 했다. 이제 세 번째 중대가 전면에 나섰고 본래 항와새를 공격할 예정이었던 18문의 포가 마권자를 향해 집중 포격을 개시했다. 결국 마권자는 일본군 보병의 돌격으로 함락되었다.

오세코는 중국군 좌익을 격파하고 우측의 안전을 확고히 하자 항와새에 대한 공격을 다시 추진했다. 전 포병이 이곳으로 향했지만 중국군의 수적 우위와 강력한 진지는 오세코의 소규모 부대가 상대하기에는 너무 벅찼다. 오세코가 본격적인 공격을 할 수 있게 된 것은 오시마* 장군이 지원군을 이끌고 도착한 오후 4시가 되어서였다. 이때 마권자를 점령했던 대대가 협공을 펼쳐 중국군 좌측을 공격했다. 하지만 적은 항와새에 포 4문을 배치하고 진흙 벽에 총안을 내었으며 일본군 포격에 대비한 차폐물로 벽 위에 가구를 쌓아올리고 끈질기게 저항했다. 일본군이 항와새의 주인이 된 것은 오후

오시마 장군과 그의 부대가 눈 속에서 싸우고 있다.

* 아산과 평양에서 싸웠던 오시마와는 다른 인물이다.

5시가 되어서였다.

전투에 투입된 일본군 전체 병력은 4,537명에 달했지만 공격의 예봉은 병력의 약 절반을 이끈 오세코에게 떨어졌다. 투입된 전체 병력의 약 9퍼센트에 달하는 400명 정도가 죽거나 부상당했을 만큼 피해가 심각했다. 중국군은 부상병과 사체까지 운반해 갔기 때문에 얼마나 손실을 입었는지 확인할 수 없다. 하지만 대략 200명이 죽고 200명 내지 300명이 부상한 것으로 추정된다. 일본군은 양측의 피해가 거의 비슷한 전투는 이번이 처음이었다고 말했다. 이제까지는 모든 군사적 경험과 정반대로 일본군이 항상 공격자이고 중국군은 강력한 진지를 보유한 수비자였는데도 모든 전투에서 중국군의 손실이 훨씬 컸다. 일본군이 상대적으로 심각한 손실을 입은 데에는 몇 가지 원인이 있었다. 가장 심증이 가는 것은 땅을 뒤덮은 눈 때문에 진격하는 일본군의 검은 윤곽이 중국군 포와 총의 손쉬운 목표물이 되었다는 점이다. 또 전투가 해질 녘에 끝났기 때문에 탈주하는 적에 대한 대규모 학살이 발생하는 추격전이 없었다는 점도 들 수 있다.

송_末_ 장군의 병력은 다음과 같다.

의자군_毅字軍_ 5영_營_

명자군銘字軍 13영

숭무군崇武軍 4영

기타 병력 6영

총 28영

　명목상 1만 4,000명의 전력에 해당하지만 부대 대부분이 이미 전투에 투입되어 패했기 때문에 아마 1만 명 이하로 줄어들었을 것이다. 송 장군은 항와새에서 공격을 받았지만 가이핑에서부터 진격해 왔기 때문에 공격적인 작전을 수행한 것으로 볼 수 있다. 이는 그 자체만으로도 중국군 장수로서는 두드러진 공적이다. 더욱이 급조한 참호의 도움을 받아가며 일본군에게 전쟁 전 기간에 걸쳐 비율 면에서 가장 심각한 손실을 입히는 데 성공했다. 따라서 우리는 송 장군에게 특별히 찬사를 보내지 않을 수 없다. 그가 상당히 고령이라는 점을 고려할 때 더욱 그렇다. 랴오닝군으로부터 적절한 지원을 받았다면 아마 하이청에 있던 가쓰라의 전진기지는 심각한 곤경에 빠졌을 것이다.

　이제 천마하자天馬河子에서 감시 중인 사토 대좌를 남겨 두고 있다. 사토 대좌는 중국군이 가이핑을 출발해 탕지湯池와 다스차오大石橋를 지나 하이청으로 진격하는 동안 그들의 움직임을 주시하고 있었다.

12월 18일 밤 사토 대좌는 가쓰라 장군으로부터 절목성으로 퇴각하라는 명령을 받았다. 송 장군이 2만 명의 군대를 이끌고 진격 중이라는 보고가 들어왔기 때문이다. 19일 사토 대좌는 항와새 방면에서 포격 소리를 들었고 같은 날 밤 절목성을 향해 출발해 12월 22일 그곳에 도착했다.

송 장군은 패배 직후 병력 대다수를 이끌고 고간高刊으로 퇴각해 잉커우로 가는 길목을 지키고 있었으며 그의 부대 일부는 뉴좡(구)으로 퇴각했다.

항와새에서 송 장군에게 가해진 심각한 견제는 랴오닝에 있는 중국군의 사기를 꺾었고 이로 인해 가쓰라는 한 달간의 휴식을 가졌다. 가쓰라는 이 기간을 진지를 강화하는 데 부지런히 활용했다. 하이청은 산으로 둘러싸여 있다. 남쪽으로는 교맥산蕎麥山과 당왕산唐王山이, 동쪽으로는 경갑산景甲山이, 북쪽으로는 환희산歡喜山과 쌍용산雙龍山이다. 이 봉우리들은 훌륭한 방어선을 이루었다. 그 안에서 가쓰라는 군대를 주둔시킨 채 적의 움직임을 살피기 위해 척후병만 파견했다. 오세코 소장은 남서 방어선을, 오시마 소장은 북동 방어선을 맡았다.

1월 13일 약 2만 명의 중국군 부대가 랴오닝으로부터 접근하고 있다는 보고가 들어왔다. 중국군의 진격은 느리고 조심스러웠다. 14

일 중국군은 하이청에서 약 16킬로미터 떨어진 지점에 도착했고 15일에는 약 8~9.5킬로미터 거리에, 그리고 16일 밤에는 일부 지역 중국군 전선이 하이청으로부터 4킬로미터 이내로 접근했다.

17일 중국군은 일출과 함께 포격을 시작해 해질 녘까지 계속하였다. 중국군은 1,600미터 이내로는 절대 접근하지 않았기 때문에 일본군은 적이 더 가까이 진격해 오리라는 부질없는 희망 속에 정오까지 응사하지 않았다. 하지만 중국군은 이 교묘한 속임수에 걸려들지 않고 안전한 거리에서 포격을 계속했다. 오후 1시경이 되자 일본군은 기다려도 소용없다는 것을 깨닫고 포병을 진격시켰다. 맹렬한 포격은 곧 중국군을 혼란에 빠뜨렸다. 중국군은 퇴각하기 시작했고 일본군 보병의 진격으로 퇴각은 더욱 가속화되었다. 이처럼 하찮은 사건은 간략한 설명만으로 충분하다. 이 전투는 기록으로 남은 가장 우스꽝스러운 전투이다(나중에 이 기록도 추월당한다). 포병을 거느린 약 1만 4,000명의 중국군이 하이청에서 하루 종일 포격했지만 일본군의 손실은 고작 1명이 죽고 49명이 부상당하는 데 그쳤다. 중국군은 엄청난 소음으로 일본군을 겁먹게 만들어 하이청에서 쫓아내려 했음이 분명하다.

남은 전쟁 기간 내내 중국군 보병은 장거리 사격을 선호하는 것처럼 보였다. 반면 일본군은 변함없이 적이 600미터 앞에 올 때까지 총알을 아껴두었다가 200미터까지 계속 총을 쏘고 그다음에는 총검을 사용했다.

중국군의 피해는 아주 경미했고 지원군이 도착해 그 수가 2만 명까지 늘어나면서 사기가 올랐다. 1월 22일 중국군은 같은 방식으로 하이청으로 진격했다. 이번에는 약간 더 대담해져서 적진 600미터 이내까지 진격했다. 이때 일본군이 7개 대대와 3개 포병 중대를 이끌고 중국군의 우익을 물리쳤고 그사이 다른 부대가 중국군 퇴로를 위협했다. 중국군은 약 200~300명의 손실을 입고 퇴각했다.

눈을 헤치고 진격하는 일본군.

일본군의 피해는 첫 번째 전투보다 더 경미해 한 명이 죽고 26명이 부상당했다. 이 사소한 전투가 역사적으로 주목할 만한 사건이 된 이유는 당시 (적어도 하이청에 주둔해 있던) 제1군이 전멸했다는 소문이 중국과 일본에 퍼졌기 때문이다. 추측건대 1월 17일과 22일 전투에서 죽은 두 명의 병사가 이 어마어마한 '헛소문'의 근원이었을 것이다.

일본군이 하이청에서 맞닥뜨린 유일한 어려움은 기후와 보급품이었다. 추위는 영하 29도에 달했다. 하지만 일본인은 워낙 강인한 민족이어서 극단적인 추위도 견뎌냈다. 중국 북부 지방의 추운 겨울 동안 병사들은 살을 에는 바람 속에서 발가벗은 채 자신들이 좋아하는 민속 오락인 스모*를 즐겼다. 보급품이 부족해 장군들조차 밤마다 질 나쁜 양초 하나를 배급받았지만 그래도 음식은 항상 준비되어 있었다. 병사들은 하루 세 끼 영양가 있는 식사를 한 번도 거른 적이 없었다.

제3사단이 거의 한 달에 걸친 군사적 휴식을 취하는 동안 다른 편에서 제2군이 어떤 작전을 수행하고 있었는지 잠깐 되돌아볼 필요가 있다.

---

* 이 장면은 웨이하이웨이 근처에서 외국인들이 실제로 목격한 것이다. 만주에서도 분명 같은 일이 있었을 것이다.

제5장
제2군의 진격

우리는 가쓰라 중장의 하이청海城 진격이 위험천만한 것이며 중국군 1개 부대와 맞서는 경우를 제외하고는 어떤 경우에도 돌이킬 수 없는 결과를 가져올 수 있다는 점을 이미 설명했다. 제2군이 동시에 북쪽으로 진격함으로써 협동작전을 펼 수도 있는 시기에 그가 홀로 진격한 것은 이상한 일이다. 12월 10일 가쓰라는 하이청으로 진격을 시작했고 그즈음 제2군은 포트아서 전투 이후 휴식을 취하고 있었을 뿐만 아니라 12월 1일 이후에는 진저우에 지휘 본부를 설치했다. 즉시 진격해 가쓰라가 하이청을 점령할 즈음 가이핑蓋平에 도착할 수도 있었지만 그 대신 한 달 동안 출발을 연기했다. 아마 수송상의 어려움으로 진격하기 전 긴 사전 준비 작업이 필요했기 때문일 것이다. 겨울이 시작되어 길이 험했다. 일본군은 노무자를 활용한 수송을 포기하고 원주민들에게 의지했다. 원주민들은 식량 보급에 쓸 소달구지를 제공했다. 거쳐야 할 경로가 역으로 나뉘었고 역마다 갈아탈 수레와 달구지가 마련되었다.

하지만 용감하게 전투를 수행하기 전에 대기 명령이 내려진 데에는 또 다른 이유가 있었다. 이번 전쟁의 첫 전투 직후, 즉 압록강을 건넌 후 일본군 지휘부는 자신들이 원하는 대로 전쟁을 수행할 수 있으며 중국은 그들이 실험하는 허수아비에 불과하다는 것을 파악했다. 정치적 이유도 있었다. 일반적으로 일본군은 급습 작전을 통해 불시에 중국을 점령해야만 승리할 수 있다고 생각했다. 일본군은 적을 느긋하게 공격함으로써 이 같은 오류를 깨뜨리고 스스로 원하는 방식으로 승리할 수 있음을 전 세계에 입증하기로 결심했다. 더욱이 전투가 장기화되면 중국에 있는 모든 거주민에게 전쟁이 벌어지고 있다는 사실이 점차 알려질 것이고 패배에 대한 자각이 거대한 제국 전체를 관통하게 될 것이다. 게다가 일본군은 현대 전쟁술을 훈련하고 몸으로 체득하는 실험을 통해 엄청난 경험을 쌓을 수 있는 특별한 기회를 가졌다. 이 같은 이유 가운데 실제 일본 정부를 자극한 것이 일부이든 혹은 전부이든 제2군이 한 달여 이상 완전한 휴지 상태에 머물러 있었던 것만은 확실하다.

12월 30일 노기 소장 휘하 혼성여단은 북쪽으로 진군하라는 명령을 받았다. 이 부대는 보병 2개 연대와 기병 1개 대대, 공병 1개 중대, 포병 1개 대대로 구성되었고 그 수는 약 8,000명 가량 되었을 것이다. 1895년 1월 1일 푸란덴普蘭店(포트 애덤스)을 향해 출발한 혼성여단은 두 갈래 경로로 슝웨청熊岳城까지 진격했다. 슝웨청은 가이핑에서 약 29킬로미터 떨어진 도시로 이곳에서 두 길이 다시 만난다.

노기 장군은 1월 8일 슝웨청에 도착했다. 다음 날 가이핑에서 13킬로미터 떨어진 지점까지 진격했다. 가이핑에서 중국군이 대군을 이루고 있음을 척후병들이 확인했다. 1월 8일 절목성에서 온 제1군 장교 한 명과 병사 몇 명이 혼성여단에 합류함으로써 두 군 사이에 첫 교신이 이루어졌다. 약 185킬로미터 거리에 있는 진저우金州에서부터 진격하면서 일본군은 대단히 혹독한 날씨와 마주쳐야 했다. 하지만 병사들마다 모피 코트가 제공되었는데 그것도 병사들이 야영하기로 한 역에 미리 도착해 있었다.

가이핑에는 약 1만 5,000명의 주민이 거주하고 있으며 높이 9미터, 두께 3미터의 성벽이 도시를 둘러싸고 있었다. 50미터에서 70미터 폭을 지닌 가이핑 강이 도시 정면을 흐르고 있었고 도시와 강 사이 약 300미터 정도 되는 공간에는 중국군이 반원형 성채를 구축했다. 강물이 얼어붙자 중국군은 오랜 군사 규율에 따라 통행할 수 없도록 얼음을 부숴 버렸다. 수비 병력은 약 4,000에서 5,000명 정도 되었다. 진지가 워낙 견고해 나중에 일본군 장교들은 만약 이 사실을 알았다면 공격을 망설였을 것이라고 말했다.

노기 장군은 공격을 위해 부대를 다음과 같이 배치했다. 카노 대좌가 보병 2개 대대를 이끌고 중국군 우측에서 견제 작전을 펴기로 했고, 오키 대좌는 2개 대대를 이끌고 오른쪽에서 적의 좌익을 공격하기로 했다. 한편 노기 자신은 보병 2개 대대와 포병과 공병을 이끌고 중앙으로 공격할 계획이었다.

노기 소장.[98]

1월 10일 오전 5시 30분 일본군이 가이핑을 향해 진격하기 시작했고 오전 7시경 전투가 시작되었다. 적의 진지를 살펴보던 오키 대좌는 왼쪽으로 봉황산鳳凰山이라는 봉우리를 발견했다. 순간적으로 템산*을 떠올린 오키 대좌는 제1대대에게 얼어붙은 강을 건너 중국군을 몰아내라고 명령했다.

---

* 히데요시와 아케치 사이에 벌어진 야마자키 전투에서 중요한 역할을 했던 산.

얼음 위를 전진하는 일본군 병사들.

제1대대가 진격하여 봉황산을 점령하자 중국군 좌익은 대혼란에 빠졌다. 그러자 오키는 제2대대에게 강을 건너 동요하는 중국군을 공격하라고 명령했고 자신도 2개 중대를 끌고 뒤따랐다. 적의 좌익이 무너져 서쪽 벌판으로 후퇴하면서 봉황산 위에 있던 일본군 대대로부터 강력한 측면 포격을 받아 100명 이상이 죽었다. 오가와 기수는 이때 빗발치는 총탄을 뚫고 돌격해 부상을 입은 와중에도 가이핑 남서쪽 모서리 위로 올라가 성벽 위에 제1연대 깃발을 꽂았다.

그사이 일본군 중앙은 거의 전진하지 못했고 좌익은 잉커우(營口)에서 다가오는 지원군의 측면 공격으로 위협받고 있었다. 전투를 빨리 끝내야 할 필요성이 대두되자 예비 병력을 호출했다. 중앙과 양쪽 날개를 통해 동시다발적인 공격이 이루어져 오전 9시 40분 가이핑은 일본군의 손에 넘어가게 된다.

이번 전투에서 나타난 중국군의 전술은 이전의 그 어떤 전투보다 훨씬 진일보한 것이었다. 중국군은 성벽 뒤에 숨는 대신 강 북쪽 기슭에 부대를 배치하여 전진하는 일본군을 향해 2,000미터에 달하는 포대를 배치했다. 또 강을 군사적으로 적절히 활용해 포격에 노출된 적의 전진 속도를 늦추는 장애물로 이용했다. 수많은 깃발을 흔들어 대는 바보 같은 전통을 없앴으며 원거리에서 탄약을 낭비하지 않기 위해 400~500미터 이내로 접근할 때까지 포격을 자제했다.

중국군이 진보했음을 보여 주는 또 다른 점이 있다. 일본군이 진지를 공격할 때는 계속 돌격하다가 가끔씩 엎드리곤 했다. 이제까지 중국군은 적이 진격하건 엎드리건 상관없이 계속 포격했는데 가이핑에서는 일본군이 진격할 때만 포격을 가했다. 이 같은 전술로 일본군의 피해가 매우 커져 약 3시간에 걸친 전투에서 46명이 죽고 263명이 부상당했다.

중국군은 잉커우 방면으로 질서정연하게 후퇴했다. 후방 경비대가 엄호했으며 가이핑에서 약 6킬로미터 떨어진 하가둔賀家屯에서 멈췄다. 일본군 전초기지는 해산새海山塞까지 전진했다.

가이핑 점령은 전략적으로 중요성이 매우 컸다. 하이청에 주둔해 있던 가쓰라의 진지가 완벽하리만큼 안전해졌을 뿐만 아니라 두 부대 간에 통신선이 구축되어 필요한 경우 상호 지원이 가능했다. 가이핑과 하이청의 점령으로 일본군은 중국으로 가는 모든 길을 장악했다. 가이핑은 해안로의 중심이었고 하이청은 육로의 중심이었다. 안전한 요새와 함께 어느 방향으로든 원할 때 공격할 수 있는 수단을 확보하자 두 일본군 부대는 날씨가 호전되고 다른 지역 군사작전의 진전으로 과감한 전투가 한층 용이해지고 유리한 상황이 마련될 때까지 한동안 휴식을 취했다.

제6장
웨이하이웨이 전투

하이청과 가이핑 주둔 부대는 적당한 작전 시기가 올 때까지 수세적으로 작전을 펴기로 했다. 하지만 가이핑에 있는 부대는 제2군의 극히 일부에 불과했다. 노기 장군 휘하 1개 여단만 진격했기 때문에 리젠트스워드 반도에는 2개 여단이 남아 있었다. 1개 여단은 다롄과 포트아서의 주요 포대를 수비하는 데 필요했다. 하지만 나머지 구마모토 여단은 남은 겨울 내내 해군 작전에 투입되었다. 그동안 전선은 만주에 묶여 있었다. 이제 제2(센다이) 사단이 동원되어 다롄으로 파견되었다. 다롄은 포트아서 점령 이후 일본군의 해군 작전기지가 되었다. 오야마 원수는 참모진과 함께 새로운 부대의 지휘를 맡았는

데 이전에 지휘했던 부대와 마찬가지로 1개 여단과 1개 사단으로 구성되었다.

일본군은 현명하게도 만주 전투의 신속한 수행은 바람직하지 않다고 판단하고 군대를 활용해 전쟁의 대의에 기여할 수 있는 다른 대상을 찾아 나섰다. 웨이하이웨이는 이 모든 견해에 대한 해답을 주었다. 웨이하이웨이는 다롄 만 근처에 편리하게 자리 잡은 중국 제2의 해군 요새였다. 또 일본 천황의 회화적인 표현을 빌리면 중국의 문짝 가운데 하나였다. 물론 나머지 문짝은 포트아서였다. 또 웨이하이웨이에는 북양 함대가 피신해 있었다. 북양 함대는 해양도에서 심각한 타격을 입긴 했지만 여전히 막강한 함대를 거느리고 있었다. 일본군은 북양 함대가 전멸할 때까지는 안심할 수 없었다. 이 같은 요인이 제거된다면 일본군은 자신이 원하는 대로 전쟁을 수행할 수 있을 것이고 육로든, 해로든, 혹은 양쪽 경로 모두를 통해서든 군대를 진격할 수 있었다. 이 점을 고려할 때 웨이하이웨이 점령은 포트아서 함락보다 한층 더 중요했다. 십중팔구 중국 함대가 사로잡히거나 파괴될 것이기 때문이다.

일본군은 늘 그랬듯이 견제 공격으로 시작했다. 1월 18일 요시노吉野와 아키츠시마秋津洲, 나니와浪速 이 3척의 배를 거느린 전대가 다롄을 출발해 등주登州로 전진했다. 등주는 산둥 곶 서쪽 약 161킬로미터 지점에 위치한 인구 1만 명이 사는 도시였다. 눈보라 때문에 공격을 개시할 수 없었던 일본군은 오후 4시가 되자 중국군 포대에 빈 탄약통을 발사했다. 적이 8문의 포로 격렬하게 응사하자 곧 포탄을 사용했다. 적의 포 가운데 120밀리미터 포 1문이 있었다. 다음 날 아침 다시 눈이 내렸다. 하지만 날씨가 개자 일본군이 바로 포격을 시작했고 포대에서도 격렬하게 응사했다. 포격전 중에 이번 전쟁에서 발생한 가장 재미있는 사건이 일어났다.

브렛 하르트Bret Harte(1836~1902)[99]가 『아이 오브 코만단테Eye of Comandante』에서 대단히 독특하게 기술한 것과 같이, 이 이상한 도시에는 몇 명의 선교사들이 캘리포니아에 사는 스페인 사람과 같은 삶을 살고 있었다. 선교사들은 일본군 포격 소리에 자신들의 꿈 같은 생활에서 일순간에 깨어나게 되었고 전장이 자신들 근처로 옮겨오고 있다고 우쭐해했다. 선교사 가운데 한 명이 마치 아틸라를 저지하는 교황이라도 되는 양 환상에 사로잡혀 백기와 성조기를 매달고 작은 보트에 올라탔다. 그의 목적은 앞으로 나아가 무고한 생명과 재산에 대한 잔인하고 무질서한 파괴를 그만두도록 교화하는 것이었다. 일본군은 당연히 그가 전투를 구경하기 위해 나온 것으로 추측하고 내버려 두었다. 상황을 훨씬 더 코믹하게 만든 것은 이 모든 작전이 견제 작전이었다는 점이다. 3척의 전함이 등주에 포격을 가하는 동안 실제 전투는 다른 방향에서 시작되었다. 작은 보트를 탄 선교사는 일본군의 거짓 공격을 좀더 실감나게 연출하는 데 일조한 셈이었다. 중국군은 등주에 대한 공격을 두려워하고 있었다. 근처에 상륙하기에 매우 알맞은 장소가 있었기 때문이다. 따라서 포격 소식이 전해지자 산둥에 있던 모든 중국군 병력이 등주 방면으로 파견되었다.

실제 원정대는 1월 19일 다롄 만을 출발했다. 50척의 수송선으로 구성된 세 함대가 20일과 21일, 23일 각각 산둥 해안에 도착했다. 원정대는 20척에 달하는 일본군 함대의 호위를 받았다. 일부는 호위하고 나머지는 웨이하이웨이에 있는 중국군 함대를 감시했다. 상륙 지점으로 정해진 장소는 북풍으로부터 안전한 융청榮城 근처의 적당한 해변이었다. 중국군은 어느 정도 항전을 위한 준비를 갖추고 있어서 4문의 포와 함께 약 200~300명의 병사가 배치되었다. 이들은 일본군 함선이 상륙을 시도하자 포격을 시작했다. 이를 눈치 챈 야에야마는 함선에게 돌아오라는 신호를 보내면서 중국군 포대에 포격을 시작했다. 수비대를 흩어지게 하는 데에는 포탄 몇 발로 충분했다. 일본군은 상륙하여 포를 빼앗았고, 즉시 부대 상륙을 준비했다. 혼란을 피하기 위해 해군 장교들이 해안을 여러 구역으로 나누어 각각의 연대와 대대에 한 구역씩 할당했다. 엄청난 폭설이 내렸지만 모든 것이 질서정연하고 신속하게 진행되었다.

이처럼 대규모 병력이 상륙하는 데에는 여러 날이 소요되었다. 두 종대로 나뉜 일본 육군이 융청에서 웨이하이웨이로 이어지는 두 길을 따라 행군하기 시작한 것은 1월 26일이었다. 제2사단(센다이)은 내륙 도로를 택했고 구마모토 여단은 해안 도로를 택했다. 야전포조차 지나갈 수 없을 정도로 길이 형편없자 산포만 끌고 전진했다. 융청은 상륙 직후 점령되었다. 350명의 병사로 구성된 5개 대대가 융청을 수비하기로 되어 있었지만 중국군은 이렇다 할 항전을 하지 않았다. 6명의 일본군 병사가 문 위로 올라가 동료들에게 문을 열어 주었다. 웨이하이웨이로 가는 도중 몇 차례 소규모 전투가 있긴 했지만 일본군이 웨이하이웨이 근처에 도달할 때까지 기록으로 남길 만한 사건은 하나도 발생하지 않았다.

그동안 함대는 웨이하이웨이와 중국군 함대를 감시하느라 매우 분주했다. 1월 21일 11척으로 구성된 유격대가 항구 근처까지 항진했고 퇴각하면서 감시를 계속하기 위해 전함 한 척을 남겨 두었다. 여러 척의 배가 이 임무를 교대로 수행했다. 25일 영국 전함 세번 Severn호*가 중국군 제독 정여창에게 보내는 이토 제독의 항복 권유

---

* 영어로 쓰인 이 편지는 「재팬 메일Japan Mail」에 게재되었다. 하지만 날짜도 없고 영국 전함에 의해 전달되었다는 언급도 전혀 없다. 영국 전함이 전달했다는 진술은 일본의 한

문 한 통을 웨이하이웨이로 가져다주었다. 일본군으로서는 전혀 새로운 조치가 아니었다. 포트아서를 공격하기 전에도 오랫동안 중국에 머물렀던 한 일본군 장교가 중국군 장수들에게 저항해도 소용없음을 일깨우며 항복을 권유하는 편지를 보냈다. 포트아서를 점령했을 때 일본군은 끝내 전달하지 못한 오만방자한 답장의 초안을 발견했다. 이토가 정여창에게 보낸 편지는 웨이하이웨이 함락에 관한 모든 서신 왕래에 대해 언급할 때 다시 거론할 것이다. 편지는 부록에 수록되어 있다. 광범위한 사고의 폭과 역사 지식을 보여 주는 주목할 만한 문서로 읽을 만한 가치가 충분하다.

웨이하이웨이는 북양 함대의 마지막 은신처로서 해안 길이가 약 29~30킬로미터 정도 되는 반원형 만이다. 입구는 두 개의 섬으로 수비하고 있었다. 유공도劉公島는 높이 152미터, 반경 10킬로미터 정도였고 일도日島는 크기가 작아 포대가 하나밖에 없었다. 수심은 대체로 얕았지만 유공도 서쪽 부근에 안성맞춤인 정박지가 있었다. 만 입구에 위치한 큰 섬은 자연스럽게 입구를 둘로 나누었다. 동쪽 입구가 더 넓었지만 중앙에 일도가 있었다. 만 주위와 만 입구에 있는 두 개의 섬에는 육상과 해상 공격에 맞서 방어하기 위한 수많

전쟁 출판물에서 비롯되었다. 이 진술이 맞다면 정 제독이 왜 영국 제독이 웨이하이웨이 함락의 보증인이 되어야 한다고 제안했는지 설명할 수 있을 것이다.

은 포대와 요새가 세워져 있었다. 이후 더 명확하게 설명하기 위해 일본군으로부터 공격받은 순서대로 요새를 기술하는 것이 좋을 것이다.

바다에서 진입하면서 동쪽 입구 근처 남부 해안에는 세 개의 해안 포대가 다음과 같은 순서로 모습을 나타낸다.

   조부취(⊒埠嘴) 240mm 포 3문
          280mm포 2문
   여각취(䇄角嘴) 240mm 포 4문
   용묘취(龍廟嘴) 210mm 포 2문
          150mm 포 2문

이 포대는 육지 쪽으로 각각 설치된 네 개의 포대에 의해 수비된다.

  150mm 포 4문
  120mm 속사포 2문
  120mm 포 4문
  120mm 속사포 2문

일도日島에는 다음과 같은 장비를 갖춘 하나의 포대가 있다.

260mm 포 2문
120mm 속사포 2문

그중 2문은 소실된 포가 위에 올려진 것이다.
유공도에는 동쪽과 서쪽 구석에 포대가 있다.

동쪽 : 240mm 포 2문
서쪽 : 240mm 포 6문

소실된 포도 있었다.
서쪽 입구와 가까운 북쪽 해안에는 비슷한 포대가 세 곳이 있는데 바다에서 진입하면서 다음과 같은 순서로 배치되어 있다.

제1포대 240mm 포 6문
제2포대 210mm 포 2문
제3포대 210mm 포 2문
150mm 포 2문

포대 뒤편으로는 육상 공격에 맞선 수비 용도로 2개의 포대가 배치되어 있었다.

    제1포대　150mm 포　2문
             120mm 속사포　2문
    제2포대　150mm 포　2문
             120mm 속사포　2문

이들 포대 외에도 북부와 남부 해안 사이 항구 서쪽 사면에는 채 완성되지 않은 포대 몇 개가 있었다. 육지와 섬에 있는 모든 포대를 수비하기 위해 거의 1만 명* 가까운 병력이 주둔했을 것이다. 적절히 훈련받고 잘 지휘되었다면 강력한 항전을 펼치기에 충분한 병력이었다. 포대에는 몇 명의 외국인이 배치되어 있었다. 하지만 이들은 전문적인 훈련을 받지 않았고 실질적인 어떤 권한도 없었다.

포대와 포대의 장비, 수비 병력에 대한 상기 기술로 웨이하이웨이의 방어력을 모두 설명할 수는 없다. 정여창 제독은 25척의 위력적인 함선으로 이루어진 북양 함대의 남은 전력을 보유하고 있었다. 함대는 진원鎭遠, 정원定遠, 제원濟遠, 내원來遠, 평원平遠, 광병廣丙, 위원威遠,

---

* 이 숫자에는 아마 함대 선원이 포함되었을 것이다.

정원靖遠, 강제康濟와 함께 소형 포함 6척과 대형 어뢰정 7척, 그리고 소형 어뢰정 4척으로 이루어져 있었다. 이 모든 배가 항구 수비에 동원될 수 있었다. 소형 포함은 얕은 흘수 덕분에 육지에 접근해 포로 해안을 휩쓸어 버릴 수 있었다. 함대에는 적어도 4,000명의 수병이 승선해 있었을 것이다. 이들은 잘 훈련되어 있어서 실제로 상당한 전력을 갖추고 있었다.

어뢰 공격에 대비하고 일본군 함대가 만으로 진입하는 것을 저지하기 위해 두 개의 입구를 가로지르는 위력적인 방재 두 개가 설치되어 있었다. 방재는 간격이 2.5미터인 철재 케이블로 세 가닥의 쇠줄로 이루어졌으며 각각의 쇠줄은 두께가 3~4센티미터였다. 또 9미터 간격으로 40센티미터 두께의 목재 대들보가 붙어 있었다. 방재 전체가 쇠사슬과 닻으로 고정되어 있었고 어뢰가 두 개의 방재 전면에 배치되었다.

일본 육군은 1월 26일 진격을 시작했다. 우측 종대인 구마모토 여단은 25일 포가覲家까지 진격해 함대와 연락하고 좌측 종대는 장가구자長家口子까지 진격하되 우측 종대와 접촉을 유지하라는 명령이 시달되었다. 두 종대 모두 적의 위치를 정찰하기 위해 척후병을 내보냈다. 29일 부대는 목적지에 도착했다. 중국군이 동쪽 방면으로 만과 가까운 백척애소百尺崖所 갑 부근에 대규모로 집결해 있다는 사실이 확인되었다. 봉림집鳳林集에는 여러 갈래 길이 모이는 교차점이 있었는데 그 길 가운데 하나는 동쪽 방어선이 웨이하이웨이 시내와 서쪽 포대와 통신하는 데 활용되었다. 따라서 봉림집 공격은 백척애소에 주둔한 수비군의 퇴각을 위협할 수 있었다.

일본군은 늘 쓰는 전술을 사용해 정면을 공격하면서 동시에 퇴로를 위협했다. 1월 29일 밤이 되자 제2사단은 다음 날 아침 진격해 봉림집 남동쪽 방면 산을 점령하고 그사이 구마모토 여단은 백척애소와 동쪽 해안 포대 세 곳의 육상 방어 시설을 공격하라는 명령이 떨어졌다. 함대는 바다에서 이들 포대를 포격함으로써 합동작전을 펼칠 예정이었다.

제2사단은 1월 30일 오전 6시에 출격하여 오전 7시에 중국군과 맞붙었고 별다른 저항 없이 고지에서 고지로 중국군을 차츰 몰아내더니 해안까지 추격했다. 그에 따라 동쪽 포대에 있는 수비대의 퇴각이 차단되었다. 하지만 이 장면에서 새로운 군사적 요인이 나타나 일본군 전술의 성과를 날려 버렸다. 즉 중국군 함대가 해안에 접근하여 너무나 격렬하게* 포격했기 때문에 일본군이 봉림집까지 퇴각해야 했던 것이다. 이제 9시 50분이 되었고 제2사단은 마천령**까

---

* 포 한 방으로 14명이 죽었다.
** 만주에도 같은 이름의 길이 있었다.

지 밀고 올라가 점령한 후 세 번째 해안 포대인 용묘취龍廟咀를 점령했다. 포가 잘 작동되고 있음을 확인하고 즉시 중국군 함선과 내륙 포대를 향해 포를 겨누었다. 하지만 이때 포함을 이끌고 일본군 보병에 반격을 가하던 정원定遠이 포대 가까이 다가가더니 30분 만에 잠잠하게 만들었다. 포대에 있던 240밀리미터 포 가운데 하나가 포탄을 맞아 두 동강이 났으며 떨어져 나간 끝 부분은 멀리 12미터나 날아갔다.

쿠마모토 여단은 오전 3시 30분 진격을 시작했고 오전 7시에 작전에 돌입했다. 중국군 참호가 마천령에서 백척애소까지 연이어 뻗어 있었기 때문에 일본군은 격렬한 저항에 부딪쳤다. 오전 10시 마천령 참호가 폭파되었고 동시에 함대가 해안 포대를 향해 포격을 시작했다. 오후 1시경 3개의 해안 포대와 4개의 육상 포대가 점령되었다. 육상 포대는 일부 중국군 병사에 의해 폭파되기도 했지만 해안 포대는 온전하게 남았다. 그 같은 목적으로 상륙한 해군은 곧바로 해안 포대의 포를 활용해 쿠마모토 여단을 뒤따랐다. 공격 전 정 제독은 포를 작동하거나 떠나기 전 포를 파괴할 수 있도록 함대에서 지원군을 받기 위해 중국군 장수들에게 요청했으나 허사였다. 이처럼 현명한 제안을 거부한 것이 실제로 웨이하이웨이의 함락을 촉진했다.

웨이하이웨이에서 전사한 오테라 소장.

일본군은 공성포를 한 대도 가져오지 못했다. 도로 상태 때문에 포를 장시간 운반할 수 없었던 것이다. 따라서 중국군 함대와 내륙 포대에 타격을 가할 유일한 방법은 적으로부터 빼앗은 포를 사용하는 것뿐이었다. 동쪽 포대에서 일본군은 안전장치가 잘 되어 있고 마음대로 활용할 수 있는 12문의 강력한 포를 노획했다. 해군이 적절하게 관리하고 병력이 배치되면서 이 포로 중국 함대를 항구 서쪽에 묶어 둘 수 있었다.

일본군의 손실은 획득한 결과물과는 비교할 수 없을 만큼 적었다. 제2사단은 28명이 죽고 54명이 부상하는 손실만 입었고 쿠마모토 여단은 약 100명의 사상자를 냈다. 하지만 사상자 가운데에는 장교가 다수 포함되어 있었다. 그중에는 포탄 파편에 부상당해 2시간 만에 죽은 오테라 소장*도 포함되어 있었다.

1월 30일 공격 중에 일어난 낭만적인 한 편의 일화가 전해진다. 한 포대를 향해 돌격하던 일본군 장교가 울고 있는 아름다운 중국인 소녀를 발견했다. 장교는 대단히 정중하게도 두 명의 부사관에게 명령해 소녀를 이웃 마을까지 즉시 데려다 주도록 했다. 이후 같은 장교가 어떤 바구니에서 두 살짜리 아기를 발견했다. 장교는 즉시 아기를 안아 올렸고 아기는 일말의 두려움도 없이 팔을 뻗치며 웃었다. 포대가 완전히 점령되었을 때 장교는 중국군 죄수 가운데 가장 선량해 보이는 사람을 골라 아기를 부모에게 데려다 주는 조건으로 석방했다. 아기는 전투 중에도 자신을 팔에 안아 보호해 준 수호자로부터 떨어지기 싫은 듯 보였다고 한다.

일본군은 강력하게 밀어붙이기로 작정했다. 첫날 밤인 1월 30일에는 어뢰정이 동쪽 입구에서 방재를 통과하려는 시도를 했다. 이 대담한 시도는 너무나 성급하게 계획되어 육군이 미처 알아차리지

---

* 이 소식은 다음과 같은 전언으로 부인에게 전달되었다. "소장은 영광스럽게 죽었다. 슬퍼하지 말라." 오테라의 부인은 그 같은 소식에 대비하고 있었기 때문에 놀라지 않았다. 여든일곱 살의 모친은 아들이 의무를 다하느라 죽었다고 말하면서 아들이 더 오래 살아 천황을 위해 좀더 봉사하지 못한 것을 슬퍼했다.

소녀와 아기를 구하는 일본군 장교.

못했다. 동쪽 요새에 있던 일본군이 중국군의 공격으로 오인하고 어뢰정에 포격을 가하는 바람에 퇴각하지 않을 수 없었다. 다음 날에는 협의가 이루어져 1월 31일 밤사이 어뢰정이 수행할 작전에 대해 미리 정보를 들었다. 하지만 예정된 시간에 끔찍한 폭풍우가 몰려와 어뢰정뿐만 아니라 함대 대부분이 피난처를 찾아야 했다. 어뢰정은 인근 섬으로 대피했는데 이토 제독은 폭풍우가 잦아들 때까지 어뢰정이 실종된 줄 알고 크게 걱정했다. 이토 제독은 웨이하이웨이를 감시하고 중국군의 탈출을 막기 위해 제1유격대만 남겨둔 채 나머지 배들을 융청만으로 보냈다. 융청만에는 작전 계획을 좇아 영국군 함대와 다른 외국 함선들이 이미 정박해 있었다. 폭풍우에 이어 매서운 추위가 찾아와 포 구멍에 얼음막이 생길 정도였다.

 폭풍우는 2월 1일 하루 낮과 밤을 몰아쳤다. 이는 일본군에게 매우 불운한 일로 이틀 동안 모든 군사작전을 연기해야 했다. 정 제독은 이 기회를 놓치지 않았다. 이전 경험을 통해 병사들의 저항이란 것이 얼마나 쓸모없는 것인지 잘 알고 있었던 정 제독은 2월 1일 함대에서 보낸 지원병 부대를 이끌고 상륙해 서쪽 포대에 있는 포를 모두 파괴했다. 중국군 제독이 취한 조치로 항전이 일주일 정도 연장되었을 것이다.

일본군은 2일 오후 웨이하이웨이 시와 서쪽 포대를 점령했고 중국군 병사들은 체푸로 달아났다. 일본군이 사용 가능한 포를 발견했다면 상대적으로 짧은 거리에서 중국군 함대와 유공도를 포격할 수 있었을 것이고 따라서 수일 내로 항복해야 했을 것이다. 1월 31일과 2월 1일에 쏟아진 폭풍우로 일본군은 계속 진격할 수 없었다. 일본군이 진격했다면 그 속도가 너무 빨라 중국군 병사들이 포를 파괴할 시간조차 없었을 것이다. 정 제독은 이 짧은 유예기간을 감탄스러울 만큼 잘 활용해 항구에 있는 범선과 보트까지 모조리 파괴해 버렸다.

두 적대 세력 간의 상황은 이제 아주 이상하게 변했다. 일본군은 중국군을 완벽하게 포위했다. 바다에서는 강력한 함대가 모든 출구를 봉쇄했고 해안선은 일본군이 모조리 점령했다. 정 제독은 오로지 자신의 배와 섬 요새, 방어용 방재만을 보유하고 있었다. 하지만 이제 중국 해군은 예지와 용기를 가지게 되었고 절망적인 상황에서조차 끈질기게 저항할 만큼의 희망을 가지게 되었다.

유공도는 해변에서 거의 수직으로 솟아올라 있어 상륙할 수 없었다. 이제까지 접근할 수 있는 모든 방어선을 향해 일본군이 시도했던 필사적인 진격은 아예 시도조차 할 수가 없었다. 유공도 포대는 너무 강하고 너무 잘 은폐되어 있어 함대의 포격만으로는 제압할 수 없었다. 무엇보다 일본군은 배를 위험에 빠뜨리고 싶지 않았고 반면에 무사히 접근할 수 있는 장갑함이 한 척도 없었기 때문이다. 동쪽 사면에서 점령한 포대는 유공도 포대와 그 속에 피신해 있는 함대에 타격을 주기에는 너무 멀었다. 따라서 중국군은 완전히 포위되었지만 웨이하이웨이 만의 길이 덕분에 완벽하게 안전한 상태로 정박할 수 있었다. 많은 이들이 이처럼 특이한 상황에서는 보급품과 탄약을 보유하는 한 중국군이 무한정 버틸 수 있다고 생각했다.

하지만 일본군은 이 같은 예상을 깨트리기로 작정했다. 일본군이 필사적으로 애쓰는 이유가 있었다. 일본군은 이제 거의 손안에 잡히다시피 한 북양 함대를 놓칠 수 없었다. 또한 자신들의 군사적 영예가 이번 작전의 신속한 성공에 달려 있다고 생각했다. 전 세계 주요국의 전함이 보는 앞에서 중국군과 몇 안 되는 비전문적인 외국인들 때문에 일본군이 좌절에 빠질 수는 없었다. 폭풍우가 잦아들자마자 일본군은 지칠 줄 모르는 집요함으로 자신들의 작전을 밀어붙였다.

2월 3일 제2, 제3, 제4유격대(함선 12척)가 동쪽 포대의 지원 아래 중국군 섬 포대를 공격했다. 일본군 설명에 따르면 수많은 중국군이 전사했다고 한다. 중국군 함대는 일본군 포대를 포격하며 항구를 돌아다녔다. 밤에는 어뢰정이 또 한 번 동쪽 입구에서 방재를 돌파하려고 시도했다. 하지만 다이너마이트까지 동원했는데도 방재를 끊을 수 없었다. 그러자 일본군은 해안 근처 방재 끝단에 주목했고 바위에서 방재를 뜯어낼 수 있도록 틈새를 벌리는 데 성공했다.

토다 대위. 제2어뢰정 함대 사령관.

이마이 중위. 제3어뢰정 함대 사령관.

2월 4일 밤 어뢰정을 이용한 두 번째 공격을 위한 준비가 이루어졌다. 어뢰정은 3개 전대로 나뉘었다. 첫 번째 전대는 바깥쪽에서 감시했고 두 번째와 세 번째 전대는 전날 밤 벌려 놓은 방재의 틈새를 통과했다. 작전에 관한 세부 설명에는 약간의 차이가 있다. 어떤 것은 토고 대위가 이끈 초카이와 오타고라는 두 소형 포함의 양동작전으로 어뢰 공격을 감행했다고 했다. 그는 중국 해안을 연구해 어둠 속에서도 웨이하이웨이 만을 항해할 수 있었다고 한다. 5일 오전 1시 달이 뜬 후 포함이 항구로 진입해 중국군 함대 근처까지 항진해 포격을 개시했다.* 작전이 수행되는 동안 어뢰정이 절반의 속도로 (11노트) 동쪽 해안을 따라 살금살금 다가가 기회를 엿보고 있었다.

작전의 나머지 부분은 다른 설명에서도 거의 동일하게 기술되고 있다. 유격대는 10척의 어뢰정으로 구성되었는데 다음과 같은 순서로 차례차례 진격했다.

    제3전대 6번
             22번
             5번
             10번

    제2전대 21번
             8번
             14번
             9번

* 이 전투의 공식 보고서에는 포함의 양동작전이 언급되어 있지 않다.

18번

19번

제3전대

6번 항구 남부에 도달하자 서쪽으로 항진해 중국군 함대 사이를 통과하며 두 발의 어뢰를 쏘았으나 포 구멍에 생긴 얼음 때문에 발사에 실패하였다. 배는 마흔여섯 발의 총탄과 한 발의 호치키스 포탄을 맞았다.

22번 3발의 어뢰를 발사했지만 중국군의 포격이 너무나 격렬해 결과를 확인하지 못하고 퇴각했다. 돌아오는 길에 용묘취 포대(동쪽 포대 가운데 하나) 근처를 둘러보았다.

5번 내원來遠을 향해 두 발의 어뢰를 쏘았으나 빗나간 게 분명하다.

10번 정원定遠을 향해 어뢰 한 발을 쏘았는데 명중한 것 같다. 이 배는 열 발의 총탄을 맞았다.

제2전대

21번 유공도 중심부를 향해 항진했으나 일도 부근에서 모습을 드러냈다. 다시 항구로 방향을 돌리던 중 8번 어뢰정이 파손된 것을 발견하고 배를 예인했다.

8번 방재에 충돌했거나 암초에 부딪혀 파손되었다.

4번 앞의 배(8번)와 같은 상황이 되었다.

9번 앞서 간 배들이 좌초되는지 살피면서 북쪽으로 항진했다. 2척의 중국군 어뢰정이 정원에 접근하는 것을 보고 사이에 끼어들어 어뢰 두 발을 발사했다. 측면 어뢰 발사관에서 발사된 두 번째 어뢰가 거함의 고물에 명중한 것 같다. 곧이어 기관에 포탄 한 발을 맞아 엔진 근처에 있던 병사 대부분이 화상으로 죽었다. 증기가 누출되었으며 배는 중국군 함대로부터 200~300미터 떨어진 지점에 무기력하게 멈춰 섰다.

18번　방재 부근 해안으로 전진했다.

19번　마지막 배로 너무 늦을까 봐 걱정되어 적의 포화가 일으키는 섬광을 향해 출항했다. 기관에서 폭발이 일어난 후 대책 없이 멈춰 서 있던 9번에게 다가가 예인을 시도했다. 하지만 예인이 불가능함을 깨닫고 선원들을 구해 동 트기 직전 퇴각했다.

상기 진술에 따르면 단 4척의 배가 8대의 어뢰를 발사한 것으로 나타난다. 보트 한 척은 포관이 얼어붙었고 다른 5척은 해안을 항해 하다가 파손되거나 망가진 요함을 구원하느라 지체해 공격에서 아무런 역할도 하지 못했다. 배는 대체로 파손이 경미하여 8번과 14번만 수리를 위해 포트아서로 보냈다. 2척의 보트가 소실되었다. 즉 9번은 기관이 폭발한 후 버려졌고 22번은 동쪽 포대 근처에서 좌초되어 중국군 포대의 포격을 받았다. 선원 일부는 해안으로 탈출했으나 일부는 차가운 물속으로 뛰어들어 얼어 죽었다. 남은 선원들은 중국군에게 발각되는 것이 두려워 2월 5일 저녁 구조될 때까지 쥐 죽은 듯이 있어야 했다.

야후시마 중위, 22번 어뢰정 사령관.

모시하라 대위, 제1어뢰정 함대 사령관.

 대여섯 척의 어뢰정이 정원을 타격했다는 보고가 들어왔으나 5일 아침 정원이 여전히 떠 있는 것을 보고 일본군은 매우 실망했다. 정원은 점차 가라앉고 있었지만 갑판은 여전히 물 밖으로 나와 있었던 것이다. 중국군은 가장 위력적인 함선을 잃고 말았다.
 2월 5일 어뢰정을 이용해 또 한 번 야간 공격을 감행하기로 했다. 훗날 이토 제독은 이 명령을 내리면서 자신이 전쟁 기간 동안 그 어떤 지시를 내릴 때보다 고통이 컸다고 고백했다. 전날 밤 일부는 화상으로, 일부는 얼어서 죽었다. 이제 중국군 함대가 경계를 한층 강화할 것이기 때문에 마치 부하를 피할 수 없는 끔찍한 죽음으로 몰고 가는 것처럼 생각되었다. 하지만 명령은 시달되었고 최대한 신속하게 실행에 옮겨졌다.

유격대 수장인 모시하라 사령관은 부하들에게 탈출할 가능성이 거의 없으므로 죽을 것이 확실하다고 말했다. 필요 없는 물건은 모두 없애는 것이 오히려 나았고 손전등 하나면 충분했다. 또 그처럼 무모한 작전을 수행하는 데에는 좌현과 우현 외에 어떤 신호도 필요 없었다. "우리의 배와 몸은 적의 것이다." 이어 모시하라 사령관은 모든 항해 기록과 신호표와 문서로 된 명령서를 없앴다. 하지만 일말의 두려움도 없었다. 병사들은 모두 자신들이 위험천만한 임무에 투입되는 것에 대단히 기뻐했다. 2월 6일 오전 4시에 제2, 제3 어뢰전대가 만의 바깥에서 감시하는 동안 제1전대가 항구로 진입했다. 함대는 다음과 같은 배로 구성되었다.

코타카

23번

13번

7번

11번

13번과 7번은 추진기가 고장이 나서 적에게 접근할 수 없었다. 하지만 나머지 3척은 어뢰 일곱 발을 발사해 적선 3척을 파괴했다. 파괴된 배는 내원과 위원, 그리고 포함인 보벌寶筏이었다. 이번 공격에서 일본군 수병은 한 사람도 다치지 않았다. 중국군은 약 200명의 병사가 익사하는 손실을 입었다. 하지만 다음 날 아침 함대가 대담무쌍한 적의 은밀한 공격으로 줄어든 배의 숫자를 확인했을 때 끔찍한 야간 공격이 끼친 심리적 효과는 아마 무시무시했을 것이다. 항복이라는 주제가 처음 논의된 것이 바로 이날이었다. 유공도 남녀 주민들이 부두 근처에 모여 목숨을 살려 달라고 당국에 간청했다.

2월 5일과 6일 새벽에 있었던 두 번의 어뢰 공격이 유공도의 운명과 남은 북양 함대 함선의 운명을 결정했다. 이때부터 어떤 저항도 성공하기 어려웠고 항복은 단지 암울한 절망에서 나온 완고함으로 유예되고 있을 뿐이었다.

일본군은 어뢰정의 영웅적 전투를 통해 얻은 성과가 해양도에서 함대가 이룩한 성과에 버금간다는 사실을 간파했다. 9월 17일의 전투에서는 12척의 일본군 함선이 8척의 어뢰정을 거느린 14척의 중국군 함대를 만나 5척을 불태우거나 침몰시켰다. 69명이 사망하고 160명이 부상당하는 경미한 피해만 입은 채 말이다. 웨이하이웨이의 어뢰 공격에서는 총 14척*의 보트로 이루어진 병력이 한 척의 철갑선과 3척의 배를 침몰시켰다. 여기서 2척의 어뢰정을 잃었으며 9명이 죽고, 3명이 부상당하고, 5명이 익사하는 손실만 입었다. 이 공격의 간접적인 성과는 물론 섬 요새의 함락과 남은 배의 포획이었다.

포위 마지막 날은 최정예 부대가 동요하기에 충분했다. 침몰한 배의 선체가 남은 배에게 어느 날 밤 그들의 운명이 어떻게 될지를 끊임없이 일깨워 주었다. 이 진저리나는 불안은 공격 자체보다 더 큰 효과를 가져왔다. 중국군은 또 다른 어뢰 공격에 대해 언급하며 2월 7일 오전 4시 30분에 격퇴했다고 전했다. 하지만 일본군은 이

코타카.

* 이전 자료에 따르면 15척이 되어야 한다. 아마 코타카를 계산에 넣지 않은 것 같다.

사건을 전혀 언급하지 않았다. 아마 흥분한 선원의 잘못된 경보였을 것이다. 진짜 공격은 일본군 함대와 동쪽 입구 부근에서 점령한 포대, 그리고 일본군이 포획하여 북쪽 해안에 설치한 몇 대의 박격포로 이루어졌다.

격렬한 포격을 통해 동쪽 포대는 오전 8시 일도에 있는 탄약고를 폭파하는 데 성공한다. 이 포대는 이제 불운한 수비대에게는 잃어버린 것이나 마찬가지였다. 그날 아침 포격 이후 중국군 어뢰정과 2척의 증기정, 13척의 함선이 좌측 입구를 통해 탈출했다. 하지만 제1유격대*의 추격을 받아 모두 포획되었다. 일부는 활용 가능한 상태였고 일부는 암초에 의한 손상을 수리하기만 하면 되었다.

날이 어두워지자 유공도에 있는 중국군 병사들은 사령관에게

제7번 어뢰정.

* 요시노는 다른 어떤 배보다 빨리 전진할 수 있었으며 아마 다른 요함들도 같은 성능을 보유했을 것이다.

목숨을 살려 달라고 간청했고, 정 제독과 정벽광程璧光 장군은 그들을 진정시켰다.

중국군은 8일 동 트기 전에 일본군의 실패한 어뢰 공격이 한 번 더 있었다고 전했다. 하지만 일본군은 이 공격에 대해 언급하지 않았다. 아마 수비대를 지치게 만들기 위한 거짓 공격이었을 것이다. 동이 트고 나서 동쪽 포대가 다시 포격을 시작했고 포탄 한 발이 정원靖遠에 맞아 약 40명의 수병이 죽거나 부상했다. 정 제독에게 새로운 탄원이 이어졌다. 제독은 끝까지 싸우는 것이 수병과 사병의 임무라고 말했다. 하지만 2월 11일까지 지원군이 오지 않으면 정 제독도 그들의 목숨을 구할 방도를 찾아야 했다.

2월 9일 일본군은 해상과 육상으로 또 한 번 연합 공격을 시도했다. 정원은 요새를 포격하기 위해 출격했다. 일본 해군의 나루타 대위는 매우 정밀하게 조준해 해안선 근처 포대의 280밀리미터 포에서 발사한 포탄 두 발로 정원을 타격하는 데 성공했다. 정원은 너무 빨리 침몰하여 선원들이 미처 항복할 겨를조차 없었다.

중국군 함대는 이제 4척의 배와 몇 척 안 되는 포함으로 줄어들었고 선원의 수도 적의 포격으로 급격히 줄어들었다. 유공도에 있는 병사와 주민은 일본군 포탄의 성능에 기가 죽었다. 거의 매일 밤 어뢰 공격이 있다는 보고가 들어왔다. 이 같은 보고가 확인되지는 않아도 끊임없는 비상경보는 분명 중국군의 사기를 심각하게 떨어뜨리는 효과를 낳았을 것이다. 탄약도 거의 바닥이 났다. 정 제독이 2월 11일 밤 이홍장으로부터 한 통의 전보를 받은 것도 바로 이와 같은 상황에서였다. 전보에는 지원군을 파견할 수 없으며 다른 항구로 대피할 것을 권유하는 내용이 담겨 있었다. 이 충고를 따를 방법은 전혀 없었다. 강력한 일본군 함대가 상시 감시하고 있었고 중국군 전함은 속도가 매우 느렸다. 동시에 수병들과 사병, 주민들은 약속된 시간이 되었는데도 지원군이 도착하지 않으니 항복하라고 아우성이었다.

정 제독은 마침내 영웅적인 결심을 포기해야 했다. 그날 밤 정 제독은 이토 제독에게 항복 의사를 밝히는 편지와 함께 광병廣丙호의 함장인 정벽광程壁光을 보낼 준비를 했다. 2월 12일 아침 전령은 진북鎭北호를 타고 백기를 휘날리며 출발했다. 그리고 같은 날 술과 여타 사치품을 포함한 상당량의 선물과 함께 이토 제독이 보내는 호의적인 답신을 가지고 돌아왔다. 그러자 정 제독은 이토 제독에게 또 한 통의 편지를 썼다(이것이 그의 마지막 편지였다). 편지에서 그는 부하의 목숨을 살려준 데 대해 제독에게 감사를 표한 뒤 포대와 배를 인도할 시간을 연장해 달라고 요청했다. 정 제독은 두 나라가 전쟁 중이라는 이유로* 선물을 거절했다. 편지를 쓴 후 정 제독은 이홍장에게 보내는 전보 한 통을 더 쓰고 자신의 막사로 들어가 다량의 아편을 삼키고 자살했다.

두 제독 간의 서신 왕래는 역사의 고귀한 한 면을 장식했다. 이토가 보낸 첫 번째 편지는 다소 연대기적 형식을 띤 것으로 한 일본 잡지에 따르면 1월 25일 영국 전함 세번Severn호를 통해 전달되었다고 한다. 이날은 웨이하이웨이를 공격하기 며칠 전이다. 유럽 독자들은 항복을 권유하는 서신이 그처럼 빨리 전달된 것을 이상하게 생각할 것이다. 하지만 일본군은 자신들의 우월성과 중국 군사제도의 부패에 대해 너무나 강하게 확신하고 있었기 때문에 상대 병사에게 적시에 경고하는 것이 관대한 행동이라고 생각했다.

이 서신은 뛰어난 저작물로서 현대사에 대한 놀라운 통찰을 보여준다. 중국의 가장 절친한 우방조차 이토 제독이 자신의 편지에서 기술한 것보다 더 탁월하게 중국 사회 체제의 결함을 지적하고 치료법을 제시할 수는 없었을 것이다. 이 편지는 일본 육군과 해군이 중국의 마지막 요새를 파괴하고 유일하게 남은 전투 함대를 포획하기 며칠 전에 발송한 것이었다. 어떠한 요약본도 그 내용을 제대로 전달할 수 없으므로 편지가 수록된 부록*을 참고할 것을 독자들에

---

* 중국에는 하찮은 일로 의심하는 풍조가 만연해 있었다. 만약 정 제독이 이토의 선물을 받았다면 수백만 명의 동포로부터 항복하도록 술로 매수당했다고 의심받았을 것이다.

게 간곡히 권한다. 아마 중국은 수치스럽고 굴욕적인 순간에도 영웅들의 나라에 굴복했다는 사실을 떠올리며 위안을 찾았을지도 모른다. 전대미문의 승리로 환희에 들뜬 상황에서 적에게조차 우정을 보여 준 보기 드문 평정심을 간직한 그런 영웅들의 나라 말이다.

정 제독은 항복하기 전 배와 군수물자를 모두 파괴하지 않았다는 비난을 받았다. 하지만 정 제독이 배를 파괴하기 위해 수병을 모으려고 했으나 소용없었고 유럽에서도 항복할 때에는 대개 군수물자가 적에게 고스란히 인도된다는 점을 지적해야겠다. 다른 이들은 정 제독이 자살한 것을 비난했다. 이 같은 비난에 대해서는 중국의 윤리 덕목에 따르면 자살을 비난하지 않는 경우도 있음을 언급하는 것으로 충분할 것이다. 또한 정 제독이 처한 특수한 상황에서는 유럽인조차 자살을 용서받을 수 있다는 점을 덧붙인다. 중국의 야만적인 법에 따르면 가족 구성원 중 한 사람의 범죄에 가족 전체가 연루된다. 정 제독이 자살하지 않았다면 그의 일족 모두가 살해되었을지 모른다. 그러나 자기희생적인 위대한 행동을 한 후에도 정 제독은 정부로부터 추서되는 영예를 누리지 못했다.

정 제독을 존경한 이는 오직 이방인뿐이었다. 정 제독의 죽음을

---

* 부록 F 참조

전해 듣고 깊은 감동을 받은 이토 제독은 포획한 중국 함선 가운데 한 척을 돌려보내 합당한 예의를 갖춰 시신을 체푸까지 운반하라고 지시했다. 배가 떠나기 전 일본군 장교들이 시신을 조문했는데 중국인과 외국인은 이들이 정중하게 경의를 표하는 것을 보고 깊이 감동했다. 체푸에서는 외국 전함이 시신을 뒤따르기 위해 파견대를 보냈다.

정 제독의 죽음 이후 중국군 장수와 다른 주요 관리가 잇따라 자살했다.[100] 일본군은 항복 협상을 어떻게 지속할지 매우 난처한 상황에 놓였다. 일본군은 외국인과의 협상을 모두 거절하고 유공도에 있는 최고위 중국 관리가 항복 절차를 준비해야 한다고 요구했다. 도태道台[101] 우창병牛昶炳이 살아남은 최고위 관리였다. 따라서 그는 포대와 배 등의 인도와 중국군 병사와 수병의 출발에 관한 11개 조항으로 이루어진 협정*에 일본군 장수와 서명했다.

이토 제독이 정 제독의 시신을 체푸까지 운반하도록 강제康濟호를 되돌려 보내자 중국군은 깊이 감동받았다. 도태 우牛는 제독의 호의에 감사를 표하는 편지를 보냈다. 이때까지도 협상은 그처럼 심각한 상황에 걸맞게 위엄 있게 진행되었다. 하지만 마지막 순간 희극적인

---

* 이 협정의 내용의 자세한 내용은 부록 F 참조.

사건이 벌어졌다. 일본군에게 인도된 배 가운데 한 척인 광병廣丙은 북양 함대 소속이 아니었다. 북부 함대 작전에 참여하기 위해 광을廣乙, 광갑廣甲과 함께 캔턴廣東 함대에서 파견된 배였다. 이 배들은 전쟁이 발발하자 한동안 대기 상태에 묶여 돌아갈 수 없었다. 광을은 7월 25일 풍도에서 파괴되었고 광갑은 9월 17일 해양도 전투 직후 좌초되어 폭파당했다. 따라서 유일하게 남은 배는 광병뿐이었다. 광병의 함장 정벽광程壁光은 배 한 척 없이 홀로 캔턴廣東 함대로 돌아가야 한다는 사실에 다소 부담을 느껴 일본군에게 광병을 돌려달라고 요청했다. 광병이 이번 전쟁에 참여하지 않은 캔턴 함대 소속이라는 점을 내세우면서 말이다. 나중에 도태 우는 이처럼 우스꽝스러운 요청을 되풀이한다. 이 일은 이제까지 전쟁 중에 발생한 일 가운데 가장 우스꽝스러운 사건이었다. 편지 내용이 부록*에 수록되어 있다. 이 사건은 중국에 있어 국가 관념의 완벽한 부재와 함께 전쟁이든 평화든 모든 국제 관계에 대한 중국인의 유아적 사고를 그 어떤 것보다 잘 보여 준다.

항복 협정에 따라 풀려난 중국군의 수는 다음과 같다.

---

* 협정 내용에 대해서는 부족 H를 참조하라.

해군 장교 183명

학생 30명

준위와 수병 2,871명

육군 장교 40명

사병 2,000명

총 5,124명

인도된 배는 진원(7,430톤), 평원(2,850톤), 제원(2,355톤), 광병(1,050톤)과 6척의 소형 포함이었다. 이 배들은 탈출을 시도하다 포획된 7척의 어뢰정과 다시 띄울 수 있는 침몰선 몇 척과 함께 상당 수준의 함대를 이루고 있으며 그 가치는 3,000만 엔*으로 추산된다.

소거 작업이 끝나자 일본군은 모든 내륙 포대를 비우고 파괴한 후 사용 가능한 포와 군수품만 옮겼다. 수비대가 유공도에 배치되었고 나머지 군대는 만주에 있는 나머지 병력과 합류하기 위해 다롄을 향해 다시 출항했다.

전적으로 이토 제독의 책임 아래 항복 절차가 이루어졌기 때문에 제독은 정부가 자신의 조치를 어떻게 생각하는지 확인하기까지 노

---

* 약 300만 스털링 파운드.

심초사했다. 하지만 정부는 그의 조치를 적극 지지했다.

　웨이하이웨이 전투는 아주 짧은 기간에 벌어졌다. 첫 번째 부대가 1월 20일에 상륙했고 2월 16일에 요새와 배를 접수했다. 4주 만에 군대가 상륙하고 진격해 점령한 것이다. 일본군은 중국군의 출발을 돕기 위해 나흘간의 여유를 주기까지 했다. 전투는 1월 30일부터 2월 12일까지 단 2주일 동안 진행되었다. 폭풍우만 아니었다면 그렇게 오래 끌지도 않았을 것이다. 폭풍우로 이틀간 모든 작전은 유예되었고 중국군은 서쪽 포대에 있는 포를 파괴할 시간을 갖게 되었다. 웨이하이웨이 전투는 이번 전쟁에서 가장 극적인 사건이었고 웅장한 효과를 드높이는 데에 어느 것 하나 부족함이 없었다.

　만을 둘러싼 산은 전투의 승패를 관찰할 수 있는 거대한 원형극장이었다. 육군 무관과 전 세계 주요 해군의 전함은 비상한 호기심을 갖고 모든 작전을 지켜보았다. 일본군은 국가라는 관객 앞에서 연기하고 있음을 깨닫고 자신들의 기술력과 대담함의 원천을 매일 보여주기로 결심했다. "눌라 디에즈 시네 리네아Nulla dies sine linea(한 줄도 안 쓴 날이 단 하루도 없었다.)"는 말은 일본군의 행동을 지배한 좌우명이었다. 유공도의 완강한 저항은 투키디데스가 너무나 생생하게 기록한 펠로폰네소스 전쟁의 스팍테리아 섬[102] 방어전을 떠올리게 해 주며, 일시적인 불확실성이라는 요소 때문에 더욱 흥미로웠다.

정여창 제독.

단 며칠 만에 일본군은 육상과 해상을 통해 현대적 전투 기법을 모두 보여 주었다. 포대를 향한 용감한 돌격, 포와 배의 능숙한 조종, 침몰한 선체로 항구를 온통 뒤덮는 과감한 어뢰 공격. 일본군은 필연적인 항복을 쟁취할 때까지 미리 그 운명이 결정된 함선을 향해 무자비한 압박을 지속적으로 가했다. 그리고 뒤를 이어 두 제독은 감동적인 서신을 주고받았다. 이토가 자신의 첫 번째 편지에서 예견했듯이 조국의 불행한 결함의 결과로 희생양이 된 정 제독의 비극적인 운명, 그리고 그의 시신을 경건하게 조문하는 일본군 장교의 위풍당당한 모습은 기사도 역사상 가장 인상적인 장면에 비견될 것이다.

제7장
첫 번째 평화 사절

포트아서 함락 직후 일종의 비공식 평화 사절[103]이 일본에 파견되었다는 기록이 있다. 하지만 일본은 적절한 신임장을 구비하지 못한 인물과 협상하지 않겠다고 정중히 거절했다. 이후 중국은 웨이하이웨이 전투를 준비하는 동안 또 다른 평화 사절을 보내 일본과 협상하기로 계획했다. 사절은 두 명의 고위 관료로 구성되었는데 그중 한 사람은 워싱턴 공사로 근무한 적이 있었다.[104] 포스터Foster의 임무는 비공식 고문에 한정되었다. 미국으로부터 포스터가 도착하기까지 오랜 시간을 허비했다. 포스터가 도착했어도 두 명의 중국 사절은 조금도 출발을 서두르지 않았다. 마침내 일본군의 융청 상륙과

웨이하이웨이 진격 소식이 전해지자 평화 사절은 그제서야 출발을 재촉해 1월 31일에 히로시마에 도착했다. 사절단에 속한 인물들의 대한 화려한 명부는 다음과 같다.

장음환張蔭桓 황제 폐하의 전권대신이자 특명전권공사
소우렴邵右濂 황제 폐하의 전권대신이자 특명전권공사
오정방伍廷芳 두등참찬頭等參贊, 道員
고조신顧肇新 이등참찬郎中
서량瑞良 이등참찬內閣侍讀
양성梁誠 삼등참찬道員
황승을黃承乙 삼등참찬道台
심탁沈鐸 번역관知府
나경령羅庚齡 번역관知州
노영명盧永銘 번역관知縣
초여제招汝濟 통역知縣
장동화張桐華 통역知府[105]
장좌흥張左興 통역知縣
상어평 번역관
조세렴趙世廉 번역관鹽大使

제7장 첫 번째 평화 사절   345

심공장沈功章 번역관訓導

서초徐超 포리문布理問

서명徐銘 현승縣丞

장화방 학생學生

이경기 학생學生

왕우언 학생學生

이왕두 공식임명 상인

시홍성 공식임명 상인 (제5등급)

시성치 공식임명 상인 (제5등급)

류슈린 공식임명 상인 (제6등급)

이 모든 허식은 사절단의 실제 성격을 위장하기 위한 것이었다. 2월 1일 양국 전권대신이 신임장을 교환했을 때 중국 사절의 신임장이 충분하지 않다는 사실이 드러났다. 2월 2일 대일본전권변리대신은 중국 사절이 전권을 갖지 않고 모든 문제를 베이징에 문의해야 하기 때문에 협상이 중단된다는 내용의 비망록을 제시했다. 일본은 중국이 충분한 신임을 받은 전권대신을 보낸다면 언제든지 기꺼이 협상을 재개할 생각이었다.

이례적인 협상 중단은 전 세계를 놀라게 했다. 중국은 진심으로 평화를 갈망한다는 것을 보여 주기 위해 온갖 대외 보증을 제시했다. 한 미국인 정치가가 비공식 고문으로 사절단에 특별히 참가했다. 베이징 주재 미국 공사에게는 신임장 양식 초안을 만들어 달라고 요청했다. 하지만 마지막 순간 그가 만든 초안이 은밀히 파기되었고 공허하고 의미 없는 신임장으로 대체되었다. 포스터와 미국 공사는 우스꽝스러운 입장에 놓이게 되었다. 하지만 중국이 감수해야 했던 손실에 비하면 이것은 지극히 사소한 것이다. 중국은 전 세계의 조롱거리가 되었고 수천 명의 목숨과 막대한 돈을 낭비했으며 북양 함대 전체가 침몰하거나 포획되었다. 이 모든 것이 성공하지도 못할 유아적인 속임수로 장난을 친 대가였다.

 신임장 내용과 전권대신 사이에 교환된 모든 서신이 부록에 수록되어 있다.*

---

* 부록 I 참조.

제8장
만주 전투의 지속

우리가 마지막으로 만주에서의 일본군 작전을 기술했을 때 제3사단으로 대표되는 가쓰라 중장 휘하 제1군은 하이청海城에 주둔하고 있었다. 그곳에서 12월 19일과 1월 17일, 1월 22일, 세 차례에 걸쳐 도시를 재탈환하려는 중국군의 시도를 격퇴했다. 여단으로 대표되는 노기 소장 휘하 제2군은 1월 10일 가이핑을 점령했다. 두 군대는 압록강과 진저우에서 각각 출발해 랴오허에 집결하더니 마침내 하나의 단일 부대를 이루었다. 이 부대에서 제3사단이 우익을 형성했고 노기 장군의 여단은 좌익을 이루었다. 따라서 부대의 움직임을 각기 분리해 다룰 필요는 없을 것이다.

2월 초 웨이하이웨이의 운명이 결정되는 동안 만주에서는 양측 군대 모두 어떤 움직임도 보이지 않았다. 하지만 이후 중국군이 하이청에 대해 두 차례에 걸쳐 차마 공격이라고는 할 수 없는 일종의 진격을 시도했다. 하이청은 다섯 개의 산으로 둘러싸여 있었는데 그중 네 곳을 일본군이 점령했다. 다섯 번째 산은 절목성으로 가는 통신선상에 있었고 적의 어떤 공격으로부터도 안전했기 때문에 수비할 필요가 없었다. 네 곳의 요새화된 산의 위치는 다음과 같다.

당왕산唐王山 하이청 남서쪽 약 4킬로미터 지점
경갑산景甲山 하이청 서쪽 약 1.6킬로미터 지점
환희산歡喜山 하이청 북쪽 약 1.6킬로미터 지점
쌍용산雙龍山 하이청 북동쪽 약 1.6킬로미터 지점

하이청 동남쪽은 산악지대였다. 하지만 서북쪽으로는 하이청 북북동 방면에 두 개의 산과 넓은 평원이 있었다. 뉴좡 강은 남쪽으로부터 하이청까지 북서 방향으로 흐르다 경갑산 부근에서 가파르게 꺾여 랴오허 강까지 거의 정확하게 서쪽으로 흘렀다. 당왕산과 경갑산, 환희산과 평원에 있는 두 개의 산은 강의 흐름과 거의 수직선상에 놓여 있다.

2월 16일 중국군은 뉴좡(구)과 랴오닝 길에 위치한 진지에서 출발해 일본군 전선 최전방을 따라 진격했다. 처음 일본군은 중국군이 가까이 다가오도록 유도하기 위해 중국군의 포격에 대응하지 않았다. 하지만 오전 11시가 되자 이같은 기대가 소용없음을 깨닫고 포격을 개시했다. 중국군은 점차 포격 사정거리 밖으로 퇴각했다. 당왕산과 쌍용산의 두 진지를 향해 중국군이 사격 범위 안으로 전진했으나 몇 차례 일제 사격을 가하자 재빨리 물러났다. 이는 전투가 아니라 일종의 포격 교환이었다. 중국군 포수의 형편없는 사격술 덕분에 일본군은 3명이 죽고 11명이 부상하는 손실만 입었다. 동시에 일본군은 적이 크게 나아졌다는 사실을 깨달았다. 이번에는 이전보다 훨씬 더 가까이에서 포탄이 날아왔다. 하지만 12문의 포로 하루 종일 싸워 3명이 죽은 것은 아주 보잘것없는 전과였다. 중국군은 약 1만 6,000명에 달했는데 일본군의 추산에 따르면 150명이 죽었다고 한다.

이 전투에 대한 중국 측 설명에 따르면 일본군의 포 3문을 포획했지만 격렬한 포격 때문에 퇴각했다고 한다. 다음 문장은 통째로 인용할 가치가 있다.

"퇴각하면서 우리는 매복했고 뒤따르는 적을 유인할 목적으로 병사들을 일부러 무질서하게 만들었다. 하지만 목적을 달성하지는 못했다."

중국군은 송 장군과 이크탕아 장군의 지휘 아래 하이청을 지속적으로 공격했다. 하지만 이제 새로운 지도자가 나타나 도시를 수복하기 위한 마지막 시도를 했다. 오대징吳大澂(1835~1902)은 1885년 톈진 조약을 협상하는 과정에서 이홍장을 도운 인물로 일본군과의 전투를 위해 북쪽으로 파견되었다. 전쟁의 중심부에 도착하자 오대징은 성명서를 발표했는데 이것이 큰 반향을 일으켰다. 그는 자신이 일본군을 격파하기 위해 왔다고 알렸다. 그러면서 일본군의 불쌍한 처지를 동정하며 자신의 진지로 귀순할 것을 권유했다. 일본군을 자신의 병사처럼 대하겠노라고 다정하게 덧붙이는 것도 잊지 않았다. 그러나 당시 중국군 병사들은 제대로 먹지도 못하고 대접도 받지 못했으며 급여를 갈취당하는 경우가 잦았기 때문에 그처럼 우스꽝스러운 약속은 병사들의 탈주를 오히려 부추겼다.

오대징은 진격에 앞서 전략적인 시도를 감행했다. 중국군은 2월 21일 하이청을 향해 진격하기 전 절목성을 공격함으로써 일본군 통신선을 위협했다. 이번에는 중국군이 훨씬 더 소심하게 16일에 벌였던 것과 같은 작전을 되풀이했다. 한 부대가 일본군 진지에서 1.6킬로미터 이내까지 진격하더니 일본군이 사격을 개시하기도 전에 후퇴했다. 또 한 부대는 좀더 가까이 진격했지만 첫 사격에서 물러났다. 마침내 다른 부대가 일본군 참호에 사격을 퍼붓기 시작했는데 분명 커다란 소음으로 일본군을 겁먹게 만들려고 했던 것 같다. 중국군은 2만 명의 병력에 20문의 포를 가졌으나 고작 일본군 2명을 죽이고 6명을 부상시켰을 뿐이었다. 중국군의 손실은 100명 정도였는데 이유는 일본군 포병이 정확하게 포격했기 때문이었다.

이제 일본군이 오랫동안 미뤄 온 공격을 추진할 시간이 되었다. 공격이 너무나 신속하게 이루어지고 각기 다른 사단이 매우 정확하게 움직임으로써 2주일 만에 일련의 압도적인 타격으로 중국 육군 대부분을 격파하여 해산시켰다. 연합 일본 육군의 좌익이 전투를 개시했다. 야마지 장군이 이제 노기 장군과 연합함으로써 가이핑 주변 일본군은 약 1만 2,000명에 달했다. 이들 부대를 이끌고 태평산太平山으로 진격해 별다른 어려움 없이 점령했다.

송 장군 휘하 중국군은 세 방향*에서 진격했는데 약 1만 2,000명의 병력이 12문의 포를 보유하고 있었다. 중국군은 자신들의 참호까지 퇴각했고 참호는 차례차례 폭파되었다. 세 곳은** 큰 어려움 없이 점령되었으나 네 번째 참호***의 중국군은 완강하게 저항했다.

---

* 백묘자白廟子, 강가보자姜家堡子, 노야묘老爺廟.
** 소평산小平山, 태자와太子窩, 동칠리東七里.
*** 서칠리西七里.

중국군은 1,600미터 거리에서 공격해 오는 일본군 포격과 정면과 양 측면 3개 대대의 공격을 견뎠다. 오후 4시가 되자 공격 부대 일부에서 탄약이 떨어져 적의 포격을 피해 엎드려야 했다. 2개 중대가 지원군으로 전방에 파견되었다. 장교들은 병사들에게 사격을 중단하고 총검을 사용하라고 말했다. 일본군은 참호로 돌격했고 사이토 소좌도 칼을 높이 쳐들고 앞으로 돌격해 수비병을 베어 쓰러뜨렸다. 중국군은 오후 5시 30분 백묘자白廟子까지 퇴각했다. 일부 부대는 신형 독일제 연발총으로 무장하고 무연 화약을 사용하고 있어서 적에 비해 군 장비면에서 우월했다.

일본군 부대는 오전 2시에 출발해 오후 11시까지 막사로 돌아가지 못한 채 무장하고 21시간 동안이나 눈 속을 행군했다. 제1연대에서는 394명이 발에 동상을 입었고 15연대에서는 훨씬 더 많은 환자가 생겼다.

태평산과 주변 진지 공격에는 두 가지 목적이 있었다. 중국군 전선을 무너뜨리고 잉커우에 주둔한 송宋의 군대를 포위함으로써 이들이 뉴좡(구)과 랴오닝에 있는 또 다른 중국군 부대와 연합하지 못하도록 막는 것이었다. 이것은 수일간 펼쳐질 군사작전의 중요한 목표였다.

뉴좡(구)과 랴오닝에 본부를 둔 두 중국군 부대는 하이청으로부터의 빈번한 퇴각 이후에도 아주 먼 거리까지 물러난 적은 없었다. 이 부대는 아직까지 큰 타격을 입지 않았다. 아무리 먼 거리라도 끝까지 추격전을 벌이는 일본군의 전투 계획안에 포함된 적이 없었기 때문이다. 동시에 일본군 병력도 대담한 공격을 펼칠 만큼 충분한 규모를 갖추지 못했다. 하지만 2월 말에 접어들면서 더 이상 통신선을 보호할 필요가 없게 된 제5사단 일부가 하이청으로 파견되었다. 중국군 장수가 랴오닝으로 이동했기 때문이다. 가쓰라 장군은 이제 공세를 검토해야 했다.

하이청에서 뉴좡, 하이청에서 랴오닝, 그리고 뉴좡에서 랴오닝으로 이어지는 길은 삼각형을 이루고 있었다. 교차로 외에도 하이청에서 뻗어나간 네 갈래의 또 다른 길이 있었다. 중국군은 동쪽 세 갈래 길과 하이청에서 랴오닝으로 이어지는 길을 따라 주둔해 있었다. 하이청의 지리적 이점을 살려 이들 여러 갈림길을 따라 중국군을 몰아붙임으로써 뉴좡 부대가 랴오닝으로부터 떨어져나가도록 만드는 것이 가쓰라의 목표였다.

2월 28일 오전 3시 제3사단이 하이청을 출발했고 총검을 장착한 제7연대가 오전 4시에 시토산[106]을 점령했다. 제6연대는 정면에서 사하원沙河園을 공격했고 그사이 제6여단이 사하원 좌측을 공격한 후 장호대長虎臺로 이동했다. 오전 7시경 앞에 언급한 네 길 가운데 가장 안쪽 두 길에 위치한 모든 진지가 점령되었다. 그리고 가장 서쪽으로 난 길을 따라 진격하던 제5연대가 오전 10시경 대비둔大貴屯을 점령했다. 이제 중국군의 전선은 모두 뒤쪽으로 밀려나고 말았다.

전투에 참가한 1만 5,000명의 중국군 가운데 일부가 보뢰둔普賴屯으로 후퇴하고 나머지는 뉴좡(구)까지 후퇴했는데 이는 가쓰라 장군이 예견한 그대로였다. 아직도 하이청에서 랴오닝으로 이어지는 네 번째 길이 남아 있었다. 제6여단이 포병 일부를 이끌고 이 방면으로 갈라져 나와 오후 2시경 동연대東煙臺 인근 고지대를 점령했다. 일본군은 장교 1명과 병사 85명이 부상하고 10명이 죽는 손실을 입었고 중국군은 160명의 사망자를 냈다.

다음 날인 3월 1일에는 마지막 작전, 즉 랴오닝 부대에 대한 추격전이 계속되었다. 제3사단은 두하보頭河堡에서 야영하고 오전 7시에 중국군이 주둔 중인 단천보丹泉堡를 향해 진격했다. 오전 11시 45분 이곳 진지가 점령되었다. 일본군은 하이청과 랴오닝, 랴오닝과 뉴좡 길이 만나는 지점까지 밀고 올라갔다. 두 중국군 부대는 이제 완전히 갈라지게 되었다. 도로의 독특한 배열 때문에 가쓰라 장군은 이들 부대를 하나씩 격파할 수 있었다.

랴오닝 부대에 대한 추격전은 3월 2일에도 방금 언급한 두 길의 교차점을 지나 상당한 거리까지 계속되었다. 이때 자신의 부대를 모두 합친 가쓰라 장군은 진격 명령을 바꿔 선봉대를 후방 수비대로 전환하고 뉴좡을 공격하기 위해 랴오닝과 뉴좡 간 도로를 따라 진격했다. 3월 4일 뉴좡(구)은 북쪽과 북서쪽, 동쪽 방면에서 진격한 3종대의 공격을 받았다. 북서쪽에서 공격하는 종대는 잉커우와 전장대로 이어지는 도로를 장악하기 위해 이가보李家堡 근처의 한 진지를 점령했다. 일본군은 자신들의 평상시 전술을 사용해 중국군 주위를 포위하며 진격했고 병력 일부는 퇴로를 위협했다. 그 사이 또 다른 부대가 정면에서 공격했다.

전투는 오전 9시에 시작되었는데 일본군은 곧 격렬한 저항에 직면했다. 중국군은 동쪽 난간을 두껍게 쌓고 집집마다 총안을 내었다. 더욱이 중국군은 개틀링 기관포를 가지고 있었고 무연 화약을 사용했기 때문에 한 일본군 종대가 횡단해야 했던 개방 지형에는 총탄 세례가 휩쓸고 지나가기도 했다. 중국군이 자신들이 소유한 무기에 걸맞은 자질을 갖췄다면 일본군은 그 지역을 통과할 수 없다고 토로했을지도 모른다. 하지만 오후 2시 30분경 도시가 함락되었고 수비군은 잉커우 방면으로 달아났다. 약 5,000~6,000명의 부대가 탈출에 실패하면서 일본군은 이들을 상대로 치열한 시가전을 벌였다. 이 전투로 일본군은 심각한 인명 손실을 입었다. 밤늦게까지 전투가 계속되었고 저녁 11시까지 총소리가 들렸다. 양조장에 자리 잡고 있던 대규모 중국군 부대는 일본군 공병이 다이너마이트로 벽 일부를 폭파할 때까지 완강히 저항했다. 하지만 폭발이 일어나자 엄청난 공포심을 느낀 300명 가까운 중국군이 무기를 버리고 항복했다.

일본군은 42명이 죽고 174명이 부상당했으며 중국군은 약 1,800명이 죽고 2,000명 이상이 포로로 잡혔다. 중국군이 심각한 피해를 입은 것은 역시 일본군이 포로 퇴각을 저지했기 때문이다. 정밀함을 거의 즐기는 듯 일본군은 포획된 전리품 목록을 치밀하게 작성했다. 목록은 다음과 같다.

총 2,138대
소형 탄약 1,518,000발
야전포 1문
산포 12문
진지포(60mm) 2문
깃발 216개
수발총 42대
탄약 1,648상자
쌀 1,120코쿠*

밀 150코쿠

옥수수 110코쿠

전군의 짐을 나르기에 충분한 수의 말

텐트 80~90개

말가죽 구두 213개

수많은 옷과 털 코트, 야전 솥, 기타 물품

가쓰라 중장. 107

뉴좡(구)을 점령한 직후 가쓰라 장군은 제3사단을 이끌고 랴오허 강 하류에 위치한 잉커우를 향해 진격했으나 야마지에게 선수를 빼앗기고 말았다. 3월 6일 야마지 장군은 잉커우와 하이청, 잉커우와 전장대 간 도로의 교차점에 위치한 후가유방侯家油房으로 진격했다. 잉커우를 오랫동안 수비해 온 송 장군은 잉커우에서 철수해 전장대로 퇴각해야 했다. 일본 육군의 양 날개 사이에 끼어 전멸될까 두려웠기 때문이다. 잉커우는 소규모 수비대가 방어하기는 했지만

---

* 1코쿠는 약 5부셸에 해당한다.

거의 저항하지 않았다. 3월 7일 일본군은 랴오허 강(遼河) 양안에 위치한 모든 요새를 점령했다. 랴오허 강은 얼어붙은 상태여서 아무런 장애도 되지 않았다.

야마지 장군은 장교를 파견해 외국 공사들에게 일본군이 잉커우의 외국인 거주지를 점령할 예정이라고 알렸다. 항구에서 일본군은 또 한 척의 북양 함대 소속 함선을 포획했다. 이 배는 겨울 내내 얼음 속에 갇혀 있었다. 이제 북양 함대 가운데 파괴되거나 포획되지 않은 배는 단 2척뿐이었다.

일본 육군의 우익과 좌익을 이루는 제3사단과 제1사단은 뉴좡(구)과 잉커우를 점령한 후 함께 철수하더니 이제는 전장대를 향해 동시에 진격했다. 전장대는 뉴좡과 잉커우에 주둔한 중국군의 총사령부가 석 달 동안 주둔했던 곳이다.

3월 9일에 공격이 이루어졌다. 뉴좡에서와 마찬가지로 일본군은 3열종대로 공격했다. 작전은 오전 7시에 개시되었고 오전 10시 30분에 전장대가 점령되었다. 종대 하나가 퇴로에 포진해 있었기 때문에 패주하는

노즈 중장*

* 노즈 중장은 압록강 도하 직후 야마가타 원수가 떠난 후에 제1군 지휘를 맡게 되었다. 그는 뉴좡 점령 후 육군원수로 임명되었다.

중국군은 포격에 그대로 노출되었다. 이로 인해 1,000여 명이 전사하였다. 중국군의 총 손실은 2,000명으로 추산되는 반면 일본군의 사상자는 80명에 불과했다. 전투에 참가한 중국군은 약 1만 명뿐이었다. 뉴좡과 잉커우에서 패주한 군대 일부는 이미 내륙 안쪽으로 멀리 퇴각했을 것이다.

  2월 24일 태평산에서 있었던 야마지의 견제 작전으로 일본군의 공세가 시작되었고 2월 28일과 3월 1일 랴오닝 군대를 격퇴했다. 계속해서 4일에는 뉴좡을 점령했고 7일에는 잉커우를, 9일에는 전장대를 점령했다. 이 14일간의 전투가 이 전쟁의 마지막 전투였다. 더 이상의 전투는 있을 수 없었다. 중국은 이제 전적으로 일본군의 손에 내맡겨졌다. 짧지만 놀라운 일련의 작전을 통해 랴오닝 주둔 부대는 제국의 나머지 지역과 단절되었고 남은 군대는 회복할 수 없을 만큼 궤멸되었다. 또 일본군은 적의 영토 안에서 최후의 일격을 가할 준비가 된 10만 명의 병력을 보유하고 있었다. 잉커우 점령으로 머지않아 얼음이 녹아 바닷길이 열리면 일본군은 베이징에 보다 가까운 새로운 해군 작전기지를 보유할 수 있었다. 웨이하이웨이에 있는 북양 함대의 궤멸로 이제 일본군은 아무런 방해도 받지 않고 바다를 호령할 수 있게 되었고 원하는 시기에 원하는 방법으로 원하는 지역을 공격할 수 있었다.

더 이상 중요한 작전은 없었지만 두 사건에 대해서는 언급할 필요가 있다. 3월 15일 일본에서 출발한 3차 원정대가 페스카도리스(평후 제도澎湖諸島)로 향했다. 페스카도리스는 본토와 포모사 섬(타이완臺灣) 사이에 위치한 군도로 포모사에 대한 작전기지로는 탁월한 위치였다. 몇 차례 척후 활동 끝에 23일 군도의 주요 섬인 평후 섬澎湖島을 공격했다. 일본군이 요새를 포격했고 요새도 응사했으나 배를 타격하지는 못했다. 요시노吉野가 피해를 입었지만 이는 해도에 표기되지 않은 물속의 암초 때문이었다. 부대 하나가 상륙해 별다른 저항 없이 요새를 점령했다. 일본군은 3명이 죽고 28명이 부상하는 손실만 입었다.

수비대는 겁에 질린 양처럼 도망갔고 공황 상태에 빠진 병사들은 서로 짓밟으며 서둘러 해안으로 달아나 범선과 보트 안으로 도망쳤다. 그처럼 수치스러운 혼란 속에 치러진 중국군의 마지막 전투에서 보기 드물게 용기를 보인 몇 가지 사례를 기록하게 된 것은 그나마 다행이었다. 한 요새에서 모든 수비군이 제대로 저항하지도 못한 채 도망치는 동안 6명의 병사가 여기저기에 자리 잡고 적에게 타격을 주려 애썼다. 또 다른 경우에는 20~30명의 병사로 이루어진 두 부대가 전 일본군의 진격에 용감하게 맞섰다. 최정예 부대가 얼마나 공포감을 느꼈는지를 생각할 때 이 숨은 영웅들의 이례적인 행동은 특별한 찬사를 받아 마땅하다. 다만 조국의 보다 밝은 미래를 깨우쳐 줄 이들의 이름이 기록되지 않은 것은 안타까운 일이다.

　페스카도리스 원정은 일본군 전 함대를 투입할 정도로 중요하지는 않았다. 따라서 함대 일부는 북쪽에서 페호白河* 해빙 이후 톈진으로 몰려드는 외국 선박을 수색하느라 바빴다. 일본군 장교들은 자신들의 임무를 매우 정중하면서도 완벽하게 수행하였다. 바다에서의 수색은 별 소득이 없었다. 하지만 익생益生호가 페호 입구에 위치한 다구大沽에서 거룻배에 화물을 부리는 동안 일본 전함이 파견한 보트가 다가가 상자를 열어 보라고 요구했다. 상자 속에는 탄약이 들어 있었다. 24만 개의 탄약 선적물 가운데 일부였다. 이 밀수품은 거짓 신고서로 선적된 것이었고 신고 내용물은 죽절강(뱀부스틸)이었다. 물론 일본군은 익생호를 해상 포획 심검소까지 데려가 한동안 억류하다가 결국 밀수품을 제외한 모든 화물과 배를 풀어 주었다. 일본 해군의 첫 번째 작전이 고승호의 침몰이었고 마지막 작전이 익생호 나포였다는 사실은 기이한 운명의 장난이었다. 두 증기선 모두 같은 회사 소속이니 말이다.

---

* 겨울 동안 얼음으로 항해가 중단되는 톈진의 강.

제9장
두 번째 평화 사절

1차 사절의 실수를 다급하게 만회하기 위해 중국은 전보를 보내 신임장을 정정한다고 제안했다. 하지만 이처럼 중요한 문제에서 그 같은 제안은 관례에 지나치게 어긋난다는 점이 제기되었다. 그러자 중국 정부는 만족할 만한 새 신임장을 사절에게 보냈다. 하지만 그처럼 중대한 실수를 저지른 소우렴邵友濂과 장음환張蔭桓은 협상 적임자가 아니라는 사실이 더욱 분명해졌다. 더욱이 지금처럼 엄중한 상황에서는 확고한 권위를 갖고 무거운 책임을 감당할 수 있는 정치가만이 평화협정을 종결지을 수 있다고 인식하게 되었다.

중국에는 강력한 독재 아래서도 비판의 자유가 무제한 허용되었다. 실제로 도찰원都察院이라는 특수한 관리 집단이 있었는데 이들의 임무는 모든 권한의 남용을 파헤치고 국가에 해가 되는 모든 조치를 비판하는 것이었다. 엄청난 희생을 치르지 않으면 일본과의 평화를 얻어 낼 수 없음은 자명한 사실이었다. 따라서 책임감에서 오는 부담을 견딜 수 있고 중상모략적인 비난의 폭풍을 무시할 만큼 막강한 권위를 지니며 정부도 그의 조치를 부정할 수 없는 그런 영향력을 지닌 정치인이 전권대신에 임명되어야 했다.

중국에서 이 같은 필수조건을 구비한 유일한 인물은 바로 즈리 총독 이홍장이었다. 이홍장이 받아들인 조건은 어떤 것이든 황제가 비준할 것이다. 그의 불명예는 곧 제국의 모든 고위 관료에게 영향을 끼치기 때문이다. 전쟁 발발 이후 이홍장은 풀이 죽어 있었다. 모든 잘못에 대해 벌을 내리는 것이 중국 정부의 관례였기 때문에 관료들은 황제에게 자신의 잘못을 고하고 처벌해 줄 것을 간청했다. 중국군이 패할 때마다 늙은 총독에게서 값비싼 대가를 치르고 얻은 훈장을 회수했다. 이번에는 '공작의 날개', 다음에는 '노란 저고리' 하는 식이었다. 하지만 일본과의 전쟁이라는 엄청난 국가적 위기 속에서 정부는 그것이 어리석은 관행이라는 사실을 깨달았다. 태평 반란 동안 고향인 안후이安徽 지방에서 지원병을 모집해 왕조를 구하는 데 공헌했으며 최근 수십 년간 외국 열강과의 협상에서 중국을 대표했던 이 인물은 자신의 모든 훈장과 함께 복위되었고 황제와 황태후를 알현하기 위해 베이징으로 불려갔다. 그 결과 일본과 평화협상을 논의할 사절로 이홍장이 임명되었다.

중국의 관리와 백성에 대해 막대한 영향력을 가졌지만 이홍장은 그처럼 중요한 시기에 혼자서만 무거운 책임을 질 수는 없다고 생각했다. 또 위험이 사라지자마자 기세등등해진 사람들이 사후 비판으로 자신의 명예를 쉽사리 공격하리라는 것도 잘 알고 있었다. 그는 제국의 모든 고위 관료에게 책임을 떠넘기기 위한 치밀한 계획을 세웠다. 평화협정을 종결짓는 문제의 정당성에 관한 전문을 보내는 자리에 모든 고위 관료를 초청한 것이다. 중국에서 영향력 있는 인물 전체가 표명한 견해를 통해 힘을 얻고 흠잡을 데 없는 신임장을 부여받은 이홍장이 임무를 수행하기 위해 출발했다.

3월 19일 이홍장은 일본이 평화 회담 장소로 정한 시모노세키에 도착했다. 이홍장은 포스터 장군과 첫 번째 사절의 일원인 오정방伍廷芳, 그리고 자신의 양자 로드 리(이경방李經方)를 대동했다. 로드 리는 영국에 주재했던 정치가로서 수년간 도쿄 주재 중국 공사로 머물렀기 때문에 누구보다 이번 임무의 적임자였다. 전체 일행은 132명으로 이루어졌으나 이전처럼 이름과 직위를 나열할 필요는 없다. 고도의 임무를 수행하기 위해 온 중요한 사절이었기 때문이다.

3월 20일 총독이 상륙했고 21일 회의가 개최되어 별다른 어려움 없이 신임장이 교환되었다. 협상은 일사천리로 진행되었다. 이때 예측을 뒤엎고 마치 사람의 예지력이 보잘것없다는 것을 증명이라도 하듯 이상한 사건이 일어났다. 마치 아이러니컬한 운명이 고안해 낸 듯한 일이었다. 3월 24일 이홍장 총독이 회의를 마치고 숙소로 돌아가고 있을 때 코요마라는 광신자가 그의 일인승 가마에 접근해 총을 쏘았다. 총알은 코 바로 옆 왼뺨에 박혔다.

다행히 부상이 경미해 협상에는 아무런 지장이 없었다. 하지만 이 사건은 심각한 파장을 일으키면서 전혀 예기치 못한 결과를 가져왔다. 다만 인간의 마음속 깊은 곳에서 우러나온 것이어서 거의 인식하지는 못했다. 일본은 중국의 오만한 콧대를 꺾기 위해 무진 애를 써 왔다. 중국의 가장 주요한 정치인이 고령의 나이에 평화를 간청하러 오게 했고 그가 고국에서 살아가는 것이 그의 조국에 형언하기 어려운 치욕을 안겨 주도록 만들 작정이었다. 일본은 세계에 그 모습을 드러내고 병사의 용맹함과 장수의 기량, 적국의 백성과 병사에 대한 인간적인 처우를 통해 한층 빛날 수 있도록 모든 노력을 아끼지 않았다. 오점 하나 없는 일본의 이력은 한 악인의 어리석은 행동으로 흠집이 나고 말았다.

처음으로 일본은 적 앞에서 수치심을 느꼈다. 정부와 백성들은 앞을 다투어 이 수치스러운 행위를 속죄하려고 애썼다. 시모노세키 지사와 경찰 총수가 업무 태만을 이유로 사임했다. 천황의 주치의를 파견했고 황후는 이 중요한 환자를 위해 손수 붕대를 준비했다. 일주일 사이에 이번 사건에 대해 분노를 표시하는 편지가 일본 전역에서 1만 통 이상 이홍장에게 답지했다. 하지만 이 혐오스러운 사건은 대체로 양국의 우호 관계를 복원하는 데 기여한 것 같다. 이번 사건은 일본에도 좋은 결과를 가져왔다. 비록 일본이 승승장구하는 중에도 냉정함을 유지했지만 다양한 승리가 거침없이 이어지는 상황에 도취될 위험이 있었다.

코요마는 로마의 개선식에서 승리한 장수 옆에서 걷는 노예 역할을 했다. 이 사건은 중국에도 긍정적인 영향을 미쳤다. 인간의 마음은 너무나 이상한 것이어서 용서를 구하기보다는 용서하려는 경향이 강하다. 중국은 마침내 일본이 자신들 앞에서 수치스러워한다는 사실을 깨닫고 우쭐해했고 관용을 베풀 수 있다는 사실에 행복해했다. 동시에 사절에 속한 중국인 모두가 일본 민족의 동시다발적이고 광범위한 유감 표명에 매우 놀라는 한편 마음 깊이 고마움을 느꼈다. 그와 같은 감정으로 양국은 서로 존경심과 동정심을 느끼게 되었다.

이 사건은 또한 정치적으로 성격이 전혀 다른 영향을 미쳤다. 나이 든 총독의 모든 적, 즉 으르렁거리는 도찰원 관리들은 모두 이홍장이 불리한 평화협정을 체결할 경우 조국의 배신자로 비난할 태세였다. 하지만 이 늙은 정치인이 두개골 안에 총알 한 방을 넣고 돌아오자 그들의 논박에서 예리함이 사라졌다.

이홍장은 위엄 있게 행동했다. 다른 사람의 도움을 받지 않고 일인승 마차에서 걸어 나왔으며 황후가 마련한 붕대가 앞에 놓이자 경건하게 붕대를 집어 들고 말했다.

"진실로 일본 황후 폐하의 자애로움은 바다처럼 깊구나. 고국으로 돌아가면 내게 베풀어 준 은혜를 황후께 말씀 드릴 것이다. 그러면 황후께서도 대단히 흡족해하실 것이다."

일본 정부는 코요마의 범죄로 평화 협상이 지연되었다는 사실을 인정하고 만주와 즈리, 산둥*에 주둔한 모든 부대에 효력을 미치는 휴전협정에 동의했다. 북부에서의 이 같은 휴전은 3월 30일부터 4월 20일까지 21일간 지속되었다.

이홍장은 아들 로드 리李經方의 도움을 받아 곧 임무에 복귀했고 4월 17일에는 중국과 일본 사이에 평화협정이 조인되었다. 휴전은 비준안 교환일까지 연장되었고 비준은 늦어도 5월 8일까지 체결될

---

* 부록 J 참조

예정이었다. 비준서는 체푸에서 5월 8일에 교환되었고 평화협정에* 장소가 명기되어 있다.

결론

시모노세키 조약에 따라 일본은 막대한 군비 배상금 외에도 포트아서라는 거대한 해군기지와 함께 포모사 섬과 페스카도리스 군도, 랴오둥 반도를 할양받았다. 일부 유럽 열강은 이 조약의 마지막 조건이 과도하다고 여겼다. 일본이 강력한 전략 거점을 소유함으로써 중국 정부에 부당한 영향력을 행사할 수 있게 된 것을 걱정한 것이다. 러시아와 프랑스, 독일은 동맹을 결성했다. 이 동맹은 일본에게 극동의 항구적인 평화를 위해 랴오둥 반도에 대한 권리 주장을 포기하라고 권고했다. 일본은 이 제안에 동의함으로써 정치가의 현명함이 장수의 기량에 못지않음을 전 세계에 보여 주었다.

유럽의 개입에 대해 일본 국내에 큰 반발이 일어났고 열강의 조언에 굴복한 대신들을 격렬하게 비판했다. 아마 이보다 부당한 일은 없을 것이다. 랴오둥 반도 포기를 거부했다면 분명 끔찍한 전쟁이

---

* 부록 K에는 이 협정문과 이에 선행하는 협상안이 담겨 있다.

일어났을 것이다. 그 같은 전쟁은 일본인의 대담함에 지극히 어울리는 영광스러운 것이다. 하지만 한편으로는 전쟁에서 실제로 얻은 결과물을 모두 희생시켰을 것이다. 더욱이 아무리 치열한 애국심을 가졌다 해도 세계 3대 군사 강국의 정중한 충고에 어느 정도 굴복하는 것은 결코 불명예스러운 일이 아니다. 현대 유럽의 엄청난 군사적 발전을 고려할 때 역사적으로 가장 가공할 이 동맹은 극동에서 일본이 가진 힘과 지난 전쟁에서 일본이 보여 준 기량에 대해 최고의 찬사를 보내는 증명서였다. 이것은 청일전쟁이 금세기 가장 주목할 만한 사건 가운데 하나라는 사실에 대한 가장 확실한 증거로서 이 책의 서문에서 피력한 견해를 입증해 준다.

일본의 놀라운 군사적 성공은 매우 특별한 것인 데다 대단히 복잡한 고찰이 필요한 것이어서 주의 깊게 분석해야 한다. 1453년 콘스탄티노플의 함락과 함께 등장했으며 오스트리아의 존 소비에스키3세Sobiesky[108]에 의해 레판토와 빈에서 괴멸되기까지 2세기 이상 유럽 기독교 세계를 위협했던 오스만 세력의 발흥 이후 세계는 동방 민족의 군사적 성장을 더 이상 목격하지 못했다. 더욱이 일본의 힘은 오스만투르크의 힘보다 한층 더 질서정연했다. 오스만투르크는 수적 우세와 광신적인 용맹함으로 나라를 정복했고 숙련을 요하는 군사 부문에서는 대개 배교자의 도움을 받았다. 일본군은 과학적 원칙에 따라 군사작전을 수행했으며 단 한 명의 유럽 장교의 도움도 받지 않았다. 전쟁의 내용을 고려한다면 그 차이는 비교조차 할 수 없다.

오스만의 정복이 전면적인 대량 학살과 온갖 종류의 폭행으로 점철된 반면 일본인은 모든 기독교 국가들이 존중하는 인간애와 절제를 보여 주었다. 평화적인 거주민들을 함부로 취급하지 않았고 구급차와 야전병원에서는 양측 부상자들을 동등하게 치료했다. 양국 사이의 수적 불균형을 고려한다면 역사상 유사한 사례를 찾기 위해 알렉산더 대왕의 정복과 영국의 인도 정복까지 거슬러 올라가야 한다. 그대로 지속되었다면 일본은 중국 전부를 점령할 수도 있었다.

이번 전쟁에는 주목할 만한 또 다른 측면이 있다. 바로 모든 공격 부대가 바다로 수송되었다는 점이다. 몇 개월 동안에 일본은 적의 해안에 약 8만 명의 병사를 상륙시켰다. 그처럼 엄청난 시도를 완수한 민족을 찾으려면 한니발 전쟁으로 거슬러 올라가야 한다. 더욱이 이 모든 작전이 기껏해야 적의 함대에 비해 약간 우월할 뿐인 함대와 대부분 전쟁 중 사들였던 증기 수송선으로 수행되었다.

물론 이러한 일본군의 신속한 성공은 형편없는 군사조직을 가진 비호전적인 민족을 상대로 전쟁을 치렀다는 사실 때문에 다소 평가 절하된다. 하지만 효과적인 군사적 저항의 부재는 또 다른 성격의 장애물, 즉 험난한 지형과 도로, 전쟁 후반기 동안 이어진 혹독한 겨울과 같은 조건에 의해 상쇄된다. 바다를 통해 전쟁을 수행해야 했던 일본 민족은 신속하고도 성공적으로 이 난관을 극복함으로써 일본이 대단히 효율적인 군사조직과 어떤 비상사태에서도 공급 가능한 병참부대를 보유하고 있음을 보여 주었다. 일본인들은 자신들의 성공에 놀라지 않았다. 그들이 유일하게 놀란 것은 외국인들이 그러한 결과를 의아하게 여긴다는 점이다.

일본은 이번 전쟁을 통해 전 세계에 자국의 힘을 보여 주었고, 위대한 문명국으로 확실히 인정받았다. 하지만 이 진취적인 나라를 가까이에서 관찰한 적이 없는 사람은 일본의 군사적 발전이 총체적인 국가 발전의 일부분일 뿐이라는 사실을 되새겨야 한다. 덜 알려지긴 했지만 더욱 중요한 다른 점들도 많다. 일본은 외국의 차관 없이 자체 재원만으로 막대한 비용이 드는 전쟁을 수행했고 전투가 지속된 수개월 동안 12만 톤의 보급품을 날랐다. 하지만 국가는 부담을 느끼지 않았고 무역은 오히려 번창했다.

일본의 제조업은 매우 발전하고 있어 유럽이나 미국에서 생산된 품목 가운데 현재 일본에서 만들어 낼 수 없는 것은 거의 없다. 과학 분야에서의 진보는 놀라울 정도이다. 한 육군 장교는 총을 발명했다. 1894년 홍콩에서 흑사병이 발생했을 때는 세균학 연구를 수행하기 위해 일본인 전문가가 파견되었다. 전쟁 기간 동안 제2군의 수석 의사인 키쿠시 박사는 태운 볏단에서 추출한 재(쉽게 얻을 수 있는 재료이고 처리 과정에서 충분히 정제된다.)가 부상자를 치료할 때 프랑스에서 쓰이는 석회 붕대 대용으로 편리하게 사용될 수 있다는 사실을 알아냈다.

하지만 이 모든 물질적인 성과를 능가하는 것은 바로 전쟁으로 촉발되어 모든 사회 계층을 휩쓴 열렬한 애국심의 거대한 분출이었다. 온 나라가 마치 한 사람인 양 느끼고 행동했다. 평상시에는 그처럼 비판적이었던 정파들도 전쟁 중에는 침묵했고 모두가 앞을 다투어 자기희생과 애국심을 보여 주었다. 이 같은 정서를 보여 준 나라는 위대한 국가를 이루는 가장 핵심적인 요소를 지녔다고 할 수 있다.

전쟁의 실제 결과물은 일본에게 매우 중요하다. 페스카도리스 군도澎湖列島는 중국으로 가는 해상 진입로를 지배할 수 있는 뛰어난 전략적 거점이었다. 포모사 섬臺灣은 풍부한 차와 설탕, 장뇌 생산과 더불어 일본의 무역을 크게 발전시킬 수 있는 영토 확장을 가져왔다. 일본은 이제 아시아 대륙 동쪽 해안을 따라 캄차카까지 거의 위도 30도에 걸친 강력한 열도 제국을 이룸으로써 이 지역에 막강한 영향력을 행사하게 되었다. 2억 량*의 배상금으로 국부가 늘어나고 일본 재무관리의 능숙한 관리 아래 일본의 군사적 성공 못지않게 세계를 깜짝 놀라게 할 통상과 산업의 성장을 가져올 것이다.

일본의 장래가 밝다면 일본에게는 그럴 자격이 충분하다는 점도 인정해야 한다. 지난 30년간 지구상의 선진국 수준으로 성장하기 위해 일본의 최상급 인재들이 조용히 그리고 꾸준히 연구하고 노력했다.

일본의 젊은이들은 조국의 번영과 위대함에 기여할 수 있다면 무엇이든 찾아내기 위해 전 세계를 탐험했다. 유럽과 미국으로 가는 기선마다 온갖 계급의 일본인 승객이 있었으며 모두 학문과 자기발전에 전념하고 있었다. 인간 활동의 어떤 분야도 간과하지 않아 각국은 일본의 탐욕스러운 호기심 앞에 자신들의 최상급 지식을 내주어야 했다. 심지어 불교에 대한 지식을 발전시키기 위해 일본의 열성적인 신도들이 실론[109]을 방문하기도 했다. 지난 세대 동안 일본은 마치 거대한 벌집 같아서 이 벌집의 동거인들은 사방에서 자신들이 본 최상급 정수를 모으느라 바빴다. 이제 이들이 노력의 열매를 즐기기 시작한 것은 정당한 일이다

일본 역사에서 이런 현상은 결코 새로운 것이 아니다. 과거 일본

---

* 3,000만 스털링 이상.

은 매우 완벽하게 중국의 학문을 흡수하여 현재 한문학은 본고장보다 일본에서 훨씬 융성하고 있다. 유럽과 미국의 과학과 문화를 흡수하려는 일본의 시도가 비슷한 성공을 거둔다면 일본은 동양과 서양의 오랜 경험으로 축적된 지식이 융합되는 도가니가 될 것이며 그로 인해 넓은 기반 위에서 새로운 형태의 문명이 탄생할 것이다.

이번 전쟁의 엄중한 교훈은 중국에게도 긍정적인 영향을 끼칠 수 있다. 하지만 불행하게도 현재로서는 그 같은 징후는 찾아볼 수 없다. 물질적인 타격은 이 거대한 제국에게 극히 사소한 것이었다. 영토의 상실은 미미했고 군비 배상금은 중국 내 재정 체계의 결함 때문에 크게 비쳐질 뿐이었다. 중국의 인구를 최하 2억 명쯤으로 본다면 배상금은 1871년 프랑스가 국가 번영에 별다른 지장 없이 지불했던 금액의 30분의 1보다 적은 액수일 것이다. 설사 중국의 부와 자원이 과장되었다 해도 여전히 중국은 큰 부담 없이 그 금액을 지불할 수 있다.

중국의 패배는 자존심에 깊은 상처를 주었다. 하지만 이 결과로 국가 체제와 경영을 개혁하기 위한 건강한 반작용과 결의를 불러일으켜야 한다. 중국이 이 결의를 실행에 옮겨 일본의 물질적 진보를 모방하고 무엇보다 일본의 민간 부문과 군사 부문의 장점을 받아들이는 데 성공하지 못한다면 중국의 미래는 대단히 암울할 것이다.

부록

부록 A
일본 공사 오토리 게이스케가
조선 정부에 제안한 개혁안

I. 중앙과 지방 정부의 개혁과 유능한 관리의 임용

1. 모든 관리의 임무를 명확히 규정하라. 모든 국내외 문제는 의정부(행정위원회)의 관장아래 놓이며 이제까지와 마찬가지로 각 부의 수장 자리에 육조 판서(대신)가 임명된다. 왕실의 관리는 행정관리와 구분되어야 하며 어떠한 경우에도 왕실 관리가 국가의 행정 사무에 관여해서는 안 된다.
2. 외국과의 외교 통상 관계는 매우 중요한 문제이므로 주의 깊게 처리되어야 하며 책임 있는 관리에게 위임되어야 한다.

3. 행정 명령을 수행하기 위해 필요한 관공서는 존속되어야 하지만 명예직은 모두 폐지되어야 한다. 관청은 가능한 업무를 간소화하기 위해 합병되어야 한다.

4. 현재의 지방 단위는 지나치게 많으므로 경비를 절감하기 위해 그 수를 줄여야 한다. 하지만 행정 효율성이 저해되지 않도록 각별한 주의를 기울여야 한다.

5. 모든 관리에게는 정해진 임무가 있어야 한다. 그 직이 절대적으로 필요한 관리는 존속되어야 하지만 남는 관리는 해고되어야 한다.

6. 가계 세습과 지위, 전례에 의한 임명은 폐지되어야 하며 모든 관직이 능력 있는 자에게 개방되어야 한다.

7. 돈을 대가로 한 임명은 철폐되어야 한다. 이는 자칫 해악을 키울 수 있기 때문이다.

8. 모든 관료의 봉급은 그들이 정직하게 살아갈 수 있을 정도의 금액으로 명확하게 정해져야 한다.

9. 관료가 금전상 이득이나 기타 뇌물을 받는 것을 법으로 엄격하게 금지해야 한다.

10. 중앙과 지방의 모든 관료의 사적 거래는 법으로 엄격하게 금지해야 한다.

II. 재정 개혁을 통해 국부를 늘리기 위한 안

11. 국가의 세입과 세출은 정해진 절차에 따라 이루어지고 명확하게 규정되어야 한다.
12. 공적 계정과 관련된 모든 업무는 엄격하게 관리되어야 한다.
13. 화폐제도는 즉시 개혁해야 한다.
14. 지방 관아의 농업 산출물은 철저히 조사되어야 하며 세율은 개혁되어야 한다.
15. 모든 조세는 법에 따라 개혁되어야 하며 새로운 재원을 개발해야 한다.
16. 지출이 필수적이지 않은 부문에서는 감축이 이루어져야 하며 지출 증가가 필요한 부문에서는 이를 충당하기 위한 모든 노력이 이루어져야 한다.
17. 국도는 평평하고 넓어야 한다. 서울과 개항장 사이에 철도가 건설되어야 한다. 또 통신 설비를 확충하기 위하여 도시와 지방 관공서, 수비대 간에 전신선이 가설되어야 한다.
18. 개항장에 있는 세관의 업무는 어떠한 외부의 간섭 없이 전적으로 조선이 관장해야 한다.

Ⅲ. 법률과 법정에 대한 개혁안

19. 시대에 맞지 않는다고 생각되는 현행 법률은 정지시키거나 개혁되어야 하며 새로운 요구에 부합하기 위한 새로운 법률이 제정되어야 한다.
20. 재판 절차에 관한 법을 개혁함으로써 사법제도의 공정함이 입증되어야 한다.

Ⅵ. 군과 경찰 개편을 통해 국내 반란을 진압하고 평화를 유지하는 방안

21. 군 장교는 교육을 받아야 한다.
22. 현재의 육군과 해군은 개혁되어야 하며 국가 재정이 허락하는 한 보다 많은 신식 부대가 창설되어야 한다.
23. 치안 확립이 무엇보다 필수적이므로 서울과 다른 주요 도시에 경찰서가 세워지고 엄격하게 훈련되어야 한다.

Ⅴ. 교육제도를 바로잡기 위한 안

24. 전체 교육제도가 적절하게 개혁되어야 하며 아동교육을 위하여 모든 지방에 초등학교를 세워야 한다.
25. 초등학교 설립 후에는 중등학교와 대학도 필요한 때 점차 설립해야 한다.
26. 뛰어난 학생은 학업을 위해 외국으로 보내야 한다.

부록 B
전투 발발 전 조선 문제에 관해
중국과 일본 정부 사이에 주고받은 공문서

10월 19일 이토 히로부미 백작이 귀족원에 제출한 공문서에 첨부된 공식 번역문이 1894년 10월 22일자 「재팬 메일」에 게재되었다.

1번

도쿄 주재 중국 공사관
광서 20년 5월 3일*(메이지 27년 6월 7일)

일본 제국 외무대신 무츠 각하께

광서 11년(메이지 18년) 중국과 일본 사이에 체결된 조약에서 장차 조선에서 발생하는 소요 사태로 중국 측이 조선에 군대를 파견할 필요성이 제기된다면 그 사실이 일본에 사전 통보될 것이며 소요가 종식되는 즉시 군대가 철수하여 어떤 군대도 남아 있지 않을 것임이 규정되었다는 취지의 전보를 북양통상사무대신北洋通商事務大臣 이李 각하로부터 수령하였음을 삼가 알려 드립니다. 전보에서는 조선 정부로부터 다음과 같은 내용이 포함된 통지문을 받았다는 사실도 덧붙이고 있습니다.

기질상 사악하고 욕심 많은 전라도 사람들이 동학교도* 지도자 아래 여러 도시와 마을을 공격해 점령했고 북쪽으로 진격하여 전주를 차지했습니다. 반란을 진압하기 위해 파견된 정부군은 아직까지는 성공을 거두지 못하고 있습니다. 이번 반란이 계속 확산되어 장기간 지속된다면 중국에 큰 걱정을 끼칠 것입니다. 1882년과 1884년에 내부 소요로 곤란에 처했을 때도 우리 정부를 대신하여 중국군이 반란이 모두 진압했습니다. 이 같은 전례에 따라 이번 소요를 신속하게 진압

* 1894년 6월 7일.
* 동학당.

할 상당수 군대를 파견해 줄 것을 간절하게 요청하는 바입니다. 반란이 진압되자마자 군대의 철수를 요청할 것이며 더 이상 주둔해 달라고 부탁하지도 않을 것입니다. 따라서 군대의 장기간 해외 주둔에 따른 어려움은 겪지 않아도 됩니다.

조사 결과 이 같은 요청이 문서상으로뿐만 아니라 실제로도 급박한 것으로 드러났으며 조공국을 돕기 위해 군대를 파견하는 것은 그들을 보호하는 우리의 지속적인 관행에도 합치한다고 이 전보는 덧붙이고 있습니다.

따라서 이 같은 상황을 황제 폐하께 간언하고 폐하의 뜻에 따라 즈리 부대 사령관 섭지초 장군이 선발대를 이끌고 즉각 조선의 전라도와 인천으로 진격하여 조공국의 평화 회복을 위해 가장 적절하다고 생각하는 방식으로 신속하게 반란을 진압함으로써 통상 목적으로 조선에 주둔 중인 각국 백성의 염려를 불식하라는 명을 받았습니다. 동시에 섭 장군은 원하는 목표가 달성되자마자 군대를 이끌고 돌아오라는 지시를 받았습니다.

마지막으로 전보에서는 상기 협정의 이행에 관해 서로의 의견을 교환하고 그 같은 취지의 전보를 받는 즉시 일본 외무부에 이 문제를 통보해 줄 것을 일본 대신인 각하께 요청한다고 밝히고 있습니다.

각하께 상기 통지문을 작성하는 데에 삼가 심심한 경의를 다시 한 번 표하는 바입니다.

왕[110]

2번

메이지 27년 6월 7일*
도쿄, 외무부

중국 제국 특명전권공사 왕 각하께

메이지 18년 4월 18일자** 양국 정부 사이에 체결된 조약의 조항에 따라 귀국 정부가 조선에 군대를 파견하였음을 알리는 각하의 오늘자 통지문을 접수했음을 삼가 알려 드립니다.

그에 대한 답변으로 귀하의 통지문에 '조공'라는 용어가 있지만 제국 정부는 한 번도 조선을 중국의 조공국으로 인정한 적이 없음을 분명히 선언하고자 합니다.

---

* 1894년 6월 7일.
** 1885년 4월 18일.

후의에 감사 드립니다.

외무대신 무츠 무네미츠

3번

메이지 27년 6월 7일*

베이징北京, 일본 공사관

총리아문總理衙門**의 전하와 대신 각하께

제국 정부로부터 방금 받은 지시에 따라 메이지 18년 4월 18일자 양국 정부 간 조약의 조항에 의거해 조선에서 일본군의 주둔을 필요로 하는 심각한 성격의 소요가 존재하기 때문에 제국 정부가 일본군 1개 부대를 조선에 파견하고자 한다는 점을 전하와 각하께 삼가 알려 드립니다.

후의에 감사 드립니다.

일본 제국 대리공사 고무라 야타로

---

* 1894년 6월 7일.
** 중국의 외무부.

4번

광서20년 5월 6일*(메이지 27년 6월 9일)
총리아문

일본 제국 대리공사 고무라 각하께

조선에서 심각한 소요가 존재하기 때문에 양국 간의 조약에 따라 일본군 부대가 조선에 파견될 예정임을 우리에게 전하도록 귀국 정부로부터 지시받았다는 이달 4일(일본력 6월 7일)자 각하의 통지문을 접수하였음을 삼가 알려 드립니다.

우리나라는 조선의 청원에 따라 폭도를 진압하기 위한 원조 목적으로 군대를 파견하였으며 이 조치는 우리나라가 이제까지 조공국을 수호하기 위해 시행해 온 관례에도 부합하는 것입니다. 더욱이 유일한 목적이 조선 내 폭도의 진압이므로 그 목적이 달성되는 즉시 군대를 철수할 것입니다. 인천과 부산의 상황은 현재로서는 조용하고 평화롭지만 이들 항구에서 이루어지는 통상 보호를 위하여 우리의 전함이 한동안 주둔하게 될 것입니다.

귀국이 군대를 파견하는 유일한 목적은 분명 조선 내 공사관과

* 1894년 6월 9일.

영사관, 상인들을 보호하기 위한 것입니다. 따라서 귀국 입장에서는 대규모 군대를 파견할 필요가 없습니다. 더욱이 조선으로부터 아무런 요청도 없었기 때문에 귀국의 어떤 군대도 조선으로 들어오지 않아야 합니다. 그러면 조선 백성에게 두려움을 야기하지도 않을 것입니다. 더욱이 양국 병사들이 도중에 마주치게 되는 경우 언어와 군사적 관례의 차이로 예기치 못한 사건이 발생할까 심히 우려되므로 각하께서 일본 정부에 이 통지문의 내용을 충분히 전달해 주시기를 추가로 요청하는 바입니다.

각하께 거듭 정중한 경의를 표합니다.

총리아문 장관과 대신

5번

메이지 27년 6월 12일*

베이징北京, 일본 공사관

---

* 1894년 6월 12일.

총리아문의 전하와 각하께

조선에 대한 군대 파견은 중국이 이제까지 조공국을 보호하기 위해 시행해 온 관례에 부합하는 것이며 일본 측에서는 조선에 대규모 군대를 파견할 필요성이 전혀 없음을 알리고 일본군을 조선에 파견하지 말 것을 요청하는 이달 9일자 각하의 통지문을 받고 즉시 우리 정부에 통지문의 취지를 전보로 알렸습니다. 이제 전하와 각하께 다음과 같은 취지의 답신을 전보로 수령했음을 삼가 알려 드립니다.

일본 제국 정부는 한 번도 조선을 중국의 조공국으로 인정한 적이 없습니다. 일본은 제물포 조약에 따라 군대를 파견했고 그 과정에서 텐진 조약이 규정한 절차를 따랐습니다. 군사의 수에 관한 한 일본 정부는 자체 판단을 행사하지 않을 수 없습니다. 조선 내 일본군의 이동에 관해 어떤 제약도 없지만 주둔할 필요가 없다고 생각되는 곳에는 군대를 파견하지 않을 것입니다. 일본군은 엄격한 규율하에 있으므로 중국군과는 어떤 충돌도 야기하지 않을 것이라고 일본 정부는 확신합니다. 중국도 비슷한 주의를 기울여 줄 것을 바라는 바입니다.

후의에 감사 드립니다.

일본 제국 대리공사 고무라

6번

메이지 27년 6월 17일*
도쿄, 외무부

중국 제국 특명전권공사 왕 각하께
어제 각하와 함께한 면담에서 장차 조선 문제의 조정뿐만 아니라 조선에서 현재 일어나고 있는 사건에 관해서 제국 정부를 대표해 귀국 정부에 제시한 제안의 요지는 다음과 같음을 삼가 알려 드립니다.

작금의 사태에 관한 한 일본과 중국은 조선 폭도의 소요를 신속하게 진압하기 위한 노력에 힘을 합친다. 소요 진압 후 일본과 중국은 조선의 국내 통치 개혁을 위해 먼저 다음과 같은 포괄적인 관점에서 개혁 방안을 연구할 임무를 띤 약간 명의 판무관을 각각 파견한다.
(a) 재무 행정 조사
(b) 중앙과 지방 관료 선발
(c) 국토의 평화를 유지하기 위해 국방에 필요한 군대 창설

* 1894년 6월 17일.

전술한 통지문을 작성하는 데에 각하의 후의에 감사 드립니다.

외무대신 무츠 무네미츠

7번

광서20년 5월 18일*(메이지 27년 6월 22일)
도쿄, 중국 공사관

일본 제국 외무대신 무츠 각하께

　조선 내 사태와 장차 조선 문제의 조정에 관해 귀국 정부가 제시한 제안을 세심하게 검토했다는 취지의 전보를 본국 정부로부터 수령하였음을 삼가 알려 드립니다. 중국 정부는 다음과 같이 답변하고자 합니다.

　조선 내 소요가 이미 진압되었기 때문에 더 이상 조선을 위해 중국 군대에 수고를 끼칠 필요가 없으며 따라서 양국이 반란을 진압하기 위해 협력하자는 제안을 고려할 어떤 필요성도 없습니다.

* 1894년 6월 22일.

장차 조선 문제의 조정에 있어 그 취지는 훌륭하나 개혁 조치는 조선 스스로에게 맡겨야 할 것입니다. 중국 스스로도 조선의 내정에 간섭하지 않을 것이며 애초부터 조선의 독립을 인정해 온 일본 역시 마찬가지로 개입할 권리가 없습니다.

반란 진압 후 조선으로부터의 군대 철수에 관해서는 양국 사이에 체결된 1885년 조약에 이 문제에 관한 조항이 있으니 이 경우 재차 논의할 필요가 없습니다.

위 사항은 우리의 면담 과정에서 이미 전달한 바 있습니다. 이제 각하의 보다 깊은 이해를 위해 이를 되풀이하며 후의에 감사 드립니다.

중국 제국 특명전권공사 왕

8번

메이지 27년 6월 22일*

도쿄, 외무부

---

* 1894년 6월 22일.

중국 제국 특명전권공사 왕 각하께

중국 제국 정부의 지시에 따라 조선의 안정과 개선을 위해 제국 정부가 제시한 제안을 거부한다는 이달 22일자 각하의 통지문을 수령하였음을 삼가 알립니다.

대단히 유감스럽게도 제국 정부는 현재 조선 내 실제 상황을 고려할 때 귀국 정부가 가진 희망적인 견해를 공유할 수 없음을 깨닫게 되었습니다.

반도 왕국은 그 정부가 책임 있는 독립국에 필수적인 요소 가운데 상당 부분이 결여되었다는 결론을 정당화할 만큼 정치적 음모와 민란, 그리고 지나치게 빈발하는 소요 사태의 무대임을 우리는 슬픈 경험을 통해 잘 알고 있습니다.

조선에서 일본의 이해관계는 통상뿐만 아니라 근접성으로부터도 제기되는 것으로 왕국에서 일어나는 사건의 한탄스러운 상황은 무관심하게 바라보기만 하기에는 너무나 중요하고 광범위한 영향을 끼칩니다.

이 같은 상황에서 일본의 무관심한 태도는 제국 정부가 조선에 대해 품고 있는 우정과 상호주의에 대한 부정일 뿐만 아니라 비난받아 마땅한 자위법의 무시라고 할 것입니다.

조선의 평화와 안정을 위한 조치를 채택할 필요성은 이미 제시한 이유 때문에 제국 정부로서도 그대로 무시하고 지나칠 수 없는 요구입니다. 왜냐하면 이 같은 조치가 지연될수록 무질서의 원인은 그만큼 오래도록 존속할 것이기 때문입니다.

따라서 제국 정부의 견해로는 제국 군대의 철수는 조선의 장래 평화와 질서, 바람직한 정부를 확고히 하는 데 기여할 상당 수준의 상호 이해 확립이 전제되어야 합니다. 더욱이 그 같은 과정은 제국 정부 입장에서 톈진조약의 정신과 완벽하게 조화를 이루는 것일 뿐만 아니라 합리적인 경계심에서 비롯된 요구에도 부합하는 것입니다.

솔직하고 성실하게 각하께 제시한 내용에 대해 중국 정부가 적대적인 관점을 계속 유지한다면 제국 정부는 상황 여하에 따라 당면한 조선에서의 군대 철수를 재가하는 안에 대해 자유롭게 고려할 수 없게 될지도 모릅니다.

후의에 감사 드립니다.

외무대신 무츠 무네미츠

9번

메이지 27년 7월 14일*
베이징, 일본공사관

총리아문의 전하와 대신 각하께

메이지 27년 7월 9일 총리아문에서 있었던 각하와 면담에서 전하와 각하가 제시한 의견의 세부적인 내용을 같은 날 일본 제국 외무대신에게 통지했고 외무대신으로부터 방금 다음과 같은 취지의 전보를 한 통 수령하였음을 삼가 알려 드립니다.

조선에서 빈발하는 소요는 조선 국내 정치의 혼란에 그 원인이 있습니다. 따라서 제국 정부는 내정 개혁을 도입하여 혼란의 원인을 제거하도록 조선 정부를 독려하는 것이 최선이라고 믿고 있습니다. 또 제국 정부는 조선이 바람직한 개혁을 수행할 능력을 갖추도록 조선을 공동으로 지원하는 것보다 더 좋은 방안은 없다고 생각합니다. 하지만 놀랍게도 중국 제국 정부는 일본의 제안을 단호하게 거부했고 오로지 조선에서의 일본군 철수만을 요구하고 있습니다. 최

---

* 1894년 7월 14일.

근 베이징 주재 대영제국 공사가 일본과 중국에 대한 우정과 호의로 자신의 관저를 제공하고 양국 간에 존재하는 차이를 완화하려고 노력했습니다. 하지만 중국 제국 정부는 여전히 일본군의 철수만을 고집하면서 제국 정부의 입장에 따르려는 의사를 전혀 보여 주지 않고 있습니다. 이 같은 상황에서 도출할 수 있는 유일한 결론은 중국 정부가 분규를 촉발하는 경향이 있으며 이 시점에서 일본 제국 정부는 장차 그 같은 상황에서 발생할 수 있는 어떠한 사태에 대해서도 모든 책임을 면제받는다는 사실입니다.

상기 전보의 번역문을 동봉하며 다시 한 번 후의에 감사 드립니다.

일본 제국 대리공사 고무라

부록 C
고승호의 침몰과 생존자의 진술

　수요일 아침 10시 30분 데트링Detring과 나풍록羅豊祿이 톈진에 있는 중국 제국 해군 본부에 앉아 있었다. 이홍장 각하의 대리인으로서 고승호 선상의 학살 현장에서 탈출한 두 명의 선원과 세 명의 병사로부터 진술을 청취하기 위해서였다. 이 자리에는 미국과 러시아, 프랑스, 독일 영사와 고승호 소유주를 대표하는 에드먼드 커즌스Edmund Cousins, 영국 영사관의 코번Cockburn, 그 밖에 여러 사람들이 참석했다.

　회의를 시작하면서 데트링은 중국 정부가 고승호 선상에서 구조된 사람들의 진술을 공식화하고자 각국 영사는 물론 고승호에 승선한 사람들의 운명과 관련 있는 모든 사람들이 함께 회의에 참여하도록 초청할 것을 지시했다고 말했다. 고승호는 1,353톤급 영국 증기 상선으로 중국 정부가 조선 왕의 요청에 따라 조선 정부를 지원하기 위해 군사와 무기를 운반할 목적으로 임대한 선박이다. 1888년 조약에 따라 중국 정부는 조선에 군대를 파견할 권리를 가지고 있었고 이 조치가 전투로 이어지리라고는 예상하지 못했다. 이제 그런 일이 있었음을 알고 상황을 확인하려는 것이 예정된 조사의 목적이었다. 이 같은 간단한 사전 언급과 함께 데트링은 즉시 회의를 시작했다.

마닐라 태생으로 마흔두 살인 페드로 오리아테Pedro Oriate는 다음과 같이 진술했다. 오리아테는 석 달 동안 고승호에 있었다. 고승호는 7월 23일 월요일 오후 9시 30분에 다구大沽 모래톱을 출발했다. 항해 중에는 어떤 일도 발생하지 않았다. 25일 오전 8시경 처음으로 조선 해안의 섬을 보았고 곧이어 조선 본토가 시야에 들어왔다. 9시경에는 일본군 전함 한 척을 처음 발견했다. 일본 군함은 처음에는 멈추라는 신호를 내걸더니 뒤이어 닻을 내리라는 신호를 올렸다. 닻을 내리자 보트 한 척을 파견해 장교 두 명과 수병 한 명이 배 위로 올라왔다. 오리아테는 장교들이 선장과 이야기하는 것을 보았다. 그는 선교 위로 올라가는 사닥다리 위에 있었다.

커즌스는 사닥다리에 서 있는 사람이라면 선교에서 무슨 일이 벌어지는지 보고 들을 수 있다고 말했다. 오리아테는 이야기를 계속했다. 일본군 장교는 선장과 항해사, 승객 한 사람에게 얘기했다(폰 한네켄의 사진 한 장이 제시되었다). 그 승객이 일본인에게 말하는 것은 보지 못했다. 일본인은 배의 서류를 조사하고 나서 함정으로 돌아갔다. 고승호는 정박한 상태였다. 그들은 어떤 섬도 지나치지 못했다. 처음 닻을 내린 곳에서 증기선은 꼼짝도 못하고 있었다. 오리아테는 중국과 일본 전함 사이에 전투가 진행 중인 것을 몰랐다. 그는 세 척의 일본군 전함을 보았는데 그중 두 척은 떠나고 한 척이 남아 배 위에서 함정 한 척을 파견했다. 전함은 고승호로부터 1.6킬로미터 정도 떨어져 있었다.

오리아테는 다른 보트가 다가오는 것은 보지 못했다. 보트가 두 번째로 파견되었다. 일본군이 선장과 이야기했다. 고승호에 탄 그 누구도 사격하지 않았다. 단 한 발도 말이다. 일본군이 최초로 포격했을 때 오리아테는 아래에 있었지만 전함을 바라보고 있었다. 두 배는 기껏해야 1.6킬로미터 혹은 그보다 짧은 거리에 있었다. 일본군은 12시 40분부터 1시 30분까지 포격했고 1시 30분이 되자 고승호가 가라앉기 시작했다. 오리아테는 포격하는 것을 보았다. 포격이 시작되자마자 그는 앞으로 달려가 사격을 피하기 위해 보루 아래 웅크렸다. 증기선이 천천히 가라앉고 있음을 깨닫자마자 앞 돛대로 기어올라갔고 그곳에서 프랑스 포함이 구출해 줄 때까지 있었다.

유럽인들이 어떻게 되었는지는 말할 수 없다. 물속에 너무나 많은 사람들이 있었던 것이다. 그는 유럽인들이 물속으로 뛰어들었다고 생각했지만 직접 보지는 못했다. 일부는 물속으로 뛰어들었고 일부는 보트에 달려드는 바람에 보트가 가라앉았다. 배 위에는 여덟 대의 보트가 있었다. 두 대는 급조된 것이어서 띄울 수가 없었다. 오리아테는 너무나 겁에 질려 있어서 보트가 포격으로 파괴되었는지 보지 못했다. 엄청난 유혈 사태가 있었다. 그는 네 명의 병사와 함께 돛 위에 있었다. 다른 돛에는 36명이 있었다. 좁은 바다가 보였다. 선체가 떠다니는 것은 보지 못했다.

오리아테는 오후 1시 30분부터 다음 날 아침 7시까지 돛 위에 있었다. 일본군 함선은 더 이상 보지 못했다. 그 배에는 두 개의 돛과 하나의 통풍통이 있었다. 또 흰색이며 덩치가 컸다. 배에 얼마나 많은 사람이 타고 있었는지는 알 수 없었다. 프랑스군 포함이 다음 날 오전 7시경 구출해 주었다. 2대의 보트를 보내 돛대에 있던 오리아테와 42명, 물속에 있던 2명, 헤엄치고 있던 화부 1명을 모두 구해 주었다. 고승호는 섬에서 약 1.6킬로미터 정도 거리에 있었다. 폰 한네켄은 선교 위가 아니라 갑판 위에 있었다. 일본군 장교들이 해도실 안으로 들어갔다. 폰 한네켄은 일본군 장교가 선장에게 무슨 말을 하는지 들을 수 있었다. 헤엄을 쳐 섬까지 탈출한 사람이 있는지는 알 수 없었다. 일본군은 회전식 연발총을 사용했다.

그들이 마지막으로 배에 올라온 시간은 12시였다. 일본군 한 명만이 배 위로 올라왔는데 그는 영어로 뭔가 말하더니 돌아갔다. 그 일본군은 젊은 사람으로 두 차례 모두 왔다. 일본군이 배에 올랐을 때 갑판 위에 어떤 병사들이 있었는지 확실치 않다. (고승호의 주갑판은 이물에서 고물까지 평평한 갑판이었다는 사실을 주지해야 한다. 갑판은 돛과 통풍통, 천창과 선장의 선실, 해도실에 의해 굴곡이 생길 뿐이다. 갑판 위에는 선교가 있었다). 일본군이 승선했을 때 병사들은 전함을 감시하고 있었다. 그들이 일본군을 목격한 곳 바로 앞에는 영국기가 펄럭이고 있었다. 회사 깃발은 큰 돛대 위에서 나부끼고 있었고 앞 돛대에는 아무것도 없었다.

동아신董阿新은 광둥 풍순豊順 사람으로 고승호의 화부라고 했다. 올해 스물여섯 살로 12년째 배를 타고 있다. 8시경 그는 기관실에 있었다. 9시 30분에 닻을 내렸다. 포격 소리가 들리더니 배가 멈췄다. 12시 30분이 되자 씻고 음식을 먹기 위하여 올라가 선원실로 갔다. 1시에는 돛대 위에 올라갔다. 1시 15분 그는 긴 보트까지 헤엄쳤다. 일본군이 그들에게 포격을 가해 보트에 있던 8명이 죽었다. 보트에는 40명 이상이 타고 있었는데 그만 가라앉고 말았다. 보트의 방향타는 포격으로 날아갔다. 강한 조류 때문에 해안까지 헤엄칠 수 없었다. 일본군은 4시에 사격을 멈추었다. 태양으로 시간을 가늠할 수 있었다. 긴 보트에 사격을 가한 것은 작은 포함이었다. 그는 매우 겁에 질려 있었다. 포함에는 세 개의 돛이 있었던 것으로 기억했다. 그가 탄 보트에 사격을 가한 포함이 한 척 있었고 고승호가 침몰한 후 사람들이 헤엄치고 있었다. 헤엄치는 사람들 사이로 탄환이 비처럼 쏟아졌다.

동아신은 다음 날 아침 6시에 프랑스 포함에 구조되었다. 밤새도록 보트에 매달려 있었던 것이다. 그는 2등 항해사가 물속으로 뛰어드는 광경을 보았을 뿐이다. 10여 명을 태운 보트 한 척이 섬에 도착했다. 보트에 탄 사람 중 일부는 외국인인 것 같았다. 흰 옷을 입고 있었기 때문이다. 그들이 상륙하는 것을 보았고 멀리서 조선의 범선을 보았다. 프랑스 포함은 고승호에 다가갔지만 섬까지 가지는 않았다. 그는 사람들이 섬에 있다고 프랑스 포함에 얘기할 수 없었다. 그곳에 과연 사람이 있는지 알 수 없었다.

안후이 사람인 마흔 살의 장옥림張玉林은 자신이 군인이며 '천총千摠'[111]이라고 말했다. 첫 번째 포탄이 발사되었을 때 그는 아래에 있었고 배가 가라앉을 때까지 그곳에 남아 있었다. 어뢰 두 발이 배 밑창을 부수었다. 하역구를 통해 살피다가 어뢰가 다가오는 것을 보았다. 그는 선체 중앙 부근에 있었다. 수많은 병사들이 뿜어져 나온 증기로 죽었다. 그는 자신이 있던 곳에서 많은 사람들이 죽는 것을 보았다. 포탄 한 방이 그가 있는 방으로 떨어지자 위로 올라갔다. 그의 방에서는 증기가 뿜어 나오지 않았다. 그는 배가 가라앉을 때 삭구를 붙들고 함께 가라앉았다. 헤엄을 칠 줄 몰랐기 때문에 삭구를 잡고 기어올라 돛을 잡았다. 그가 올라간 돛대 위에는 33명이 있었고 다른 돛대 위에는 4명이 있었다. 헤엄치는 사람들을 향해 포함이 속사포를 쏘는 것을 보았다. 돛 위에 있는 사람들은 포격당하지 않았다. 일본군 포함은 두 개의 돛을 달고 있었다. 네 척의 흰색 일본군 전함과 한 척의 회색 일본군 전함을 보았다. 돛대마다 속사포를 쏘는 사람이 한 명씩 보였다(그는 기관포 핸들이 회전하는 모습과 빙빙 도는 소리를 묘사했다). 장옥림은 중국 전함과 일본 전함이 싸우고 있는 것을 몰랐다. 중국군 전함이 불타는 것은 전혀 보지 못했다. 고승호를 침몰시키고 물속에 있는 사람들에게 총격을 가한 것은 포함이었다. 그는 섬까지 가는 보트를 한 척도 보지 못했다.

 모경신车慶新은 스물네 살의 병사로 포격이 시작되었을 때 선체 아래쪽 중앙에 있었다. 배가 가라앉기 시작하자 배 밖으로 뛰어올라 흔들리는 사닥다리를 붙잡았다. 그리고 돛대 위에 올라가 사닥다리를 내버렸다. 다섯 척의 일본군 배를 보았는데 한 척만 고승호를 향해 포격했다. 일본군 포함은 고승호가 침몰한 후에도 남아 보트와 물속에 있는 사람들에게 사격을 가했다. 증기정 한 척만이 물속에 있는 사람들에게 사격했다. 두 개의 작살을 내려보냈으나 한 사람도 끌어올리지 않았다. 그는 그들이 무엇을 하는지는 보지 못했다. 작살은 열 명 정도는 끌어올릴 수 있었을 것이다. 또 증기 때문에 수많은 사람이 죽는 것도 보았다.

병사인 왕계분王桂芬은 폰 한네켄이 구명대를 잡고 배 밖으로 뛰어내리는 것을 보았다. 하지만 누군가 해안에 도달하는 것은 보지 못했다. 바다는 거칠었고 육지에서 강한 바람이 불고 있었다. 일본군이 돛대에서 헤엄치는 사람들을 향해 사격하는 것을 보았다. 고승호를 침몰시키고 사람들에게 사격을 가한 것은 같은 포함이었다. 세 척의 보트가 사람을 잔뜩 싣고 출발했다. 일본군이 두 척을 격침했다. 배 주위에는 온통 증기에서 나온 안개 같은 것이 자욱했다.

이것으로 생존자의 진술을 끝냈다. 프랑스 포함 라이언Lion호에 의해 구출된 나머지 사람들은 홀에 있었다. 그들 가운데 일부는 경미한 부상과 타박상을 입은 것 같다. 대체로 임무를 충실히 수행할 수 있을 만큼 강건해 보이는 사람들이었다. 상기 진술을 한 사람들은 아주 인상적일 정도로 명료하고 솔직하게 말했다. 주요 사실과 세부 설명 대부분이 완벽하게 일치했다. 두 생존자의 기관포 작동에 관한 기술은 의심할 여지 없이 생생했다. 아직도 더 많은 유럽인이 탈출했으면 하는 기대가 있다.

폰 한네켄의 보고서

증기선 고승호는 7월 23일 병사를 싣고 다구大沽를 출발했다. 총과 탄약 등을 제외하고 총 1,220명의 병사와 12문의 포가 실렸다. 25일 아침 프린스 제롬만牙山灣 외곽, 조선 반도의 섬이 보이는 지점에 다다랐다.

이때 고승호 좌현 뱃머리에서 거대한 전함 한 척을 보았다. 전함은 서쪽(대략 포트아서 방향)을 향해 매우 빠르게 움직이고 있었다. 내게는 중국의 정원定遠과 비슷한 유형으로 보였다. 배는 아주 먼 거리에서 우리를 지나쳤고 이후 그 배를 더 이상 보지 못했다.

7시경 우현 뱃머리 쪽에서 제물포 방향으로 항해하는 배 한 척을 발견했다. 배가 항로를 계속 유지할 경우 우리 배의 뱃머리를 가로질러 가게 되므로 우리는 아산[112]으로 항로를 잡았다. 8시경 허도許島[113] 뒤편에서 대형 전함 한 척이 나타났다. 10분 뒤에는 같은 섬 뒤편에서 나오는 첫 번째 배를 보았고 이어 두 척의 더 큰 배를 보았다(모두 합해 세 척이었다). 우리가 알고 있는 한 이 배들은 모두 대형 철갑선 형태였다.

9시경 맨 앞에 있는 배 위에서 일본 국기를 발견했다. 국기 위에는 백기가 펄럭이고 있었다. 배는 우리 쪽으로 빠르게 움직이더니 옆을 지나치면서 깃발을 잠시 내려 경의를 표했다.

당시 배의 위치는 다음과 같았다.

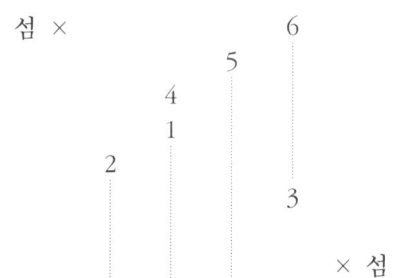

1. 고승
2. 일본 국기와 백기를 단 전함
3. 중국 수송선 조강操江
4, 5, 6. 다른 전함

우리가 항해 중 보았던 배는 나중에 조강操江으로 밝혀졌는데 그 사이 돛을 내리고 웨이하이웨이를 향해 뒤로 돌았다.

거대한 일본 전함의 대규모 전개에 다소 불안했으나 지나가는 배가 깃발을 낮추자 우리를 향한 평화적 의사 표시에 한결 마음이 놓였다. 우리는 그 전함들이 조강(操江)을 뒤쫓고 있다고 생각했다. 4, 5, 6번 배는 모두 일본 전함으로 드러났다. 이 배들은 자신들의 경로를 따르고 있었고 우리의 위치는 다음과 같았다.

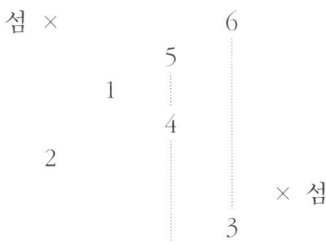

그때 4번 전함에 신호가 내걸리고 두 발의 공포가 발사되었고 우리에게 배를 멈추고 닻을 내리라고 지시했다. 우리는 그렇게 했다. 다음 신호는 '멈추어라, 아니면 그 결과를 감수해라'라는 것이었다. 그리고 4번 일본군 배가 좌현으로 돌아 5번 배에 접근했다. 5번 배는 6번 옆에서 함께 움직이고 있었다. 세척의 배는 각기 수기 신호에 따라 움직이는 것 같았다. 중국 수송선임이 분명한 배에서 영국 국기를 발견하고 어떻게 해야 할지 고심하고 있는 것 같았다.

이어 4번 배가 포를 모두 꺼내 우리 배를 겨냥하고 돌더니 약 400미터 지점에 멈춰 섰다. 보트 한 척이 내려져 다가오는 것을 보았다. 배에 승선한 중국군 지휘관은 포로가 되느니 차라리 그 자리에서 침몰하는 게 낫다고 선장에게 얘기해 달라고 부탁했다. 너무 흥분해 있어서 그들을 진정시키고 교섭이 진행되는 동안은 배 위에서 질서를 유지하는 것이 절대적으로 필요함을 설득하느라 애를 먹었다.

　나는 골드워지 선장에게 사령관의 의도가 무엇인지 말해 주었다.

　일본군 보트와 함께 대여섯 명의 장교가 배 위로 올라왔다. 보트 위에 탄 사람들은 총과 군도로 무장하고 있었다. 일본군 장교는 선장의 선실까지 갔다. 선장은 문서 같은 것을 보여줌으로써 자신이 정말 영국 선박을 운행하고 있음을 증명해야 했다. 그후 선장은 일본군 전함을 따라오라는 짤막한 말을 들었다. 나는 이 면담에 참석하지 않았다. 필요하다면 나를 데리러 오라고 선장에게 말했다. 나는 지휘관과 병사들을 진정시키느라 바빴다. 골드워지 선장과 나는 일본군 보트가 다가오기 전에 서로 의견을 조율한 상태였다. 배가 출발했던 다구 항구로 돌아가도록 허락해 달라고 요청하기로 한 것이다. 우리가 전쟁이 선포되기 전에 다구에서 출발했기 때문이다.

　일본군 교섭 사절은 골드워지 선장에게 일본 전함을 따라오라고 말하면서 선장이 어떤 주장을 펼칠 시간은 전혀 주지 않았던 것 같다. 나는 일본군 장교들이 배를 떠나기 전 이런 지시를 하는 것도 듣지 못했다.

골드워지 선장이 교섭 결과를 나에게 알려 주었고 나는 중국군 지휘관에게 통역해 주었다. 장수들과 병사들 사이에 엄청난 소동이 벌어졌다. 그들은 선장이 대담하게 닻을 올리는 사태에 대비해 선장과 선원, 승선한 모든 유럽인을 칼과 총으로 위협했다. 다시 한 번 나는 소요 사태를 진정시키기 위해 전력을 다해야 했다. 그리고 선장에게 교섭 사절의 보트가 되돌아오도록 신호를 올리라고 말했다. 보트가 왔고 이번에는 일본군 장교와 얘기하기 위해 내가 직접 현문으로 갔다. 우리는 일본군 교섭 사절을 배 위에 오르게 하는 위험을 감수할 수 없었다. 총과 칼을 소지한 병사들이 무리 지어 있었고 우리의 요청이 받아들여지지 않는다는 징후를 발견할 경우 분명 그들이 일본군 장교를 재빨리 해치우려 할 것이기 때문이다.

나는 오른손을 단도 자루에 가져간 채 현문 사닥다리에 올라선 일본군 장교들에게 말했다.

"선장의 손은 묶여 있다. 그는 당신들의 명령을 따를 수 없다. 배 위에 있는 병사들이 그렇게 하도록 내버려두지 않을 것이다. 지휘관과 병사들은 자신들이 출발했던 항구로 되돌아가야 한다고 주장한다. 선장과 나는 우리가 평화 시에 출발했음을 고려할 때 전쟁이 이미 선포되었다 해도 이는 정당하고 타당한 요구라고 생각한다."

나는 일본군 교섭 사절이 내 말을 이해했다고 확신했다. 그들은 이 문제를 함장에게 보고하겠노라고 말하고 떠났다.

보트가 일본군 전함에 도착한 후 얼마간 대답을 기다려야 했다. 마침내 신호기가 올려졌다. '가능한 한 빨리 배를 떠나라'라는 것이었다. 이것은 유럽인과 간부 선원에게만 해당하는 말이었을 것이다. 하지만 기회가 전혀 없었고 아마 이 충고를 따를 생각도 없었을 것이다.

중국군 병사들이 모든 철주를 장악하고 있었다. 그러자 골드워지 선장은 '우리에겐 떠나는 것이 허용되지 않는다'라고 신호를 올렸다. 우리가 받은 유일한 대답은 작은 응답 깃발뿐이었다. 그리고 일본군 전함이 움직이더니 가까이 다가와 우리로 하여금 그들의 의도를 완전히 잘못 판단하게 만들었다. 전함은 다가와 약 150미터 거리에 도달하자 정확히 좌현과 나란히 멈춰 섰다. 나는 전함의 어뢰 배출구에서 어뢰 한 발이 발사되는 것을 보았다. 곧이어 6대의 포가 일제히 불을 뿜었다. 그들은 어뢰가 목표물에 도달하기 전에 포를 두 차례 발사했다. 어뢰는 선체 중앙을 때렸는데 아마 정확히 배의 석탄 저장고를 맞춘 것 같다. 낮이 밤으로 변했고 석탄과 파편, 물이 대기를 가득 채웠다. 그러자 모두들 뛰어들어 헤엄을 치기 시작한 것 같다.

헤엄치면서 배가 침몰하는 것을 보았다. 배는 고물부터 가라앉았다.

사격이 지속되는 동안 불쌍한 병사들이 용감하게 총으로 응사하고 있었다. 이들은 자신들이 헤엄칠 시도조차 할 수 없음을 잘 알고 있었다. 나는 병사들로 가득한 일본군 보트가 한 척 내려지는 것을 보고 남아 있는 사람을 구출하러 오는 것이라고 생각했다. 하지만 슬프게도 그건 나의 착각이었다. 그들은 침몰하는 배 위에 있는 사람들에게 사격을 가했다. 그렇게까지 하는 의도를 도저히 알 수 없었다. 분명한 것은 헤엄치던 사람들이 일본군 전함과 침몰하는 배로부터 사격을 당했다는 사실이다. 배 위에 있던 사람들은 자신들이 어차피 죽어야 한다면 동료들도 살아서는 안 된다는 야만적인 생각을 했음이 분명하다. 고승호는 어뢰 발사 시점으로부터 약 30분 만에 완전히 가라앉았다.

고승호로서는 좀더 나은 운명을 선택할 수많은 기회가 있었다. 현재 위치에 머무르거나 아니면 결과를 감수하라는 말을 들었을 때 닻사슬을 슬쩍 내리는 식으로 말이다. 그리고 다시 책략을 써 일본 전함의 명령을 수행하겠다는 의사를 보여 주고 나서 섬으로 흘러들어갈 수도 있었을 것이다. 이 모든 것이 적절한 시점에 이루어져야 했다.

하지만 영국기를 단 영국 선박이기 때문에 아무리 호전적인 임무를 수행해도 배가 안전할 것이라는 선장과 장교의 확고한 믿음이 배의 운명을 결정 짓고 말았다. 장교와 수병, 병사들의 운명 또한 그대로 전하기에는 너무나 가슴 아픈 일이다. 내가 아는 한 약 170명만이 헤엄쳐 목숨을 구했다. 아직까지 해안에 도달한 다른 유럽인이 있는지는 아는 바가 없다.

콘스탄틴 폰 한네켄

1894년 7월 30일 나의 입회 아래 사인

W.H 윌킨슨 Wilkinson

대영제국 부영사

제물포

고승호의 침몰, 1등 항해사의 설명

고승호는 7월 23일 저녁 9시 30분에 다구를 떠났다. 배는 같은 날 오후 약 1,100명의 군사를 태웠다. 그때까지 예약되었던 수송선

10척 가운데 마지막 배였다. 세 척의 영국 증기선 중 한 척으로 나머지 두 척은 이렌느Irene, 愛仁와 페칭Feiching, 飛鯨이었다.

25일 아침까지 선상에서는 모든 것이 순조롭게 진행되었다. 군사들은 대체로 조용하고 규율 잡힌 태도로 행동했고 아주 만족스럽고 행복해 보였다. 하지만 자신들이 어디로 어떻게 투입될지에 관해서는 거의 모르는 것 같았다. 나는 25일 오전 4시부터 오전 8시까지 불침번을 섰고 7시 30분경 전함 한 척이 우리 쪽으로 빠르게 다가오는 것을 발견했다. 전함은 일본 해군 깃발을 꽂고 그 위에 백기를 펄럭이고 있었다. 전함이 가까이 다가오자 우리는 일본군 전함이라고 생각하고 통상적인 관례에 따라 붉은 국기를 올렸다 내렸다 다시 올렸다. 이때 선장도 선교 위에 올라가 있었는데 놀랍게도 전함은 이를 무시하고 북동쪽 방향으로 항진을 계속했다.

다음으로 관찰된 것은 스쿠너식 범장을 단 소형 선박 한 척이 남동쪽에서 다가오는 광경이었다. 하지만 너무 멀리 떨어져 있어서 국적을 판별할 수 없었다. 나중에 나니와에 승선했을 때 맨 처음 본 배가 중국 전함 제원濟遠이며 나니와와 벌인 전투에서 심각한 손상을 입고 도망치는 중이었다는 사실을 전해 들었다. 두 번째 배는 나중에 포획되었는데 상하이에서 30년 전 건조된 낡은 목재 통보선 조강操江임이 밝혀졌다. 조강은 급송 공문서를 가지고 체푸를 출발해 제물포로 향하는 길이었다.

　당시 우리는 소패울 섬[114] 가까이 접근하고 있었는데 섬 남동쪽 약 1.6킬로미터 지점에 다다랐을 때 세 척의 일본군 전함을 보았다. 그중 한 척이 우리에게 접근하더니 정지하라는 신호를 보냈고 뱃머리를 향해 두 발의 포를 쏘며 명령에 따르라고 위협했다. 우리는 멈춰 서서 그렇게 했다고 신호를 보냈다. 그러자 신호로 닻을 내리라는 명령이 떨어졌다. 이 명령도 이행되어 11길(약 20미터) 아래로 닻이 내려졌다(만조). 그러자 전함이 항진하더니 두 척의 요함과 만났다. 분명 뭔가 서로 협의하는 것 같았다. 전함이 지나갈 때 '우리 배가 전진해도 되는지' 물었으나 '멈추어라, 아니면 그 결과를 감수하라'라는 신호만 되돌아왔다. 이때 중국군 내부에 굉장한 동요가 발생해 무기와 탄약이 분배되었다. 두 명의 장수는 우리가 어떤 신호를 받았는지 알게 되자 매우 화를 냈다.

　앞서 언급한 승객인 폰 한네켄 소령의 충고에 따라 군사들은 모두 아래쪽에 있으라는 지시가 내려졌다. 이제 전함들이 갈라서고 그중 한 척이 포로 우리를 엄호하면서 접근했다. 그리고 두 명의 장교와 수병을 태운 무장 보트 한 척이 파견되었다. 이들은 배 위로 올라와 선적 증명서를 조사했다. 우리가 출항한 날까지만 해도 전쟁이 아직 선포되지 않았다는 사실도 알게 되었다. 서류를 조사한 후 일본군 장교는 선장에게 나니와를 따라오라고 말했다. 나니와는 우리 배를 멈추게 한 전함의 이름이었다. 우리가 처한 어려움을 장교에게 설명했고 중국으로 되돌아가도록 그들의 함장에게 허락을 얻어 달라는 요청도 했다. 그리고 장교는 지시를 받기 위해 자신의 배로 되돌아갔다.

  중국군 장수들은 어떤 지시가 있었는지 설명을 듣자 대단히 분개하고 흥분하더니 폰 한네켄 소령에게 다음과 같은 사실을 우리에게 알려 주라고 말했다. 즉 일본군 전함의 명령에 복종하려는 기미가 조금이라도 보이거나 우리 쪽에서 배를 떠나려는 일말의 시도라도 한다면 즉시 죽임을 당할 것이라는 내용이었다. 장수는 협박과 함께 우리의 목이 잘릴 것임을 암시하는 갖가지 위협적인 몸짓을 덧붙였다. 또 선장과 나를 감시하기 위해 즉각 병사를 파견했고 자신의 호위병에게 탄약을 지급했다. 우리는 폰 한네켄 소령을 통해 일본군 전함에 저항하려는 시도가 얼마나 무모한 것인지 장수들에게 납득시키려 애썼다. 전함에서 발사한 포 한 발로도 침몰될 수 있기 때문에 복종이 최선이라고 말이다. 하지만 아무 소용이 없었다. 장수는 복종하느니 차라리 죽겠다는 자신의 의지를 천명하면서 다시 한 번 우리를 위협했다. 나니와는 이제 '닻을 올려라. 자르거나 풀어라. 더 이상 지체하지 말라'라는 신호를 보냈다. 우리는 '보트를 보내라.

직접 대화하고 싶다'는 신호로 답했고 나니와는 '즉시 보내겠다'라고 대답했다. 그러자 보트 한 척이 나니와에서 출발했다.

중국군 병사들이 현문에 몰려드는 바람에 장교들이 여러 차례 애를 쓴 끝에야 비로소 병사들 사이에 길을 틀 수 있었다. 우리에게는 보트를 지휘하는 장교를 만나러 현문으로 가는 것조차 허락되지 않았다. 중국군 장수는 우리가 떠나고 싶어 한다고 의심하는 것 같았다. 보트가 접근해 왔고 일본군 장교는 중국군 장수들과 함께 통역관으로 폰 한네켄 소령을 만났다. 선장도 불려갔다. 선장은 우리가 처한 상황과 함께 일본군 지휘관의 명령에 따를 수 없다는 것을 장교에게 설명했다. 동시에 이 어려움을 해결할 수 있는 유일한 해법은 우리를 중국으로 돌아갈 수 있도록 허용하는 것이라고 덧붙였다. 장교는 사령관에게 보고하겠노라고 약속하고 떠났다.

이제 모든 간부 선원들과 폰 한네켄 소령이 함께 사태를 논의하고자 선교 위에 모였다. 중국군은 상갑판 위에서 시끄럽게 논쟁하고 있었다. 나는 선교를 떠나 서류를 가지러 고물로 가다가 후갑판 위에서 1등 기관사와 2등 기관사를 만났다. 그들에게 사건의 심각성을 얘기해 주고 일본군이 우리를 향해 발포하면 물속으로 뛰어들어야 한다고 덧붙였다. 이것이 내가 그들을 본 마지막 순간이었다. 다시 선교 위에 올라섰을 때 전함 위에서 '즉시 배를 떠나라'는 신호가 휘날리는 것을 보았다. 즉시 최악의 상황에 대비하라고 기관사에게 경고하는 메시지와 함께 조타수를 고물로 보냈다. 그리고 '우리가 떠나는 것은 금지되어 있다'라고 신호를 보내고 뒤이어 '보트를 보내라'라는 신호를 보냈다. 전함이 '구명정은 보낼 수 없다'는 또 다른 신호를 올렸을 때는 배를 떠나라는 신호도 여전히 나부끼고 있었다. 바로 직후 나니와는 우리 뱃전 쪽으로 다가오면서 사이렌을 울렸다. 그리고 이전에 내걸었던 두 개의 신호기를 그대로 꽂은 채 앞 돛대 위로 붉은 기를 올렸다. 그와 거의 동시에 우리 쪽으로 어뢰 한 발을 발사했다. 어뢰가 오는 것을 지켜보았는데 아마 중간에 멈췄거나 배에 못 미쳐 회전한 것 같았다. 나니와는 400미터 거리에서 이를 지켜보고 있었다. 다섯 대의 포가 장착된 우현 뱃전에서 일제히 포가 발사되었고 꼭대기에 있던 기관포도 사용되었다. 포가 발사된 뱃전은 배의 중앙 어느 지점이었고 배는 우현으로 기울어 있었다.

  이때 나는 선교를 떠나 남은 구명띠 한 개를 잡고 얽힌 밧줄을 풀며 전방에서 배 밖으로 뛰어내렸다. 아래에는 수많은 선원들이 떼 지어 헤엄치고 있었다. 정신을 차리고 섬을 향해 돌진했다. 바로 그때 배 위에서 포탄이 터지는 듯한 커다란 폭발이 일어나더니 대기가 온통 쏟아지는 재와 갖가지 파편으로 가득 찼다. 나는 선장이 얼굴이 새까맣게 된 채 내 앞에 있는 것을 보았다. 더 앞쪽으로는 폰 한네켄 소령이 힘차게 헤엄치는 것을 보았고 그로부터 머지않은 곳에 있는 또 한 명의 유럽인을 보았다. 바로 직후 배에서 60~70미터 가량 떨어졌을 때 소총 탄환이 온통 내 주위 수면 위로 빗발치고 있음을 깨달았다. 뒤돌아보니 중국군 병사들이 갑판과 현문 뱃머리에서 나를 향해 사격하고 있었다. 나는 구명띠로 머리를 감싸고 헤엄쳐 배를 지나는 조류에 몸을 맡겼다. 배에서 벗어난 후 다시 섬을 향했다. 하지만 내 앞쪽에 많은 중국군이 있는 것을 발견하고 그들과 함께 섬으로 상륙하는 것이 배 위에 있는 것만큼이나 위험할 것이라고 생각했다. 다시 방향을 돌려 옷을 모두 벗고 나니와로 향했다.

나니와는 이제 배에서 상당히 떨어져 배회하고 있었고 내가 기억하는 한 포를 사용하지 않고 있었다. 헤엄치기 시작한 지 얼마 지나지 않아 나니와가 두 척의 보트를 내리는 것을 보았다. 그중 한 척이 내게 다가와 건져 올려 주었다. 나는 마지막으로 선장과 소령이 헤엄치는 것을 보았던 방향을 장교에게 설명해 주었다. 그는 다른 보트에 그쪽으로 가라고 지시했다. 익사하는 중국군 병사를 구출하려는 시도는 전혀 없었다. 보트에 설치된 두 대의 연발총이 구명정 두 척을 침몰시키기 위해 발사되었다. 배에서 멀리 벗어나려 애쓰던 그 구명정은 중국군으로 가득 차 있었다. 이때 우리가 탄 보트가 호출되었고 나는 함선 위로 올려져 마른 옷을 지급받았다. 바로 직후 선장이 극도로 지친 상태에서 끌어올려졌고 루카스 에반젤리스타라는 이름의 조타수가 끌어올려졌다.

조타수는 목에 총상을 입고 있어서 즉시 의료진의 치료를 받았다. 우리는 아주 호의적인 대접을 받았고 옷과 음식도 제공받았다. 수병들까지도 달콤한 비스킷과 같은 선물과 먹을 것을 가져왔다. 나는 고물 쪽으로 불려가 발생한 모든 일에 대한 진술서를 쓰라는 요청을 받고 그렇게 했다. 선장 역시 나와 격리되어 진술실을 할당받았다. 그사이 조타수와 나는 병실에 머물렀다. 이는 우리를 격리시키기 위한 조치였다. 우리는 온종일 감시를 받고 있어서 방을 떠날 수 없었다. 배는 한동안 순항하다가 저녁 8시에 또 다른 전함과 나란히 정박했다. 전함은 소형 중국군 포함을 호송 중이었다. 나니와(浪速)의 장교와 병사들은 자신들이 제공할 수 있는 모든 것을 주었고 힘이 닿는 한 우리를 편안하게 해 주려고 끊임없이 노력했다.

목요일인 26일 오전 4시에 우리는 다시 항해를 시작했고 오전 10시에 제독과 함대를 만났다. 이곳에 정박해 다시 한 번 내가 쓴 진술서의 복사본을 수정하기 위하여 고물 쪽으로 불려갔다. 배 위에서 만든 옷이 제공되었고 정오가 되자 수송선 야에야마로 옮겨졌다. 나니와의 선원들은 우리에게 작별 인사를 했다. 야에야마에 올라타자마자 히라야마 선장이 매우 친절하게 맞아주면서 편안하게 지내라고 말했다. 배 위에서 중국의 공문서 송달선인 조강의 장교와 선원을 발견했고 나포 당시 배에 타고 있던 한 덴마크인도 보았다. 선장의 선실에 우리의 숙소가 마련되었다. 장교들은 우리를 환영하며 상급 사관실로 초청하기도 하고 옷과 기타 생필품을 제공해 주었다.

오후 1시 30분 닻이 올려지고 일본을 향해 출항했다. 오후 7시 일본 수송선 두 척을 만나 신호를 주고받았다.

27일 금요일 오전 7시에 퀠파트 섬濟州道 북쪽 해안 근처에서 일본 수송선을 만나 신호를 교환했다. 오후 7시에는 고토 섬五島 북단 앞바다에 도착해 그곳에서 해가 떠오를 때까지 속도를 늦추었다.

28일 토요일에는 사세보 만으로 진입하면서 오전에 선실에 갇혀 있었다. 배는 아침 7시에 정박했다. 무장한 호위군을 태운 거룻배가 중국군과 덴마크인 신사를 데려가기 위해 다가왔다. 우리는 제독의 전속 부관인 타마리 중좌를 소개받고 중좌와 함께 그의 작은 증기선을 타고 부두까지 갔다. 그후 병원으로 인도되었는데 그곳에는 1층에 우리를 위한 방 한 칸이 마련되어 있었다. 타마리 중좌는 우리가 원하는 것은 무엇이든 제공될 것이라고 알려 주었다. 우리는 많은 유럽인들이 아직 섬에 살아 있을 수 있다는 점을 우리 영사와 회사에 알려 달라고 중좌에게 부탁했다(양복장이와 구두장이가 돌봐 주었고 비누와 수건, 온갖 화장실 용품이 지급되었다. 맥주와 붉은 포도주, 시가 등 우리가 원하는 것은 무엇이든 나가사키로부터 공급받을 수 있었다). 그 사이 중좌는 해군대신이 전보를 보내 왔다고 알려 주었다. 수많은 해군 장교들이 방문해 동료를 잃고 부득이하게 억류된 우리의 처지에 동정심을 나타냈다.

29일 월요일에는 사세보 해군기지 사령관인 해군 소장 시바야마가 보낸 추가 질문 목록이 우리에게 전달되었다. 이어지는 일단의 방문객들이 꽃과 계란을 보내왔고 기타 다양한 것을 제공해 주었다.

30일 월요일도 비슷하게 흘러갔고 우리의 안위를 위한 세심한 주의가 베풀어졌다.

31일 화요일에는 답변이 다시 수정되었다. 이를 위해 복사본이 우리에게 전달되었다.

8월 2일 목요일 오전에는 일본 제국 법제국 국장인 수이마츠 켄호末松謙澄가 우리를 방문했다. 사이토 해군 사령관과 타마리 중좌도 동석했다. 세밀한 조사가 이어졌고 상하이에 있는 회사와 친구들에게 공개 편지를 써도 좋다는 허락을 받았다. 오후에는 또 한 번의 방문을 받고 고승호의 침몰에 관한 좀더 직접적인 몇 가지 질문에 대해 답변서를 작성하라는 요청을 받았다.

8월 3일 금요일에는 해군 소장 시바야마가 보낸 편지 한 통을 들고 타마리 중좌가 방문했다. 우리의 방면을 허가했으니 출발 준비를 하라는 내용이었다. 오후에 초청을 받아 제독을 방문해 모든 사람이 베풀어 준 배려와 보살핌에 대해 고마움을 표시했다. 저녁에는 많은 해군 장교들이 축하 인사차 우리를 방문했다.

8월 4일 토요일에는 정부의 보급 정비함 '사세보 마루'가 우리에게 배정되었다. 수많은 작별 인사를 뒤로하고 타마리 중좌와 함께 나가사키를 향해 떠났다. 오후 1시 30분 나가사키에 도착해 해경 지휘관과 경찰 지휘관을 만났다. 그들은 도와주겠다는 제의와 함께 자신들의 명함을 주었다. 영국 영사는 우리의 진술서를 받았고 제독에게 즉시 전달될 수 있도록 얼레크러티Alacrity호 선장에게 복사본이 전달되었다.

루이스 헨리 템플린Lewes Henry Tamplin

벨르 부 호텔, 나가사키

추신 사세보에 머무는 동안 조강의 중국군 수병과 장교들은 최상의 배려를 받았으며 덴마크인 신사 뮬렌스테츠Muhlensteth도 우리가 받았던 것과 똑같은 보살핌을 받았음을 덧붙이고자 한다. 중국군과 덴마크인은 자신들이 가진 모든 개인 소지품을 지니고 있었다.

다음은 우리가 답변할 것을 요구받은 질문들이다.

1. 배의 국적

2. 나의 국적

3. 배의 소유주

4. 배의 대리인

5. 선적 증명서

6. 배의 이름

7. 배의 승무원 정원

8. 계약 서류(승무원)

9. 소유주와 중국군 간 계약서

10. 배의 송장

11. 예약한 시간과 장소

12. 중국군 병사를 태우고 어느 항구에서 출발했는가?

13. 출발 일자와 시각

14. 목적지

15. 중국 정부로부터 받은 명령과 지시

16. 부대 승선 계획과 시간

17. 중국군 장교의 계급과 이름, 수

18. 부대의 수와 성격, 세부 내역

19. 선적한 보급품과 군수품

20. 소패울 섬 앞바다에서 일본군 전함의 지시와 관련된 선장의 선박 취급

21. 같은 시각 중국군 부대를 지휘하는 장교들에 의해 어떤 명령이 내려졌는가?

22. 아산 주둔 중국군 부대의 상황

23. 북양 함대와 어뢰정의 위치와 수

24. 중국 정부가 수송선을 몇 대나 예약했는가?

25. 고승호에 타고 있던 중국군 부대는 어떤 장비를 갖추었는가?

26. 중국군 함대는 전투를 위해 어떤 준비를 했는가?

27. 중국 북부 해안의 요새와 수비력

골드워지 선장의 보고서

영국 증기선 고승호는 인도차이나 스팀 네비게이션 사Indo-China Steam Navigation Company가 소유한 배로 7월 17일 상하이를 출발해 다구로 향했다. 다구에서 조선 해안 근처 아산까지 중국군을 운송하는 용선 계약을 맺은 상태였다. 20일 다구에 도착해 군사를 승선시키기 위한 준비가 이루어졌고 23일에는 1,100명의 병사가 승선했다. 여기에는

두 명의 장수와 다양한 계급의 수많은 장교, 그리고 일반 승객 신분으로 승선한 한네켄이라는 독일 퇴역 장교가 포함되어 있었다. 23일 오후 9시 50분 아산을 향한 항해를 시작했다. 모든 것이 순조로웠으나 25일 아침 소패울 섬 앞바다에서 일본 해군 깃발을 펄럭이고 그 위에 백기를 단 전함 한 척과 마주치게 되었다.

이 배는 중국의 전함 제원濟遠으로 밝혀졌다. 곧 세 척의 일본군 전함, 나니와浪速, 요시노吉野, 그리고 나머지 한 척을 보았다(아마 아키츠시마였을 것이다). 나니와가 즉시 우리 쪽으로 전진하면서 멈추라는 신호를 올렸다. 이후 두 발의 공포를 쏘더니 닻을 내리라는 신호를 보냈고 우리는 즉시 그렇게 했다. 그러자 나니와는 멀리 물러났다. 다른 배들과 상의하려는 것이 분명해 보였다. 나는 즉시 신호를 보내 항해해도 되는지 물었다. 이에 대해 나니와는 '멈춰라, 아니면 그 결과를 감수해라'라는 응답을 보내왔다. 그리고 보트 한 척이 나니와에서 내려졌고 장교 한 명이 배 위로 올라왔다. 장교는 현문에 올라와 배의 서류를 보여 달라고 요구했다. 서류가 제출되었고 장교의 관심은 특히 그 배가 영국 함선이라는 사실에 집중되었다. 수많은 질문과 대답이 오고 갔는데 가장 중요한 것은 '고승호는 나니와를 따라오겠는가?'라는 것이었다.

전함에 맞서 어쩔 도리가 없었기 때문에 명령한다면 그렇게 하는 수밖에 다른 도리가 없을 것이라고 대답했다. 그러자 장교는 배를 떠나 나니와로 갔다. 바로 직후 여전히 닻을 내린 상태에서 즉시 닻을 잘라 풀거나 올리라는 명령을 신호로 받았다. 중국군 장수들은 신호의 의미를 깨닫고 나니와를 뒤따를 준비가 진행되고 있음을 알아차리자 매우 격렬하게 반대했다. 포 한 방이면 순식간에 침몰할 수 있기 때문에 저항하는 것이 얼마나 소용없는 일인지 그들에게 말해 주었다. 그러자 장수들은 일본군 명령에 복종하느니 차라리 죽겠다고 말했다.

나니와에 탄 약 400명의 병사에 대항해 싸울 수 있는 1,100명의 병사를 보유했기 때문에 항복하기보다는 싸우겠다고 작정한 것 같았다. 싸우기로 결심했다면 외국인 선원들은 배를 떠날 것이라고 말했다. 그러자 장수들은 우리가 일본군의 명령에 복종하거나 배를 떠나려는 시도를 한다면 죽여 버리라고 갑판 위 병사들에게 지시했다. 목을 자르고 칼로 찌르고 쏘겠다고 협박하는 시늉과 함께 많은 병사들이 우리를 감시하고 명령을 이행하기 위해 선발되었다. 이후 현 상황을 알리기 위해 보트를 보내라고 나니와에 요청하는 신호를 보냈다. 보트 한 척이 즉시 파견되었다. 하지만 무장한 중국군 한 무리가 현문을 장악하고 있어서 그들을 멀리 쫓아 버리도록 장수들을 설득해야 했다.

마침내 일본군 장교들이 다가왔고 나니와의 사령관에게 보낼 메시지가 전달되었다. 중국군은 고승호가 포획되도록 허용할 수 없으며 다구로 되돌아가기를 요구한다는 내용이었다. 다시 한 번 고승호가 영국 선박이고 전쟁이 선포되기 전 항구를 떠났다는 사실을 강조했다. 그러자 보트가 나니와로 돌아갔고 도착하자마자 신호가 올라갔다. 유럽인들은 즉시 배를 떠나라고 명령하는 내용이었다. 떠나는 것이 허용되지 않는다는 대답과 함께 보트 한 척을 파견해 달라고 회신했다. 일본군 포격에 대비하여 근처에 있던 갑판 위 기관사들에게 경고가 전달되었다. 나니와는 보트를 보낼 수 없다는 답변을 즉시 보내왔다.

　그리고 나니와는 뱃머리에 붉은 기를 올렸다. 어뢰 발사 신호임이 분명했다. 어뢰 한 방이 고승호를 향해 발사되었지만 비껴갔다. 그러자 다섯 대의 포가 배치된 뱃전이 불을 뿜었다. 당시 나는 선원들이 이미 떠난 선교 위에 있었는데 나를 감시하기 위해 배치된 병사들이 사닥다리 발치의 정위치를 벗어난 사실을 알아차리자 조타실로 돌진해 구명띠 하나를 잡고 배의 측면으로 뛰어내렸다(남아 있던 마지막 구명띠였다). 그 와중에 끔찍한 폭발음이 들렸다. 해면 위로 떠오르자 대기가 온통 연기와 미세한 석탄 가루로 가득 차 있었다. 즉시 약 400미터 떨어진 해안을 향해 헤엄치기 시작했다. 물속에는 수많은 중국군이 있었다. 하지만 유럽인은 폰 한네켄 한 사람만 보였다. 대기가 깨끗이 걷히자 총알 하나가 내 귀를 스치며 수면을 때리더니 뒤이어 총탄 세례가 빗발쳤다. 나니와에서 발사되는 총격은 고승호 선체에 가려 내 주위까지 도달할 수 없음을 깨닫고 뒤돌아본 나는 중국군 병사들이 갑판과 갑판의 좌현 사이에서 나를 향해 사격하는 것을 보았다. 구명띠로 최대한 뒷머리를 보호하면서 가능한 멀리, 그리고 가능한 낮게 물속으로 헤엄쳤다. 고승호가 선미부터 가라앉기 바로 직전까지 나니와호의 뱃전과 기관포로부터 사격이 계속되었다.

한동안 물속에 있던 나는 기진맥진한 상태에서 나니와호의 소함정에 의해 끌어올려졌다. 같은 보트에는 조타수 한 명이 이미 구조되었는데 소총 탄환으로 목에 부상을 입은 상태였다. 나니와에 도착하고 나서 유일하게 1등 항해사가 일본군에게 구출된 것을 알았다. 고승호와 관련 있는 다섯 명의 유럽인과 승객 한 명은 실종된 상태였다. 나는 한 번 더 보트를 파견해 줄 것을 요청하였으나 안타깝게도 이들을 찾으려는 시도는 더 이상 없었던 것 같다.

우리는 오전 9시경 소패울 앞바다에 정박했다. 오후 1시경 사격이 시작되었고 오후 2시 30분경 나니와로 끌어올려졌다. 밤사이 나니와는 항해를 계속해 다음 날 오전에 조선 주둔 일본군 함대의 집결지에 도착했다. 그후 우리는 야에야마로 옮겨졌는데 배에는 뮬렌스테트라는 이름의 덴마크 전기 기술자가 있었고 같은 날 중국 증기선 조강에서 포로로 잡힌 60명 가량의 중국군이 타고 있었다. 그후 야에야마는 사세보를 향해 출발해 28일 오전 그곳에 도착했다. 나와 1등 항해사 템플린은 사세보를 떠나 지난 토요일 정오에 작은 거룻배로 이곳에 도착했다. 도중에 우리를 만나러 도쿄에서 온 일본 제국 법제국 국장인 수이마츠 켄호末松謙澄와 면담했다. 조타수는 제대로 아물지 않은 부상 때문에 뒤에 남았고 뮬렌스테트는 한동안 더 억류되었다. 일본군은 억류 기간 동안 우리의 편의를 위해 온갖 관심과 배려를 해 주었다. 이곳에 도착한 후 영국 영사관으로 가 모든 상황에 대한 진술서를 작성했다. 나니와가 그날 아침 제원이 발사한 포 한 발로 좌현에 손상을 입고 있었다는 사실도 말해야겠다. 일본군이 물속에 있는 중국군에게 발포하는 것은 본 적이 없다고 분명히 말할 수 있다. 중국군은 많은 동족을 죽였다.

부록 D
중국과 일본의 전쟁 선포

일본의 전쟁 선포

신의 가호 아래 아득한 옛날부터 단일 왕조로 이어져 권좌에 오른 우리 일본 황제는 충성스럽고 용감한 신민에게 다음과 같이 선포한다.

우리는 이에 중국과 전쟁을 선포한다. 또 우리의 바람에 복종하고 민족의 목표를 달성할 수 있도록 국법에 따라 주어진 모든 수단을 사용하여 육로와 해로로 중국과 전투를 수행할 것을 우리의 유능한 관계 부처 모두에게 명한다.

현 치세 30년간 우리의 지속적인 목표는 문명 속에서 국가의 평화로운 발전을 진전시키는 것이었다. 그리고 외국과의 분규 과정에서 불가피하게 생기는 해악을 깨닫고 조약국과 우호적인 관계를 증진하고자 애쓰도록 항상 국무대신에게 지시하고자 했다. 또 우리 제국과 저들 열강과의 관계가 선의와 우정 속에 해마다 진전되는 것을 보고 기뻐했다. 이 같은 상황에서 조선 문제와 관련해 중국이 우리나라를 향해 행동으로 입증한바 그처럼 분명한 친선과 선의의 결여에 대해서는 전혀 대비하지 못했다.

조선은 독립 국가이다. 조선은 일본의 충고와 지도 아래 처음으로 국제사회에 소개되었다. 하지만 조선을 자신의 속국으로 내세우고 조선 국내 문제에 공공연하게 혹은 비밀리에 간섭하는 것이 중국의 습성이다. 조선에서 최근 민란이 발생하자 중국은 속국에 대한 원조 제공이 목적임을 주장하면서 조선에 군대를 파견했다. 1882년 조선과 체결한 조약[115]에 따라 우리는 있을 수 있는 위급 상황을 예의 주시하면서 조선에 군대를 파견하게 되었다.

조선이 끊임없는 소요라는 재앙으로부터 벗어나고 그 결과 동양의 평화가 보편적으로 유지될 수 있기를 기원하면서 일본은 그 같은 목적을 달성하기 위해 중국의 협조를 요청하였다. 하지만 중국은 갖가지 변명을 늘어놓으면서 일본의 제안을 거부하였다. 그리하여 일본은 조선에 대해 내정을 개혁하여 대내적으로 질서와 안정을 유지하고 대외적으로 독립국가로서의 책임과 의무를 이행할 수 있어야 한다고 충고했다. 조선은 이미 그 같은 조치를 취하는 데 동의한 상태였다. 하지만 중국은 일본의 의도를 훼방하고 좌절시키기 위해 은밀하면서도 교활하게 노력했다. 중국은 계속 시간을 끌면서 육로와 해로를 통한 전쟁 준비에 박차를 가했다. 준비가 완료되자 자신들의 야심찬 계획을 무력으로 달성하기 위하여 조선에 대규모 증원군을 파견했다. 뿐만 아니라 그 방자함과 오만함은 조선 해역에 있는 우리 배에 사격을 가하는 지경에까지 이르렀다. 중국의 노골적인 의도는 과연 조선에서 평화와 질서를 유지하려는 책임감이 어디에 있는지 불분명하게 만들고 있다. 그리고 일본의 노력으로 획득된 국제사회에서의 조선의 지위를 떨어뜨렸을 뿐만 아니라 그 지위를 인정하고 공고히 해주는 조약의 중요성 또한 퇴색시켰다.

중국의 입장에서 그 같은 행위는 제국의 권리와 이익에 직접적인 해가 될 뿐만 아니라 동양의 영구적인 평화와 안정에도 위협이 된다. 그간의 행동으로 판단하건대 처음부터 중국은 자신의 사악한 목적을 달성하기 위해 평화를 희생하려 작정한 것이라고 결론 내리지 않을 수 없다. 이 같은 상황에서 철저하게 평화적인 방법으로 대외적인 국가의 명성을 증진하려는 우리의 열망이 간절할수록 중국에 대한 공식적인 전쟁 선포를 피할 수 없음을 깨닫게 되었다. 헌신적인 신민의 충성과 용기로 평화가 조만간 영원히 정착되며 제국의 영광이 드높아지고 완전해지는 것이야말로 우리의 간질한 바람이다.

메이지 27년 8월 1일 작성

(천황 폐하의 친필 서명)

국무대신과 다른 장관의 부서

중국 황제의 전쟁 선포

조선은 과거 200여 년간 우리의 조공국이었다. 이 기간 내내 조선은 우리에게 조공을 바쳤고 이는 전 세계에 잘 알려진 사실이다. 지난 수십 년간 조선은 거듭되는 반란으로 고통을 받아 왔다. 우리는 작은 조공국에 대한 동정심에서 거듭 원군을 파견했으며 마침내 조선의 이익을 수호하기 위해 수도에 주재관을 설치했다. 올해 음력 4월(5월) 조선에서 또 다른 반란이 시작되었고 조선 왕은 반란을 진압할 수 있게 도와 달라고 거듭 요청해 왔다. 그리하여 우리는 이홍장에게 조선으로 군대를 파견하라고 지시했다. 부대가 아산에 도착하자 폭도들은 이내 흩어져 버렸다. 하지만 왜국*은 아무런 이유도 없이 갑자기 조선에 군대를 파견해 수도인 서울로 진입했고 그 수가 1만 명을 상회할 때까지 지속적으로 증파했다. 그사이 일본군은 조선 왕으로 하여금 통치 체제를 바꾸도록 강요했고 조선인을 협박하기 위해 갖은 수단을 동원했다.

  왜국을 설득하기란 매우 지난한 일이었다. 조공국을 지원하는 관례가 있긴 해도 우리는 한 번도 조공국의 내정에 간섭한 적이 없다. 일본이 조선과 맺은 조약은 한 국가가 다른 국가와 맺은 것과 같다. 따라서 이런 식으로 한 나라를 위협하고 그 나라 통치 체제를 바꾸도록 강요하기 위해 대규모 군대를 파견하는 법은 없다. 수많은 열강들이 일본의 행위를 비난하는 데 힘을 모으고 있다. 또 현재 일본이 조선에 주둔시킨 군대에 관해서는 납득할 만한 어떠한 명분도 없다. 일본은 이성에 따르지 않을 뿐만 아니라 군대를 철수하고 조선에서 이루어져야 할 조치에 흔쾌히 동의하라는 충고에도 귀 기울이려 하지 않는다. 이와는 반대로 일본은 체면도 없이 자신의 호전성을 드러내며 조선에서 군대를 증강시켜 왔다. 일본의 행동은 조선

---

* 경멸감을 나타내기 위해 과거 일본인을 부르던 명칭.

에 있는 우리 상인뿐만 아니라 조선 백성을 경악시켰고 따라서 우리는 이들을 보호하기 위해 더 많은 군대를 파견했다. 그런데 조선으로 가는 도중 수많은 왜선이 갑자기 나타나 우리가 무방비 상태임을 이용하여 아산 근처 해안에서 우리의 수송선에 포격을 가해 손상을 입혔다.

전혀 예기치 못한 일본의 비열한 행동으로 우리가 받은 고통과 우리가 느꼈을 놀라움을 생각해 보라. 일본은 조약을 위반하고 국제법을 어기더니 이제는 그릇되고 위험한 행동으로 날뛰며 전쟁을 시작해 대다수 열강으로부터 비난받는 처지에 놓이게 되었다. 따라서 분규 과정을 통틀어 우리는 항상 박애와 완전한 정도를 추구한 반면 왜국은 국제법과 조약을 모두 깨뜨렸으며 이는 우리의 인내심이 견딜 수 있는 한도를 넘어선 것임을 전 세계에 알리고자 한다. 우리는 즉시 왜국을 소탕하기 위하여 최대한 서두르도록 각 군대에 준엄한 명령을 내리라고 이홍장에게 지시했다. 이홍장은 조선인을 속박의 굴레로부터 구해 내기 위하여 용감한 병사로 구성된 후속 군대를 파견할 것이다. 각군 총사령관뿐만 아니라 만주 장수들과 총독, 해군 총독에 대해서도 전쟁에 대비하고 만약 왜선이 우리 항구에 들어올 경우 포격을 가해 철저히 파괴하도록 전력을 다하라고 명령했다. 장수들에게는 우리 손으로 엄중한 처벌을 받는 일이 없도록 명령

이행에 한 치의 소홀함도 없어야 함을 경고했다. 이 칙령이 마치 개개인에게 전달되는 것처럼 모든 사람에게 알려지도록 하라.

    이를 어기지 말라!

부록 E
상하이에 거류하는 두 일본인의 인도에 관한 서신

이 사건과 관련된 모든 서류는 1895년 1월 3일 상원의 결정에 따라 발간되었다. 서류는 50건의 문서와 급보, 전보 등으로 이루어진 흥미로운 집적물로 구성되어 있다. 주의 깊게 정독한 결과 이번 사건을 가장 정확하게 판단한 사람은 상하이 주재 미국 총영사인 저니건Jernigan임이 분명해졌다. 저니건은 사건 현장과 근거리에 있어 이번 사건의 판단에 적격이었다. 상하이에서 멀리 떨어질수록 통찰력이 흐려진다. 베이징에는 모호하기 짝이 없는 불확실성이 존재했고 워싱턴은 이 사건의 맥락을 잘못 이해하고 있었다. 국무장관 그레샴Gresham은 부하의 적절한 판단을 번복할 권한이 있었다. 동시에 그는 어리석게도 그 권한을 사용한 인물로서 이 문제에 단 하나뿐인 요점을 이해하지도 스스로에게 납득하려 하지도 않았다.

조선 문제가 심각해지고 중국과 일본의 전쟁이 불가피해지자 일본 정부는 재중국 일본 신민을 보호해 달라고 미국에 요청했다. 중국 정부는 이 제안에 동의했고 일본에 있는 자국 백성에 대해서도 동일한 보호를 요구했다. 미국 정부는 전쟁 중인 두 나라 백성에 대한 이중 보호를 떠맡는 첫 번째 실수를 저질렀다. 우리는 이 같은 최초의 부주의가 미국의 지위를 약화시키고 미국의 보호를 전적으로 무용지물로 만들어 버렸음을 살펴보게 될 것이다.

7월 24일부터 8월 3일 사이에 생성된 1에서 6까지의 문서는 이 문제를 다루고 있다. 양국에 주재한 미국 관리들은 재중 일본인과 재일 중국인의 보호를 위해 우호적으로 공관을 활용하라는 지시만 받은 상태였다.

8월 8일과 14일자인 7번과 8번 문서에서 베이징 주재 미국 대리공사 덴비Denby는 중국을 여행하는 것처럼 위장한 일본 밀정에 대한 중국 총리아문[116]의 불만에 대해 워싱턴에 급전으로 알렸다. 덴비는 중국의 부조리하고 야만적인 형법에 대해 잘 알고 있었던 까닭에 무고한 사람들이 성급하게 형을 선고받지 않도록 관용과 신중함을 가질 것을 권고했다.

8월 13일 두 명의 일본인, 쿠순치와 푸쿠하라가 중국인 복장을 한 채(이들이 3년 동안 입었던 옷이다) 상하이 프랑스 조계에서 체포되었다. 프랑스 조계지의 최고 행정관을 겸하고 있던 프랑스 총영사가 국제 협정에 따라 두 명의 일본인을 저니건에게 인도했다. 따라서 저니건은 일본 국민을 보호해야 했다. 이 문제에 대한 저니건의 권한은 세세하게 제한되어 있었기 때문에 그는 이 일로 매우 당혹스러워했다. 가장 현명하고 올바른 조치는 두 일본인을 프랑스 영사에게 되돌려 보내는 것이었다(즉 그가 일본인을 보호할 권한이 없다면 말이다). 사실 일본인들을 위해 아무것도 할 수 없다면 이들을 맡겠다고 나설 수도 없는 일이었다.

  8월 18일자 9번째 문서에는 이 문제에 관한 그레샴의 질문이 수록되어 있다. 당시 상하이 주재 미국 영사가 일본인 두 명을 억류하고 있다는 워싱턴 주재 중국 공사의 불평이 있었기 때문이다. 그레샴은 베이징 주재 대리공사를 통해 전보로 사태를 파악해야 했고 대리공사 역시 상하이에 있는 저니건으로부터 설명을 들어야 했다. 자연히 이 모든 전보가 문제의 실제 논점을 밝히는 데 실패하고 말았다. 8월 31일자 21번 문서에 이르기까지 이 같은 설명이 가득 차 있다. 8월 31일이 되자 그레샴은 두 일본인이 상하이 주재 미국 공사에 의해 억류되어서는 안 된다는 명령을 되풀이했다. 덴비는 불행히도 이러한 지시에 한술 더 떠 그들을 도태道台(중국의 관리)[117]에게 인도해 버렸다. 두 일본인은 9월 3일 인도되어 10월 8일 참수당했다.

이 개탄스러운 서신 왕래 과정에서 그레샴은 자신이 문제의 사법적인 측면에 전적으로 무지함을 스스로 드러냈다. 8월 21일자 12번째 문서에서 그레샴은 왜 프랑스 영사가 두 명의 일본인을 떠맡았다가 미국 영사에게 인도했는지 이해하지 못하고 있음을 솔직히 인정했다. 8월 29일자 18번째 문서에는 다음과 같은 특이한 진술이 있다. 그레샴은 덴비에게 다음과 같이 쓰고 있다.

"당신은 피난처를 제공할 수도, 일본인에게 치외법권을 부여할 수도 없다."

"한마디로 재중 일본 국민은 그들 군주의 신민임에 변함이 없으며(부조리할 정도로 명백한 명제이다) '이제까지와 같은 정도로 그 지역법을 적용받아야 한다."(잘못된 명제이다. 그레샴이 주제넘게 법을 규정하려고 개입한 이 문제에 있어 그의 총체적인 무지가 드러난다. 일본인은 한 번도 지역법에 종속된 적이 없으며 조약에 의해 치외법권을 누린다.)

"다른 세력에 의해 유리한 장소에 머문다고 해서 이 점에 관한 그들의 상황이 바뀔 수는 없다."

오직 덴비에게 보낸 전보인 8월 29일자 17번 문서에서 그레샴은 진실에 대해 어렴풋하게 인식했음을 알 수 있다. 하지만 너무나 모호하게 표현되는 바람에 3주 동안 미국 국기의 보호 아래 놓였던 두 불운한 젊은이의 죽음을 초래하고 말았다. 전보에서 그레샴은 "총영사가 두 일본인을 받아들이지 말아야 했으며 그들을 억류할 권한이 없다"고 말했다. 이 구절에는 올바른 해결책에 대해 고집스럽게 눈감았던 한 인물에 의해 사건 전체가 간결하게 요약되어 있다. 만약 미국 영사가 일본인을 받아들일 수 없고 그들을 위해 공식적인 조치를 취하는 것이 금지되어 있었다면 도대체 상하이 외국인 조계지에서 중국의 법에 복종할 의무가 없는 일본인을 중국 관리에게 인도할 권한은 어떻게 부여받은 것일까? 왜 그는 공식적으로 보호하는 것이 금지된 사람들의 이익에 반하는 공식적인 행위를 수행할 수 있었을까? 이 점이야말로 전체 사건을 그토록 모순으로 만들고 미국 국기와 그 국기가 마땅히 제공해야 할 보호 의무에 대해 그처럼 신랄한 조소를 던지게 만드는 점이다.

  전 과정에 걸쳐 미국 영사는 중국 정부의 간수이자 경찰로 처신했다. 마땅히 보호해야 할 사람을 위해 영사가 한 유일한 일이자 그가 주제넘게 사칭한 보호란 것이 바로 적에게 그들을 조건 없이 넘겨주는 것이었다. 미국인에게 이 사건이 한층 뼈아프게 느껴지는 것은 일본 국민의 보호를 떠맡지도 않은 국가인 프랑스의 영사가 한 행위에 직접 반하는 조치가 취해졌다는 사실 때문이다. 프랑스 영사는 두 일본인을 중국 관리에게 인도하지 않고 미국 영사에게 보냄으로써 사법적 문제를 이미 해결했던 것이다. 만약 미국 영사가 일본인을 보호하거나 데리고 있을 수 없었다면 그들의 지위를 변경하거나 그들에게 적대적인 조치를 취해서도 안 되었다. 즉 미국 영사는 일본인을 넘겨받았던 프랑스 당국에 그들을 되돌려 보냈어야 했다.

이 모든 처리 과정에서 그레샴의 행위는 변명의 여지가 없는 것이었다. 그는 판단 착오 이상의 실수를 저질렀다. 법률적 문제에 관한 그의 무지는 용납할 수 없는 것이었다. 뿐만 아니라 사건에 대해 세세하고 완전한 설명을 기다리거나 사건의 실체를 좀더 잘 파악할 수 있도록 현장에 있는 유능한 부하로부터 우편으로 명확한 설명서를 받아 보는 대신 전보를 통해 조급한 결정을 내림으로써 불쌍한 두 젊은이의 끔찍한 고난과 죽음에 대한 전적인 책임을 지게 되었다. 또한 그는 미국 국기에 쏟아진 치욕에 대해서도 역사 앞에 책임을 져야 한다.

나머지 문서는 주로 이 비극적인 사건과 연관된 사람들의 정당화 시도로 가득 차 있다. 스스로 결백함을 주장하는 데 성공한 유일한 인물은 저니건뿐이었다. 그는 워싱턴 정부가 그에게 강요한 끊임없는 권한의 제약과 그가 받은 명확한 지시 때문에 자신의 행동이외에 선택의 여지는 전혀 없었다. 덴비는 중국 관료 사회를 휩쓸고 있는 공포에 질린 야만의 물결을 극복하기 위해 경이적인 노력을 기울였다. 하지만 그레샴으로부터 받은 명령을 잘못 해석함으로써 두 일본인의 생명을 구하려는 적극적인 노력을 하지 못했다. 그레샴은 8월 29일자 17번 문서에 수록된 자신의 전보에서 "총영사는 두 일본인을 받아들여서는 안 되었고 그들을 억류할 권한도 없었다"고 말했다. 우리가 살펴본 바와 같이 합리적인 결론은 일본인을 넘겨받았던 프랑스 당국에게로 그들을 되돌려 보내는 것이었다. 이것이 워싱턴으로부터의 지시에 대한 글자 그대로의 해석일 것이다. 하지만 덴비는 그레샴의 지시에 해석을 가하는 쪽을 택해 도태道台에게 인도하도록 저니건에게 명령했다.

그레샴은 궁색한 변명을 하면서 전쟁 기간 동안 재일 중국인에 대한 미국의 사법권을 허용치 않겠다는 일본 관리의 선언에서 근거를 찾으려고 애썼다. 이로 인해 두 교전국의 국민을 보호하기로 동의하는 데에 대해 미국 정부가 취한 태도가 부적절한 것임이 드러났을 뿐이다. 미국 정부의 조치는 두 적대국의 행위와 원칙에 따라 양국 모두에게 저지당했다. 다른 쪽에서는 성취할 수도 없는 문제에 대해 공정하게 보이고 싶은 나머지 다른 한쪽마저 지원하지 않은 것이다. 일본 공사의 선언은 이 문제에 대해 아무런 가치가 없다.

일본에는 상하이 외국인 조계지의 특수 상황과 유사한 것이 전혀 없기 때문이다.

부록 F
이토 제독과 정 제독이 주고받은 서신

편지 1 — 이토 제독이 정 제독에게

삼가 이 편지를 각하께 전합니다. 시간의 변화무쌍함은 우리를 적으로 만들었습니다. 이는 불행한 일입니다. 하지만 전쟁 중인 것은 우리의 조국일 뿐입니다. 개인 간에는 어떤 적대감도 있을 수 없습니다. 과거에 각하와 나 사이에 존재했던 우정은 오늘에 이르러서도 여전히 뜨겁습니다. 각하께 항복을 재촉하려는 어리석은 의도에서 이 편지를 쓴다고 생각지는 말아 주십시오. 거대한 사건 속에서 배우들은 종종 길을 잃고 헤매며 오히려 구경꾼이 진실을 보게 됩니다. 인간은 자신의 역할 속에서 어떤 길을 가는 것이 조국과 자신을 위해 최선인가를 조용히 심사숙고하는 대신 때로 자신이 실제로 맡고 있는 임무에 좌우되어 잘못된 관점을 받아들이기도 합니다. 그렇다면 그에게 충고하여 올바른 쪽으로 생각을 돌리게 만드는 것이 친구의 의무가 아니겠습니까?

나는 진실한 우정의 발로로 각하께 말씀 드리고 있으며 각하가 이를 헤아려 주시기를 바랍니다. 중국군에게 닥친 거듭된 재앙의 근원은 무엇입니까? 조용히 분별력 있게 살펴본다면 진정한 이유를 발견하는 데 어려움이 없을 것이라고 생각합니다. 각하의 통찰력은 분명 그 원인을 밝혀 줄 것입니다. 중국을 현재의 처지로 몰고 간 것은 한 개인의 잘못이 아닙니다. 그 책임은 오랫동안 중국을 통치해 온 정부의 실패에 있습니다. 중국 정부는 치열한 시험을 통해 신하를 선발했고 학문적 성취가 그 시험의 기준이었습니다. 따라서 통치 권력의 보고인 관료가 모두 학자였고 문학이 모든 것에 우선하여 존중되는 결과를 낳았습니다. 이 점에 대해 중국의 관습은 오늘날과 1,000년 전이 동일합니다. 이것이 반드시 결함 있는 제도라고 할 수는 없으며 반드시 나쁜 정부를 초래하는 것도 아닙니다. 하지만 어떤 국가도 실제로 그 같은 수단으로는 독립을 유지할 수 없습니다. 각하도 30년 전 일본이 어떤 어려움과 맞서야 했고 어떤 위험을 극복해야 했는지 잘 알고 계실 것입니다.

오늘날 일본의 존속과 발전은 전적으로 당시 낡은 것과 단절하고 새로운 것에 자신을 적응시킨 덕분입니다. 귀국의 경우에도 현재로서는 이것이 기본 방향이 될 것이 분명합니다. 감히 말하건대 이 길을 택한다면 귀국은 안전할 것이고 만약 이를 거부한다면 파멸로부터 벗어날 수 없을 것입니다. 귀국은 일본과의 경쟁에서 지금 앞에 놓인 것과 같은 결과를 목도하도록 이미 오래전에 운명 지워진 것입니다. 과거 운명의 명령에 따라 현재 온 나라를 휩쓸고 있는 흐름에 아무 생각 없이 몸을 맡기고 이를 근절하려는 어떤 노력도 하지 않는 것이 과연 제국의 충성스러운 신하이자 제국의 번영을 진심으로 갈망하는 사람의 임무이겠습니까? 수천 년을 거슬러 올라가는 역사를 지녔고 수만 리 밖으로 뻗은 영토를 보유한 나라, 세계에서 가장 오래된 제국이 영속적일 만큼 단단한 기초 위에 근간을 다시 세움으로써 부흥의 과업을 완수하는 것이 어찌 쉬운 일이겠습니까?

한 개의 기둥만으로는 거대한 건축물의 붕괴를 막을 수 없습니다. 불가능과 불리함 사이에 과연 어떤 선택의 여지가 있겠습니까? 적에게 함대를 넘겨주고 전군이 적에게 항복하는 일은 한 나라의 운명과 비교할 때 하찮은 일에 불과합니다. 전 세계의 시선 속에 일본군 병사가 어떤 명성을 보유하고 있건 간에 맹세컨대 각하에게 가장 현명한 길은 일본으로 오시어 귀국의 운이 다시 융성해지고 각하의 봉사가 필요해지는 시기가 올 때까지 기다리는 것이라고 믿습니다. 각하의 진정한 친구가 하는 말에 귀 기울이십시오. 역사의 연대기에는 자신의 이름에서 오점을 제거하고 위대한 과업을 수행하기 위해 살아남았던 수많은 사람의 이름이 포함되어 있음을 꼭 상기시켜 드려야만 할까요.

프랑스의 마크마옹MacMahon(1808~1893)[118]은 항복해 적국으로 넘겨졌다가 얼마 후 돌아와 프랑스 정부를 재건하는 데 힘을 보탰습니다. 프랑스 국민은 그의 치욕을 잊었을 뿐만 아니라 대통령의 지위에까지 올려 주었습니다. 마찬가지로 오스만 파샤Osman Pasha는 플레브나Plevna에서 요새를 잃은 후[119] 포로로 잡혀 있다가 터키로 돌아왔습니다. 터키에서 그는 전쟁 장관의 자리에 올랐고 군사 개혁으로 높은 명성을 얻었습니다. 각하가 일본에 오신다면 극진한 대우와 더불어 황제의 호의를 누리게 될 것임을 보장할 수 있습니다. 폐하께서는 현 내각의 일원인 예노모토 제독과 국무대신 오토리 케이스케[120]의 예에서 보는 바와 같이 반란에 앞장선 신하를 용서했을 뿐만 아니라 높은 신임을 받는 직위에 올려 줌으로써 그들의 재능을 높이 샀습니다. 이 같은 예는 무수히 많습니다. 폐하의 신하가 아닌 저명한 인물에 대해서는 폐하의 관대한 처우가 훨씬 더 극진할 것이 분명합니다.

각하가 이제 결정해야 할 큰 문제는 폐허로 몰락하는 나라와 함께 각하의 운명을 내던지고 변화하지 않는 통치 환경에서는 불가피할 수밖에 없는 결말에 휩쓸릴 것인가 아니면 각하에게 남아 있는 힘을 보존하여 이후 또 다른 계획을 펼쳐 나갈 것인가 하는 것입니다. 적에게 편지를 쓸 때 교만하고 거친 말을 사용하는 것이 귀국 전사의 일반적인 관례입니다. 하지만 나는 순수한 우정의 발로로 이 편지를 각하께 보내며 각하가 나의 진심을 믿어 주시기를 간청합니다. 다행히 이 글을 읽고 각하가 나의 제안을 받아들인다면 각하의 양해 아래 제안에 실질적인 효력을 부여하는 문제에 관해 추가 설명을 드릴 것입니다.

이토 유코 伊東祐亨

편지 1 — 정 제독이 이토 제독에게

함대 총사령관 이토 각하께

사세보에서 지휘를 맡고 있는 장교가(연합 함대를 지휘하는 장교와 착각한 것이 분명하다)* 나에게 보낸 제안서를 받았지만 양국이 전쟁 중이기 때문에 회신하지 못했습니다. 결연히 싸워 왔지만 배가 침몰하고 부하들이 수없이 죽임을 당하는 상황에서 이제 나는 항전을 포기하고 부하의 목숨을 구하기 위해 전투 중지를 요청하기로 결심하였습니다. 나의 요청이 받아들여진다는 전제 아래, 즉 중국인과 외국인 가릴 것 없이 육군과 해군에 관계된 모든 사람의 목숨이 아무런 해를 입지 않고 그들의 고향으로 돌아가도록 허용된다는 전제 하에 웨이하이웨이 항구에 있는 전함을 유공도劉公島의 요새, 장비와 함께 일본에게 양도할 것입니다. 이 요청이 받아들여질 경우 영국 해군 함대 총사령관이 보증인이 될 것입니다. 제안을 제출하며 신속한 회신을 기대합니다.

북양 수사 제독 정여창

광서 22년 1월 18일(1895년 2월 12일)

---

* 우리가 살펴본 바와 같이 이토 제독이 정 장군에게 보낸 첫 번째 편지는 영국 전함 세번호가 전달했을 가능성이 있다. 그 경우 '사세보'는 '세번'의 착오일 것이다. 일본 문자로는 외국 이름을 옮기기가 매우 힘들기 때문이다.

편지 2 — 이토 제독이 정 제독에게

　북양 함대 총사령관 정여창 각하께

　귀하의 편지를 받고 주의 깊게 내용을 확인하였습니다. 내일 배와 요새, 각하가 소유한 모든 군수품을 인수할 준비를 마쳤습니다. 인도 시간과 기타 문제에 관해서는 이 편지에 대한 확답을 받는 대로 각하와 협의하길 바랍니다. 양도 작업이 모두 완료되면 각하의 편지에 언급된 사람들 모두를 호송하기 위해 양측에서 편리한 장소로 전함 한 척을 파견할 것입니다. 다만 한 가지 점에 대해 의견을 피력하고자 합니다. 최근 보냈던 편지에서 삼가 제안한 바와 같이 각하 신상의 안위와 장래 귀국의 이익을 위하여 각하가 일본에 오셔서 이번 전쟁이 끝날 때까지 머무는 것이 최선이라고 감히 생각합니다. 그 같은 일정을 받아들이기로 결심하시기만 한다면 각하께서는 최상의 배려와 완벽한 보호를 받게 될 것임을 분명히 보장할 수 있습니다. 하지만 각하가 귀국으로 돌아가시길 원하신다면 그 같은 바람 또한 존중될 것입니다. 영국 해군 총사령관이 이 협정의 보증인 역할을 수행하게 될 것이라는 제안에 관해서는 그 같은 예방책은 전적으로 불필요하다고 생각합니다. 나는 장교로서 각하의 확약을 절대적으로 신뢰하고 있습니다. 내일 아침 10시경까지 이 편지에 대한 회신을 받게 될 것으로 믿겠습니다.

2월 12일

마츠시나 선상에서

대일본 제국 함대 총사령관 이토 유코

편지 2 ─ 정 제독이 이토 제독에게

총사령관 이토 각하께

방금 받은 각하의 답장은 부하의 목숨에 관한 대목에서 나를 크게 안도케 했습니다. 또 각하가 보내 준 선물에 대한 감사도 표하지 않을 수 없습니다. 하지만 양국 사이에 전쟁 상황이 지속되고 있어 이를 받아들이기 곤란합니다. 각하의 배려에 감사하면서도 이 기회에 되돌려 드리고자 합니다. 각하의 편지에서는 무기와 요새, 함선이 내일 인도되어야 한다고 언급되어 있지만 우리에게는 남아 있는 시간이 너무나 짧습니다. 육군과 해군 병사들이 군복을 여행 복장으로 바꿔 입는데도 상당 시간이 소요되므로 각하께서 명시한 날짜에 맞추기는 어려울 것 같습니다. 부디 기간을 연장해 주시어 태음력 1월 22일, 즉 2월 16일부터 항구에 들어와 유공도 요새와 군수품,

현재 남아 있는 함선을 인수할 날짜를 정해 주실 것을 간청하는 바입니다. 이 문제에 있어 충심으로 서약합니다.

정여창

1월 18일(2월 12일)

※ 상기 세 묶음의 물품을 되돌려 보냅니다.

편지 3 — 이토 제독이 북양함대를 지휘하는 장교에게

북양 함대 지휘를 맡은 장교 각하께

태음력 1월 18일, 즉 2월 12일자 정여창 제독의 서신을 받으면서 전령으로부터 정 제독이 자결했다는 소식을 전해 들었습니다. 이 소식은 내게 커다란 아픔을 안겨 주었습니다. 배와 요새, 군수품의 이전에 관해서는 태음력 1월 22일(2월 16일)까지 날짜를 연기해 달라는 고 정 제독의 요청을 다음과 같은 전제조건 아래 수용할 것입니다. 즉 상기 배와 요새, 군수품의 인도와 웨이하이웨이에 있는 중국인과 외국인의 석방에 관해 명확한 협정을 체결하기 위해 책임 있는 중국군 장교 한 사람이 오늘(2월 13일) 오후 6시까지 나의 기함으로 와야 합니다. 고 정 제독에게 보낸 마지막 편지에서 나는 제독에게 다음 날 만나 인도 시간과 기타 세부 사항에 대해 협의하고 싶다는 의사를 전달한 바 있습니다. 이제 정식으로 권한을 위임받은 중국군 장교와의 회담에서 이 문제가 해결되길 희망합니다. 하지만 그 같은 목적으로 내 배를 방문하는 장교는 외국인이 아니라 반드시 중국군 장교여야 한다는 점을 분명히 하고자 합니다. 중국군 장교가 온다면 진심 어린 환대를 받게 될 것입니다.

총사령관 이토 유코

2월 13일

부록 G
웨이하이웨이 항약

1항 금번 협정에 따라 방면될 중국군 병사와 수병, 중국군에 고용된 외국인의 전체 명단을 제출해야 한다.

2항 중국군 장교와 외국인 고용인은 일본과 중국 간 금번 전쟁에 다시는 개입하지 않겠다는 각서에 서명해야 한다.

3항 유공도 군사 장비를 특정 장소에 집적하고 일본군에게 보고해야 한다. 중국군 병사와 수병은 14일 오후 5시부터 15일 정오 사이에 페산친[121]에 상륙할 것이고 그곳에서 일본군 부대의 호위 아래 웨이하이웨이에서 후방으로 이송될 것이다.

4항 웨이하이웨이에 있는 중국군과 함대를 대표할 합당한 지위에 있는 중국군 장교가 전함과 요새의 인도를 위한 위원회에 참석하게 될 것이다. 또 위원회는 그들의 책임 아래 놓인 함선과 요새에서 발견되는 무기의 총 목록을 15일 정오까지 제출해야 한다.

5항 중국군 장교와 중국군에 복무 중인 외국인은 10항에서 밝히는 바와 같이 강제康濟호를 타고 웨이하이웨이를 떠나야 한다.

6항 장교들은 무기를 제외한 개인 휴대품은 가지고 갈 수 있다.

7항 유공도 주민들은 이전처럼 섬에 살도록 권장될 것이다.

8항 일본군의 유공도 상륙은 16일 오전 9시에 시작되며 동시에 배와 요새, 기타 등등을 인수하는 절차가 수행될 것이다.

9항 이 지역을 떠나고 싶어 하는 주민이나 비전투 병력은 일본군 해군 장교의 조사를 받은 후 15일 아침부터 중국군 범선을 타고 떠날 수 있을 것이다.

10항 조국에 대한 의무를 다하기 위해 죽은 정 제독의 공적에 경의를 표하고자 이토 제독은 증기정 강제호의 인수를 포기하고 이 배를 도태 우창병의 자유로운 의사에 맡길 것이다. 도태 우는 제독과 함께 죽은 다른 이들의 유품을 배에 싣고 떠날 것이다. 이 같은 절차는 2월 16일 정오부터 23일 정오 사이에 수행될 것이다. 배는 15일 오전 일본군 해군 장교의 조사를 받게 될 것이다.

11항 본 협정이 체결된 후 유공도에 있는 중국군이 일본군에게 저항한다면 협정은 그 효력을 완전히 상실하게 될 것이며 동시에 일본군은 군사작전에 돌입할 것이다.

부록 H
도태 우창병과 이토 제독이 주고받은 서신

정 제독의 서신에 대한 각하의 답신에서 암시된 바와 같이 우리 병사들이 섬을 떠나도록 허용해 주신 데 대해 진심으로 감사의 뜻을 전합니다. 또한 계속해서 두 차례에 걸쳐 저와 협의하는 호의를 베풀어 주신 데 대해 감사 드립니다. 정벽광程璧光으로부터 각하께서 강제호를 되돌려주겠다는 의사를 표하셨음을 알게 되었습니다. 강제호를 통해 우리 장교들뿐만 아니라 정 제독의 시신을 웨이하이웨이만 밖으로 운반하게 될 것입니다. 각하께서 심심한 사의를 받아 주시기를 간청합니다.

우창병牛昶炳

음력 1월 22일(2월 16일)

　삼가 광병廣丙호가 광동 함대에 속함을 강조하여 말씀드리고자 합니다. 작년 봄 이중당李中堂[122]이 실시한 일상 점검 과정에서 광갑과 광을, 광병이 북부 함대의 회합에 참석하기 위해 왔습니다. 집결이 끝난 후 되돌아가야 했으나 어떤 이유에서인지 일시적으로 북양 함대에 남게 되었습니다. 광갑과 광을이 모두 소실되었기 때문에 광동 함대 소속 전함 세 척 가운데 오직 광병만 남아 있게 되었습니다. 광동 함대는 지금의 전쟁과는 아무런 관련이 없습니다. 세 척의 배를 모두 잃게 된다면 광동 총사령관에게 제시할 변명거리가 전혀 없게 됩니다. 각하께서 우리를 동정하시어 광병을 되돌려 주신다면 광병은 다시는 전쟁에 개입하지 않을 것임을 약속 드리겠습니다. 설사 각하께서 이를 허용하실 수 없다 해도 배에서 포를 제거하고 선체만 되돌려 주시는 데는 동의하실 것이라고 믿습니다. 그 경우 정벽광程壁光은 수치를 면하게 될 것이며 자신의 사령관에게 내놓을 약간의 해명거리나마 갖게 될 것입니다. 각하께서 이 같은 처지를 헤아려 주시리라 믿으며 회신을 기다리겠습니다.

우창병牛昶炳

부록 I
히로시마 평화회담

다음은 1895년 2월 6일 외무부 차관에 의해 제국 내각에 제출된 문서의 공식 번역문이다.

외무대신 종2위 훈1등(서보장) 자작外務大臣從二位勳一等子爵 무츠 무네미츠陸奧宗光(1844~1897)는 대중국 흠차전권대신께 일본 제국 천황 폐하가 내각 총리대신 종2위 훈1등(동화대수장) 백작內閣總理大臣從二位勳一等伯爵 이토 히로부미 각하와 서명자를 정당한 권한을 가진 중국 흠차전권대신과 강화조약 전문을 타결할 폐하의 전권대신으로 임명하고 그 같은 목적으로 전권을 위임하였음을 삼가 선언합니다.

황제 폐하의 외무대신

무츠 무네미츠 자작

메이지 28년 1월 31일, 히로시마

제국 황제 폐하의 전권대신인 서명자는 중국 황제 폐하의 전권대신인 각하께 양국 전권대신 회담이 메이지 28년 2월 1일 오전 11시에 히로시마 켄호에서 개최될 예정임을 삼가 알려 드립니다.

서명자는 이때 대중국 흠차전권대신과 전권을 상호 교환할 수 있도록 준비하겠습니다.

대일본 전권변리대신

이토 히로부미 백작

무츠 무네미츠 자작

히로시마, 메이지 28년 1월 31일

광서 21년 음력 1월 6일

대일본 전권변리대신 이토 백작과 무츠 자작 각하께

중국 황제 폐하의 명령에 따라 폐하의 칙서를 지니고 일본으로 출발해 광서 21년 음력 1월 6일 히로시마에 도착하였음을 삼가 알려 드립니다.

각하께서 강화조약 전문을 타결하기 위한 목적으로 일본 황제 폐하에 의해 전권대신으로 특별히 임명되었다는 취지의 통지문을 수령하였음을 삼가 알리며 일본이 오랜 우정을 잊지 않았음에 깊은 감사를 표하고자 합니다.

각하께 회담 시간을 정해 주실 것을 부탁 드림으로써 만남을 요청하려는 중이었는데 때마침 회담이 2월 1일 11시에 히로시마 켄호에서 열림을 알리는 각하의 통지문을 재차 수령하게 되었습니다.

이에 대한 회신으로 각하의 뜻에 따라 정해진 날짜와 시간에 회담에 참석할 것임을 삼가 알려드리는 바입니다. 각하께 심심한 경의를 표합니다.

　　　　　　　　　　　　　　　　　　　대중국 흠차전권대신
　　　　상서함총리각국사무대신 호부시랑 尚書銜總理各國事務大臣 戶部侍郎
　　　　　　　　　　　　　　　　　　　　　장張蔭桓

　　　　　　　　두품정대서 호남순무 頭品頂戴署 湖南巡撫
　　　　　　　　　　　　　　　　　　　　　소邵友濂

신의 가호 아래 일본 황제이자 아득한 옛날부터 같은 왕조로 이어진 왕좌에 오른 무즈히토는 본 서류가 전달될 모든 이를 환영한다.

동양의 평화를 유지하기 위해 우리 제국과 중국 제국 간 평화를 회복하고자 내각 총리대신 종2위 훈1등(동화대수장) 백작 內閣總理大臣 從二位 勳一等 伯爵 이토 히로부미 李藤博文와 외무대신 종2위 훈1등(서보장) 자작 外務大臣 從二位 勳一等 子爵 무츠 무네미츠 陸奧宗光에게 각별한 신임과 신뢰를 보내며 그들의 지혜와 능력에 대한 완전한 확신을 가지고 이에 우리의 전권변리대신으로 임명하는 바이다.

우리의 전권대신에게는 중국의 전권대신과 개별 혹은 공동으로 교섭하며 강화조약을 타결하고 서명할 전권을 부여한다.

우리는 상기 전권대신이 동의한 모든 조항을 검토할 것이며 그와 같은 조항이 적절하면서도 유효하고 합당한 형식임이 확인될 경우 비준할 것이다.

그 증거로서 이 문서에 서명하며 제국의 인장도 찍게 될 것이다.

진무 神武 황제[123] 즉위 2,555년에 해당하는 메이지 28년 1월 31일 히로시마에서 작성됨.

(국새) (친서)

(부서) 내각 총리대신 이토 히로부미 백작

비망록

　황제 폐하의 전권대신은 대중국 흠차전권대신에게 방금 통보한 전권이 강화조약 협상 내지 체결과 관련하여 일본 황제 폐하가 부여한 모든 권한을 체현한 것임을 삼가 알려 드립니다.

　장차 있을 수 있는 오해를 피하기 위해 대일본 전권변리대신은 호혜적으로 중국의 전권대신에 의해 통보되긴 했지만 아직 검증되지 않은 전권이 강화조약의 협상 내지 체결과 관련하여 중국 황제 폐하가 대중국 흠차전권대신에게 부여한 모든 권한을 체현하고 있는지 문서로 명확하게 알려 주시기를 희망합니다.

　히로시마, 메이지 28년 2월 1일

(중국어 원문에 동봉된 영어 번역문)

대일본 제국 전권변리대신께

　광서 21년 음력 1월 7일 귀국 황제 폐하로부터 받은 각하의 위임장과 함께 우리의 전권에 관해 문서로 된 회신을 요청하는 비망록을 각하로부터 동시에 전달받았음을 삼가 알려 드립니다.

　답신으로 동시에 상호 교환하여 각하께 전달한 우리의 위임장은 강화조약 협상과 체결을 위해 황제 폐하가 부여한 전권을 체현하고 있으며 최종적으로 조약을 타결하고 서명할 권한을 가진 것임을 삼가 알려 드리고자 합니다. 조약의 보다 신속한 실행을 보장하기 위해 우리의 의견이 일치될 경우 황제 폐하의 재가를 받기 위해 협약안을 전보로 보내고 서명 일자를 확정하게 될 것입니다. 그후 중국 황제 폐하의 검토를 위해 동일한 문서가 중국으로 보내질 것이며 적절하면서도 유효하고 합당한 형식으로 판명될 경우 비준될 것입니다.

광서21년 음력 1월 8일

(일본 정부에 의해 번역되었다.)

칙령으로 상서함총리각국사무대신 호부시랑尙書銜總理各國事務大臣 戶部侍郞 장음환張蔭桓과 두품정대서 호남순무頭品頂戴署 湖南巡撫 소우렴邵右濂을 일본이 임명한 전권대신과 만나 그 문제를 협상할 우리의 전권대신으로 임명한다.

하지만 그대들은 우리의 지시를 받기 위해 총리아문으로 전보를 보내고 우리의 지시를 따라야 한다.

사절단 구성원들은 그대들의 지휘 아래 놓인다.

그대들은 임무를 충성스럽고 성실하게 수행함으로써 그대들에게 부여된 신임을 충족할지어다.

이를 명심하라.

제국령 인장

(1895년 2월 2일 회담에서 이토 백작 각하가 장음환과 소우렴 각하에게 행한 연설)

나와 나의 동료가 이 시점에서 채택할 필요가 있다고 판단한 조치는 우리에게는 아무런 책임이 없는 상황에서 비롯된 논리적이고 필연적인 결과입니다.

중국은 이제까지 다른 열강과 거의 일정하게 거리를 유지해 왔습니다. 어떤 경우에는 국제사회의 일원으로 이점을 누리면서도 그와 같은 관계에 대한 책임은 부정하는 경우가 훨씬 많았을 것입니다. 중국은 고립과 불신의 정책을 추구해 왔으며 그 결과 중국의 대외 관계는 우호적인 선린 관계에서 필수적인 솔직함과 신뢰를 갖추지 못했습니다.

국제 협약에 공식적으로 합의한 후에도 중국의 관리들이 도장 찍기를 거부한 예가 적지 않았고 엄숙하게 체결된 조약이 돌연 명백한 이유 없이 부인되는 사례도 열거할 수 있습니다.

이처럼 불행한 일들은 중국이 그 같은 상황에서 대단히 진지하지 못했다는 사실로 충분히 설명할 수 있습니다. 하지만 이런 이유 외에도 협상을 수행하기 위해 임명된 관리들이 그 같은 목적에 필수적인 권한을 부여받지 못했다는 점도 솔직하게 언급해야 할 것입니다.

보편적인 의미에서의 전권을 부여받지 못한 중국 관리와의 협상 결과가 자칫 빠지기 쉬운, 역사가 가르쳐 주는 결말을 피하고자 하는 것이 애초부터 일본의 바람이었습니다. 따라서 제국 정부는 대중국 흠차전권대신이 평화협정을 체결할 전권을 부여받아야 함을 모든 평화 협상의 선행조건으로 내걸었습니다. 또한 일본 황제 폐하가 나와 나의 동료에게 대중국 흠차전권대신과 강화조약을 체결하고 서명할 전권을 부여한 것은 오로지 중국 정부로부터 그러한 선행조건이 충족되었고 대중국 흠차전권대신이 일본으로 출발했다는 완전한 보증을 받았기 때문입니다.

그 같은 확약에도 불구하고 각하의 권한에 치명적인 결함이 있다는 사실은 내게는 중국 정부가 아직까지 평화를 진심으로 바라고 있지 않다는 확실한 징표로 여겨집니다.

어제의 회담 과정에서 상호 교환된 두 증서를 단순히 비교하기만 해도 우리를 비판할 여지가 없을 것입니다. 한 증서는 일반적으로 문명국가 사이에서 전권이라는 용어에 주어지는 정의를 충족하고 있는 반면 다른 한 증서는 그 같은 권한에 필수적인 요소가 거의 없다는 점을 지적하는 것이 결코 부적절하다고 할 수 없습니다. 즉 각하의 증서는 협상하려는 사안조차 적시하고 있지 않으며 각하에게는 어떤 것도 체결하고 서명할 권한이 부여되어 있지 않습니다. 각하의 협상에 뒤따를 황제의 비준 문제에 대해서도 아무런 언급이 없습니다. 간단히 말해 각하께 부여된 권한이란 것은 나와 내 동료가 말하게 될 내용을 귀국 정부에 보고하는 것으로써 한정됨을 의미합니다. 이런 상황에서 협상을 지속하는 것은 우리로서는 불가능합니다.

이번 일에서 관례가 전적으로 무시되지 않기를 촉구합니다. 나는 그 같은 설명이 충분하다고 인정할 수 없습니다. 중국의 순전한 국내 관례에 개입할 어떤 권리도 주장하지 않겠습니다. 하지만 나의 조국에 영향을 미치는 국제적인 문제에서 중국만의 독특한 방식은 국제 교류의 우월적 규칙에 종속되어야 한다고 주장하는 것은 나의 권리이자 의무라고 생각합니다.

평화 회복이야말로 가장 중요한 문제입니다. 우호적 관계를 재건하기 위해서는 그 같은 목표를 가진 조약이 체결되어야 할 뿐만 아니라 그 약속이 성실하게 이행되어야 합니다.

일본은 평화 문제에 관해 중국에게 사정할 아무런 이유도 없지만 그럼에도 중국이 대표하는 문명을 존중하는 차원에서 중국이 제출할 성의 있는 제안은 어느 것이든 귀 기울여야 한다는 책임감을 느낍니다. 하지만 일본은 앞으로 더 이상 성과 없는 협상에 참여하거나 명목상의 평화에 관여하는 것을 거부할 것입니다. 일본이 응하게 될 협상안은 세밀하게 검토될 것이며 동시에 중국 측에서도 협상안에 대한 동일한 검토가 이루어지기를 요청합니다.

따라서 중국이 진지하고 성실하게 평화를 갈망하고 중국대표에게 실질적인 전권을 부여함으로써 그들의 이름과 지위가 그들이 동의한 조약이 확정되고 성실하게 수행되리라는 보증의 역할을 한다면 언제라도 일본은 새로운 협상에 돌입할 준비가 되어 있습니다.

비망록

제국 정부는 도쿄와 베이징에 있는 미국 재외 사절을 통해 강화조약을 체결하기 위해서는 전권을 가진 전권대신의 임명이 평화를 주제로 한 이번 협상에서 필수불가결한 선행조건임을 거듭 천명합니다.

하지만 황제 폐하의 전권대신은 대중국 흠차전권대신이 이달 1일자로 통보해 온 권한이 그것이 의도한 목적에 전적으로 부적당함을 발견하게 되었습니다. 일반적으로 이해되는 전권의 핵심적인 특성이 거의 전적으로 결여되어 있습니다.

제국 정부는 종전에 전권 문제에 관해 가지고 있던 입장이면서 동시에 미국 대표에게 통보했던 바로 그 견해에서 후퇴한 적이 없습니다. 또한 일본 황제 폐하에 의해 실질적이고 적절하며 완전한 전권을 위임받은 대일본 전권변리대신은 단순히 문제를 논의하고 총리아문에 보고하며 자신들이 따라야 할 황제의 후속 명령을 접수할 권한만을 가진 중국 황제 폐하의 전권대신과는 협상할 수 없습니다.

이 같은 상황에서 대일본 제국 전권변리대신에게 유일하게 남겨진 것은 현재의 협상이 종료되었음을 선언하는 것뿐입니다.

히로시마, 메이지 28년 2월 2일

(협상 종료 후 중국 사절이 대일본 전권변리대신에게 보낸 급보)

대일본 제국 전권변리대신께

오늘 각하와 함께한 회담에서 이토 백작 각하의 연설을 듣고 난 후 연설문 사본과 함께 강화조약이 왜 종결되었는지 그 이유를 알리는 비망록이 우리에게 전달되었습니다. 각하께서는 우리가 귀국으로부터 조기에 출발하도록 준비되었음을 알리며 작별 인사를 하셨습니다.

출발에 앞서 각하께 다음과 같은 성명서를 남기는 것이 우리 정부와 우리 스스로에 대한 임무임을 말씀 드리고자 합니다. 어제 회담에서 각하께 전달한 위임장은 이미 충분히 설명 드린 바와 같이 조약을 협의할 전권을 우리에게 부여하고 있습니다. 협상이 만족할 만한 결론에 도달한다면 각하와 함께 강화조약에 서명할 준비가 되어 있음을 말씀 드린 바 있습니다. 이는 일본 황제 폐하께 전한 우리의 존엄한 황제 폐하의 서한문에서 지극히 경건하고 위엄 있는 방식으로 확인된 바 있습니다. 우리는 첫 번째 회담에서 각하께 그 서한문을 제시하면서 황제 폐하께 전달할 특전을 간청 드린 바 있습니다. 하지만 각하께서는 그 같은 요청을 받아들이지 않으셨습니다. 서한문의 번역본을 이 전언문과 함께 동봉합니다.

황제의 재가를 받기 위해 협상 결과를 전보로 보내도록 한 위임장의 지시가 조약에 서명하기 위한 우리의 권한을 어떤 식으로든 손상하고 제한한다는 각하의 의견에는 동의할 수 없습니다. 이미 말씀 드린 바와 같이 그 같은 지시의 목적은 조약이 체결될 경우 보다 신속한 비준과 실행을 보장하기 위함입니다.

우리의 권한에 대한 이 같은 해석이 우리 정부에 의해 뒷받침되고 있음은 귀국 정부의 요청으로 베이징 주재 미국 공사가 총리아문으로부터 강화조약을 협상하고 체결할 전권을 우리에게 부여했다는 보증서를 받았다는 사실로 입증됩니다. 더욱이 오늘 회담에서 각하가 우리의 위임장에 존재한다고 생각하는 모든 기술적 결함을 전보를 통해 정정할 것을 제안했습니다.

각하께 제출한 위임장은 중국 황제 폐하가 협상 체결을 위해 타국으로 파견한 전권대신에게 부여해 왔던 위임장과 그 형식이 유사한 것으로 우리가 알고 있는 한 그 같은 신임장이 거부된 예는 이번이 처음입니다.

평화를 위한 사절단으로서 연설에 포함된 중국 정부에 관한 비우호적인 언급에 대해서는 이번에 논의하지 않을 것입니다. 다만 현재 두 인접국을 갈라놓고 있는 전쟁의 신속하고도 확실한 종결을 원하는 우리의 존엄한 황제 폐하의 염원을 이루기 위하여 우리가 행한 진심 어린 노력이 무익한 것으로 판명 난 점에 대해 깊은 유감을 표할 뿐입니다.

하지만 서신을 마치기 전에 평화 사절단으로서 전권대신의 통상적인 권한을 박탈당한 이 같은 방식에 대해서는 놀라움을 표하지 않을 수 없습니다. 이토 백작으로부터 우리 정부와 암호로 전보 통신을 하는 것이 허용되지 않음을 전달 받았습니다. 또 우리에게 보내진 암호 전보 한 장을 접수했고 번역을 위해 우리 정부의 비밀 코드를 제출할 때까지는 암호문을 인계할 수 없다는 내용을 일본 외무부 관리로부터 통보받았습니다. 베이징을 출발하기 전 베이징 주재 미국 공사로부터 국제관례에 따라 우리 정부와 암호로 자유롭게 전신을 주고받는 것이 허용될 것임을 확인받은 바 있습니다.

우리를 이곳으로 초청해 준 일본 정부의 노고와 이곳에 머무는 동안 보여 준 호의적인 환대에 대한 감사의 표시와 함께 각하에 대한 각별한 존경을 확인하는 것으로 끝맺음하고자 합니다.

장

소

(이 통신문은 외무대신의 비서인 나카다에 의해 즉각 반려되었다.)

(나카다는 다음과 같은 통지문을 사절에게 전달했다.)

장음환과 소우렴 각하의 특사 권한이 협상의 결렬과 동시에 인정받을 수 없게 되어 이토 백작 각하와 무츠 자작 각하께서 장과 소 각하와 서신 왕래를 할 수 없음을 삼가 말씀 드립니다. 이에 내각 총리대신 각하와 외무대신 각하로부터 동봉한 서신을 장과 소 각하께 되돌려 보내라는 지시를 받았습니다.

나카다 게이지

부록 J
휴전

평화 협상의 진전이 불미스러운 사건으로 중단되었음을 고려하여 일본 황제 폐하께서는 제국의 전권변리대신에게 일시적인 휴전에 동의하라는 지시를 내리셨다. 그에 따라 황제 폐하의 전권대신인 내각 총리대신 이토 백작과 외무대신 무츠 자작은 대중국 흠차변리대신인 즈리 총독 이 백작과 다음과 같은 협정을 체결한다.

1항 일본 정부와 중국 정부는 본 협정의 조항에 따라 양국의 육군과 해군이 묵뎬奉天과 즈리, 산둥 지방에서 휴전을 선언하는 것에 동의한다.

2항 이 협약에 따라 전투 중지의 명령을 받은 병력은 현재 자신들이 점령한 전 지역에 대한 소유권을 유지할 권리를 갖게 될 것이다. 이를 조건으로 본 협정이 유지되는 기간에는 어떠한 상황에서도 상기 지역을 넘어서는 어떤 진격 작전도 절대 수행하지 않을 것이다.

3항 일본과 중국 정부는 이에 본 협정이 효력을 발휘하는 기간 동안에는 공격 목적에서든 수비 목적에서든 어느 편도 전장에서 군대를 늘리지 않을 것이며 지원군을 파견하거나 어떤 방식으로든 전투력을 증강하지 않기로 합의한다. 그럼에도 양국 정부의 권한 범위 내에서 군대의 재배치나 이동은 이루어질 것이다. 단 그 같은 재배치나 이동이 전장에 실제로 투입되는 군대를 증강하기 위한 의도가 아니라는 전제에서만 허용된다.

4항 군수품이나 기타 전시 밀수품을 해상으로 운송하는 경우 전시법에 따라 수행하는 포획은 허용한다.

5항 일본과 중국, 양국 정부는 서명한 날로부터 21일간 본 협정에 따라 합의된 휴전을 실행하는 데 동의한다. 현재 양국 군대가 점령하였으나 전신을 통한 통신 가능 범위에 속하지 않는 지역에 대해서는 전투 행위를 중단시키기 위한 명령을 신속하게 전달할 방안이 채택될 것이다. 양국 군대를 지휘하는 장교들은 그 같은 명령을 수령하는 즉시 그 사실에 대한 상호 정보를 교환하고 휴전 준비에 착수하게 될 것이다.

6항 더 이상의 상호 통신이 없어도 본 협정은 메이지 28년 4월 20일, 즉 광서 21년 3월 26일 정오가 되면 더 이상 군대를 구속하지 않게 될 것이다. 하지만 그 날짜 이전에 평화 협상이 결렬된다면 본 협정도 동시에 종료될 것이다.

(날짜) 시모노세키. 메이지 28년 3월 30일. 즉 광서 21년 3월 5일

(서명) 여기에 이토 백작과 무츠 자작, 그리고 이 총독의 서명과 화압畫押이 이어짐

부록 K
평화협정에 관한 문서
(「베이징 앤드 톈진 타임스The Peking and Tientsin Times」에서)

일본의 첫 번째 평화협정 초안

시모노세키 1895년 4월 1일

일본 황제 폐하와 중국 황제 폐하는 그들 나라와 백성에게 평화의 은총을 회복하고 장차 혼란을 야기할 모든 원인을 제거하고자 평화협정 체결을 위한 목적으로 전권대신을 지명하였다. 그 내용은 다음과 같다.

(여기에 전권대신의 이름과 직위가 삽입된다.)

전권을 상호 교환하고 그것이 유효하고 합당한 형식임이 밝혀짐에 따라 전권대신은 다음과 같은 조항에 합의한다.

1항 중국은 조선의 완전무결한 독립과 자치를 명확하게 인정한다. 그에 따라 독립과 자치를 훼손하면서 조선이 중국에 제공하는 공헌 전례의 이행은 향후 전면 중단될 것이다.

2항 중국은 다음은 지역에서 모든 보루와 군기 공창, 공물公物과 더불어 영속적인 소유권과 완전한 통치권을 일본에게 양도한다.

(a) 다음과 같은 경계 안에 속한 성경성盛京省 남부 지역

경계선은 압록강 어귀에서 시작하여 삼차자三叉子까지 강을 거슬러 올라간다. 삼차자에서 곧장 북쪽으로 유슈티시아榆樹底下까지 올라가 그곳에서 랴오허遼河 강에 도달할 때까지 곧장 서쪽으로 이어진다. 그곳에서 랴오허 강을 따라 북위 41도까지 남쪽으로 이어지며 그곳에서 서쪽으로 동경 122도까지 같은 위도를 따라 평행하게 이어진다. 북위 41도와 동경 122도가 만나는 지점에서 같은 경도를 따라 남쪽으로 이어지다가 랴오둥 만에 이르러 끝난다.

할양 영토는 랴오둥 만 동쪽과 황해 북부 지방에 위치한 성경 지역에 속하거나 부속된 모든 섬을 포함한다.

(b) 포모사臺灣 섬, 상기 포모사 섬에 인접하거나 부속된 모든 섬 포함

(c) 페스카도리스 군도澎湖列島, 즉 동경 119도와 120도 사이, 북위 23도에서 24도 사이에 위치한 모든 섬

3항 이전 조항에서 기술했고 첨부한 지도에 나타나는 강계 획정 선은 각각 두 사람 이상의 일본과 중국 대표로 구성되는 공동강계 획정위원회의 현장 답사를 통해 이루어지며 위원들은 본 조약 비준서 교환 후 바로 임명되어야 한다. 본 조항에서 정한 강계가 지형적인 이유에서든 혹은 행정적인 고려에서든, 어떤 점에서건 결함 있는 것으로 판명될 경우 그 내용을 수정하는 것도 강계위원회의 임무이다.

강계위원회는 가능한 한 조속히 임무에 착수하게 될 것이며 임명 후 일 년 안에 자신들의 과업을 마치게 될 것이다.

하지만 이 조항에서 정한 강계선은 강계획정위원회 인준 때까지 유지될 것이며 인준이 이루어질 경우 일본과 중국 정부의 승인을 받게 될 것이다.

4항 중국은 군비 배상금으로 일본에 총 3억 냥의 고평은庫平銀을 지불하는 데 동의한다. 상기 금액은 5회로 나누어 지불해야 한다. 첫 분납금은 1억 냥이고 남은 네 차례 분납금은 각각 5,000냥씩이다. 첫 분납금은 본 조약의 비준서 교환 후 6개월 이내에 지불되어야 하며 남은 네 차례 분납금은 4년 연속 같은 날짜 또는 그 이전에 각각 지불되어야 한다. 첫 분납금의 지급 기일로부터 상기 배상금의 모든

미지불액에 대해 연간 5퍼센트의 이자가 부과될 것이다.

5항 일본에 할양된 지역의 주민들은 할양 지역 밖으로 거주지를 옮기고자 할 경우 자유롭게 부동산을 팔거나 퇴거할 수 있다. 이를 위해 현 조약 비준서 교환일로부터 2년간의 시간이 주어질 것이다. 기간 종료 시 해당 지역을 떠나지 않은 거주민은 일본의 자유로운 선택에 따라 일본 신민으로 간주될 것이다.

6항 일본과 중국 사이의 모든 조약은 전쟁의 결과로 종결되며 중국은 일본의 전권대신과 통상과 항해에 관한 조약通商行船條約과 국경 왕래와 무역을 통제할 협정陸路通商章程을 체결할 전권대신을 임명하기 위하여 본 조약의 비준서 교환에 즉시 착수해야 한다. 중국과 유럽 열강 사이에 현존하는 조약과 협정, 규정은 일본과 중국 사이의 상기 조약과 협정을 위한 토대로 활용될 것이다. 본 조약의 비준서 교환일로부터 상기 조약과 협정이 실제 효력을 발휘할 때까지 일본 정부와 관리, 상업, 항해, 육로통상, 산업, 선박, 그리고 일본 신민은 모든 면에서 중국으로부터 최혜국 대우를 받게 될 것이다.

중국은 추가로 다음과 같이 영토를 할양하며 이는 현 조약 체결일로부터 6개월간 효력을 지닌다.

첫째 이미 개방한 지역 외에 다음과 같은 도시와 마을, 항구가 일본 신민의 상업과 거주, 공업, 제조업에 개방될 것이며 현재 개방된 중국의 도시와 마을, 항구에 존재하는 것과 동일한 조건에서 동일한 특권과 동일한 편의시설을 누리게 될 것이다.

1. 베이징北京
2. 후베이湖北 지역의 사시沙市
3. 후난湖南 지역의 샹탄湘潭
4. 쓰촨四川 지역의 충칭重慶
5. 광시廣西 지역의 우저우梧州
6. 장쑤江蘇 지역의 수저우蘇州
7. 저장浙江 지역의 항저우杭州

일본 정부는 상기 지역의 일부 혹은 전 지역에 영사를 주재시킬 권리를 갖게 될 것이다.

둘째 여객과 화물 운송을 위해 일본 국적을 단 선박의 증기 운항은 다음과 같은 지역에까지 확대될 것이다.

1. 이창宜昌에서 충칭重慶에 이르는 양쯔 강 상류
2. 양쯔 강에서 샹탄湘潭에 이르는 샹장湘江과 퉁팅호洞庭湖
3. 캔턴廣東에서 우저우에 이르는 시장西江
4. 상하이에서 수저우蘇州와 항저우杭州에 이르는 우쑹강吳淞江과 그 운하

현재 외국 선박의 중국 내지 수로 항해에 적용되는 규칙과 규정은 새로운 규칙과 규정이 상호 승인될 때까지 상기 경로에 대해 최대한 적절하게

적용될 것이다.

셋째 일본 신민이 중국 내로 수입하는 모든 상품은 수입자나 소유자의 선택에 따라 들여오는 시점이건 그 이후이건 관계없이 일단 원가에 부과되는 2퍼센트의 저대세抵代稅나 관세를 지불하기만 하면 이후 중국 전역에서 모든 세금과 관세, 조세, 부과금을 면제받게 될 것이다. 또한 정부와 관리, 개인, 회사, 온갖 종류의 단체의 이름으로 혹은 그 이익을 위해 부과되는 여하한 성격이나 명칭의 모든 징수금도 면제된다. 동일한 방식과 같은 정도로, 하지만 어떠한 저대세나 조세의 지불 없이 일본 신민이 중국에서 구매하거나 수출용으로 공표한 모든 중국 상품과 농산물에 대해서도 동일한 면세 특전이 적용될 것이다. 이 같은 과세 면제는 수출용으로 공표된 날로부터 실제 수출이 이루어지는 시점까지 지속된다. 국내 소비를 위한 모든 중국 상품과 생산물은 일본 선박에 의해 중국 내 한 개항장에서 다른 개항장으로 운반될 경우 현행 연해무역세를 지불하기만 하면 그 같은 운송이 진행되는 전 과정에 걸쳐 동일한 방법과 같은 정도로 수출입 관세를 포함한 모든 세금이 면제될 것이다. 하지만 전술한 조항은 수입 아편에 대한 과세에 관한 한 당분간 유효한 어떠한 조치도 결코 취하지 않을 것임을 주지해야 한다.

넷째 중국 내에서 상품이나 생산물을 구매하거나 중국 내로 수입 상품을 운반하는 일본 신민은 구매하고 운송하는 상품의 집적을 위해 창고를 일시적으로 임대하거나 빌릴 권리를 가지며 이에 관해 여하한 세금이나 징수금도 납부하지 않으며 어떤 중국 관리의 간섭도 받지 아니한다.

다섯째 재중 일본 신민이 지불하는 제반 관세와 조세, 수속비 지불에 있어 고평은이 사용될 것이다. 그 같은 제반 관세와 조세, 수속비는 일본국 본위 은화 엔을 기준으로 그 액면가나 대표가에 따라 지불될 것이다.

여섯째 일본 신민은 중국에서 각종 제조업에 자유롭게 종사하게 될 것이며 온갖 종류의 기계류를 중국으로 자유롭게 수입할 수 있으며 이 경우 약정한 수입 관세만 지불하게 될 것이다.

재중 일본 신민이 제조한 일체의 상품은 내지 운송세와 내지세, 조세, 부과금, 온갖 종류의 징수금에 있어, 또 중국 내 창고와 저장 설비에 있어 일본 신민이 중국 내로 수입하는 상품과 동일한 지위에 있으며 동일한 특권과 면제 혜택을 누린다.

일곱째 중국은 전문가의 자문하에 낮은 수위에서도 적어도 6미터 깊이의 깨끗한 수로를 지속적으로 유지할 수 있도록 황푸 강 입구에 있는 오송천탄吳淞淺灘을 제거하는 절차에 즉시 착수한다.

이 같은 허가권과 관련하여 필요한 추가 규칙이나 규정에 관해서는 본 조항에 규정된 통상과 항해에 관한 조약通商行船條約에서 구체적으로 명시될 것이다.

7항 뒤이어 나올 조항에 따라 일본군의 중국 철수는 본 조약의 비준서 교환 후 3개월 이내에 완전하게 실행될 것이다.

8항 본 조약 규정의 성실한 수행에 대한 담보로 중국은 아래 지역에 대한 일본군의 일시적 점령에 동의한다.

성경 지방盛京省 펑톈(묵덴)

산둥 지방 웨이하이웨이

여기서 규정한 군비 배상금의 최초 두 차례 분납금 지불 시 펑톈부에서 일본군이 철수할 것이고 상기 배상금의 마지막 분납금 지불 시 웨이하이웨이에서 철수할 것이다. 하지만 통상과 항해에 관한 조약通商行船條約의 비준서 교환이 이루어질 때까지는 어떠한 철군 작업도 없을 것임을 분명히 주지해야 한다.

이 같은 일시적 점령과 관계된 모든 경비는 중국이 지불할 것이다.

9항 본 조약 비준서 교환 즉시 그 시점에 억류되어 있는 모든 전쟁 포로가 송환될 것이며 중국은 일본이 송환한 전쟁 포로를 학대하거나 처벌하지 말아야 한다. 중국은 또한 군사 스파이로 기소되었거나 혹은 다른 군사적 범죄 혐의를 받고 있는 모든 일본 신민을 즉시 석방하는 절차에 착수해야 한다. 더 나아가 중국은 전쟁 기간 동안 일본군과 타협했던 중국 백성을 어떤 방식으로든 벌주거나 처벌되도록 내버려 두어서는 안 된다.

10항 모든 공격적인 군사작전은 본 조약의 비준서 교환과 함께 중단될 것이다.

11항 본 조약은 대일본 제국 대황제 폐하와 대중국 제국 대황제 폐하에 의해 비준될 것이며 비준서는 ~에 따라 메이지 28년 ~월 ~일 ~에서 교환될 것이다.

증거로서 각 전권대신이 동일한 비준서에 서명하고 인장을 찍는다.

~에 따라 메이지 28년 ~월 ~일 시모노세키에서 두 통 작성되다.

중국의 회신

1895년 4월 5일 시모노세키

대일본 제국 전권변리대신이 제안한 조약 초안에 대해 검토하고 회신하기로 약속한 짧은 시간 동안 나는 이 중대한 사안에 대해 불행하게도 내가 고통받고 있는 신체적 장애를 고려할 때 내가 바칠 수 있는 최대한의 진지한 검토와 주의를 기울였습니다. 하지만 이 비망록이 바람직한 정도까지 완벽하지 못하다면 이 모든 원인을 단지 변명으로만 내세울 수 있을 뿐이며 대일본 제국 전권변리대신이 요구하는 모든 점에 대해 수일 안에 완전하고도 상세하게 답변할 수 있으리라 확신합니다.

모든 조항을 상세히 취급하지 않고 협상과 관련된 네 가지 주요 문제에 대한 나의 견해를 집약하여 조약 초안에 포함하고자 하였습니다. 네 가지 문제란 첫째 조선, 둘째 영토 할양, 셋째 배상금, 넷째 통상 특권입니다.

1. 조선

중국 정부는 수개월 전 조선의 완전하고도 철저한 독립을 기꺼이 인정하고 조선의 완전한 중립성 보장을 언급하였고 본 조약에 그 같은 조항을 삽입할 준비가 되어 있습니다. 하지만 당연한 상호주의에 따라 일본에 대해서도 그와 같은 조항이 동일하게 작성되어야 합니다. 따라서 이 점에서 조항의 수정이 필요할 것입니다.

2. 영토 할양

조약 초안에 제시된 전문에 따르면 조약 체결의 목적이 '장래 분규의 모든 원인을 제거하기 위한 것'이라는 말로 시작합니다. 하지만 이 조항은 그 같은 목적을 달성하는 대신 그것이 강요될 경우 수 세대에 걸쳐 이어질 분규의 확실하고 다양한 원인이 될 수 있는 조항을 포함하고 있습니다.

동방의 두 강대국, 현재도 그렇지만 앞으로도 이웃으로 남을 것이며 역사와 문화, 예술과 상업에서 너무나 많은 것을 공유한 두 나라를 진정한 친구이자 동맹국으로 만들 그런 평화조약을 체결하는 것이 양국 전권대신의 임무이자 현명한 정치가의 역할입니다. 한 나라가 수 세기 동안 수많은 왕조를 거치면서 오랜 세월 보유해 온 영토는 그 가치를 따질 수 없는 소중한 유산입니다. 자국 영토의 소중한 일부를 빼앗는 것보다 중국 백성에게 치욕감을 불러일으키고 잦아들지 않는 적대감과 증오심을 일으키는 일은 없을 것입니다.

  이 조항의 (a)절에서 기술된 영토의 경우 특히 그러합니다. 왜냐하면 이는 제국 수도로 접근이 용이하고 지속적인 위협이 될 수 있는 위치에 육군과 해군 군사작전을 위한 발판과 기지를 일본에게 제공하는 것이며 또 중국의 현 왕조로부터 고대 영지 일부를 빼앗는 것이기 때문입니다. 이 대목에서 중국은 일본이 다음과 같이 말하는 것을 듣습니다.

  "우리는 내킬 때 육군과 해군을 이끌고 귀국 수도에 덤벼들 준비를 함으로써 늘 위협이 되는 영원한 적이 될 작정이다. 그리고 소중한 조상의 발상지 일부를 빼앗음으로써 귀국 황제를 능멸하고자 한다."

  더 나아가 이는 공동 접경지 전역을 따라 축성이 이루어져야 함을 의미합니다. 즉 양국에 막대한 경비를 부담시키면서 접경 부근에 육군과 해군을 대규모로 주둔시키게 만들 것이고 나누어진 전선 양측은 국경 다툼과 무법 상태로 끊임없이 위협받게 될 것입니다.

일본은 전쟁을 선포하면서 조선의 완전한 독립을 공고히 하는 것이 자신들의 목적이라고 선언했습니다. 또 유럽과 미국에 있는 일본의 외교 사절들은 정복 전쟁을 수행하는 것은 자국 정부의 목표가 아님을 천명했습니다. 이 같은 선언에 부응한다면 항구적인 평화를 이룩하고 동방의 두 위대한 민족이 장차 진정한 친구가 되고, 그 결과 적대적인 국가에 대항하는 확고한 보루로 우뚝 서게 할 그런 평화를 이루기 위해 2항과 기타 특정 조항을 수정하는 것이 전적으로 가능할 것입니다. 하지만 성대한 전쟁 대가를 조건으로 일본에 의해 평화가 강요된다면 이는 필연적으로 중국 민족의 적대감과 복수심을 일깨우게 될 것이며 양국은 공감이나 공동 이익을 통한 유대감 없이 외부 적의 먹이로 전락할 것이 분명합니다.

3. 배상금

중국은 스스로를 침략자로 생각하지 않으며 전쟁 기간 중 일본의 영토를 침범한 적도 없는 이번 전쟁에서 전쟁 경비에 관한 배상금을 지불하도록 요구받는 것은 정당하지 않다고 생각합니다. 따라서 중국이 배상금을 지불하는 것은 이치에 맞지 않는 것으로 생각합니다. 하지만 불행한 전쟁을 종결짓고 백성을 고난으로부터 구제하기 위한 열망에서 지난 10월 우리 정부가 미국 공사를 통해 배상금을 지불하기로 약속했다는 점을 고려하고 또 배상금이 지난 2월 17일 베이징 주재 미국 공사를 통해 일본이 공표한 조건 가운데 하나였다는 추가적인 사실을 고려해 합당한 배상금 지불에 관한 적절한 조항을 본 조약에 삽입할 용의가 있습니다.

첫째로 이 전쟁의 목적이 조선의 완전한 독립을 보장하기 위한 것이라고 일본이 언급했음을 주목해야 합니다. 작년 11월 22일 중국은 조선의 독립을 인정할 준비가 되어 있음을 각국 정부에 선언했습니다. 따라서 이 시기 이후의 전쟁 경비는 배상금 안에 포함하지 말아야 합니다.

배상금을 요구할 때 그 금액이 중국의 지불 능력을 넘어선 액수로 정해져서는 안 됩니다. 중국이 지급 불능에 빠질 경우 일본은 이를 조약 위반으로 간주할 것이고 따라서 전쟁이 재발할 것이기 때문입니다. 요구받은 액수는 중국의 현 조세 체계에서는 지불 능력을 초과하는 것입니다. 현 시점에서 내국세 내지 국내세를 늘리면 엄청난 불만과 심지어는 폭동까지도 야기할 것입니다. 굴욕적이고 치욕적인 평화라고 부를 수밖에 없는 결과를 이끌어낸 데 대해 황제와 정부를 향한 백성의 불만이 가중될 경우 특히 그렇습니다. 수입품과 수출품에 대한 관세는 외국 정부와의 조약 때문에 올리기 어려우며 이를 올리기 위해서는 10년간의 고지와 관련 정부의 만장일치 동의가 필요합니다.

마지막 세수원은 차관 협상 과정에서 은행가와 전주들에게 담보 잡히거나 저당 잡힐 수 있는 가용 자금뿐입니다. 이들 자금은 이미 전쟁 차관을 얻기 위해 완전히 저당 잡힌 상태여서 일부에 한해 배상금 변제를 위한 차관으로 활용할 수 있을 뿐입니다. 지난 3월 1일 상하이 주재 외국 관세 행정관이 준비한 성명서를 통해 중국의 관세 수입이 전쟁 차관 지불을 위해 그 날짜로 저당 잡혔음이 드러났습니다. 1895년에는 393만 7,420냥을 지불해야 하고, 1896년에는 628만 1,620냥, 1897년에는 514만 2,238냥을 지불해야 합니다. 그리고 이들 전쟁 차관의 경우 관세 수입을 통해 20년 안에 7,801만 7,103냥을 반드시 갚아야 합니다. 3월 1일 이래 이 같은 차관 규모가 상당히 증가하고 있음에 주목해야 합니다.

중국 정부의 신용과 차관 협상 능력은 전쟁으로 큰 타격을 입었습니다. 이자도 7퍼센트에서 무려 8.5퍼센트까지 지불해야 하며 해외에서 얻을 수 있는 가장 낮은 금리는 채권 액면가를 대폭 할인하는 조건으로 6퍼센트에 달합니다(그것도 소액만 가능합니다). 유능하고 경험 있는 은행가들은 강화조약 체결 시 얻을 수 있는 최우대 금리는 채권의 총 가치 기준으로 6.5~7퍼센트라고 주장합니다.

중국 세관으로부터 거두어들이는 연평균 총 조세 수익은 저대세와 아편 이금세[124]를 포함해 1890년에서 1893년까지 2,254만 8,150냥입니다. 그중 총 금액의 10분의 6은 지방정부에 지불하는 것이 이제까지의 관례였습니다. 만약 이 같은 막대한 현금이 배상금 지불을 위해 전용된다면 지방에서는 새로운 조세가 부과되어야 할 것이고 백성들은 불평하게 될 것입니다. 또 일본이 요구하는 배상금을 마련하기 위하여 외국 차관을 빌리는 방법을 취한다면 원금과 6.5퍼센트의 이자가 필요하게 됩니다. 만약 20년 동안 상환할 경우 6억 9,000만 냥이라는 엄청난 액수가 되는데 이는 중국 정부의 협상 능력을 완전히 넘어선 금액이자 조세를 통해 조달할 수 있는 한도를 초과한 액수입니다.

이것은 중국 조세에 정통한 사람이라면 누구에게나 명백한 사실입니다. 일본에 지불되는 배상금이 전쟁의 결과에 따라 중국에 가중된 재정적 부담일 뿐만 아니라 즉시 지불되어야 하는 것임을 고려한다면 말입니다. 이미 언급한 바와 같이 평화조약이 알려지게 되면 현 왕조와 정부는 많은 중국 백성들로부터 지지를 잃게 될 것이며 지방에서의 불만과 소요가 예상됩니다. 더욱이 대규모로 전장에 소집된 미숙하고 규율 없는 군대가 강화조약 체결과 함께 해산되게 됩니다. 이들은 약탈과 무법 행위를 저지를 위험성이 크며 정부는 진압에 엄청난 부담을 느끼게 될 것입니다. 정부의 힘은 최대한 평화를 유지하는 데 발휘될 것입니다. 평화와 질서가 없다면 일상적인 조세조차 거두는 것이 불가능해질 것입니다. 따라서 국내 안정을 유지하기 위해서는 현대적인 전투 방식에 따라 군대를 조직하고 무장할 필요가 있으며 전쟁으로 사실상 괴멸된 해군을 재건해야 할 것입니다. 여기에는 대규모 긴급 경비의 지출이 요구되나 만약 무거운 배상금을 지불해야 한다면 이 같은 목적으로 돈을 거두기는 불가능할 것입니다. 정부는 국내에서 다양한 개혁과 발전을 구상하고 있습니다. 하지만 이 모든 것은 일본이 요구를 대폭 축소하지 않을 경우 무력해질 것입니다.

제안된 조약 초안에서는 배상금이 '군비 배상금'으로 불리고 있습니다. 이는 전쟁 수행 과정에서 일본이 쓴 경비를 지불하는 배상금이라는 의미로 여겨집니다. 하지만 그 경우 요구 금액이 원 금액을 상당히 초과하고 있음을 대일본 전권변리대신이 인정해야 한다고 생각합니다. 현재까지 공식적인 세부 자료를 확보하지 못한 우리로서는 일본의 전쟁 경비가 정확히 얼마인지 알아내기란 불가능합니다. 하지만 총 금액을 추정할 수 있는 공식적이고 공개된 자료와 성명서가 존재합니다. 따라서 대일본 전권변리대신이 이를 확인하거나 정정할 수 있을 것입니다.

전쟁 개전 당시 일본 국고에는 약 3,000만 엔이 있었다고 알려져 있습니다. 이 금액 가운데 얼마가 군비로 사용되었는지는 공개되지 않았습니다. 하지만 이 금액이 전부 그 같은 용도에 충당되었다고 추정할 수는 있을 것입니다. 전투 개시 직후 1억 5,000만 엔의 전쟁 차관이 승인되었습니다. 일본의 공식 간행물에 게재된 보고서에 따르면 총리 이토 백작 각하가 지난 2월 20일 일본 의회 하원에서 연설을 했는데 그 연설에서 같은 달 초 히로시마에서 있었던 협상 실패에 대해 언급한 후 이 같은 말을 했다고 합니다. "연이은 전쟁 상황과 현재 상황으로 보건대 평화가 언제 복원될지 장담하기 어렵다. 그리고 전쟁 기금이 부족해질 수 있다는 것도 터무니없는 말은 아니다." 그리고 이토 백작은 전쟁이 상당 기간 연장되는 비상 상황에 대처하기 위하여 추가로 전쟁 차관을 승인해 줄 것을 의회에 요청하였습니다.

이 연설을 통해 첫째 전쟁 차관이 고갈되지 않았고 상당 기간 전쟁이 계속되지 않는 한 그렇게 되지도 않을 것임을 추론하는 것이 타당할 것입니다. 일본의 지역 신문들은 본 연설과 함께 이 문제에 관한 의회의 조치를 언급하면서 다음과 같이 언급했습니다. "실질적인 자금 수요는 오는 6월이나 7월 어느 시점이 될 것이다. 정부가 의회에 이를 제출한 것으로 전해졌는데 이는 돈이 긴급하게 필요해서가 아니라 의회가 지금 회기 중이기 때문이라고 한다"(아사히 참조, 「요코하마 신문」 2월 23일자에서 인용). 그리고 이어 "조성된 첫 번째 전쟁 차관 가운데 거두어들인 5,000만 엔이 남아 있고 이미 발생한 8,000만 엔 가운데 상당 금액이 아직까지 지불 예정이다(「국민國民」 참조, 「재팬메일Japan Mail」 2월 23일자에서 인용). 추가로 상당한 액수의 국민 기부금이 모집되었다는 설명이 더해졌습니다. 이들 진술이 거의 정확한 것으로 인정된다면 이번 전쟁에서 일본의 총 경비 지출은 현재까지 1억 5,000만 엔을 초과하지 않았다고 보는 것이 타당할 것입니다.

또 일본의 전쟁 경비를 추정할 때 전투에서 승리하여 포획한 해군 함정을 비롯해 엄청난 양의 군수 물자와 보급품과 같은 수많은 귀중한 전리품을 일본에 가져다주었다는 점도 잊지 말아야 합니다. 배상금 총액을 결정할 때 이 부분은 공제되는 것이 마땅합니다.

지연된 배상금 지불에 대해 중국에 이자를 부과하는 것은 번거롭고 비합리적인 조항이며 요구한 막대한 금액을 고려할 때 이중 부과라고 할 수 있습니다.

4. 통상 특권

조약 초안의 검토와 회신을 위해 허용된 지극히 짧은 시간 동안 요구된 통상 특권과 약정이 일으킬 수 있는 복잡하고 세부적인 문제를 완벽하게 고찰하기는 불가능합니다. 다음 내용은 단순한 견해 표시로 받아들여야 할 것이며 향후 완벽한 단서 조항이 추가되거나 정정되어야 합니다. 하지만 다음 진술이 중국이 동의하는 조항과 수정이 필요하다고 판단되는 조항을 이해하는 데 대일본 전권변리대신에게 도움이 되길 바랍니다.

전쟁으로 지난 통상조약의 효력이 정지되었기 때문에 중국은 새로운 조약이 필요한 것으로 판단하며 협상의 토대로 외국 열강과의 현존 조약을 수용할 준비가 되어 있습니다. 하지만 당연한 호혜주의 차원에서 일본 국내에서 중국에 대한 최혜국 대우를 허용하는 조항이 조약 서문에 추가될 필요가 있습니다.

현재로서는 제1절과 제2절에 대한 답변은 유보합니다.

제3절은 일본인의 수입품에 대한 저대세를 2퍼센트 혹은 실질적으로 0.5퍼센트까지 축소하는 것입니다. 또 수출품에 대해 현존하는 운송세도 함께 폐지할 것을 제안하고 있습니다. 동일한 조약이 중국이 현재 감당할 수 있는 능력을 넘어선 배상금 지불 요구 조항을 포함하고 있음을 고려할 때 중국에게 그것이 어떤 것이든 현존 세입

원을 포기하라고 요구하는 것은 지극히 부적절해 보입니다. 관세 수익을 고려한다면 일본은 오히려 그 같은 관세를 늘리는 데 동의해야 할 것입니다. 일본이 외국 열강과는 자국 관세의 인상을 보장받기 위하여 협상을 벌이는 동시에 중국에 대해서는 이미 충분히 낮은 관세의 인하를 요구하는 것은 대단히 일관성이 결여된 것입니다.

제3절의 효력과 대상은 수입업자든 외국인 소유주든 그들의 손에서 나와 전달되기만 하면 그 이후에는 외국 상품에 대해 어떤 부과금이나 이금세가 면제됨을 보여 줍니다. 이는 외국의 베이징 주재 외교사절과 자주 논의했던 문제로 그와 같은 주장의 정당성은 한 번도 입증된 적이 없습니다. 대영제국보다 통상 특권을 더 탐욕스럽게 옹호하는 정부는 없습니다. 과거 중국과의 교역에 종사하는 영국 백성들이 이금세 경감을 보장받기 위하여 자국 공사를 동원한 적도 많았으나 성공하지는 못했습니다. 영국군을 이끌고 베이징으로 진격하며 점령 후에는 오직 승자의 입장에서 중국에 대해 온갖 통상 특권을 강요했던 엘긴Elgin[125] 경도 현재 제기된 것과 같은 주장은 거부했습니다. "일단 중국인 구매자의 손으로 넘어간 이상, 관세에 대항해 수입품 보호를 더 이상 확대하고 싶지는 않다"라고 그는 말했습니다(『톈진 조약 개정에 관한 영국 정부의 청서』,[126] 1871, 443쪽).

대외 통상에 대한 공식 감독권을 가진 영국 상무부는 영국 외무부의 요청에 따라 이 문제를 조사하고 다음과 같이 결정했습니다. "관세에서 파생된 어떠한 경비의 증가 없이 최종 소비자에 대해 (수입) 상품 판매를 보장하는 것은 …… 제국 정부가 채택할 수 없는 관점이다. 각하 제위에게 그 같은 전면적인 요구를 정당화하는 것으로 비춰질 만한 내용은 이 조약에는 전혀 없다. 그리고 중국에서 토종 상품에 적용되는 내국세를 고려할 때 그 같은 요구 조건을 강요하는 것은 설사 그것이 조약의 조항 형태로 보장된 것일지라도 중국인의 관점에서는 부당하면서도 부적절한 것이다"(같은 책 347쪽). 중국 무역에 매우 정통하고 오랫동안 베이징에서 여왕 폐하의 유능한 사절로 머물렀던 토머스 웨이드 경은 이금세가 "그 속성상 소득세보다 더 공공연하게 장애가 되는 것은 아니며 실제로 자금 부족에 처한 국가가 재원을 조달하는 수단인 특수세보다 더 장애가 되지도 않는다"라고 말했습니다. 그리고 다시 제3절에서 제기된 특권이 야기할 수 있는 남용 문제에 대해 언급하면서 웨이드 경은 "외국인 소유의 상품에 대해 자신들의 몫을 포기하는 것은 지방정부로서는 매우 곤란한 문제이다. 하지만 외국인의 신임장으로 무장한 중국인이 제국 한쪽 끝에서 다른 쪽 끝까지 세금 한 푼 없이 중국인 소유의 상품을 운반하려 한다면 문제는 훨씬 더 심각해질 것이다"(같은 책 444~447쪽)라고 말했습니다. 정의와 소유권이 밑바탕에 탄탄히 자리 잡은 이 같은 선언을 고려할 때 나는 대일본 전권변리대신이 외국인 소유주의 소유로 남아 있는 경우에 한해 수입품 보호가 보장되도록 자신들의 제안을 기꺼이 수정할 것으로 확신합니다. 이는 일본에 대한 최혜국 대우를 인정함으로써 보장될 것이고 일본도 이에 만족해야 할 것입니다.

제4절에 대해서는 현재로서는 그 주장의 정당성에 대한 고려는 차치하더라도 먼저 주장의 신중함에 심각한 의문을 제기해야 할 것입니다. 외국 상인들이 개항장으로부터 멀리 떨어진 곳에 일시적으로 정착하도록 허용하는 것은 영사관의 보호와 통제를 넘어서는 것으로 치외법권의 관례에도 부합하지 않는 것으로 보이며 중국 정부를 매우 당혹스럽게 만들 것입니다. 영국 상인들이 제출한 유사 조항에 대해 논의하면서 토마스 웨이드 경은 다음과 같이 말했습니다. "나는 그와 관련된 어떠한 전면적인 요구에도 단호히 반대한다. …… 우리는 치외법권적인 외국인의 통제를 위한 정당한 조항을 원할 때 외에는 중국으로부터 어떤 것도 요구하지 말아야 한다." 그리고 다시 말하길 "만약 우리 상인들이 중국의 어떤 도시나 구석진 내지에 그 수가 몇이 되었건 모이려 한다면 우리에게 강요된 조차지의 필요성을 좀 더 일찍 깨닫지 못한 것을 매우 유감스러워 하게 될 것이다"(같은 책 435, 449쪽).

제6절은 중국의 원료를 공산품으로 바꾸기 위하여 중국으로 들여오는 수입 기계류의 특권에 관한 것입니다. 이 문제는 베이징 주재 외교단과 수차례 논의를 거쳐 본 장에서 요구한 특권에 반대하는 결정이 내려진 사안입니다. 중국에서 외국인의 제조업 부문 종사를 금지하는 것은 오랫동안 유지되어 온 규정으로 이에 대해서는 외국 정부도 일국의 주권과 독립에 정당하게 속하는 금지 규정으로 묵인한 바 있습니다. 외국인이 천연 생산물을 공산품으로 만드는 공장에 들어가거나 설립할 수 있도록 허용하는 것은 중국인의 생계를 위협할 가능성이 있고 정부에 보호 의무가 있는 고유 산업에도 심각한 피해를 줄 것입니다. 이 규정은 오랫동안 존속해 온 것이며 다른 나라에서도 채택되고 있어 현재로서는 폐지되어서는 안 됩니다. 중국 내 일본 백성이 제조한 모든 상품에 대해 내국세를 전면 면제하는 6절 삽입 조항은 극히 부당하며 과도하게 차별적인 조항입니다. 더욱이 이 같은 특권이 일본 국민에게 허용된다면 필연적으로 중국과 조약을 맺은 모든 국가로 확대될 것이고 따라서 국내 산업의 붕괴는 급속하고도 분명해질 것입니다.

8항에 포함된 조항은 6항에서 규정한 통상조약의 체결에 따라 지정 지역에서의 철수를 추진하는 것으로 불필요하고도 불합리한 조항입니다. 6항에 따르면 일본은 즉시 최혜국 대우를 보장받게 되고 이를 통해 통상에서 모든 경쟁국과 대등한 지위에 놓이게 됩니다.

전술한 내용에는 내게 제출된 조약의 초안에 포함된 모든 중요하고 핵심적인 사항에 대한 검토가 포함되어 있습니다. 나는 주어진 상황에서 가능한 솔직하고 철저하게 답변했습니다. 중요도가 떨어지거나 단순히 세부 기술에 불과한 일부 조항은 검토하지 않았습니다. 하지만 다행히 위에 기술한 네 가지 문제에 관해 합의에 도달하게 된다면 다루지 못한 조항들은 정해진 시간 안에 정리될 수 있을 것으로 생각됩니다.

내가 지난 반세기 동안 조국을 위해 봉사해 왔다는 점을 얘기해도 이해해 주시리라 믿습니다. 나의 생은 마지막을 향해 가고 있다고 할 수 있습니다. 이번 임무는 아마 폐하와 백성들에게 봉사하도록 내게 허용된 마지막 주요 임무일 것입니다. 우리가 대표하는 백성과 정부에 지속적인 평화와 우애를 가져다 줄 수 있는 그런 협상을 도출하는 것이 나의 간절한 염원이자 가장 큰 바람입니다.

우리는 이성의 소리에 귀를 기울여야 합니다. 위대한 두 민족의 이익과 장래 번영을 수호하기 위하여 정치인으로서 가장 고귀한 원칙을 따라야 합니다. 수 세기에 걸친 두 민족의 운명과 행복이 지금 우리 손 안에 있는 것입니다.

일본의 번영과 위대함이 넘쳐나는 이 시대, 유능한 인물의 풍요

속에서 오늘날 배상금을 더 많이 받든 적게 받든, 일본군이 미치는 경계 안에 더 많은 영토를 병합하든 그렇지 못하든, 이는 일본에게 중요한 문제가 아닙니다. 하지만 현재 대일본 전권변리대신의 손에 달린 협상을 통해 중국 민족을 확고한 친구이자 동맹국으로 만들 것인지, 아니면 완고한 적으로 만들 것인지는 장차 일본의 위대함과 일본 백성의 행복이 걸린 대단히 중요한 문제입니다. 중국 민족의 대표자로서 나는 미래 세대에 싹을 틔워 우리를 저주하게 될 원한의 씨앗을 남겨 두지 않을 그런 평화, 우리에게 영광을 가져다주고 동방의 두 강대국에게 축복과 영원한 우정을 가져다 줄 그런 평화를 만드는 데 대일본 전권변리대신 각하와 손을 맞잡을 준비가 되어 있습니다.

대중국 흠차전권대신 이홍장

중국이 제안을 공식화하도록 요구받다

시모노세키 1895년 4월 6일

메이지 28년 4월 1일(1895년 4월 1일) 회담에서 대일본 전권변리대신은 평화조약의 조건을 제시하면서 일정한 형식상 절차가 채택되어야 한다고 제안했습니다. 즉 강화조약 초안이 조목조목 제시되고 대중국 흠차전권대신이 대여섯 개 항의 수용 또는 거부 여부를 하나하나 표시하고 이를 통해 각 조항을 순차적으로 처리하는 절차를 취하자는 것입니다.

하지만 조약 초안이 총괄적으로 제시되어야 한다는 대중국 흠차전권대신의 거듭된 요구에 따라 대일본 전권변리대신은 마침내 그의 바람을 수용하여 대중국 흠차전권대신에게 조약 초안 전체를 제시했습니다. 나흘이라는 기간 안에 전체 조약을 일괄 수용하겠다는 의사를 밝히거나 혹은 받아들일 수 없는 항목을 적시한다는 약속하에서였습니다.

이제 대중국 흠차전권대신이 제시한 비망록을 검토하고 대일본 전권변리대신은 그 내용이 강화조약의 조건을 재고해 달라는 요청과 함께 중국 제국이 처한 국내 어려움을 상세히 설명한 것에 국한되어 있음을 발견하고 매우 실망하였습니다.

비망록은 대일본 전권변리대신이 제출한 조약 초안에 대한 회신으로 접수될 수 없을뿐더러 대중국 흠차전권대신의 바람이나 요구를 분명하게 표현하지도 못하고 있습니다.

결론적으로 중국이 처한 국내 어려움은 현 논의의 영역 안에 포함하기에 적합하지 않으며 또한 전쟁의 결과 제기되는 요구 조건은 통상적인 의미에서의 협상 문제로 간주될 수 없음을 중국 전권대신에게 상기시키면서 대일본 전권변리대신은 대중국 흠차전권대신이 더 이상 지체하지 않고 이미 제시된 강화조약 초안의 수용 또는 수용 불가 여부를 총괄로 또는 항목별로 분명하게 알려 주길 바랍니다. 그리고 변경이 필요한 경우에는 명확한 형식으로 이를 제시해 주길 요구하는 바입니다.

대중국 흠차전권대신에 의한 대체안

1895년 4월 9일 시모노세키

이달 5일자로 대일본 전권변리대신에게 보낸 비망록이 만족할 만한 것으로 인정받지 못했다는 사실은 내게 커다란 실망과 유감을 안겨주었습니다. 중국 국내의 어려움을 상술하는 데 국한한 것이 아니라 제시된 조약 초안에 들어 있는 모든 주요 항목과 구절에 대한 나의 견해를 구체적으로 표현한 것임을 알게 될 것입니다.

하지만 전력을 다해 대일본 전권변리대신의 바람과 편의에 부응하고자 하는 열렬한 바람 속에서 이에 조약 대체안을 준비하여 보냅니다. 이 대체안은 대일본 전권변리대신이 제시한 조약 초안의 모든 조항에 대한 답변이 될 수 있을 것입니다. 새로운 항목이 추가되었다는 사실도 알게 될 것이며 이 역시 수용 가능한 것으로 받아들여지리라 믿습니다.

전권대신으로서 나의 책임 아래 만들어진 대체 초안은 협상의 현 단계에서 내가 나아갈 수 있는 한계입니다. 여기 포함된 제안들이 대일본 전권변리대신의 견해를 완전하게 만족시키지 못한다면 구두 회담을 통해 손쉽게 합의를 진전시킬 수 있을 것으로 확신합니다. 휴전 기간이 얼마 남지 않았음을 고려할 때 가능한 지연이 최소화되도록 대일본 전권변리대신께서 회담 시간을 정해 주실 것을 희망하는 바입니다.

대중국 흠차전권대신의 대체안 초안

1895년 4월 9일 시모노세키

중국 황제 폐하와 일본 황제 폐하는 양국에 평화의 은총을 회복하고 양국 백성에게 상호 이익을 가져다 줄 우애와 교류의 굳건한 기본 관계를 확립하며 선린 간에 지속되어야 할 화합과 상호 신뢰를 확고히 하기를 열망하면서 평화조약을 체결할 목적으로 전권대신을 임명한다. 즉 중국 황제 폐하 ~와 일본 황제 폐하 ~는 전권을 교환하고 그것이 적절하면서도 합당한 형식임이 확인됨에 따라 다음과 같은 조항에 합의한다.

1항 중국과 일본은 조선의 완전무결한 독립과 자치를 확고히 인정하며 조선의 완벽한 중립성을 보장한다. 이 같은 자치를 훼손할 조선 국내 문제에 관한 양국의 간섭이나 독립성에 부합하지 않는 조선에 의한 공헌 전례는 장래 전적으로 중단한다.

2항 중국은 다음과 같은 지역의 완전한 통치권을 그 지역의 모든 마을과 도시, 관공서, 곡물 창고, 막사 병영, 공공건물과 함께 일본에게 양도한다.

(a) 묵덴 지방 남부 1개 현, 1개 군현, 2개 지역

1. 안둥安東 지역

2. 콴덴寬甸 지역

3. 봉황현鳳凰懸

4. 슈이안岫巖 군현

상기 언급한 현과 군현, 지역의 경계는 중국의 공식적인 조사에 엄밀히 부합하여 결정될 것이다.

(b) 위도 23도와 24도, 동경 119도와 120도 사이에 위치한 페스카도리스 군도澎湖列島

3항 (일본의 안을 변경 없이 수용한다.)

4항 중국은 군비 배상금으로 총 1억 고평은庫平銀을 일본에 지급하는 데 동의한다. 상기 금액은 다섯 차례 분납금으로 지불된다. 첫 분납금은 2,800만 고평은이며 나머지 네 차례 분납금은 각각 1,800만 고평은이다. 첫 분납금은 조약 비준서 교환 후 6개월 안에 지불되어야 하며 나머지 네 차례 분납금은 조약 비준서 교환일로부터 6개월을 만기로 4년 연속해서 각각 지불되어야 한다. 하지만 중국은 상기 분납금의 일부 또는 전부를 자유롭게 선납할 권리를 가진다.

5항 일본에 할양된 지역 주민 가운데 할양 지역 밖으로 거주지를 이전하고자 하는 자는 전적으로 자유롭게 자신의 부동산과 동산을 처분하거나 퇴거할 수 있으며 이를 이유로 어떤 조세나 세금, 부과금도 부과하지 않는다. 이를 위해 현 조약 비준서 교환일로부터 2년의 기간이 주어질 것이다. 기간이 종료된 시점에서 그 지역을 떠나지 않은 거주민들은 일본 백성으로 간주될 것이다.

할양된 지역에 속한 재산은 부동산이건 동산이건 비거주 중국인이 소유한 것은 일본 정부에 의해 존중될 것이며 일본 백성에게 속한 것과 동일한 보장을 누릴 것이다.

6항 중국과 일본 간에 체결된 모든 조약은 전쟁의 결과로 종결될 것이며 중국과 일본은 즉시 조약 비준서 교환에 착수하고 통상과 항해에 관한 조약通商行船條約과 국경 왕래와 무역을 통제할 협정陸路通商章程을 체결할 전권대신을 임명한다. 중국과 유럽 열강 간에 현존하는 조약과 협정, 규정은 중국과 일본 간의 상기 조약과 협정의 토대로 활용될 것이며 모든 개항장과 항해, 과세, 상품 보관, 과세 방식 등에 있어 일본은 최혜국으로서 동일한 대우를 받을 것이다. 조약 비준서 교환일로부터 상기 조약과 협정이 실제 효력을 발휘할 때까지 일본 정부와 관리, 상업, 항해 육로 통상, 산업, 선박, 그리고 일본 백성은 중국으로부터 모든 면에서 최혜국 대우를 받을 것이다.

또한 호혜적으로 조약 비준서 교환일로부터 상기 조약과 협정이 실제 효력을 발휘할 때까지 중국 정부와 관리, 상업, 항해, 육로 통상, 산업, 선박, 그리고 중국 백성은 모든 면에서 일본에 의해 최혜국 대우를 받을 것이다.

7항 뒤이은 조항의 항목에 의거하여 중국으로부터의 일본군 철수는 현 조약 비준서 교환일로부터 1개월 안에 완전하게 실행되어야 한다.

8항 조약 내용의 성실한 이행을 위한 담보로 중국은 산둥 성 웨이하이웨이에 대한 일본군의 일시 점령에 동의한다. 여기서 명기한 군비 배상금의 최초 2회 분납금 지불 시 이곳에 주둔한 일본군 병력의 절반이 철수할 것이며 상기 배상금의 마지막 분납금 지불 시 남아있는 일본군 병력이 상기 지역에서 철수할 것이다.

9항 (일본의 초안을 수정 없이 수용한다.)

10항 모든 공격적인 군사작전은 양국 전권대신의 조약 서명과 동시에 중단될 것이다.

11항 중국과 일본 사이에 장래 분쟁이나 전쟁을 피하기 위하여 현 평화조약의 해석과 실행에 관해 또는 현 조약 6항에 규정된 통상과 항해에 관한 조약通商行船條約과 국경 왕래와 무역을 통제할 협정陸路通商章程의 협상과 해석, 실행에 관해 문제가 제기되고 이것이 양국 정부 사이의 외교 회담이나 서신왕래와 같은 일반적인 수단으로는 조정이 불가능한 경우 양국 정부는 상호 합의하여 선정된 몇몇 우방이 임명한 중재자의 결정에 이 문제를 일임하는 것에 동의한다. 혹은 상기 우방의 선정에 대한 합의가 실패할 경우 미합중국 대통령에게 중재자를 임명하도록 요청할 것이고 양국 정부는 상기 중재자의 결정을 받아들이고 준수하며 이를 성실히 이행하는 데 동의하기로 한다.

12항 현 조약은 중국 황제 폐하와 일본 황제 폐하에 의해 비준될 것이며 비준서는 ~년 ~월 ~에 ~에서 교환될 것이다.

그에 관한 증거로서 각 전권대신은 함께 서명하고 인장을 찍는다.

일본이 대체안에 대해 회신하고 요구를 축소하다

1895년 4월 10일 시모노세키

전문

대일본 전권변리대신은 전문에 대한 어떤 수정안에도 동의할 수 없다.

1항 대일본 전권변리대신은 대중국 흠차전권대신에게 본래 제시했던 조항을 고수하는 것이 필요하다고 생각한다.

2항 대일본 전권변리대신은 대중국 흠차전권대신이 제안한 이하 수정안은 받아들이는 것이 불가능하다고 생각한다. 하지만 원안을 수정하는 데는 동의하며 그 내용은 다음과 같다.

중국은 다음과 같은 지역에서 모든 보루와 군기 공창, 공물公物과 함께 완전한 통치권을 영구히 일본에 양도한다.

(a) 아래 경계에 속한 성경 지방 남부

경계선은 압록강에서 시작하여 안평하구安平河溝까지 거슬러 올라가며 안평하구에서 봉황鳳凰까지 이어진다. 봉황에서 하이청海城, 하이청에서 잉커우營口까지 이어져 그곳에서 끝난다. 위에 거명된 지역은 할양 영토에 포함된다.

또 할양 영토에는 랴오둥 만 동부 연안과 황해 북부 연안에 위치한 성경 지역에 관계되거나 부속된 모든 섬을 포함한다.

(b) 포모사臺灣 섬과 상기 포모사 섬에 인접하거나 부속된 모든 섬

(c) 페스카도리스 군도澎湖列島, 즉 동경 119도와 120도, 북위 23도와 24도 사이에 위치한 모든 섬

4항 대일본 전권변리대신은 이 점에 관해 대중국 흠차전권대신의 제안에 따를 수 없다. 하지만 다음과 같이 원안을 수정하는 데는 동의한다.

중국은 군비 배상금으로 총 2억 고평은을 일본에 지불하는 데 동의한다. 상기 금액은 여덟 차례 분납금으로 지불되어야 한다. 5,000만 냥의 첫 분납금은 6개월 안에 지불되어야 하며 5,000만 냥의 두 번째 분납금은 본 조약의 비준서 교환일로부터 12개월 안에 지불되어야 한다. 남은 금액은 다음과 같이 여섯 번의 동일한 연 분납금으로 지불되어야 한다. 즉 첫 번째 연 분납금은 본 조약 비준서 교환일로부

터 2년 안에 지불되어야 하며 두 번째는 3년 안에, 세 번째는 4년 안에, 네 번째는 5년 안에, 다섯 번째는 6년 안에, 그리고 여섯 번째는 7년 안에 지불되어야 한다. 첫 분납금 지불 예정일로부터 상기 분납금의 모든 미지급 금액에 대해 연리 5퍼센트의 이자가 부과될 것이다. 다만 중국은 상기 분납금의 일부 또는 전부에 대해 언제라도 선납할 권리를 가진다.

5항 대일본 전권변리대신은 이 조항에 제출된 수정안에 동의할 수 없다.

6항 대일본 전권변리대신은 이 조항에 관한 대중국 흠차전권대신의 대체안을 지지할 수 없다. 그럼에도 불구하고 원안에 대한 다음과 같은 수정안에는 동의할 것이다.

일본과 중국 간에 존재하는 모든 조약은 전쟁의 결과로 종결되며 본 조약 비준서가 교환되는 즉시 중국은 통상과 항해에 관한 조약通商行船條約과 국경 왕래와 무역을 통제할 협정陸路通商章程을 대일본 전권변리대신과 체결할 전권대신의 임명에 착수한다. 중국과 유럽 열강 사이에 현존하는 조약과 협정, 규정은 상기 일본과 중국 간의 상기 조약과 협정의 토대로 작용할 것이다. 조약 비준서 교환일로부터 상기 조약과 협정이 실제 효력을 발휘할 때까지 일본 정부와 관리, 상업, 항해, 육로 통상, 산업, 선박, 그리고 일본 신민은 중국에 의해 모든 면에서 최혜국 대우를 받을 것이다.

중국은 본 조약 체결일로부터 6개월 안에 추가로 다음과 같은 할양안이 효력을 발휘하도록 한다.

첫째, 이미 개방한 지역 외에 다음과 같은 도시와 마을, 항구가 일본 신민의 상업과 거주, 공업, 제조업에 개방될 것이며 현재 개방된 중국의 도시와 마을과 항구에 존재하는 것과 동일한 조건에서 동일한 특권과 편의시설을 누리게 될 것이다.

  1. 후베이湖北 지역의 사시沙市

  2. 쓰촨四川 지역의 충칭重慶

  3. 장쑤江蘇 지역의 수저우蘇州

  4. 저장浙江 지역의 항저우杭州

일본 정부는 상기 거명 지역 일부 혹은 전 지역에 영사를 주재시킬 권리를 갖는다.

둘째, 여객과 화물 운송을 위해 일본 국적을 단 선박의 증기 운항은 다음과 같은 지역으로 확대될 것이다.

  1. 이창宜昌에서 충칭重慶에 이르는 양쯔 강 상류 부근

  2. 상하이에서 수저우와 항저우에 이르는 오쑹강과 운하

현재 외국 선박의 중국 내지 수로 항해에 적용되는 규칙과 규정은 새로운 규칙과 규정이 승인될 때까지 상기 경로에 대해 최대한

적절하게 적용될 것이다.

셋째, 중국 내에서 상품이나 생산물을 구매하거나 생산하고 중국 내로 수입 상품을 운송하는 일본 신민은 구매하여 운송하는 상품의 집적을 위해 창고를 일시적으로 임대하거나 빌릴 권리를 가진다. 또 여하한 세금이나 징수금도 납부하지 않으며 어떠한 중국 관리의 간섭도 받지 아니한다.

넷째, 재중 일본 신민이 지불하는 제반 조세와 관세, 수속비에 있어 고평은이 사용될 것이다. 그 같은 제반 관세와 조세, 수속비는 일본국본위 은화 엔을 기준으로 액면가나 대표가로 지불될 것이다.

다섯째, 일본 신민은 중국에서 각종 제조업에 자유롭게 종사하게 될 것이며 각종 기계류를 자유롭게 중국으로 수입할 수 있고 이 경우 약정한 수입 관세만 지불하게 될 것이다.

재중 일본 신민이 제조한 일체의 상품은 내지 운송세와 내지세, 조세, 부과금, 온갖 종류의 징수금은 물론 중국 내 창고와 저장 설비도 일본 신민이 중국 내로 수입하는 상품과 동일한 지위에 있으며 동일한 특전과 면제 혜택을 누린다.

이 같은 허가권과 관련하여 필요한 추가 규칙이나 규정에 관해서는 본 조항에 규정된 통상과 항해에 관한 조약通商行船條約에서 구체화 될 것이다.

7항 대일본 전권변리대신은 이 점에 관해 수정안을 받아들일 수 없다.

8항 대일본 전권변리대신은 이 점에 관해 제안된 대체안은 수용할 수 없으나 다음과 같이 원안을 수정하는 데는 동의한다.

본 조약 규정의 성실한 수행에 대한 담보로 중국은 산둥 성 웨이하이웨이에 대한 일본군의 일시 점령에 동의한다.

이에 규정된 군비 배상금의 제1, 2차 분납금 지불과 통상과 항해에 관한 조약通商行船條約 비준서 교환 시 상기 지역에서 일본군 병력이 철수하게 될 것이다. 다만 중국 정부가 적절하고 충분한 준비 아래 상기 배상금의 남은 분납금에 대해 원금과 이자를 지불하겠다는 보장으로 중국 해관세海關稅[127]를 담보로 하는 데 동의한다는 전제하에서다. 그 같은 준비가 이루어지지 않은 경우 철수 작업은 상기 배상금의 마지막 분납금을 지불하는 경우에 한해 시행될 것이다.

하지만 통상과 항해에 관한 조약通商行船條約 비준서 교환 시까지 그 같은 철수 작업은 일절 이루어지지 않을 것임을 분명히 이해해야 한다.

일시적 점령과 관련된 모든 경비는 중국 측이 지불할 것이다.

10항 대일본 전권변리대신은 자신들의 원래 초안대로 이 조항을 유지하는 것이 필요하다고 생각한다.

11항(신설) 대일본 전권변리대신으로서는 이 점에 관한 제안을 수용할 수 없다.

일본의 최후통첩

1895년 4월 11일, 시모노세키

대중국 제국 흠차전권대신 이홍장 각하께

각하! 어제 제시한 강화조약 수정안과 관련하여 각하께 구두로 삼가 천명한 의견의 요지를 문서로 확인하는 것이 바람직하다고 생각합니다.

나는 이 수정 요구안이 최종안으로 간주되어야 하며 어제 날짜로부터 4일 안에 명확한 회신을 바란다고 각하께 말씀 드렸고 이제 다시 한 번 거듭 확인하고자 합니다.

대일본 전권변리대신은 당초 만들어진 일본 제국 정부의 요구안에 관해 각하께서 제기한 내용을 진지하게 검토하는 데 전혀 소홀함이 없었음을 말씀 드립니다. 또한 그 같은 요구안에 있어 양보할 수 있는 최저 수준까지 요구 조건을 축소하는 것은 일본의 당초 요구 조건에 포함된 모든 수단이 강요될 경우 중국이 겪게 될 어려움을 지적하신 각하의 언급 때문임을 알려 드립니다.

배상금의 3분의 1 수준 감축, 보다 용이한 지불 조건의 채택, 일시 점령 대상지를 두 곳에서 한 곳으로 축소하는 데 동의한 점, 영토적 담보 대신 금융적 담보로 대체할 수 있는 기회를 제공한 점, 이금세와 기타 내국세에 관한 조항 삭제, 황푸 강 입구에서의 항해 금지 철폐 요구를 철회한 점은 이미 설명한 바와 같이 각하의 예상에 따르면 일본의 금전적 요구의 완전한 충족을 극도로 어렵게 만들 재정적 곤란으로부터 중국을 구해 줄 것이라고 생각합니다.

또한 동일한 화해 정신이 일본의 영토적 요구의 대폭적인 축소를 이끌어내는 데 기여했음을 각하께 분명히 인식시켜 드리고자 합니다.

결론적으로 전쟁은 전투 작전뿐만 아니라 그 결과에서도 진행 중이므로 지금은 기꺼이 받아들일 수 있는 강화조건이 이후에도 그럴 것이라고 기대할 수 없음을 각하께 마음속 깊이 각인시켜 드리고자 노력했음을 거듭 말씀 드립니다.

각하에 대한 각별한 존경을 다시 한 번 확인하는 바입니다.

대일본 제국 전권변리대신 이토 히로부미

중국의 마지막 이의 제기와 청원

1895년 4월 12일, 시모노세키

대일본 제국 전권변리대신 이토 히로부미 백작 각하

각하께 강화조약 협상에 따르는 진전과 사건에 관해 나에게 알리기 위해 각하께서 보내신 통지문은 우리 정부와 내 입장에서도 공평하도록 이에 간단한 회신을 제출할 필요성을 제기해 주었습니다.

평화조약을 논의하기 위한 대일본 전권변리대신과의 회담이 허용되기도 전에 일본이 제기한 강화 건에 관한 분명한 회신을 문서로 제출하도록 요구받았다는 생각이 듭니다. 또한 그 같은 목적으로 허락된 첫 회담에서는 어떠한 구두 협의가 있기도 전에 각하께서 현재 요구하고 있는 일본의 최종 제안을 접하게 되었습니다. 이 같은 상황에서 일본의 최종 제안이 우리 정부의 입장을 알릴 충분한 기회를 나에게도 제공한 후 도달된 것이라고 말하기 어렵습니다.

당초 요구한 막대한 배상금이 상당 부분 축소된 것은 고마운 일이지만 그 금액은 여전히 전쟁 경비보다 훨씬 큰 액수입니다. 따라서 중국이 감당하기에 지나친 부담이 되며 대단히 긴급한 국내 개혁과 발전의 수행을 불가능하게 만들 수 있습니다.

강화조약 조건이 어떻게 각하의 언급처럼 '일본의 영토적 요구를 대폭 감축한' 수준으로 훨씬 덜 부담스럽게 되었다는 것인지 나로서는 이해하기 어렵습니다. 마지막 제안에 포함된 경계선은 거의 예외 없이 일본군이 점령한 적이 있는 성경 지역의 전 영토를 포함하고 있습니다. 더욱이 최종 제안에서는 아직까지 일본군 병사가 들어간 적이 없는 제국의 풍요롭고 인구가 조밀한 중요 지역(포모사)의 할양을 요구하고 있습니다. 그 같은 요구는 강화조약을 위해 협상하는 국가의 관례에도 부합하지 않는 것입니다.

일부 부당한 통상 요구를 완화한 대일본 전권변리대신의 조치를 기쁘게 받아들이긴 하지만 최종 제안은 여전히 이 점에서 그 조건이 전례가 없고 불합리한 상태로 남아 있으며 독립국의 주권에 심각한 손상을 주고 있습니다. 중국의 영토를 점유하겠다고 협박하며 통상조약과 국경 협정을 위한 협상을 요구하면서도 우방의 중재 안에 대한 의견불일치 문제를 제기하는 것은 거부합니다. 통상조약 협상이 진행되는 동안 중국 내 일본인에 대한 최혜국 대우를 요구하나 재일 중국인에 대해서는 동일한 보장이나 조항 일체를 거부합니다. 일본인이 개항장에서 멀리 떨어진 중국 내지 어느 곳에서든 어떤 관리의 간섭도 없이 창고를 빌리고 상품을 수입하고 사들이고 생산할 수 있는 특권을 주장합니다. 또한 일본인은 중국 내 어디서나 제조 산업에 종사할 권리를 가지게 되며 제조된 상품에 대해서는 어떠한 국내세도 내지 않게 됩니다. 또 일본 동전은 관세나 조세 지불을 위해 액면가로 통용될 수 있습니다.

추가 논의를 유발하는 것이 아니라 강화조약의 조건을 토론할 수 있도록 내게 허용된 유일한 회담에서 최종안이 제시되었을 때 내가 각하께 말씀 드린 내용을 정확하게 반복하고 여기서 제기한 문제가 각하에 의해 신중하게 검토되어 약속하신 다음 회담에서 그 결과를 전달받기를 기대하면서 이 글을 씁니다. 또 그 회담에서 황제께서 내게 만들도록 명령한 최종안을 회신으로 제출할 수 있기를 기대합니다.

각하에 대한 각별한 존경을 다시 한 번 확인하여 보내 드리는 바입니다.

대중국 제국 흠차전권대신 이홍장

최종안

시모노세키 1895년 4월 13일

대중국 제국 흠차전권대신 이홍장 백작 각하

그 전날 보낸 나의 통지문에 대한 회신으로 제시된 각하의 어제 날짜 통지문을 삼가 수령하였습니다.

이달 11일자로 보낸 서신의 목적은 종전에 구두로 선언했던 것을 문서로 반복함으로써 각하가 현 상황을 완벽하게 파악할 수 있게 하기 위함입니다. 각하의 대표성에 대해 완전한 존경을 보내면서 제국 정부의 수정 요구안이 오직 명확한 회신만을 허용하는 최종안으로 간주되어야 함을 각하께서 이해하여 주시길 희망합니다.

현재 수령한 통지문으로 보건대 나의 의도가 잘못 해석되었다는 두려움을 느끼지 않을 수 없습니다. 각하께서는 토론을 도모하고자 하는 의도가 있음은 부인하면서도 제국 정부의 최종안이 나오게 된 절차뿐만 아니라 최종안 자체를 비난하며 각하의 이의 제기가 받아들여지기를 바라는 희망을 피력하기 때문입니다.

각하의 통지문에 대한 응답으로 언급할 필요성을 느끼는 것은 이번 달 11일자로 각하께 전달한 요구안이 최종안이며 더 이상의 논의는 없다는 사실뿐입니다.

전쟁의 결과로 제기되는 요구안은 그 단어가 가진 일반적인 의미에서의 제안이 아닙니다. 대일본 전권변리대신은 제국 정부의 요구 사항이 토론의 주제가 되도록 허용함으로써 평화를 위해 최대한 양보하였습니다. 만약 그 같은 화해 정신이 오인된다면 대일본 전권변리대신은 그 결과에 대한 모든 책임을 거부할 권리를 가지게 되는 것입니다.

장래 있을 오해를 방지하기 위해 유일하게 덧붙일 말은 현 시점에서 일본의 요구안에 대한 새로운 검토를 거부하는 것이 각하의 검토나 결론에 대한 우리 측의 동의를 의미하지는 않는다는 사실입니다.

각하에 대한 각별한 존경을 다시 한 번 확인하여 보내 드리는 바입니다.

대일본 제국 전권변리대신 이토 히로부미

1 일중전쟁, 제1차 중일전쟁 등으로도 불린다.
2 몰트케Moltke, Helmuth von(1800~1891) : 프로이센의 장군. 근대적 참모제도의 창시자로 덴마크, 프랑스와의 전쟁을 승리로 이끌었으며 통수권의 독립, 군제의 근대화를 도모하였다.
3 독자의 이해를 돕기 위해 저자가 Corea로 통칭하는 부분을 문맥에 따라 한민족 또는 한반도, 고조선, 고구려, 조선 등 왕조명으로 다양하게 번역했다. 다만 China와 Japan은 왕조 이름을 사용하지 않은 저자의 서술 방식을 존중하여 중국과 일본으로 통일했다. 저자는 Corea와 China, Japan을 단순한 국가명이 아니라 좀더 포괄적인 민족 개념으로 사용하고 있다.
4 기자조선箕子朝鮮은 단군조선에 이어 기자가 세운 나라로, 그 존재나 성격에 대해서는 다양한 학설이 존재한다.
5 원문에는 Korai로 표기됨. Korai는 고구려와 고려를 통칭하는 말로 이 대목에서는 의미상 고구려를 일컬음.
6 원문에는 'Han'으로 표기되어 있는데 이는 T'ang의 오기인 듯하다.
7 양제가 부왕의 후궁을 범하고 아버지와 형을 죽인 후 제위에 오른 사건을 말한다.
8 연개소문이 영류왕과 대신들을 시해하고 보장왕을 옹립한 사건을 말한다.
9 668년 고구려를 멸망시키고 대동강 이남에서 원산만에 이르는 지역을 통일한 신라는 발해(698~926)의 건국으로 남북국 시대를 맞는다. 이후 후백제(892~936)와 후고구려(901~918)의 건국으로 후삼국 시대가 전개되고 신라는 935년 고려(918~1392)에 항복한다. 저자는 통일신라와 후삼국, 고려에 이르는 시기를 한민족Korai이 통일 국가를 형성하면서 한편으로는 만주와 조선 북부에 대한 지배권을 상실하는 일련의 연속적인 과정으로 보고 있는 것 같다.
10 안시성安市城 성주 양만춘.
11 나당연합군에 의해 백제와 고구려가 멸망할 당시(660 / 668) 당 황제는 고종이었으며 황후는 측천무후였다.
12 오진應神(15대 천황) : 일본을 건국한 백제계 천황.
13 「日本書紀」에 나오는 神功皇后(본래 연도 170~269, 조정 연도 290~389)의 '삼한 정벌' 설화를 말함.

14 강화도 조약을 말한다.
15 영국 왕 에드워드 3세가 프랑스 왕위를 주장하면서 백년전쟁(1337~1453)이 발발했다.
16 663년(문무왕 3) 백강에서 백제 부흥군·왜 연합군과 나당 연합군 사이에서 벌어진 해전. 부여 풍과 왜 수군 연합군이 네 차례에 걸친 전투에서 400척의 배가 불타는 참패를 당했다.
17 무적함대로 해상권을 장악했던 에스파냐의 펠리페 2세가 1588년 영국과의 도버 해협 해전에서 크게 패해 해상권을 넘겨주게 된 사건이다.
18 이키 섬足岐島은 규슈와 쓰시마 섬 사이에 있으며 나가사키 현에 속한다.
19 몽골의 1차 일본 원정(1274), 몽골의 2차 일본 원정(1281)이 태풍으로 실패한 사건. 일본인들은 때마침 불어온 태풍을 가미가제神風라 부른다.
20 아시카가 요시마사足利義政(1436.1~1490.1) 일본의 아시카가 바쿠후足利幕府(제8대 쇼군, 재위 1449~1473) 문화 부흥에는 기여했으나 후계자 선정 과정에서 물의를 일으켜 결국 오닌應仁의 난(1467~1477)이 발생했다. 1477년 전쟁이 일단락되고 호소카와가 정권을 장악했지만 이후에도 지방에서는 약 100년에 걸쳐 싸움이 계속되었다. 이같은 내전으로 지방에 대한 정부의 지배력이 약화되어 16세기 말 오다 노부나가織田信長와 도요토미 히데요시豊臣秀吉가 전국 패권을 장악했다.
21 1592년 4월 일본이 15만 명의 군대를 동원하여 침략하면서 임진왜란이 발발했다.
22 조선의 수도는 한성으로 표기해야 하나 서양인인 저자가 시종일관 서울로 표기하고 있음을 존중해 서울로 통일했다.
23 랴오둥遼東이라는 이름은 랴오허 강 동쪽 일대를 뜻하는 말로 의주와 인접한 지역이다.
24 1592년(선조 25) 5월 7일 옥포(지금의 경남 거제시 옥포동) 앞바다에서 이순신이 도도 다카토라藤堂高虎의 함대를 격파했던 임진왜란 당시 첫 해전 승리.
25 1592~1598년 사이에 있었던 임진왜란과 정유재란을 말함.
26 미국의 해양 사학자 Alfred Thayer Mahan(1840~1914)이 The Influence of Sea Power upon History(1660~1783)에서 "바다를 지배하는 자가 세계를 지배한다."고 주장했다.
27 심유경
28 벽제관전투碧蹄館戰鬪(1593.1.27) 평양 승리의 여세를 몰아 서울로 진격하던 이여송은 벽제관(경기도 고양시)에서 고바야카와 다카카게小早川隆景 등이 이끄는 일본군을 만나 싸웠으나 적을 얕잡아보고 무리하게 추격전을 편 끝에 약 1,500명의 사상자를 내는 참패를 당하고 개성으로 퇴각함.
29 당시 함경도에 있던 가토의 군이 양덕陽德과 맹산孟山을 넘어 평양을 기습한다는 근거없는 소문이 떠돌고 있었음.
30 임진왜란 강화 협상이 결렬되자 1597년 (선조 30) 1~2월에 일본이 14만 1,500여 명의 병력을 동원하여 재차 침략한 정유재란을 말한다.
31 1337년부터 1453년까지 116년 동안 계

속된 백년전쟁의 결과 아키텐 지방과 칼레 시市 등의 영토가 영국에게 할양된 사건.
32 청과의 무역은 국경 지대를 중심으로 한 공무역인 개시와 사무역인 후시가 있었다. 개시는 경원, 회령, 중강 등지에서 후시는 중강, 책문(청 영토내) 등지에서 이루어졌다.
33 정묘호란(1627)과 병자호란(1637).
34 청은 1842년 난징 조약, 일본은 1854년 미·일화친조약을 통해 서구 열강에 통상 문호를 개방한다. 조선은 이보다 다소 늦은 1876년이 되어서야 강화도 조약을 맺고 일본과의 대외 무역에 문호를 개방함.
35 제6대 조선 교구장 펠릭스 클레르 리델 주교(1830~1884).
36 정족산성鼎足山城.
37 삽교천揷橋川.
38 강화도 초지진草芝鎭, 덕진진德津鎭.
39 광성진廣城鎭, 광성보廣城堡.
40 조선의 제25대 임금인 철종哲宗(1831~1863)이 1863년 8월 후사 없이 승하한 일을 말한다.
41 메이지유신明治維新.
42 사이고 다카모리(1827~1877) 1873년 정한논쟁에서 온건파에 패배한 뒤 고향인 가고시마에 사설 학원을 설립하여 세력을 키웠으며 1877년 2월 세이난 전쟁西南戰爭을 일으켰으나 6개월 만에 관군에게 패해 자살로 생을 마감했다.
43 압록강의 중국식 명칭, 이후 압록강으로 통일.
44 1875년 이홍장은 압록강 중립 지대 8킬로미터에 걸쳐 비적 토벌 작업을 벌였

으며 1877년 이 지역을 부속지로 병합했다.
45 1853년 미국의 매튜 페리 제독(1794~1858)이 함대 무력시위를 통해 1854년 3월 일본의 개항을 이끌어낸 사건.
46 원문에는 부산으로 표기되었으나 원산의 오기인 듯하다.
47 임오군란壬午軍亂.
48 1882~1885.
49 동화양행同和洋行.
50 조선 말기 신분제 변화와 피역자 수 증가로 역을 제공하는 양민의 부담이 커지자 정부는 대립제를 공인하였으며, 17세기에 들어서 역 부담자에게 포를 징수하여 이것으로 관청에서 필요한 역인을 고용하는 납포제納布制로 발전하였다.
51 『동경대전東經大全』을 일컫는 듯하다.
52 1863년 11월 체포되어 1864년 3월 참형되었다.
53 서울복합상소 : 박광호 등 동학교도 40여 명이 1893년 2월 상경하여 광화문 앞에서 3일 동안 상소를 올렸다.
54 한일수호조약韓日修好條約 또는 병자수호조약丙子修好條約이라고도 한다. 일본의 강압으로 체결된 최초의 불평등 조약이다.
55 중국군 장수 섭사성聶士成의 포고문에 '愛恤屬國', '保護蕃屬' 등의 표현이 포함된 것을 말한다.
56 군국기무처軍國機務處.
57 베트남을 둘러싸고 벌어진 청-프랑스 전쟁(1883~1885) 당시 1884년 프랑스군은 11척으로 구성된 중국 신식 함대를 격파하고 푸저우福州 대조선소까

지 파괴했다.
58 토머스 웨이드 경. 케임브리지 대학교 최초의 중국어 교수로 1867년 웨이드식 표기를 창안했다.
59 태평천국太平天國(1851~1864)은 중국 청나라 말기에 홍수전洪秀全이 세운 신정神政 국가이며 이들이 일으킨 난이 태평반란 또는 태평천국의 난이다.
60 일리 카자크 자치주. 영국이 천산북로 일리 지방으로 침입하려 하자 러시아가 1871년 군대를 파견하여 일리를 점령한 것이 이른바 '일리 사건'이다. 청나라는 1881년 러시아와 '일리 조약'을 맺어 다른 영토 할양을 조건으로 땅을 되찾아 1884년 '신장성'을 설치했다.
61 셴양瀋陽의 청나라 때 이름.
62 헤이룽黑龍 강의 러시아식 이름.
63 청 말엽 즈리와 산둥, 묵덴을 합쳐서 부른 이름.
64 원문에는 푸저우 함대로 표기되어 있다.
65 1863년에서 1864년에 걸쳐 영국 함대가 가고시마鹿兒島를 포격하고 미·영·프·네덜란드 4개국 함대가 시모노세키를 포격한 사건.
66 또는 보불전쟁(1870.7.19~1871.5.10) 유럽 대륙에서 프랑스의 주도권에 종지부를 찍고 프로이센 주도의 독일 제국을 성립시킨 전쟁.
67 청일전쟁 발발 직전 신변의 안전을 위해 원세개는 본국으로 도주했다.
68 고종(1852.7.25~1919.1.21) 조선의 제26대 임금(재위 1863~1897)이자 대한제국의 광무황제光武皇帝(재위 1897~1907).

69 원문에는 Shapain으로 표기되었으며 풍도 부근 섬으로 처정됨. 사료에서는 십팔도十八島가 가끔 등장하나 원문에 나오는 명칭은 확인하지 못했다.
70 원문상으로는 수사창으로 읽히나 안성 부근에서 동일한 지명을 찾지 못해 소사장으로 추정함.
71 회심아문會審衙門으로도 불리며 외국인 조계지에 설치되어 중국인 재판관과 외국인 재판관이 공동으로 재판에 참여했다.
72 이토 스케유키伊東祐亨(1843~1914) 한자음을 그대로 읽어 이토 유코로도 표기한다. 이 책의 부록에는 이토 유코로 나온다.
73 정여창丁汝昌(?~1895) 청나라 북양수사제독北洋水師提督.
74 1894년 8월 26에 체결된 조일맹약朝日盟約 또는 대조선대일본양국맹약.
75 다둥커우大東溝를 일컫는 듯하다.
76 임진강을 일컫는 듯하다.
77 마식령 산맥과 이어지는 개성 부근 천마산天摩山으로 추정된다.
78 원문에는 Tsung-hsin으로 표기되어 있다.
79 서흥 평야.
80 갈모.
81 국사봉國士峰을 일컫는 듯하다.
82 장산곶長山串을 일컫는 것으로 추정되나 확인하지 못했다.
83 원문은 Tahi Island.
84 인자진人字陣.
85 일자진一字陣.
86 초기의 총은 거의 전장총(총구를 통해 탄약을 장전하는 방식)이므로 사정거리

까지 접근하여 총을 쏜 후 백병전에 돌입하였다. 이 시기 기병대는 적의 방어선을 뚫거나 추격하는 역할을 맡아 총과 함께 기병도를 사용했다. 후장총(탄약을 약실에 장전하는 방식, 현재 사용되는 총)이 본격화되면서 기병대의 사용은 줄었지만 대검의 역할은 더욱 커졌다.
87 제3차 페르시아 전쟁 당시인 기원전 480년 9월 23일 그리스가 살라미스 해협에서 수적으로 우세한 페르시아를 물리친 전투.
88 1571년 10월 7일 신성동맹의 연합 함대가 코린트 만 레판토 앞바다에서 투르크 함대를 물리친 전투.
89 원문은 Sin, 정확한 이름은 확인 못함.
90 豐陞阿.
91 蕭桂林.
92 원문은 Chia, 정확한 이름은 확인 못함.
93 안동에 民政廳이 설치되었다.
94 하세가와 요시미치 소장長谷川好道(1850~1924) 청일전쟁과 러일전쟁에 참전하였고 1904년 조선 주둔 일본군의 총사령관이 되어 무력으로 제2차한일협약(을사조약)을 체결하는데 기여함. 후에 제2대 조선총독으로 무단통치를 전개하다 3.1운동으로 물러남.
95 레옹 강베타Leon Gambetta(1838~1882) 프랑스의 정치가.
96 Hou-ying army, 정확한 명칭은 확인 못함.
97 hunan army, 정확한 명칭은 확인 못함.
98 노기 마레스케乃木 希典(1849~1912) 제1여단장으로 청일 전쟁에 참전했으며 이후 타이완 원정에 참전해 타이완 총독으로 취임. 1904년 러일 전쟁이 발발하자 제3군을 이끌고 뤼순 공략에 참전하여 203고지를 함락시킴.
99 프란시스 브렛 하르트Francis Bret Harte(1836~1902) 미국의 시인이자 작가로 캘리포니아에서의 개척 생활에 대한 글로 널리 알려졌다. 디킨즈의 영향을 받았고 이후 키플링의 문학에 영향을 미쳤다.
100 유보섬, 장문선, 대종건 등이 자살했다.
101 지사보다 높은 관리.
102 투키디데스의 『펠로폰네소스 전쟁사』 1권 참조, 현재의 나바리노 만 입구 스파기아 섬으로 추정된다. 데모스테네스가 아테네 경장 보병을 이끌고 스파르타 중장 보병을 포위해 승리한 전투.
103 데트링.
104 미국 주재 청국 공사로 근무했던 장음환張蔭桓을 말한다.
105 중국 사료를 참고하여 이름을 기재하였으며 일부 원문의 음과 일치하지 않는 경우에는 사료를 기준으로 했다. 다만 상인과 학생의 이름은 정확한 한자명을 찾을 수 없었다.
106 Shi-to-shan, 정확한 명칭은 확인 못함
107 가쓰라 다로桂太郎(1849~1913) 제3사단장으로 청일전쟁에 출정하였으며 후에 일본의 11, 13, 15대 내각총리대신 역임. 1차 내각에서 1905년 7월 가쓰라-태프트 밀약桂太郎-Taft 密約을 체결한 장본인으로 대한제국을 일본의 보호국으로 전락시켰으며 2차 내각에서는 한일병합조약을 성사시킴.
108 John III Sobieski(1629~1696) 폴란드의 왕(재위 1674~1696)으로 오스

만투르크를 물리치고 폴란드─리투아니아 왕국을 부활시켜 잠시 동안 영화를 누렸다.
109 스리랑카의 옛 이름.
110 왕봉조王鳳藻 주일 공사.
111 본문에는 'sho─peh(captain)'으로 표기되었으며 중국 사료에는 천총이란 명칭이 나타난다.
112 원문에는 Yashau로 표기되었으나 Yashan의 오기로 보인다.
113 원문에는 hsutau로 표기되었으나 정확한 지명을 찾기 어려웠다. 許島라는 지명이 중국 사료집에 나타나나 정확히 확인하고 사용한 명칭은 아닌 듯하다.
114 원문에는 Shopaioul로 표기되었으며 풍도 근처 섬으로 추정됨.
115 제물포조약濟物浦條約. 1882년 8월 30일 임오군란壬午軍亂으로 발생한 일본 측 피해 보상 문제를 다룬 조선과 일본 사이의 조약이다. 이를 계기로 일본군이 조선에 주둔하게 되었다.
116 청나라의 외교 업무 담당 기관.
117 청淸대 성省 각부 장관이나 각부·현府·縣의 행정을 감찰하는 관리에 대한 존칭.
118 마크마옹Marie E.M.P Macmahon, 프로이센─프랑스 전쟁(1870~1871) 기간 중 프랑스 사령관. 작전 실패로 포로가 되기도 하였으나 1873년 프랑스 대통령으로 추대되었다.
119 1877~1878년의 러시아·투르크 전쟁 당시 투르크가 점령하고 있던 불가리아의 도시 플레브나를 러시아가 포위 공격한 전투(1877.7~1877.12). 총 네 번의 전투가 벌어져 세 번에 걸쳐 러시아의 공격을 격퇴했으나 네 번째 공격에서 투르크군이 패배했다.
120 오토리 게이스케大鳥圭介(1833~1911)는 1867년 대정봉환大政奉還 때 정부에 대항해 싸우다가 투옥되었으나 출옥 후에는 다시 관직에 기용되었고 1894년 당시 조선공사를 역임하고 있었다.
121 Peshantsin으로 표기되었으나 정확한 명칭은 확인못함.
122 Li Chung-tang, 정확한 명칭은 확인 못함.
123 일본의 전설적인 초대 천황이자 황실의 창시자로 본명은 간야마토 이와레히코神日本磐余彦로 진무 천황은 사후 붙여진 재위명이다. 태양의 여신 아마테라스天照의 후손이라고 한다.
124 청이 상인·무역업자로부터 징수한 특별세로 상품의 통과세 또는 영업세를 말하며, 1/1,000이라는 의미이다.
125 엘긴James Bruce Elgin(1811~1863) 런던에서 태어난 영국 정치가이자 외교관이다. 1857년 애로호 사건 때 대청특파전권대신이 되었으며 1858년 프랑스와의 연합군을 지휘해 청나라군을 공격, 톈진 조약을 체결하는 데 성공했다.
126 정부 간행 보고서.
127 청나라 해관에서 해로를 통하는 수출입품에 매기던 관세.

청일전쟁의 작전지도에 나오는 지명

Ai-yang-pien-men 애양변문(靉陽邊門)
An-ju 안주(安州)
An-tung 안동(安東)
A-san 아산(牙山)

Chang-chin-tzu 장영자(長岺子)
Chang-tien 장뎬(長甸)
Chefoo 체푸(芝罘)
Chemulpo 제물포(濟物浦)
Chen-chia-tien 진가둔
Chien-ma-ho-tzu 천마하자(千馬河子)
Chihli 즈리(直隷)
Chin chou 진저우(金州)
Chin-chou 진저우(錦州)
Chin-wi 진위(振威)
Chiu-lien 주롄청(九連城)
Chong-ju 정주(定州)
Chung-hua 중화(中和)

Feng Huang 봉황(鳳凰)
Fu-chou 푸저우(復州)

Gen-san 원산(元山)
Gulf of Liao-tung 랴오둥 만(遼東灣)
Gulf of Pechili 직예만(直隷灣)

Hai yang I. 해양도(海洋島)
Hai-cheng 하이청(海城)

Hsiao-Ku-shan 소고산(小孤山)
Hsiao-pien-ling 소편령(小遍嶺)
Hsiung-yo-cheng 슝웨청(熊岳城)
Hsiu-yen 슈이안(岫巖)
Hsueh-li-chan 설리참(雪裡站)
Huang-chin-tzu 황영자(黃岺子)
Huang-hua-tien 황화뎬(黃花甸)
Huang-ju 황주(黃州)
Hua-yuan R .화원강(花園江)
Hung-chin-pu 홍가보자(紅家堡子)
Hung-shui-cheng 홍수성(紅水城)

I-mien-shan 일면산(一面山)

Kai-ping 가이핑(蓋平)
Kai-song 개성(開城)
Kao Kan 대고간(大高刊)
Ka-san 가산(嘉山)
Kim-chhon 금천(金川)
Ko-yang 고양(高陽)
Kuan-tien 관뎬(寬甸)

Lau-yeh-miao 노야묘(老爺廟)
Lau-yeh-miao 노야묘(老爺廟)
Liao R 랴오허 강(遼河)
Liao-yang 랴오닝(遼陽)
Liu-chia-tien 유가점(劉家店)

Ma-chuang-tien-tzu 마려전자(馬麗甸子)
Manchuria 만주(滿洲)
Mo-tien-ling 마천령(摩天嶺)
mukden 무크덴(奉天)

Nan Kuo Pass 남관령(南關嶺)
Newchwang 뉴좡(牛蔣)

Pa-li-ho 팔리하자(八里河子)
Pan-chia-tai 반가대(礬家臺)
Pha-ju 파주(坡州)
Phung-san 봉산(鳳山)
Phyong-san 평산(平山)
Phyong-yang 평양(平壤)
Pi-tzu-wo 피쯔워(貔子窩)
Port Adams 포트 아담스(푸란뎬, 普蘭店)
PORT ARTHUR 포트아서(旅順)
Pu-lan-tien 푸란뎬(普蘭店)

Sai-ma-chi 사이마지(賽馬集)
Sak-ryong 삭령(朔寧)
Sam-deung 삼등(三登)
SEOUL 서울
Sha-kang-tien 사강점(沙崗店)
Shan-hai-kuan 산하이관(山海關)
Shantung 산둥(山東)
Shih-san-shan 시산산(十三山)
Shuang-tai-kau 쌍태구(雙台溝)
Shui-shih-ying 수사영(水師營)
Sin-ge 신계(新溪)
Society Bay 금주만(金州灣)
So-heung 서흥(瑞興)

Son-chhon 선천(宣川)
Song-chhon 성천(成川)
Song-hwan 성환(成歡)
Ssu-shihli-pu 삼십리보(三十里堡)
Su-an 수안(遂安)
Sun-an 순안(順安)
Su-tien 소전(蘇甸)
Su-won 수원(水源)

Ta-hsi-kon 대서구(大西溝)
Tai-dong R. 대동강(大同江)
Ta-ku 다구(大沽)
Ta-ku-shan 다구산(大孤山)
Ta-lien B. 다롄 만(大蓮灣)
Taling 태평령(太平嶺)
Tang shan cheng 탕산성(湯山城)
Tang-chih 탕지(湯池)
Ta-shih-chiao 다스차오(大石橋)
Ta-tung-kou 다둥커우(大東溝)
Teng-chou 등주(登州)
Tien-chuang-tai 전장대(田庄臺)
Tien-tsin 톈진(天津)
Tok-won 덕원(德源)
To-mu-cheng 절목성(折木城)
Tsao Ho Kon 타오호쿠(草河口)
Tuan-tien 탄뎬(團甸)
Tu-cheng-tzu 투청쯔(土城子)
Tu-men-tzu-chin 토문자령(土門子嶺)
Tung-yuanpu 통원보(通遠堡)

WEI-HAI-WEI 웨이하이웨이(威海衛)
Wi-ju 의주(義州)

Wi-sun 의순(義順)

Yalu R. 야루(鴨綠江)
Yang-dok 양덕(陽德)

Ying Kou 잉커우(營口)
Ying-cheng-tzu 잉청쯔(榮城子)
Yung-cheng 융청(榮城)
Yung-tien 융뎬(永甸)

찾아보기

(ㄱ)

가쓰라 장군 232, 288, 300
가와사키 중사 154, 240
가이몬海門
  일본 전함 115
가이핑 전투에서 중국군의 전술 305
가이핑蓋平
  가이핑 점령 302-306
가토 기요마사加藤淸正
  조선 침공 46
가톨릭교
  조선의 가톨릭교 박해 59
강제康濟
  웨이하이웨이에서 316, 339
  중국 전함 100
강화江華
  1866년 프랑스군의 강화 점령 60, 64
  1875년 일본군 수병에 대한 포격 66
개성開城 155
개제開濟
  중국 전함 102
겜무문玄武門
  평양에서 일본군의 겜무문 돌격 187
경갑산景甲山 349
경원經遠
  중국 전함 100
  해양도 해전에서 203
경주慶州 81
경청鏡淸
  중국 전함 102
고니시 유키나가(小西行長)(?~1600)
  장수, 조선 침공 46
고무라 야타로
  일본 공사 388
고승高升
  고승호 생존자의 진술 399-431
  나니와浪速의 고승호 격침 129
고시 소좌
  고시의 자살 137
골드워지Galsworthy
  골드워지의 진술 426
  증기선 고승호 선장 130
광갑廣甲
  중국 전함 101
광경廣庚
  중국 전함 103
광기廣己
  중국 전함 103
광병廣丙
  웨이하이웨이에서 315
  중국 전함 101
  해양도 해전에서 203
광을廣乙
  중국 전함 101
광정廣亭
  중국 전함 103
구레의 일본 함대 113

구마모토 여단 110, 311
규슈九州
  규슈 반란 37
  일본군 병사 269
그레샴Gresham
  미 국무장관 441-445
금천金川 160
기자箕子
  중국의 정치 망명객 31
김옥균金玉均 69
  김옥균 암살 73-80
  김옥균 정부 71
  김옥균의 죽음이 조선인에 미친
  영향 85

(ㄴ)

나니와浪速
  다롄 만에서 256
  등주시를 떠나는 나니와 308
  일본군 전함 114
  증기선 고승호의 침몰 129, 399
  해양도 해전에서 204
나루타 대위 335
나카다 476
나카만 중위 259
나풍록羅豊祿
  고승호의 파괴 399
남서南瑞
  중국 전함 102
남심南深
  중국 전함 102

남천南川 156
내원來遠
  웨이하이웨이에서 315
  중국군 전함 100
  해양도 해전에서 203
노기 소장乃木希典
  가이핑 점령 303
  만주에서 248
노부나가 44
노즈 중장野津道貫
  만주에서 231, 359
  평양 공격 157
녹영군綠營軍
  중국 육군의 일부 91, 94
뉴좡 강牛蔣江 349
뉴좡 공격 356
니시 소장 248, 273
니신鯖漁
  일본 전함 115

(ㄷ)

다구산大孤山 235
다나베 대위 170
다둥커우大東溝 237
다롄 만大蓮灣
  다롄 만 진격과 점령 247
  일본군 함대 256
다치미 장군
  만주에서 283
  봉황 입성 235
  압록강 도하 232

다카오高雄
  다롄 만에서 256
  일본군 전함 114
다케노우치 중위 153
다케다 중좌 139
당(唐) 왕조 34
당왕산唐王山 296
대동강大同江
  대동강 도하 173
대서구大西溝 236
대원군大院君
  대원군의 군대 84
  일본군에 의해 권좌에 오름 123
  조선의 섭정자 62
  평양 주둔 중국 장수와의 서신왕래 162
데트링Detring
  고승호 침몰 399
  평화 사절로 파견 277
덴비Denby
  상하이에서 체포된 일본 스파이와 덴비 441
동아신董阿新
  고승호의 화부 403
동학東學교도
  조선의 종교 집단 80
등영주登瀛洲
  중군 전함 102
등주登州 308

(ㄹ)

라이온Lion
  프랑스의 포함, 고승호 탑승자 구조 133
랑Lang 함장
  중국 해군 제독 99
랴오닝遼陽 279
랴오둥 반도 369
랴오둥遼東 32, 48, 481
랴오허 강遼河 349, 481
로드 리李經方
  이홍장의 아들 365
로즈Rose 제독
  서울 앞에서 60
뤼순커우旅順口 포트아서 참조
리델Ridel 주교 60
리젠트스워드 반도關東半島
  전투 243

(ㅁ)

마권자馬圈子 291
마루이 소령
  포트아서旅順에서 259
마르코 폴로Marco Polo
  몽골의 일본 침공 42
마시다 중위 156, 164
마야摩耶
  다롄 만에서 256
  일본 전함 115
마옥곤馬玉崑

중국 장수 177
마천령摩天嶺
  만주 236
  웨이하이웨이 부근 317
마츠미주 소좌 258
마츠사키 대위
  안성에서 전사 139
마츠시마松島
  다롄 만에서 256
  일본 전함 115
  해양도 전투에서 204
만주滿洲의 일본 제1군 227, 278
만주족 57
모경신牟慶新
  고승호에 탄 병사 405
모란봉牧丹峰
  평양, 고니시 휘하 일본군의 모란봉 공격 51, 목단산 참조
모리 소좌 122
목단산牡丹山
  일본의 점령 187
  평양 근처 산 184
무 왕후則天武后 37
무사시武藏
  일본군 전함 114
무츠 무네미츠陸奧宗光 자작
  일본의 외무대신, 조선 문제에 대한 무츠의 서신 385-398
  히로시마 평화회담 462-476
묵덴
  일본군의 묵덴 진격 236
뮬렌스테트Muhlenstedt

증기선 고승호 탑승객 127, 424
미국과 조선
  1871년 조선의 통상 개방 67
  저니건Jernigan 상하이 영사 147, 439
미무라 중위 187
미야케 대위 228
미운湄雲
  중국 전함 101
미하라 대좌 237
  압록강 도하 시도 228
민공閔泳翊(1860-1914) 70
민씨 일족
  조선의 강력한 파벌 69, 119
민첩敏捷
  중국 수송선 100

(ㅂ)

바바 소좌 173
반가대攀家臺 282
발데즈Travassos y Valdez
  상하이 주재 포르투갈 영사 77
방백겸方佰謙
  제원濟遠의 함장 128
방재防材
  웨이하이웨이 만에 중국군이 설치 316
  향용군鄕勇軍
  중국군의 일부 91-96
백묘자白廟子 352
백산白山

동학교도의 산악 요새　84
백척애소百尺崖所 공격　316
보민保民
　중국 전함　102
보벌寶筏
　중국 포함　332
복정福靖
　푸젠福建 함대　103
봉림집鳳林集　317
봉산鳳山　155
봉황鳳凰　235
부산釜山
　1876년 대일본 통상 개방　67
　일본군의 부산 상륙　151
비정飛霆
　중국 전함　102

(ㅅ)

사세보佐世保
　일본의 사세보 함대　113
사쓰마의 사이고와 조선　65
사이키오마루西京丸
　일본 무장 증기 상선, 해양도 전투에서　204
사이토 소좌
　진저우 진격　248
사토 대좌
　평양 진격과 공격　159
　압록강 도하　229
　만주 전투　288
삭령 지대의 평양 진격과 공격　158

삼등三登　170
상하이 영사단과 김옥균 암살　77
상하이上海
　김옥균 암살　73
　상하이의 수치스러운 일화　146
　상하이 두 일본인의 인도에 관한 내용　439-446
서울
　고니시의 입성　47
　1866년 서울 앞에 주둔한 프랑스군　60
　1876년 서울 앞에 주둔한 일본군　66
　서울 거주 일본인에 대한 조선인의 공격　69-72
　1894년 일본군 입성　86
서울 왕궁
　일본군의 공격　121-122
서흥瑞興　155
섭지초葉志超
　중국군 사령관　142
성천成川　175
성환成歡
　성환 주둔 중국군　138-144
세 번Severn 호
　영국 증기선　337
세이지 소좌　252
세조世祖 쿠빌라이 칸 참조
소사장素沙場
　소사장 일본군 부대　137
소우렴邵右濂
　히로시마 평화회담　345, 363

538

송宋慶
  잉커우에서 358
  중국 장수, 안동의 송宋 장군 처소 233
  하이청 공격 351
수구진水口鎭 229
수원水源
  수원의 일본군 부대 137
슈이안岫巖 함락 237-240
슈펠트 준장
  슈펠트 제독과 조선 67
슝웨청熊岳城 302
스모
  일본군 병사와 스모 299
시라카미 겐지로
  나팔수 144
시모노세키下關
  중국과 일본간 시모노세키 평화회담 365, 480
시바야마 해군 소장 423
신계新溪 160
신라新羅
  신라 왕 38
쌍용산雙龍山 296, 349

(ㅇ)

아마기天城
  일본 전함 114
아사노
  일본군 장수 55
아사카와 대위
  사병 티오에 의해 구출 259-260
아사키마루
  증기정 246
아산牙山
  아산 전투 136-145
  중국군 상륙 지점 85
아이허靉河 강 229
아카기赤城
  다롄 만에서 256
  일본 전함 115
  해양도 해전에서 204
아키야마 소좌 259
아키츠시마秋津洲
  일본 전함 115
  해양도 해전에서 204
  등주에서 308
아타고愛宕
  일본군 전함 114
안동安東
  안동 함락 233
안성安城
  안성천 전투 141
안주安州 225
야노메 중위 251
야루鴨綠江 65
  일본군의 압록강 도하 228
  중국군의 압록강 상륙 200
  압록강 근처 해전 해양도 참조
야마가타 원수
  제1군 지휘 230
  평양 공격 159
야마구치 소좌 170

찾아보기 **539**

야마지 중장
  리젠트스워드 반도 전투 268
야마토
  일본 전함 87
야부키 대좌 230
야셍트 르와종 신부Pere Hyacinthe Loyson
  51
야에야마八重山
  일본 전함 421
야후시마 중위 330
양가죽 외투
  일본 정부가 사들임 284
양덕陽德 175
양위揚威
  제물포 파견 86
  중국 전함 100
  해양도 해전에서 203
  화염에 휩싸임 205
양제煬帝 32
어뢰정
  웨이하이웨이에서 일본군의 공격 320
연산관連山關 236, 279
영보永保
  캔턴 함대 103
오가와 기수
  가이핑 전투에서 305
오노구치 사병
  진저우에서 251
오대징吳大澂
  오대징이 만주에서 조직한 군대 97
  중국군 장수 351

오랑캐
  지명 49
오리아테, 페드로
  고승호의 선원 400
오모리 기수 183
오세코 소장
  중국에서의 전투 238, 278
오시마 소장大島義昌 86
  아산 전투 139
  평양 공격 157
오시마
  다롄 만에서 256
  일본 전함 115
오야마 원수大山巖
  리젠트스워드 반도 일본 육군의 총사령관 245
오정방伍廷芳 365
오쿠야마 소좌 169, 184, 233
오키 대좌 305
오타고
  일본 포함 325
오테라 소장
  웨이하이웨이에서 전사 319
오토리大鳥圭介 조선주재 일본 공사 86
  조선에 대한 개혁 강요 89
오페르트Ernst Jacob Oppert 62
왕王鳳藻
  중국 공사, 조선 문제에 관한 서신 387
왕계분王桂芬
  고승호의 병사 406
요시노吉野

다롄 만에서 256
일본군 전함 115
해양도 전투에서 204
요코스카
일본 함대 114
우지나
히로시마의 항구 87
우창병
웨이하이웨이에서 339
이토 제독과의 서신 왕래 460
울산蔚山 포위 53
원개元凱
푸젠 함대 103
원산元山
원산지대의 평양 진격 162
일본군의 상륙 151
원세개袁世凱
조선 주재 중국 변리공사 121
웨이하이웨이威海衛
심한 폭풍우 322
웨이하이웨이 공격과 점령 308–343
일본군 함대의 웨이하이웨이 해군 시위 149
위원威遠
웨이하이웨이에서 315
중국 전함 100
해양도 해전에서 203
위정威靖
중국군전함 102
유가둔劉家屯 248
유공도劉公島

웨이하이웨이 입구 312
융청榮城 시
융청 만 310
은자의 나라
조선 59
의주義州
의주의 일본군 척후병 226
이마이 중위 325
이여송李如松
명 장수 51
이와키磐城
일본 전함 115
이츠쿠시마嚴島
다롄 만에서 256
일본 전함 114
해양도 해전에서 204
이치노에 소좌 154
이크탕아依克唐阿
타타르 군대 280
타타르군 장수 280, 351
이토 제독伊東祐亨 149
우창병과 서신 왕래 460–461
웨이하이웨이 공격과 점령 307–343
웨이하이웨이 중국 함대와 이토 제독 274
정 제독과 서신 왕래 447–456
해양도 전투 199–224
이토 히로부미 백작伊藤博文
톈진 조약 72
히로시마에서 평화 회담 365–369
이홍장李鴻章

찾아보기 541

1877년 조선과 중국 사이 중립지대 합병 65
광신자에 의한 피습 366
데트링을 평화사절로 파견 277
의용군 모집 5
정 제독과 이홍장 336
중국의 평화사절로 일본에 파견됨 365
텐진 조약 체결 72
익생益生호 포획 362
일도日島
　웨이하이웨이 만 입구 312
일본 제1군
　중국 침략 226
일본 천황
　히로시마 150
일본 해군 114-115
일본군 본대의 평양 진격과 공격 159
일본군의 전리품
　뉴장에서 357
　주렌청에서 234
　진저우에서 255
　평양에서 192
일본의 사쓰마 반란 120
일본의 전쟁 선포와 선언문 432-435
일본의 제2군
　제2군의 리젠트스워드 반도 전투 243
일본의 조선의 개혁안 90, 379
일본의 지폐 39
일본의 징병제도 105

잉커우營口 358

(ㅈ)

상가구자長家口子 316
장옥림張玉林
　고승호 장교 404
장음환張蔭桓
　히로시마에서의 평화회담 345, 464
전라지방全羅地方
　이 지역의 소요 83
전장대田庄臺 356
전투 아산牙山, 진저우金州, 하이청海成, 해양도海陽島, 가이핑蓋平, 뉴장牛莊, 포트아서(旅順의 별칭), 평양平壤, 다렌만大連灣, 웨이하이웨이威海衛 등
절목성折木城 공격 351
정 제독丁汝昌
　방 함장 128
　웨이하이웨이 방어 311
　이토 제독과의 서신왕래 447
　정 제독의 죽음 339
　중국 함대 사령관 117
　해양도 해전 199
정벽광程壁光
　웨이하이웨이威海衛에서 335-336
　중국 광병廣丙호 함장 340
정원定遠
　웨이하이웨이에서 315
　중국 전함 100
　해양도 해전에서 203

정주定州 226
정해靖海
　푸젠 함대 소속 전함 103
제너럴서먼General Sherman호
　미국의 스쿠너선으로 조선인에 의
　해 파괴됨 61
제물포濟物浦
　1880년 대일본 통상 개방 66
제원濟遠
　요시노吉野의 제원 추격 129
　웨이하이웨이에서 315
　중국 전함 100
　해양도 해전에서 203
조강操江
　아키츠시마에 의해 포획 126
　제물포 파견 86
　중국 전함 101
조선문제朝鮮問題
　전쟁 전 중국 정부와 일본 정부 사
　이에 주고받은 공문서 384-398
조선의 프랑스인 선교사 61
좌보귀左寶貴
　중국군 장수 177, 189
주롄청九連城
　도시 227
중국 단련군 92, 96
중국 해군 100-103
중국 해군 남양(남부) 함대 102
중국 해군의 북양(북부) 함대
　100, 308
중국군 91-103
　일본군 104-115

중국군中國軍
　진저우와 다롄에 주둔한 254
　포트아서旅順에 주둔한 265
중국의 전쟁 선포문 372-374
중국의 전쟁 선포와 선언문
　435-438
중국이 일본에 지불하는 군비 배상금
　482
중국이 일본에 파견한 평화 사절
　277, 344
중화中和 164
증국번과 녹영군 95
지뢰
　중국의 지뢰와 화약 252
진구 왕후 38
진남鎭南
　중국 전함 101
진동鎭東
　중국 전함 101
진변鎭邊
　중국 전함 101
진북鎭北
　중국 전함 101
진서鎭西
　중국 전함 101
진안鎭安
　중국 전함 101
진원鎭遠
　웨이하이웨이威海衛에서 315
　중국 전함 100
　해양도 해전에서 203
진저우金州 요새 247

진저우金州
  진격과 함락 247-253
진중鎭中
  중국 전함 191
진해鎭海
  중국 전함 100
진홍
  중국 전함 101

(ㅊ)

책전策電
  중국 전함 102
초무超武
  푸젠福建 함대 소속 103
초용超勇
  중국 전함 100
  해양도 해전 210
초카이鳥海
  다롄 만에서 215-216
  웨이하이웨이에서 289
  일본 포함 115
총수葱秀 163
최제우崔濟愚와 그의 교리 81
츠쿠시筑紫
  다롄 만에서 256
  일본 전함 115
측해測海
  중국 전함 102
치요다千代田
  일본군 전함 114
  해양도 해전에서 204

치원致遠
  아산 파견 86
  중국 전함 100
  해양도 해전 203

(ㅋ)

카노 대좌 303
카니 대위
  카니의 자살 270
카즈라기葛城
  다롄 만에서 256
  일본 전함 115
캔턴廣東
  중국 해군 함대 103
커즌스
  에드먼드 399
켄호 431
코번Cockburn 399
코야마小山豊太郎
  이홍장 저격 366
코타카
  일본군 어뢰정 333
콩고金剛
  다롄 만에서 256
  일본 전함 114
쿠로다 소장 231
쿠빌라이 칸의 일본 침공 41-42
쿠순치
  상하이에서 체포된 일본인 441
키쿠시 박사 373

(ㅌ)

타마리 중좌 422
타오호쿠草河口 236
타카치호高千穂
   다롄 만에서 256
   일본군 전함 115
   해양도 전투에서 204
탕산湯山 235
태안泰安
   중국 전함 101
태종太宗
   당 황제의 아들 35
태평반란太平天國運動
   태평반란과 중국 육군 96
태평산太平山
   태평산 진격 353
텐료天領
   일본 전함 115
템산 303
템플린Tamplin
   증기선 고승호의 일등 항해사 템플린의 진술 414-424
톈진 조약天津條約 72
토고 대위 325
토다 대위 325
토모야수 중좌 283
토미다 소좌 185
토키야마 중위의 익사 140
투청쯔土城子 258
티오 사병
   아사카와 대위 구출 259

(ㅍ)

팔기군八旗軍
   중국 육군의 일부 92-94
펑텐부 묵덴奉天 487
펑후 섬澎湖島 361
페스카도리스 군도澎湖列島
   일본군의 페스카도리스 원정 361
페호 강白河 362
平壤(평양)
   고니시 군의 평양에서의 퇴각 49
   일본군의 평양 공격과 점령 152
   평양 지도 178
   평양의 중국군 177
평원平遠
   웨이하이웨이에서 315
   제물포 파견 86
   중국 전함 100
   해양도 해전에서 203
평화 조약
   중국이 일본에 허용한 통상 특권 480-520
   평화협정으로 대일본 교역에 개방된 항구 483
포모사 섬臺灣 361
포스터J.W.Foster 장군 344, 365
포트아담스普蘭店(푸란덴) 302
포트아서旅順 해군 공창 231
포트아서旅順
   일본군의 포트아서 점령 276
   포트아서 항구 99
   포트아서에서의 일본 해군 무력시

위 149
포트아서의 진지와 방어벽 247
폰 한네켄Constantine Von Hanneken
　독일군 장교 폰 한네켄과 고승호 130
　폰 한네켄의 진술 407
　폰 한네켄이 축성한 진저우金州 포대 251
푸란뎬普蘭店(포트 아담스) 248
푸젠福建 함대 103
푸쿠하라
　상하이에서 체포된 일본인 441
풍豊伸阿
　중국 장수 240
풍도豊島
　풍도해전 124-135
프랑스와 조선
　1866년 60
피쯔워甆子窩 246

(ㅎ)

하나오카 소좌 270
하라다
　평양 겜무문의 영웅 187
하세가와 소장 243
하시다테橋立
　다롄 만에서 256
　일본 전함 114
　해양도 해전에서 204
하시모토 소좌 122
하이청海城

일본의 하이청 공격 287
항와새缸瓦塞 291
해경海鏡
　캔턴함대 소속 전함 103
해안海晏
　중국 전함 102
해양도海洋島 해전 199-224
해전
　해양도, 풍도, 웨이하이웨이 참조
호산虎山 229
호프만
　호프만과 방 함장 129
혼성여단混成旅團
　평양 진격과 공격 158, 163
홍가보자紅家堡子 238
홍무洪武
　첫 번째 명 황제 42
홍종우洪鍾宇의 김옥균 암살 74
화원강花園江 245
화원구花園溝 244, 247
환희산歡喜山 296
황금산黃金山 포대 262
황영자黃岺子 239
황주黃州 점령 164
효령대군孝寧大君
　고니시에 의해 사로잡힘 48
후가유방候家油房
　중국군의 패배 358
후소扶桑
　다롄 만에서 256
　일본군 전함 114
　해양도 해전에서 204

후지 산富士山 50
휴전
  일본의 휴전 승인 368
  휴전 내용 477
히데요시豊臣秀吉의 조선 침공 46-56
히라야마 대위 422
히로시마 평화협상
  협상 관련 문서 462-476

히로시마廣島
  일본군 대본영 이전 150
  히로시마 평화협상 365-369
히에이比叡
  일본군 전함 114
  해양도 전투 204

구한말 러시아 외교관의 눈으로 본
청일전쟁

펴낸날	초판 1쇄 2009년 7월 7일 초판 3쇄 2016년 10월 7일
지은이	제노네 볼피첼리
옮긴이	유영분
펴낸이	심만수
펴낸곳	(주)살림출판사
출판등록	1989년 11월 1일 제9-210호
주소	경기도 파주시 광인사길 30
전화	031-955-1350 팩스 031-624-1356
홈페이지	http://www.sallimbooks.com
이메일	book@sallimbooks.com
ISBN	978-89-522-1200-9 04080 978-89-522-0855-2 04080(세트)

※ 값은 뒤표지에 있습니다.
※ 잘못 만들어진 책은 구입하신 서점에서 바꾸어 드립니다.